飯尾真貴子【著】
Makiko IIO

強制送還の
国際社会学

「ヒスパニック」系移民とアメリカのゆくえ

名古屋大学出版会

強制送還の国際社会学

目　　次

序　章　アメリカとメキシコにおける越境と送還‥‥‥‥‥‥‥‥‥1

    1　移動の権利と移民管理レジーム　1
    2　6つの越境経験　6
    3　強制送還後の移民たち──本書の視角　11
    4　本書の構成　14

第1章　強制送還をトランスナショナルに把握する‥‥‥‥‥‥17
        ──分析枠組みと方法

    はじめに　17
    1　トランスナショナリズム研究の理論的視座と課題　17
    2　移民規制の厳格化をめぐる研究の理論的視座と限界　23
    3　分析枠組みと研究方法　30
    4　調査者としての立場性　46
    おわりに　49

第2章　米国移民管理レジームの形成‥‥‥‥‥‥‥‥‥‥‥‥51
        ──移民政策と刑事司法システムの接合

    はじめに　51
    1　移民管理レジームの歴史的展開　51
    2　ジェンダー化される「移民の脅威」　61
    3　移民政策と刑事司法システムの交差　64
    4　2000年代以降の移民の犯罪者化とその影響　69
    5　「産獄複合体」と移民収容所の拡大　75
    6　包摂される「望ましい移民」とは誰か　78
    おわりに　88

第3章　緩やかなネットワークの強みと弱み‥‥‥‥‥‥‥‥‥91
        ──メキシコ都市部出身移民の帰還

    はじめに　91
    1　帰還に社会的ネットワークが果たす役割　92

2　メキシコにおける都市化のプロセスと国内移住　95

3　都市部から米国への国際移動　99

4　ネサワルコヨトルから米国への移住の特徴　102

5　米国からネサワルコヨトルへの帰還の特徴　104

6　都市部出身者のネットワークが帰国局面に及ぼす影響　106

おわりに　120

第4章　「帰国者」へのまなざしと排除……………………125
──メキシコ村落部出身移民の帰還

はじめに　125

1　オアハカ州における先住民の特徴と移動　126

2　村落部における「帰国者」へのまなざし　135

3　村落部における帰国をめぐる言説　141

おわりに　144

第5章　トランスナショナルな社会空間の形成と変容…………147
──村落コミュニティの越境的実践と世代・ジェンダー

はじめに　147

1　移住の歴史的展開とトランスナショナルな社会空間の形成　149

2　分岐する移住経験　155

3　移民規制の厳格化はいかに経験されるか　182

おわりに　199

第6章　強制送還をめぐる言説と村落の価値規範………………203
──トランスナショナルなモラル・エコノミー

はじめに　203

1　移民管理レジームと村落のモラル・エコノミーの接合　204

2　帰国をめぐる当事者の認識と戦略的な語り　208

3　村落コミュニティにおける包摂と排除　219

おわりに　234

第7章　トランスナショナルな家族と越境リスクの変化·········237
──移民管理レジームによるモビリティの制約

はじめに　237
1　越境の重罪化がもたらすモビリティへの影響　238
2　損なわれる社会関係資本　252
3　移民管理レジームによるトランスナショナルな社会空間の再編　260
おわりに　274

終　章　移民規制の厳格化は何をもたらしたのか················277

1　移民管理レジームと移民の犯罪者化　277
2　多様な帰還のあり方　279
3　トランスナショナルなモラル・エコノミーにおける包摂と排除　280
4　監視と排除の時代における境界管理とモビリティ　282
5　ラティーノ移民とアメリカ社会　285
6　移民政策のゆくえ　287

参考文献　293
あとがき　311
インタビューリスト　317
索　引　323

序　章

アメリカとメキシコにおける越境と送還

1　移動の権利と移民管理レジーム

　グローバルな資本主義経済の発展とともに，私たちは越境的な人の移動がますます活発化する時代に生きている。自分が行きたい場所へ移動する自由は，万人に保障されるべき人権のひとつとして認識されている。しかし，誰もがそうした権利を平等に行使できるわけではない。パスポートを携え，世界をいとも簡単に飛び回れる人々がいる一方で，欧米諸国を目指す移民・難民がその道程で数多く命を落とすような，不平等かつ不条理な現実がある。そもそも移動する資源やネットワークをもたないがゆえに，移動できないままその地にとどまらざるをえない人々も多く存在している。移動の権利にこうしたさまざまな制約が課されるのは，国境を越える人の移動が，国家の独占的管理に付すべき領域とされていることに起因する。近代国民国家のシステムが形成されるなかで，国家は人の越境的な移動を管理し，誰が移動にふさわしい者であるのか選別するメカニズムを構築してきたのである。

　国家による境界管理の厳格化が進行する一方で，迫害から逃れ安全な地を求めて，またはよりよい経済機会を求めて，あるいは離れ離れの家族と一緒の生活を求めて，さまざまな動機を抱えた人々が，国境を越える移動に希望を見出してきた。そして，移民は移住先の国々に——多くの場合は低賃金労働力として——組み込まれるだけでなく，その地域で暮らす生活者として，ときに家族

を形成し，社会に定着してきた。しかし，欧米や日本を中心とする多くの移民
受入国は，こうした移民労働力の恩恵を受けながらも，同時に彼らを周縁化し，
排除するような移民規制の厳格化を推し進めてきた。その結果，一部の移民は
不安定な法的地位のまま，滞在許可をもたない無登録移民[1]（undocumented
immigrant）として脆弱な立場に押し込められ，さまざまな権利を制限された状
態で生きることを余儀なくされている。とりわけ，国家主権を根拠にした移民
の強制送還と，それにもとづく物理的な排除は，非市民である移民の脆弱性を
最もあらわに顕在化させているといえるだろう。

1）無登録移民とアメリカ

　本書が取り上げるアメリカ合衆国（以下，米国）では，滞在資格のない無登
録移民が，現在およそ 1100 万人暮らしている（Van Hook et al. 2024）。無登録移
民の国籍やエスニシティはきわめて多様だが，全体の 75% がカリブ海諸国，
中南米やメキシコ出身の「ラティーノ」[2] と呼ばれる「ヒスパニック系」移民
である。そして，そのうちのおよそ 64% が，本書の取り上げるメキシコ出身
者である（Millet and Pavilon 2022）。米国国勢調査局の 2022 年の統計データ

1）日本では，一般的に滞在許可をもたない移民の呼称として「不法移民」という言葉が
　流通しているが，この言葉には移民を犯罪者とみなすまなざしが暗に含まれている。
　他方，学術的には，このような言葉とそれにもとづくまなざしの再生産を避けるため
　に，「非合法移民」あるいは「非正規移民」という言葉が用いられてきた。ただし，
　非正規移民という言葉には，「正規」と「非正規」という倫理的な善悪が差し込まれ
　てきたという指摘もある（岸見ほか 2023）。こうした議論をふまえ，本書では，滞在
　許可がないことを示す必要があるときのみ「無登録移民」を用いる。

2）村田（2007）が指摘するように，「ヒスパニック」という語は米国において，欧州ス
　ペインを起源とするヨーロッパ性を前面に押し出し，本来のラテンアメリカ性を希釈
　する目的・意図のもとで広範に使用されてきたという背景がある。しかし，1960 年代
　後半より，公民権運動を契機に多様なエスニック運動が興隆するなかで，インディオ
　（先住民族）やメスティソ（先住民とヨーロッパ人の混淆）といったバックグラウン
　ドと結びついたラテンアメリカ性を基軸とする「ラティーノ」が，スペイン語系住民
　の自称として用いられるようになった。本書は，こうした「ヒスパニック」や「ラ
　ティーノ」という呼称のもつ政治性を理解したうえで，米国におけるラテンアメリカ
　出自のスペイン語系住民の呼称として「ラティーノ」を用いる。

（American Community Survey）によると，州別の無登録移民人口は，カリフォルニア州が 24.8%，テキサス州 15.7%，ニューヨーク州 7.6%，フロリダ州 7%，ニュージャージー州 4%，そしてイリノイ州 3.8% と続く。無登録移民のおよそ 56% がこの上位 6 州に集中しているが，近年ではその居住地域は多様な州に広がる傾向にある（Passel and Krogstad 2024）。

　1986 年の移民改革統制法による一斉正規化を最後に，無登録移民の人口は 1990 年の 350 万人から増加し続け，2000 年代半ばについに 1000 万人を超えたものの，その大半が合法化への道を閉ざされてきた。このなかには，数十年以上にわたって不安定な法的地位におかれながらも，米国社会で働き，家族を形成し，定住化を進めた人々——米国生まれの市民権をもつ子どもを育てる無登録移民の親や，米国の公教育のもとで社会化されてきた無登録移民の若者たちなど——が多く含まれている。

　前述の統計データによると，無登録移民を 1 人でも含む世帯は米国全体の 4.8% にあたる 630 万世帯に上り（Passel and Krogstad 2024），そのうちの約 70% が，ひとつの世帯に多様な法的身分の構成員を含む「混合身分家族」（Fix and Zimmerman 2001）にあたる。このような世帯を構成する人々は 2200 万人に及ぶが，そのうち両親が無登録移民であり米国市民権をもつ成人および 18 歳以下の子どもは，それぞれ 130 万人および 440 万人と推計される。また滞在資格のない 18 歳以下の子どもは，およそ 85 万人に上るとされる（Passel and Krogstad 2024）。とりわけ 2000 年代以降，米国市民の子どもたちと同じように公教育を受け成長した無登録移民の 1.5 世代[3] にあたる若者のなかから，高等教育に進学する者も現れてきた。

　また，ピュー リサーチセンターのレポートによると，米国の労働力全体に占める無登録移民の割合は 2022 年の時点でおよそ 5% である（Passel and Krogstad 2024）。無登録移民が占める割合の高い職種は，農業（26%），建設業（15%），

3）一般的に，受入国で移民の両親の下に生まれた子どもを第二世代と呼ぶのに対して，移民 1.5 世代とは，外国で生まれ，幼少期から青年期に受入国に移住した者を指す（Rumbaut 2004; Zhou 1997）。研究者によって年齢の定義が異なるが，本書では，18 歳までに米国に移住した外国生まれの者を 1.5 世代とする。

製造業・食品加工業・繊維業を含む生産（9%），サービス業（9%）と続く。とりわけ，建設業と農業については，無登録移民が合法移民の労働者の数を上回っている（Passel and Krogstad 2024）。無登録移民の多くは，低学歴であることや，法的地位によって雇用が制限されていることもあり，低技能労働を提供する部門や職業に集中する傾向がある。このように，移民とその家族は，在留資格の有無にかかわらず，労働者として社会を支え，家族を形成し，米国に深く根を下ろしてきた。

　しかし，米国では1990年代半ば以降，移民規制の厳格化に向けた法的な布石が敷かれ，特に2001年同時多発テロを契機として，移民に対する監視と排除がかつてない規模・水準で強化された。2005年の第二次ブッシュ政権期には，無登録移民を「重罪人（felon）」と規定するセンセンブレナー法案が下院で可決された。最終的に上院で否決されたものの，無登録移民に対する「全面的なスティグマ化」（小井土 2013: 71）であり，移民の「犯罪者」化（以下，括弧省略）の流れを決定づけた。こうした動向への抵抗として，2006年には全米で一斉正規化を訴える大規模な街頭デモ行進が行われるなど，移民政策改革への機運が高まったが，議会は包括的な改革案の合意に至らなかった。

　そして，図1にある通り，2000年代初頭は年間20万人程度で推移していた移民送還が，米国初の黒人大統領であり，リベラル派の旗手として一斉正規化を強く期待されたオバマ政権の下で，年間40万人に上る大規模な強制送還へと拡大したのである（Alarcón and Becerra 2012; Kanstroom 2012）。被検挙者に関する統計データが示すように，移民は国境沿いだけでなく国内の労働現場や居住先での検挙，あるいは交通取締りにおける警察との接触を通じて送還の対象となってきた（Capps et al. 2011）。その多くは，米国市民の子どもをもつ保護者であり，十数年にわたって米国に暮らしてきた人々である（Brabeck et al. 2014; Brabeck and Xu 2010; Dreby 2012）。このような移民規制の厳格化にもとづく検挙・収容・送還は，移民とその家族の日常に混乱と危機をもたらし，強制送還された者だけでなく米国に残された家族にも，さまざまな負の影響を及ぼしている（Brabeck et al. 2014; Capps et al. 2015; Chaudhary et al. 2010; Dreby 2012; Hagan et al. 2011）。

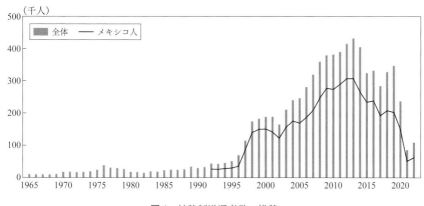

図 1　被強制送還者数の推移

出典）U.S. Immigration and Naturalization Service, *Statistical Yearbook of the Immigration and Naturalization Service*, Washington, D.C.: U.S. Government Printing Office. 全体は 2022 年度版。メキシコ人は 1996, 2001, 2007, 2012, 2017, 2022 年度版。

　他方で，移民政策をめぐる批判に対応しようとしたオバマ政権は 2012 年，幼少期に両親に連れられて米国に移住した無登録移民の若者に 2 年間の就労許可を与える「幼少年期に米国に入国した移民の延期措置」(Deferred Action for Childhood Arrival，以下，DACA プログラム）を実施した。その結果，およそ 80 万人に及ぶ無登録移民の若者たちが強制送還の対象から除外され，暫定的な就労権を獲得した (Batalova et al. 2014)。しかし，DACA プログラムは立法措置ではなく，あくまで一時的かつ部分的な権利付与でしかないため，反移民を掲げた第一期トランプ政権の下，幾度となくその存続が危ぶまれてきた。

2）移民管理レジームへの国際社会学的視点

　このように，米国では，入国管理や取締りの厳格化を通じて，犯罪性や違法性に結びつけられた人々を強制送還によって排除する一方，ある特定の条件を満たす人々を社会に包摂する選別的な移民政策が形成されてきた。本書は，上述のような包摂と排除の性格を併せもつ一連の政策や法制度を「米国の移民管理レジーム」と称し，現代に生きる移民と家族，そして彼らが形成するコミュニティにいかなる影響を及ぼしているのか，国際社会学の視点から明らかにし

ようとするものである。これは，国家という枠組みを自明視せずに，一見中立的とされる法制度やその実践が，移民やその家族に及ぼすさまざまな影響を，人々の生きる越境的な生活世界と社会構造との連関から理解しようとする試みである。

　国家の視点に立てば，移民の強制送還は，受入国内におけるいわゆる「移民問題」の解決にとって正当かつ有効な政治的手立てとみなされる。確かに，本来社会に存在すべきでないとされる「望ましくない移民」は表面上一掃されるかもしれないが，果たしてそれは，一体何の「解決」といえるのだろうか。統計に表れる何十万人にも上る被送還者は，国境の外側へと放り出された時点から，受入国の把握すべき事柄の埒外として扱われ，その経験もまた不問に付される。しかし，移民とその家族の生活世界は物理的な国境を越えたトランスナショナルな広がりを有している。国家によって社会から引き剥がされ，その日常を断ち切られてもなお，国境に隔てられた地理的領域を超えてつながり生きる人々の経験は，一国内に限定された視野からは常にこぼれおちてしまうのである。これまでの移民研究が越境的な移動を背景とする人々の実践に目を向けてきたように，本書は，国民国家を主要かつ唯一の分析単位として社会を捉える「方法論的ナショナリズム」（Glick-Schiller et al. 1992）を乗り越え，移民送出国と受入国の双方を分析の射程に入れることで，この限界に挑戦する。

　本書の全体像を示す前に，まずメキシコ都市部，村落部，そして米国で行った異なるフィールド調査から得られた6つのエピソードを取り上げる。規制の厳格化の時代に生きる移民たちの具体的な姿に接近したのち，本書が目指す議論の方向性を示していきたい（人名は全て仮名。第1章の地図1も併せて参照）。

2　6つの越境経験

1）越境と送還の狭間に生きる移民 1.5 世代の若者アルフォンソ

　米国帰りの若者アルフォンソに初めて出会った日，多くの人が行き交う街角

で，遠目からすぐに彼を見つけることができた。ナイキの靴，バギーパンツ，オーバーサイズのTシャツを着たアルフォンソは，明らかに周囲とは違う雰囲気をまとっていた。首筋と右目の下にそれぞれ彫られた，赤い唇と1粒の涙をかたどった入れ墨がひときわ目を引いた。1988年にメキシコシティで生まれ，赤ん坊の時に母親に連れられて越境したアルフォンソは，メキシコで生活した記憶も，米国への越境の記憶も持ち合わせていない。9歳の時に両親は離婚し，家族は母方の親戚を頼ってロサンゼルスへ引っ越し，そのまま父親とは疎遠になった。仕事で忙しいシングルマザーの母親に代わって面倒をみてくれたのは，ギャングのメンバーでもあった年の離れた兄と，その友人たちだった。兄の庇護のもと，アルフォンソはストリートで生きるための術を学び，15歳で恋人との間に子どもが生まれるが，18歳の時に企てた強盗で現行犯逮捕された。20歳を迎えた2009年に服役を終えたが，無登録移民であったことから移民取締局に身柄を引き渡され，最初の強制送還に至った。母方の親族はみな米国へ移住し，父方の親族とも疎遠になっていたため，メキシコには頼れる家族が誰もいなかった。そのため，強制送還されるたびに自分の故郷であるロサンゼルスに戻ろうとしたが，毎回検挙・収容され，4回にわたる強制送還を経験した。「前科」によって，米国で生きることも，メキシコで新しい人生を始めることもできないまま，アルフォンソは成功の見込みのない越境に身を投じるほかなかった。

2）都市の弱い紐帯を活かすマノロの移動と強制送還

　米国に向かう最初の機会がメキシコ都市部で暮らすマノロに訪れたのは25歳の時であった。アリゾナ州に住む義姉から米国への移住の誘いを受け，2005年に越境し1年間がむしゃらに働いた。2006年に帰国するが，その後妻と離別し，2008年に再び米国に戻ることに決めた。2回目の越境費用も，再び義姉に援助してもらい，メキシコ都市部で仕事を介して知り合った知人を頼ってニューヨークにたどりついた。その後，出会い系ラジオを通じてワシントン州に住む永住権を持つ女性と知り合い，この女性，そしてその子どもたちと一緒に暮らしはじめた。パートナー名義の銀行口座に一緒に貯蓄し，2人で稼いだ

お金で女性名義の家も購入し，米国での将来を思い描いていたが，子どもたちとの関係がうまくいかなくなったことで，その将来像は揺らぎはじめた。マノロは，この悪化する関係性からいったん距離を置くために，自ら車を運転しカリフォルニア州へ向かったが，まさにこの旅路において移民取締局に検挙され強制送還に至った。マノロはそれまでの貯蓄や購入車といった資産を全て失い，ほとんど身ぐるみ剥がされた状態でメキシコに追放された。米国に戻ろうとしたが，パートナーの女性がマノロに助けの手を差し伸べてくれることはなかった。無一文でメキシコに戻ったマノロは，米国に行く前よりもひどい状況だと嘆く一方で，またチャンスがあれば米国に行きたいと希望を語った。しかし，いまや10万ドル以上とされる越境に必要な資金を，誰がマノロのために貸してくれるだろうか。マノロの再越境の夢はすぐには叶いそうにない。

3）「よい移民」であろうとする村落出身のアマリア

　メキシコ村落部出身のアマリアは，夫のフリオ，そして5人の子どもたちとともにカリフォルニア州フレズノ郡のトレーラーパークで暮らしている。結婚後に2人で米国に移住したフリオとアマリアは無登録移民であるが，子どもたちはみなフレズノで生まれた米国市民である。移住当初は，夫とともに農業に従事していたが，今は未就学児を含めた5人の子どもたちの面倒をみるために外で働かず家事育児を担っている。アマリアは最近ようやく車の運転を覚えたが，買い物など必要最小限の外出にとどめ，必ず英語の話せる長男に同伴を頼む。生活態度や騒音を理由に隣人に通報されることを恐れるアマリアは，隣人と良好な関係を維持するため，常日頃から心を砕いている。また，子どもが通う学校の教師に，虐待やネグレクトの疑いで通報されることを恐れ，子どもたちの服装や身だしなみには特別の注意を払っている。アマリアの日常生活には，あらゆるリスクを回避するために，正しく振る舞うことが徹底的にしみついている。そして，「ここは私たちの国ではない」のだから，悪い振る舞いをしたら，強制送還になっても仕方がないと語る。トランプ政権が誕生してから，いつ検挙されるかわからない恐怖と同時に，一生懸命働き，あるいは勉学に励み，米国に有用な人物であることを示せば，きっと大統領もメキシコ人がみな悪い

移民ではないと理解し，正規化を認めてくれるのではないか，という淡い期待
も抱いている。

4）強制送還によって帰村した移民 1.5 世代の若者ホルヘ

　メキシコ村落部に暮らす 30 代半ばのホルヘは，米国で 20 年以上暮らしたこ
とのある，強制送還による帰国者である。米国で働いていた父親を追って，ホ
ルヘは 1990 年代に母親および他の兄弟とともに幼少期にフレズノへ移住した。
当初は無登録移民であったが，1986 年に永住権を取得した父親を通じて，
1996 年に家族全員が永住権を取得することができた。両親は，他の多くの同
郷者と同様に農場で朝早くから夜遅くまで働いていた。ホルヘは長男として幼
い妹と弟の面倒をみながら，学校に通い，週末には両親の農場仕事を手伝って
きた。しかし，高校に上がってからは，農業ではなくファストフード店などの
サービス業で働くようになり，学校から足は遠のいた。両親への反抗心から家
を飛び出し，オレゴン州ポートランドで 1 人暮らすようになったホルヘは，
ギャングのメンバーとなり，そこに自分の居場所を見出した。永住権を手にし，
米国に生きる未来を思い描いていたが，2003 年に違法な銃の所持によって逮
捕され有罪判決を受けたことで，その人生は一変した。刑務所で 2 年の服役を
終えた 2005 年，永住権を剥奪され，国外退去に付されたのである。父親から
メキシコの村に戻るよう言い渡されたホルヘは，当初は慣れない村の慣例やし
きたりに戸惑うだけでなく，周囲から自分が受け入れられていないと感じてい
た。村人から窃盗の疑いをかけられたあげく，村から追放されそうになったこ
ともあった。村に戻ってから 10 年以上が経った今では，結婚し，2 人の子ど
もにも恵まれ，村を支える主要な一員となっている。

5）ファウスティーノとアンヘラの新しいトランスナショナルな世帯

　アンヘラとその夫のファウスティーノは，2010 年にファウスティーノが出
身村落に戻ったのを最後に，10 年以上離れて暮らしている。ファウスティー
ノは 1990 年代からメキシコに家族を残し，米国の農場で季節労働者として働
き，仕送りをして家族を支えてきた。2000 年代になると無登録移民のまま村

に頻繁に戻ることが困難になったため，妻と5人の子どもたちを米国に呼び寄せた。しかし，2010年に村落コミュニティの自治組織の役職に任命されたファウスティーノは，村の成員としての役目を果たすため，単身でメキシコに戻ることを選んだ。役目を終えた1年後，米国の家族のもとに戻ろうとしたが，3回にわたって国境警備隊に検挙され，数カ月間収容された末に強制送還された。越境を諦めて村に戻った現在，ファウスティーノは長年の移住生活で稼いだ資金で建てた小さなコンクリート2階建ての家に，祭壇に飾られた家族の写真とともに1人で住んでいる。村への責務を果たすために帰村したファウスティーノは，村人たちの尊敬を集める存在になったが，それと引き換えに家族との生活を失うことになった。一方で，子どもや孫たちと米国で暮らすアンヘラは，村に戻らないのは米国に他の男性がいるからに違いないと不貞の噂を立てられ，周囲の村人たちから厳しい批判にさらされている。

6）越境が生み出す不法性とともに生きることを余儀なくされたカルメン

10代で結婚し4人の子どもをもうけたカルメンは，夫の不貞と暴力で辛い結婚生活を送ってきた。夫が米国で別の女性と暮らしはじめ，仕送りが断たれたことで困窮したカルメンは，米国の親戚を頼って子どもたちと一緒に移住した。米国では，年長の子どもたちとともに農業で働き，生計を立てていたが，2005年に農場から家に戻る際に移民取締局に検挙されたことで，カルメンと子どもたちの慎ましくも安定した生活は崩れ去った。移民審判まで争った結果，子どもたちは永住権をもつ父親を通じて正規化されたものの，カルメンは国外退去を言い渡され，強制送還に至った。その後カルメンは，規制の厳格化する国境沿いで何度か検挙されたものの，やっとの思いで米国の子どもたちのもとに帰ることができた。しかし，2007年に出身村落に住む高齢の母親が病に倒れたことで，再び苦しい選択に直面することになった。兄弟のなかでも，比較的子どもたちの年齢が高く，夫の承諾が必要ないシングルマザーのカルメンが，村に戻り母親の面倒をみることになったのである。2009年に母親を看取ったが，今はカルメン自身がガンと糖尿病を患い闘病中である。米国で暮らす子どもたちは，病気の母親をなんとか米国に呼び寄せ，一緒に暮らせないか弁護士に相

談しているが，高額な費用がかかるうえ，過去の強制送還を含めた越境歴ゆえに，ビザが取得できる可能性は限りなく低いと言われている。カルメンが再び子どもや孫たちと一緒に米国で暮らせる日は果たしてくるのだろうか。

3　強制送還後の移民たち——本書の視角

　以上のエピソードは，米国における移民規制の厳格化によってさまざまな困難に直面する移民とその家族の経験を，移民送出国まで射程に含めて描写したものである。はじめの2つはメキシコ都市部出身の移民，そして残り4つはメキシコ村落部および移住先の米国における移民とその家族の経験である。都市と村落，そして移住先を含むこうした複数の地点を取り上げるにあたって，筆者がこの「強制送還による帰国」というテーマにどのように遭遇し，研究を展開させてきたのか，その経緯について，簡単にふれておきたい。

　2011年当時，修士課程の大学院生だった筆者は，移住経験者が帰国後に出身地域の発展や開発に果たす役割に関心を抱くと同時に，実証研究の蓄積が乏しいメキシコ都市部の状況を明らかにしようと断続的に調査を開始した。当初は，都市部特有の社会的ネットワークを用いた移住プロセス，および社会関係資本の蓄積が，出身地域に戻った帰国者の再編入過程にどのような影響を及ぼすのか，という点に関心をもっていた。しかし，実際にフィールド調査を進めていくうちに明らかになったのは，機縁法を用いて出会った人々のうちおよそ3割が，米国の移民規制の厳格化を背景とする検挙・送還によって，やむなくメキシコに戻ってきた人々であるということであった。そこには，たとえばアルフォンソのように，幼少期に移住し，米国で教育・社会化を経験したため，メキシコに何のつながりももたないにもかかわらず，国外退去によって物理的に排除された結果，何度も越境と送還を繰り返す状況に陥った若者も含まれていた。聞き取り調査において，強制送還によって家族と離ればなれに暮らす孤独や羞恥心，多くのものを失ったことへのやり場のない怒りや後悔，そして喪失を吐露する彼らに対して，筆者はかける言葉をみつけられずに，ただ耳を傾

けるしかなかった。国家の圧倒的な権力が，人々の生に与える甚大な影響と不条理を目のあたりにしたことが，本書につながるその後の研究の方向性を決定づけた。

　では，移民研究において，このような国家による強制的な排除や帰国の実態は，どのように検討されてきたのだろうか。国家による境界管理や移民の排除に関する研究は，古くから移民研究の重要な一角をなしてきたが，欧米をはじめとする移民受入国における規制の厳格化を受けて，とりわけ 2000 年代前後より，「強制送還研究」と呼ばれる新たな研究分野が欧米を中心に切り開かれてきた。これらの研究蓄積は一般的に，強制送還政策をめぐる法制度や移民受入国における社会的影響に着目した研究に比重が置かれ，移民が送出国に戻った強制送還後の動向については手薄となる傾向があり，強制送還の前後をつなげその帰結を包括的に論じた研究（Boehm 2016; Brotherton and Barrios 2011; Coutin 2016; Golash-Boza 2015）は，2010 年代以降増えつつあるものの，ごく一部にとどまっている。このような強制送還研究のアンバランスな蓄積や限界——とりわけ，移民規制の厳格化の影響を送出地域まで射程に含めて検討する先行研究の乏しさ——は，強制送還研究が，移民のトランスナショナリズム研究と別々に展開してきたことを示している。

　本書は，トランスナショナリズム研究においてひとつの主要モデルを提示してきたメキシコ村落部に着目する。移民規制の厳格化の下で，トランスナショナルな共同体を形成し生きる移民や家族の経験を明らかにすることは，これまで十分に探求されてこなかった，トランスナショナリズム研究と強制送還研究の接合という戦略的意義を有している。さらに，本書は村落部だけでなく，都市部における調査を対比的に用いる。こうすることで，先住民性の強い村落コミュニティの特性を鮮明化させつつ，村落と都市という異なる社会関係にもとづく移住のあり方が，強制送還を含めた帰国局面において，どのような差異をもたらすのか，より広い視座から分析を試みることができるだろう。

　たとえば，前節におけるアルフォンソとホルへの帰国経験を振り返ると，前者が何度も送還と越境を繰り返したのに対して，後者は出身村へ戻って新たな生活を始めており，明白な違いを見出すことができる。また，マノロのエピ

ソードが示すように，都市出身者[4] が用いる友人や知人といった弱い紐帯は，多角的で柔軟な移動を可能にする一方，強制送還という危機的状況に際して，その脆弱性を露呈させる。そして，米国での暮らしが長期化するなかで，出身地域とのトランスナショナルな紐帯を失ったマノロやアルフォンソは，さらなる周縁化を経験していた。このような経験の違いが生まれる要因として，社会関係や社会的ネットワークの役割に関する都市・村落間の差異が示唆される。

このような社会関係やネットワークの特性の違いが，異なる帰国経験を生み出しているのだとすれば，凝集性が高く互酬的な関係性に特徴づけられる村落出身者の場合，強制送還という危機的状況においても，緊密な社会関係にもとづく村落コミュニティが包摂的役割を果たすのではないか，という仮説が立ち上がる。しかし，実際に都市から村落へと視点を移し，メキシコ南部オアハカ州の村落地域における調査を開始すると，村落地域での強制送還をめぐる認識は，単純な包摂からはほど遠いものであった。

前節のエピソードに立ち返っても，村落コミュニティの包摂的側面を謳った仮説との齟齬は明らかである。たとえば，米国の移住先に暮らす村落出身のアマリアは，検挙と送還のリスクを避けるために自身の行動を律する一方で，強制送還はそれ相応の悪い振る舞いによって引き起こされるものであり，同情に値しないと考えていた。また，村に戻ったホルへに対して向けられた周囲の村人による批判的なまなざしは，ときに帰国者をスティグマ化し排除しようとする力学を生み出していた。すなわち，これらのエピソードは，移民規制の厳格化による社会的影響が，同質性や相互扶助にもとづく村落コミュニティの包摂的側面を強調する単線的な理解だけでは捉えきれないことを示している。

また，移民規制の厳格化が進行する時代において，もはや国境を越える移動は容易な試みとはいえない。ファウスティーノやカルメンのエピソードが示すように，越境がますます困難になる時代において，移住をめぐる認識はどのように変化しているのだろうか。また，移民に対する監視と排除が強化されるな

---

4) 本書において「都市出身者」は，都市で生まれ育った者だけでなく，村落から都市へ移住した後に，米国へ越境した元国内移住者も含むものとする。

かで，米国へ（再）越境できる者はどのような条件を備えているのだろうか。

　以上のような問題関心を踏まえ，本書は国境を越えた複数のローカリティに根ざす移民の意識や実践を捉えるために，主要な議論の対象となるメキシコ・エスペランサ村（仮名）とその移住先であるフレズノ郡だけでなく，メキシコ都市部や複数の村落での調査を多角的に連動させ，相互補完的に組み合わせていく[5]。そして，村落のトランスナショナルな共同性の両義性を理解するために，コミュニティ内部における互酬性の構造を明らかにするとともに，ジェンダーや世代の差異の影響にも着目する。その際にあわせて検討すべきは，移民をめぐる米国の法制度やそれにもとづく言説が，移民コミュニティの集合的意識にどのような影響を及ぼしているのかである。本書は米国とメキシコにおける道徳や価値規範の相互作用を明らかにするために，「トランスナショナルなモラル・エコノミー」の概念を用いて考察する。排除の危機に恒常的にさらされている移民とその家族は，受入国の米国と送出地域のメキシコ村落における支配的言説・秩序をどのように経験し，それらといかに交渉し，直面する困難を乗り越えようとしているのだろうか。本書は，米国の移民管理レジームとメキシコの村落コミュニティ双方の論理とその相互作用を解明することで，この複雑であいまいな現実の一端に光をあてようとする試みである。

4　本書の構成

　本書の構成は以下の通りである。

　第1章では，強制送還をトランスナショナルに把握するための視座と，議論の鍵となるターム，そして研究方法を提示する。まず，国際移動研究において，トランスナショナリズム研究と強制送還研究という新たな研究領域がどのよう

---

5) 本書の議論は，メキシコ都市部および複数の村落，そして米国フレズノ郡で得られた調査データに依拠しているが，米墨の北部国境の都市における調査，およびカリフォルニア州ロサンゼルスで実施した DACA プログラムの受益者や移民運動組織への聞き取り調査もまた，全体像を把握するうえで有益であった。

に発展してきたのか提示する。本書は，この 2 つの研究領域が十分に接合しないまま展開してきたことを踏まえたうえで，トランスナショナリズム研究の実証に貢献してきた村落部において，近年の移民規制の厳格化が与えた影響を検討する戦略的意義を示す。そのうえで，移民を犯罪者化するような米国の支配的言説が，メキシコ村落部を中心に形成される道徳的な秩序といかに接合し，移民とその家族の経験に影響を及ぼしているのかを検討するべく，分析枠組みとして「トランスナショナルなモラル・エコノミー」という概念を提示する。

　第 2 章では，米国において人種化かつジェンダー化された移民管理レジームがいかに形成されてきたのか，移民の包摂と排除をめぐる歴史的展開についてふれる。そのうえで，1990 年代後半および 2001 年 9.11 同時多発テロを契機として進展した移民規制の厳格化を，国土安全保障省の再編という制度的転換とともに，移民の犯罪者化をめぐる法制度の構築という観点から明らかにする。

　第 3 章では，第 2 章で示した米国の移民管理レジームの帰結として，メキシコ都市部出身の移民が強制送還による帰国をどのように経験しているのか，都市部特有の社会的ネットワークや関係性のあり方に着目して考察する。

　第 4 章では，都市部出身の移民の経験をもとに立てた仮説を念頭に，メキシコ南部オアハカ州における複数の村へと視点を移していく。強制送還による帰国者へのまなざしや彼らをめぐる言説を複数の村落を舞台に明らかにすることで，当初に想定した仮説とは裏腹に，米国における移民の犯罪者化の言説が，メキシコの村落部において受容され，帰国者が周縁化されていることを示す。

　第 5 章では，第 4 章におけるオアハカ州の複数村での発見をふまえ，さらに議論を深めるため，本書の主要な調査地であるエスペランサ村と，移住先であるカリフォルニア州フレズノ郡へと議論を進めていく。まず，エスペランサ村からの国内および国外移住，そして移住先であるカリフォルニア州における移民労働力の歴史的変遷を描く。そのうえで，エスペランサ村出身移民の主な移住先であるフレズノ郡におけるトランスナショナルな経験を，世代やジェンダー，そして法的地位の差異をふまえて明らかにする。

　第 6 章からは，本書の主要なテーマである村落コミュニティにおける移民管理レジームの影響，ならびに移民とその家族の経験に焦点をあてる。送出地域

における「帰国者」をめぐる言説やまなざしに着目することで，移民の排除を正当化する支配的言説が，村への責務や勤勉さを核とする価値規範といかに結びつき，トランスナショナルなモラル・エコノミーを形成しているのか明らかにする。そして，出身村落における帰国者の包摂と排除をめぐる経験を，村落コミュニティの共同体の源泉の核となるカルゴ・システムとの関連において描き出す。

次に，第7章では，移民規制の厳格化が進行する時代において，移住をめぐる認識や実践がどのように変化しているのか検討する。特に，トランスナショナルなモラル・エコノミーのもとで，逸脱者としてスティグマ化される帰国者の（再）越境にどのような制約が生じているのか明らかにする。そしてこの結果，世帯形成を含めたトランスナショナルな社会空間がいかに再編されるのか，ジェンダー秩序の変容と再強化という観点から論じる。

終章では，各章で得られた知見をふまえ，移民の多様な帰還のあり方について，移民管理レジームの影響も視野に改めてまとめる。そのうえで，村落への帰還の経験に着目し，トランスナショナルなモラル・エコノミーを背景として生じる帰国者の包摂と排除を明らかにする。また，特定のローカリティにおける議論をこえて，移民規制の厳格化の下で越境をめぐる人々の認識や実践がいかに変容しているのか，新たな理論的貢献を示す。そして，強制送還をトランスナショナルに把握することで浮かび上がる，現代のラティーノ移民とアメリカ社会の直面する課題を示す。最後に，トランプ再選という新たな局面に入った移民政策のゆくえを本書と関連づけて検討し，論を閉じる。

第1章

強制送還をトランスナショナルに把握する
――分析枠組みと方法――

はじめに

　本章では，本書全体の議論の前提となる先行研究の整理，分析枠組み，そして研究方法を示していく。また，この章において，本書の議論で鍵となるいくつかのタームとその意味を提示しておきたい。本書は，これまで主に移民受入国の文脈でのみ議論されてきた強制送還とその移民たちへの影響を，送出地域を含めたトランスナショナルな視座から捉えることを目指す。したがって，まず移民研究において送出地域を射程に含めるトランスナショナリズム研究がいかに展開してきたのか，その理論的発展の経緯を示すとともに，それが抱える課題を明らかにする。そのうえで，主に2000年代以降より，欧米を中心に新たな研究領域として展開してきた強制送還研究の流れを整理し，その課題を示すことで，強制送還をトランスナショナルに把握する本書の意義を論じる。

1　トランスナショナリズム研究の理論的視座と課題

1）トランスナショナリズム研究がもたらしたパラダイム転換

　なぜ，人は住み慣れた故郷を離れ，国境を越えた移動へと向かうのか。この問いに関して，国際移動研究では，1970年代ごろまで，国際的な移民現象を

個人の経済的合理性にもとづく選好として捉えるプッシュプル理論が主流であった（小井土 2005b: 2）。その後この視点に対して，資本主義のダイナミズムの下で社会変動を捉える世界システム論や従属理論に影響を受け，移民現象を資本主義の歴史的発展過程と関連づける研究が進展した[1]（小井土 2005a: 4–6）。こうした視点は，移住が単なる個人の選択の帰結ではなく，国内・国際的な構造的不平等によって生み出されることを明らかにした一方，移民をあくまで犠牲者としてのみ捉えているという限界が指摘されている（De Haas et al. 2020: 51）。

　こうした構造的アプローチからの新たな理論的転換をもたらしたのが，移住のプロセスにおける中間的な社会構造やネットワークに着目した研究群である。特に 1980 年代以降，特定の地域間を結ぶ移民ネットワークと，それを通じて社会関係資本が移住に与える影響を明らかにした移住システム論を筆頭に，移民のエージェンシーにもとづく，主体的な戦略形成や資源動員に着目する研究が進展した。なかでも，移住システム論を牽引したマッシーらは，いったん移住が始まると移民の社会的ネットワークを通じて移住が拡大し，徐々に越境のリスクとコストが引き下げられることで，はじめは特定の層にのみ開かれていた移住が，コミュニティ全体へと拡大していくことを明らかにした。そして，このような移民の社会的ネットワークそれ自体が推進力をもちはじめると，移民規制の厳格化や不況といったマクロな政治経済的条件の変化があっても，移住の流れが止まることなく累積的に拡大していくことを明らかにした（Massey 1990; Massey et al. 1994; Massey and Zenteno 1999; Massey et al. 2003）。

　こうした越境的な移動の自己永続的なメカニズムの背景としては，仕送りがもたらす経済格差によってコミュニティ内で生まれた相対的剥奪感が，結果的に人々の移住への欲求を高める「文脈的なフィードバック」として作用してい

---

1) この理論視角は，奴隷制度や植民地主義を含む，資本主義の歴史的発展過程における人の移動一般を考えるうえでも，重要な理論的基盤を形成してきた（De Haas et al. 2020）。たとえば，これを代表する歴史構造視角研究のひとつとして，チェンとボナシチによる『資本主義下における移住労働——米国におけるアジア系労働者』（Cheng and Bonacich 1984）が挙げられる。この研究は，資本主義の発展によって拡大していく米国の労働需要を満たすために，中国からの移住労働者が米国の特定地域へ労働力として流入したことを，マルクス主義的政治経済学の視座から明らかにした。

ることが指摘できる（De Haas 2010）。これを通じ，移住はその社会において成功と紐づけられた行動規範へと昇華され，それをコミュニティの通過儀礼としてみなす「移住の文化（culture of migration）」（Massey et al. 1994; Cohen 2004）が形成されてゆく。

　移民送出地域を射程に入れるこうした研究領域をさらに発展させたのが，移住システム論とほぼ同時期に登場した，トランスナショナリズム研究である。従来の移民研究では，移民は受入国での生活が長くなるにつれ，出身国とのつながりを喪失し，受入社会に同化していくと考えられてきた。しかし，米国の多様なエスニック集団を観察した研究者らは，こうした従来の認識とは異なる状況を見出した。受入国に定住する移民たちは単に同化するのではなく，出身国との社会関係を維持し，持続的で密度の高い個人・集団的ネットワークを用いた文化・経済・政治的実践に関わっていたのである。こうしたトランスナショナリズム研究は，同化か否かという二者択一的な議論を退け，受入国・送出国の双方とつながりを維持する移民の実践を捉えるための新たな研究視角を提示した。これにより，双方向的な移動や実践の下で送出国と受入国をつなぐ移民の緊密な社会的ネットワークと，そこに形成される越境的な社会空間を捉えることが可能になった（小井土 2005a）。

　トランスナショナリズム研究を牽引したグリック＝シラーらは，カリブ海諸国からニューヨークに移住・亡命した移民集団が強い結束力を維持しながら，母国の政治に積極的に働きかけ影響力を行使していることを明らかにし，国民国家の領土内で完結する従来の政治過程を超えた「脱領土的な国民国家（de-territorialized nation state）」が出現していると論じた。そして，社会は個々の国民国家の境界内に区切られ存在しているとみなす従来の研究アプローチを「方法論的ナショナリズム」として批判し，送出国と受入国の双方を射程に入れたトランスナショナリズム研究の重要性を明示的に打ち出した (Glick-Schiller et al. 1992)[2]。

　ほぼ時を同じくして，本書が着目する米墨間の国際移住の文脈においても，

---

2) 移民研究にパラダイム転換をもたらしたトランスナショナリズム研究の発展は，グリック＝シラーらの他，同時期に異なる研究対象にアプローチした複数の研究グループによってもたらされた。この整理については小井土（2005a）が詳しい。

特にメキシコ村落部から米国への移住を，送出地域を射程に入れて実証的に研究した人類学者たちにより，トランスナショナリズム研究が発展してきた。この流れに先鞭をつけたのが，メキシコ南部オアハカ州の先住民村落からカリフォルニア州への移住の流れに着目した米国の人類学者，カーニーであった。カーニーは，国家を単位とする人類学の分業体制に批判的な立場をとり，移民送出地域と受入地域の双方を射程に含めた研究を展開した（Kearney and Nagengast 1989）。とりわけカリフォルニア州に移住した先住民村落出身者の実証研究を積み重ね，彼らが移住を通じ，同郷性やエスニシティを基盤とするアイデンティティを強化しつつ，相互扶助にもとづく共同性を越境的に維持し，文化・政治・経済的な再生産を可能にする「トランスナショナル・コミュニティ」を形成していることを明らかにした（Kearney and Nagengast 1989; Kearney 1995a, 1995b, Besserer 2004）。

このような実証的なトランスナショナリズム研究の蓄積の一方で，用語のあいまいさと分析単位の不明瞭さについて指摘もなされてきた（小井土 2005b）。こうした批判をふまえた分析概念の精緻化の試みとして，ファイストは，国境をまたぐ2つ以上の異なる地域をつなぐ，個人や集合的アクターによる文化・経済・政治的実践を捉える概念である「トランスナショナルな社会空間」(Faist 2000; Faist and Özveren 2004) を提示した。そして，さまざまな越境的実践を，その形式化・制度化の度合いをふまえ，①モノ・ヒト・情報などの拡散，②世帯や家族といった小規模の親族集団，③ビジネス・知識人やアドボカシーといった特定の目的にもとづくイシュー・ネットワーク，④トランスナショナル・コミュニティや組織という4つの類型に整理した。これによれば，①と③は形式化の度合いが低く，反対に②と④は形式化の度合いが高いとされる (Faist and Özveren 2004: 7–10)。

本書の主な分析対象となる，先住民性の強い村落出身移民が形成する「トランスナショナルな社会空間」は，主に②を中心とした越境的つながりを基盤としつつ，再分配機能を通じた社会的連帯にもとづく村落コミュニティが成立している点において④の特徴をも有しており，これを「トランスナショナル・コミュニティ」と呼ぶことに問題はないだろう。したがって，本書では「トラン

スナショナルな社会空間」を基本的なタームとして用いつつ，概念のあいまいさに十分留意したうえで，「トランスナショナル・コミュニティ」も必要に応じて用いることとする。

2) トランスナショナリズム研究における国家の位置づけ

このように1980〜90年代にかけて，送出地域を射程に入れつつ発展した移住システム論やトランスナショナリズム研究は，方法論的ナショナリズムを乗り越えるための研究視角を提示し，実証研究にとどまらない普遍的な移民理論の発展に貢献してきた。これに対して，その主要な関心が移住プロセスにおける中間的な社会構造や移民の社会的ネットワークにあったがゆえに，行為主体としての移民の経験が前景化し，越境的な移動を促進あるいは抑制することに関する国家の役割が十分検討されていない，という批判もなされてきた（Waldinger and Fitzgerald 2004）。ただし，トランスナショナリズム研究の発展を整理した小井土は，トランスナショナルな社会空間と国家の境界管理との相互作用や緊張関係に注意を払う研究をふまえ，上記のような批判を退けている（小井土 2005a）。

たとえば，スミスとグアルニーソ（Smith and Guarnizo eds. 1998）は，国家をまたぐ多様な越境的実践について，移民などによって草の根から生じる「下からのトランスナショナリズム」と，国家，超国家あるいは多国籍企業などを主体とする「上からのトランスナショナリズム」を区別し，これらが互いに緊張関係にあることを示した。また，移民規制の厳格化が世界的に進行するなか，国家による境界管理の強化が，越境的な移住プロセスに及ぼす影響も検討されてきた。特に，マッシーやドゥランらは，米国における1986年移民法改正以降の規制の厳格化（第2章で詳述）によって，越境のリスクとコストがそれまでよりも高まった結果，無登録移民の増加を抑止しようとする政策意図とは裏腹に，家族呼び寄せを含めた移民定住化の流れがよりいっそう進んだことを明らかにしている（Massey et al. 2003）。このように，国家による規制の厳格化は，移民のトランスナショナルな社会空間をただ単に断絶するのではなく，逆説的な定住化，地理的通過点と目的地の変容，移民の女性化や密入国仲介組織の大

型化など，従来の移住形態に対する反作用や変容をもたらすことが指摘されてきた（小井土 2005a）。また，移民がトランスナショナルな社会空間に参画しそこから恩恵を受けられるか否かは，近年の政策的動向だけでなく移民自身の法的地位によっても大きく左右される（Hernández-León 2008）。すなわち，移民によって繰り広げられる越境的実践はナショナルな権力からの解放を意味するのではなく，むしろそうした権力に規定され再編されていくものとして捉えられている。

こうした議論は，トランスナショナリズム研究が，国家による規制と移民の越境的実践との交差に目を向けてきたことを示しているが，他方，近年の大規模な強制送還を含む移民規制の厳格化がもたらす影響について十分に検討がなされてきたかについては，一定の留保が必要である。なぜなら，先に挙げた諸研究の多くは，移民規制の厳格化の影響をあくまで越境プロセスや移住先にもたらす変化のレベルにおいて観察するにとどまり，送出地域を射程に入れたトランスナショナルな社会空間の水準に踏み込んではいないからである。

この点を考えるうえで鍵となるのが，移住と開発をめぐる議論にトランスナショナリズム研究が果たした役割である。1980 年代から活発化したトランスナショナリズム研究は，個人的な仕送りにとどまらず，送出地域の開発に積極的に参入する移民の同郷者団体の活動にも着目してきた（Goldring 2003; Fox and Rivera-Salgado eds. 2004）。このような集合的実践に焦点をあて，同郷者団体による越境的な実践を扱った実証研究は，移民を行為主体として捉える肯定的な評価をもたらすだけでなく，国家や国際機関が移民を開発のエージェンシーとみなす潮流の浸透と政策転換を導いた[3]（Faist 2008）。すなわち，移民は出身コ

3）メキシコ政府は，特に 1980 年代以降，在米メキシコ人の経済力を取り込み，開発に必要な資源を動員することを重要な政策課題として認識してきた（Glick-Schiller and Faist eds. 2010; Faist 2008）。とりわけ，1990 年に形成されたプログラム（Program for Mexican Communities Abroad）は，移民組織とメキシコ政府の共同開発プロジェクトにつながる基盤となった（Fitzgerald 2009: 58–59）。たとえば，移民による仕送り額に応じ，州政府や連邦政府が同額の資金を投じることで地域全体の開発を推進する「1 に対して 3 プログラム（Tres por uno）」といった実践が知られている（Goldring 1999; Villela 2013）。

ミュニティの開発に寄与する存在とみなされたのである。

　しかし，このような実証的なトランスナショナリズム研究は，移民規制の厳格化の下で，圧倒的な剥奪の経験と強制的な帰国が生み出されているという現実に，十分取り組んできたとは言いがたい。国家による監視と排除を経験した帰国者は，果たして出身コミュニティにいかなる影響を及ぼし，出身コミュニティの人々とどのような関係を構築しているのだろうか。本書はこうした問いの検討を通じて，国家による移民規制の厳格化がトランスナショナルな社会空間をいかに再編しているのか明らかにしていく。従来の研究が主要な事例として扱ってきた凝集性の高いトランスナショナル・コミュニティを戦略的な調査地とすることで，トランスナショナリズム研究が看過してきた国家による規制の影響を真正面から問いなおすことを試みる。

2　移民規制の厳格化をめぐる研究の理論的視座と限界

1）境界研究の発展と強制送還研究の登場

　前節では，トランスナショナリズム研究において，国家による移民規制の厳格化がトランスナショナルな社会空間に及ぼす影響を捉える視座がきわめて限定的であったことを指摘した。では，越境的な人の移動に対する監視や排除といった，国家の境界管理をめぐる研究はいかに発展してきたのだろうか。また，国際移動研究において，近年の大規模な強制送還とその帰結は，どのように検討されてきたのだろうか。

　国家による境界管理と政策を検討する境界研究（ボーダー・スタディーズ）は，主に政治地理学や国際関係論の観点から，物理的な国境とそれをめぐる機能分析に焦点をあてて発展してきた（川久保 2023）。しかし，近年の社会学や批判的地理学の流れを受けた境界研究の展開は，このような従来の静態的な認識を覆し，境界が社会的文脈に応じて常に引き直される動的なプロセスであるという視点に立つことで，国家の境界管理の空間的な広がりを捉えてきた。すなわち，境界は固定的かつ物理的な国境だけにとどまらず，国境の外部へ，そして

内部へと拡大し，社会のいたるところに偏在的に表れるものとして理解されている（Balibar 2002）。

　このような国家の境界管理の内部・外部への拡張性について，メンヒバルは，境界管理の「外部化（externalization）」と「内部化（internalization）」という2つの側面から整理している（Menjívar 2014）。国境管理の外部化は，移民受入国の要請を受けて，送出国や経由国において潜在的な移民の移動を管理する目的で繰り出されるさまざまな実践を指している。こうした戦略は，かつてゾルバーグが「遠隔的なボーダーコントロール（remote border control）」（Zolberg 1999）と呼んだ，ビザ要件にもとづく潜在的移民のスクリーニングなどを含み，特定の人々の移動の抑止につながっている[4]。

　他方で，国境管理の内部化とは，すでに受入国内で暮らす移民に対する排除や取締りを意味する。具体的には，社会福祉制度といった市民としての権利の制限，あるいは移民の検挙・収容・送還を可能にするさまざまな法制度や取締りの実践を指している[5]。このような社会的な排除や取締りの主要な対象とされてきたのが，在留資格をもたずに米国に暮らす無登録移民とその家族である。1990年代のアメリカでは，ネイティビズムを源流とする反移民感情の高まりを受けて，無登録移民を教育や緊急医療以外の社会保障から除外する政策がとられた（Chavez 2008）。そして，2001年の同時多発テロを契機として，移民取締局と警察との相互協力にもとづく移民の犯罪者化が進行し（Menjívar and Abrego 2012; Dowling and Inda eds. 2013），特にラティーノの男性を標的とする，人種化かつジェンダー化された規制が進行してきた（Golash-Boza and Hondagneu-Sotelo 2013）。移民の人種・エスニシティをその法的地位と結びつける規制のあり方は，「非合法性（illegality）」が移民の日常に生じさせる排除と周縁化の経

---

4) たとえば欧州では，シェンゲン協定にもとづく複数国間の国境管理がいち早く構築されるなかで，生体認証を用いた個体管理と情報システムがEU加盟国の間で共有され，それが人々のモビリティに大きな影響を及ぼすことが指摘されてきた（Koslowski 2006）。

5) ここには，収容や強制送還だけでなく，無登録移民の両親の下に生まれた子どもたちへの国籍付与の廃止を企図する法改正の動きといった，法制度の再定義を通じたシティズンシップの統治も含まれている。

験に着目する研究群を生み出した（Abrego 2014; Coutin 2003）。

　この領域を牽引したクーティンは，米国におけるエルサルバドル出身移民の事例をもとに，取締りによって逮捕・送還されるリスクを避けるために，社会から自分たちの存在を隠して生きる移民の姿を明らかにした。彼らはアメリカ社会のなかに明確に存在しているにもかかわらず，あたかも社会的・法的には存在しないかのように暮らさざるをえない。それゆえに，無登録移民は「非存在の空間（space of nonexistence）」（Coutin 2003: 27–47）におかれ，搾取と権利侵害が起きやすい脆弱な状況にさらされるのである。

　移民の「非合法性」がもたらすこうした脆弱性や，拡大する強制送還政策への関心の高まりを受けて，移民研究では「強制送還研究（deportation studies）」と呼ばれる新たな研究分野が切り開かれてきた[6]。とりわけ，激化する検挙・収容・送還が移民と家族にもたらす衝撃を前に，これほどの規模の強制送還がなぜ生み出され，社会にいかなる影響を及ぼしているのかという問いが浮上したのである（Coutin 2015）。

　たとえば，法学者のカンストロームは，近年の強制送還が生み出される背景として，違法に入国する移民を検挙・送還する「拡張的な国境管理」と，米国内にすでに滞在する非市民を排除する「入国後の社会統制」という，相互に連動する2つの政策目的があると指摘する（Kanstoom 2012: 28–31）。とりわけ後者は，時に治安や安全保障の論理と結びつけられながら，貧困・失業・政治不安といった国内問題の緊張を緩和する役割を果たしてきた（Kanstroom 2012: 31）。

　同様に，強制送還政策の根源に迫ろうとしたデ・ジェノバは，政策目的はただ望ましくない移民を国外へと追放するだけでなく，その労働力の規律化にあると指摘する。強制送還のリスクにさらされ，社会的資源へのアクセスを制限される移民は，「追放可能性（deportability）」（De Genova and Peutz 2010: 14）と呼ばれる脆弱性を内包し，「労働力を従属化させるための規律的な見習い期間」

6）一例としてギブニーは，イギリスにおける難民庇護申請者の事例をもとに，欧米諸国がリベラルな民主的価値を傷つけずに，国外退去を目的とする組織的能力と法制度を拡大させようと試みていると論じた。このような政策上の変化は，移民・難民政策における「強制送還への転回（deportation turn）」と呼ばれている（Gibney 2008）。

（De Genova 2002: 429）に置かれている。すなわち，強制送還の目的は，単に移民を物理的に追放するだけでなく，排除の可能性を恒常的に移民に認識させることで，従順で規律化された労働力を維持し続けることにあるとされる。

このような追放可能性の下で，無登録移民と家族は，日常生活における些細な過ちが検挙や送還に結びつき，家族が離散する恐れを常に抱いている（Hagan et al. 2011: 1382）。それは結果的に，移民とその家族の社会に対する不信へとつながり，公共の場や社交空間から彼らを遠ざけ，孤立化させる効果をもたらしている（Dreby 2015; Simmons et al. 2021）。米国市民の子どもを育てる無登録移民の親が，本来子どもが受けられる社会保障サービスへのアクセスを控える傾向も指摘されている（Shields and Behrman 2004; Yoshikawa and Kalil 2011）。これらの知見は，移民規制の厳格化が，移民とその家族に「法的暴力（legal violence）」（Menjívar and Abrego 2012）ともいえる否定的な影響を及ぼし，彼らの長期的な社会編入に影を落としていることを示している。

2）強制送還研究におけるトランスナショナルな視座の欠如

ここでは，上記のような強制送還研究における蓄積を，主に3つの研究群に分けて整理したい。最も研究蓄積が厚い第一の研究群は，上で示したような，移民規制の厳格化や送還の影響について，法学・社会学・人類学・心理学といった複数のディシプリンから受入国内の文脈に焦点をしぼって検討している[7]。これらは，大規模な強制送還政策を可能にする法制度上のメカニズムや，

7）具体的には，強制送還政策をめぐる歴史や法制度とそのメカニズムを明らかにした法学および法社会学的研究（Goodman 2020; Kanstroom 2007, 2012; Hester 2017; Motomura 2014; Wadhia 2015）やその影響を広く扱った人類学や社会学的研究があげられる（Brotherton and Kretsedemas eds. 2008; Brotherton et al. eds. 2013; Cacho 2012; De Genova and Peutz 2010; Dreby 2010, 2012, 2015; Gibney 2008; Golash-Boza 2012; Gonzales et al. 2019; Hagan et al. 2011; Lopez 2019; Nopper 2008; Sampaio 2015）。近年では，大規模な強制送還における移民収容所の役割に着目した研究も増えている（Dominique et al. eds. 2013: Dow 2004; Kanstroom and Lykes eds. 2015; Wilsher 2012; Wong 2015; Young 2021）。また，移民取締りをめぐる連邦政府と州政府・地方自治体との協力関係が強まるにつれて，ローカル地域における「下からの取締り」の実態に迫る研究も進められてきた（Armenta 2017; Coleman 2012; Gravelle et al. 2013; Inda 2008; Provine et al. 2016; Valdez

受入国内の移民と家族に及ぼす社会・心理的影響について明らかにした一方で，この圧倒的な排除が送出国側において，どのような帰結を生み出すのかについては，等閑に付してきた。

これに対して第二の研究群は，強制送還のその後に着目し，帰国者が出身社会に戻った後の経験（Caldwell 2019; Espinosa Damián 2012; Heidbrink 2020; Khosravi ed. 2018; Padilla 2012; Roberts et al. eds. 2017）や，（再）適応や労働市場への編入（Cassarino 2004; Dingerman-Cerd and Runbaut 2015; Durand 2004; 飯尾 2013; 近藤 2021; オオクラ 2018; Rivera 2011; Schramm 2011）を明らかにしたものである。

これらは，主に帰国者が移住前後のプロセスを通じて獲得するさまざまな資本の役割や効能に着目し，帰国後の社会編入において重要となる変数の析出を試みている[8]。ただし，移民規制の厳格化による帰国を，その時代特有の集合的な経験としてではなく，あくまで個々人の帰国経験と捉え，失敗や成功といった類型に沿った分析に終始する傾向がある。それは結果的に，なぜラティーノ移民がこれほど大規模な強制送還の標的とされてきたのかという歴史的視点や構造的問題を後景に退けた。すなわちこれらの研究は，現在の大規模な強制送還がなぜこの時代に起こり，グローバルな資本主義経済においてどのような意味をもつのかという点を見逃してきたといえる[9]。

2016; Wells 2006）。また，強制送還政策が移民や家族の心身の健康に及ぼす負の影響を心理学や公衆衛生学の見地から明らかにした研究も多い（Allen et al. 2013; Brabeck et al. 2014; Brabeck and Xu 2010; Casteñada et al. 2015; Capps et al. 2015; Gulbas et al. 2015; Horner et al. 2014; Suárez-Orozco et al. 2011a, 2011b; Yoshikawa and Kalil 2011）。強制送還研究の多くは，米国の事例を中心に発展してきたが，近年では欧州との比較や日本の出入国管理政策に着目した研究も展開している（Anderson et al. eds. 2013; Gatta et al. eds. 2021, Hasselberg 2016; Koulish and van der Woude eds. 2020; 髙谷 2017; 岸見ほか 2023）。

8) 本書の第3章でも取り上げるように，飯尾（2013）は，メキシコ都市部における大衆居住区ネサワルコヨトルをフィールドとしながら，被強制送還者を含めた帰国者の生活の再構築プロセスを考察した。そこで筆者は，移民が越境後に出身地域と移住先のどちらに軸足をおいて資産を形成したか，あるいは故郷とのトランスナショナルな紐帯を維持してきたかどうかという点が，強制送還という危機的状況において，社会関係資本の動員の可能性を左右することを示した。

9) 帰国を個人ではなく集合的な経験として捉える視点は，戦後沖縄の本土就職者たちが

帰国を個々人の経験として扱う第二の研究群に対して，第三の研究群は，受入国と送出国における強制送還政策の影響をトランスナショナルな視点から包括的に捉えようと試みている（Andrews 2018; Boehm 2016; Brotherton and Barrios 2011; Coutin 2016; Drotbohm 2015; Golash-Boza 2015; Hagan et al. 2008; 飯尾 2021）。たとえば人類学者のボエムは，移民とその家族の送還をめぐる経験を，メキシコや米国における多地点フィールドワークから描き出した（Boehm 2016）。また，ブラザートンとバリオスは，米国における取締りの標的となり，犯罪者化されたカリブ海出身移民が，帰国後もなお出身地域においてスティグマ化される経験を明らかにしている（Brotherton and Barrios 2011）。

　このような第三の研究群のなかでも，この大規模な強制送還がなぜ今起きているのかという問いに向き合い，被強制送還者の経験を明らかにしようとしたのが，ゴラシュ＝ボーサの研究である（Golash-Boza 2015）。ゴラシュ＝ボーサは，「ネオリベラル・サイクル（neoliberal cycle）」と呼ばれる，グローバル経済への統合を目的として米国や諸外国で実践される新自由主義改革の相互関連的な循環のなかに強制送還政策を位置づけることで，強制送還前後のプロセスを接合し，その全体像を描き出した。強制送還後に米国顧客向けのコールセンターに雇用される英語が堪能な移民 1.5 世代の帰国者の事例[10]から，米国内の過剰労働力としていったん「廃棄（dispose）」されながらも，その労働力が再びグローバル資本によって利用されるという構図を示したのである（Golash-Boza 2015）。これに加えてゴラシュ＝ボーサは，移民コミュニティ内に生まれる排除への恐れが「移民による自己監視（immigrant self-policing）」（Golash-Boza 2015）を生み出し，移民労働者の脆弱性を招いていると指摘する。これは，まさにデ・ジェ

　　数年を経て沖縄に戻っていく現象を，彼らのノスタルジックな語りをもとに「同化と他者化」という視点で捉えた岸（2013）の研究から着想を得た。沖縄から本土就職し，自分の意志で沖縄へと戻る人々は，本書で扱う越境的な移動や移民規制の厳格化による帰国とはその背景が大きく異なるが，彼らの移住経験をめぐる語りから内在的に表れる意識にまで注目し，ある時代における特定集団の移住経験がもつ社会的意味を明らかにしているという点で，学ぶべきものが多い。

10）強制送還を含めた米国からの帰国者が，メキシコで多国籍企業のコールセンターに雇用されるについては，アンダーソンの研究も参照されたい（Anderson 2015）。

ノバらが提示した，送還リスクの認識それ自体が移民の脆弱性を生み出すという「追放可能性」にも類似する視点であり，規制の厳格化が移民の内面にもたらす影響にまで踏み込んだ研究といえよう。

これらの先行研究は，移民規制の厳格化の効果について収容や送還の規模だけでなく規律化の観点から迫り，それらが移民の内面に与える影響を明らかにした。ただし，その射程があくまで移民規制を行う受入国にとどまっているという点で限界がある。ゴラシュ゠ボーサは，受入国と送出国の双方を接合し強制送還政策を論じているものの，移民への内在的影響の越境性に迫ることはできていない。たとえば，移住から強制送還へ至るプロセスのゴラシュ゠ボーサによる図式化（Golash-Boza 2015: 23）では，移民が出身国への強制送還後に不安定な低賃金労働に吸収されることで，再び出移民になるというマクロ構造的側面のみが強調されており，帰国後の内面的葛藤を捉えるミクロの側面が捨象されている。しかし，このような単純な図式化は，出身国（送出国）に生きる被強制送還者の実情を十分に捉えているとは言いがたい。たとえば，近年の米墨間移住の傾向を論じたベセレは，越境をめぐる移民の負の経験が，強制送還に対する「予期（anticipation）」や「記憶（memory）」を生み出し，移動を断念させる大規模な人口の力学につながっていると論じている（Besserer 2014）。こうした議論をふまえるならば，送出国に戻った帰国者も分析の射程に含め，移民規制の厳格化が移民の内面にもたらす影響の越境性を，彼らのモビリティとの関連において検討する必要がある。

従来の先行研究では，移民政策の厳格化の下で，再越境の希望を抱く帰国者が，なぜモビリティを喪失し，出身地域にとどまり続けるのかという問いは長く不問に付されてきた。このような研究蓄積の欠如は，移動する人々に着目する学問上の前提が，「移動しない人々」に対する相対的な関心の低さを招いてきたことに起因する。これは，移動できない人々を不可視化する移民研究を批判し，カーボベルデ共和国において米国への移住が叶わない人々のインモビリティに着目したカーリングの問題意識とも呼応する（Carling 2002）。

また，この問いを検討することは，自己永続的に拡大する移住の流れを，いかなる政治経済構造の変化にも影響されないものとして論じた研究群に対する

理論的前提の問い直しにもつながる。これまで移民の社会的ネットワークや
エージェンシーに着目した研究は，どれほど規制が進行しようとも，何度送還
されようとも，移民たちは諦めずに米国を目指し，最終的に越境を成功させる
とみなされてきた（Parks et al. 2009）。しかし，こうした理論的前提への固執は，
移民規制の厳格化が移民の内面とそのモビリティに及ぼす影響を見逃してきた
といえよう。

　越境的な移動を望む人々が，将来的な移動の可能性を諦める状況を，どのよ
うに理解すればよいのだろうか。本書では，移民の送出地域であるメキシコ村
落部に暮らす人々を対象に含めることで，移民規制の厳格化の時代において，
モビリティの獲得と喪失がいかに経験されているのか浮き彫りにしていく。そ
れは移民規制の厳格化が，移民やその家族，そしてコミュニティにいかなる残
響を及ぼし続けているのか，というトランスナショナルな社会空間の変容にも
迫る問いとなるだろう。

3　分析枠組みと研究方法

1）都市と村落で異なる移住

　序章で示したように，本書は主にメキシコ村落部とその移住先であるカリ
フォルニア州フレズノ郡における事例に焦点を置きつつも，メキシコ都市部に
おける調査結果を参照点として示すことで，村落コミュニティを出自とする移
民が形成するトランスナショナルな社会空間に米国の移民管理レジームが及ぼ
す影響を，より効果的に描き出すことを目指している。そこで本節では，都市，
村落，そしてそこからの移動をめぐる議論の大枠をおさえつつ，それが本書の
議論とどのように結びついているのか示したい。

　人類学や社会学において，都市・村落間の社会関係や組織のあり方の差異・
類似を明らかにすることは，重要なテーマのひとつであり，とりわけ多くの人
類学者にとって，メキシコは村落の特徴を理解するための格好のフィールドと
なってきた。たとえば，米国の人類学者であるレッドフィールドは，ユカタン

半島の 4 つの地域社会の比較を通じて，小規模，孤立的，そして同質的で集団的連帯が強い地域社会を，「民俗社会」という理念型を用いて提示した（Redfield 1941; 倉沢 1999）。これは，ウルフがインドネシアとメキシコの先住民村落の比較を通じて論じた，周囲との接触が限定的で孤立的，かつ宗教的・聖的な実践が重要視され，村人たちが貧しさを共有するような「閉鎖的農民共同体（closed corporate peasant community）」（Wolf 1957）とも重なる。こうした村落の特徴は，同質性が強く凝集性の高いネットワークの下で取り結ばれた，相互扶助を基調とする社会関係をもっていることである。移住システム論やトランスナショナリズム研究の発展を支えた実証研究は，このような濃密な社会関係を有する村落や小規模の町を中心的な対象としてきたため，二次的紐帯に特徴づけられる都市からの移住にはその知見が適合しないと考えられてきた。しかし，これに疑問を呈したエルナンデス＝レオンは，移住システム論における社会的ネットワークとそれにもとづく社会関係資本のあり方が，村落と都市でどのように異なるのかに着目した（Hernández-León 2008）。

　モンテレイ―ヒューストン間の移住を実証的に検討したエルナンデス＝レオンは，都市部からの移住と対比して，村落部は同族内結婚の傾向が高く，このような密度の高い親戚関係が，相互扶助を基盤とした移住拡大の背景にあることを示した。他方で，都市からの移住においては，親族関係を用いた強い紐帯だけでなく，隣人や職場の同僚といった弱い紐帯を用いた移住が拡大することで，トランスナショナルな移住回路が形成されていることを明らかにした[11]。ただし，隣人や仕事仲間といった，都市において形成される二次的紐帯にもとづく相互扶助や互酬性は，集団内に制裁をもたらす強固で密度の高い村落部の関係性とは異なる。エルナンデス＝レオンも，こうした都市における弱い紐帯

11）このような都市的な弱い紐帯につながる議論として，ラテンアメリカのとりわけ都市部における人類学的研究を牽引したロムニッツの研究がある。ロムニッツは，『ネットワークと周縁性――メキシコのスラム街における人生』（1977 年刊）において，近代化と工業化を背景として農村から都市へと流入し，いまだ政府から承認されていない土地にスラム街を形成する人々が，限られた資源を活用してどのように生活しているのかを明らかにした。ロムニッツは，都市において人々は原子化された個人へと解体されるとする見方を退け，そこに互酬性を基盤とする関係を見出し，「コンフィア

で結びついた関係性は，村落と比べて強制性が低く，都市で形成された二次的紐帯に依拠する移住の場合，累積的に移住を促進する村落部のようなメカニズムはそれほど強く働いていないと結論づけた（Hernández-León 2008）。

　このような指摘は，本書のテーマである強制送還という危機的状況を，都市と農村からの移住者がどのように経験しているのかという問いにとって示唆的である。たとえば，都市からの移住者は，密度の低い社会関係に埋め込まれることで，グラノベッターの言う「弱い紐帯の強み」（Granovetter 1973）を最大限に活かした移住が可能だが，であるがゆえに，国家による排除が突然起こったときには，周囲からの支援を受けにくい脆弱な立場に置かれるかもしれない。あるいは，本書が扱う村落部は，共同体としての均質性と凝集性が高く，相互扶助を基盤とした社会関係は，「強制力のある信頼関係（enforceable trust）」（Portes 2010）によって取り結ばれていると想定される。したがって，強制送還という危機的状況においても，このような強い社会関係と相互扶助を基盤とする共同体は，排除の対象となる移民を受けとめるセーフティネットとしての役割を果たすと想定できるかもしれない。ただし，エルナンデス＝レオンも指摘したように，均質で高密度な社会関係によって形成される共同体は，成員の裏切りや離脱への制裁をめぐり監視と賞罰のシステムを有する，強い規範に縛られた社会関係ともいえる（Hernández-León 2008）。したがって，こうした村落における社会関係が果たして帰国者に包摂的作用をもたらすかは，トランスナショナルな社会空間を形成する集団内部の価値規範を含めた義務と互酬の関係性，そしてそれにもとづく排除の側面をふまえ，具体的に検討する必要がある[12]。

ンサ（confianza）」という概念を提示した。コンフィアンサはスペイン語で「信頼」を意味するが，ロムニッツはこれを「頼み，物，サービス，そして情報などの相互交換に参加する2人の人間の関係性が有する能力を測る心理社会的で動的な変数」（Lomnitz 1977: 193）と定義した。ロムニッツによれば，村落部では，各々が与えられた役割にもとづいて社会関係を構築するが，都市という新しい環境では実際の日常生活における心理社会的距離，物理的近接性，そして文化や個人的側面を含めた相互知識の共有度が，相互のコンフィアンサに影響を与え，互酬的な関係性が構築される（Lomnitz 1977）。

2) トランスナショナルなモラル・エコノミー

このような集団内部の価値規範や道徳に規定された社会関係を考えるうえでヒントとなるのが、これらを社会秩序と密接に結びついた問題として検討してきた社会学や人類学の知見である。特に、生存水準の限界で暮らす民衆の行動原理に迫る分析を通じて、その社会における義務や権利、文化や宗教にもとづく価値規範や道徳の重要性を浮き彫りにした、トムスンやスコットによる「モラル・エコノミー」概念を用いた諸研究（Thompson 1966, 1971; Scott 1976=1999）を手がかりに、規制の厳格化の時代における移民コミュニティの経験を明らかにすることができる。

モラル・エコノミーとは、「社会に埋め込まれ道徳的規範を伴った経済的諸関係」（上田 2003）を指し、市場経済の論理では把握できない民衆の行動原理を浮き彫りにする概念である。モラル・エコノミー論の嚆矢であるトムスンは、18〜19 世紀のイギリスの民衆運動に、経済史と民衆史の双方から光をあて、飢饉の際に発生した食料暴動の論理を明らかにした（Thompson 1966, 1971）。それによれば、飢饉の際には公共の福祉が優先されるべき、というその社会で伝統的に共有されてきた道徳的規範を無視し、利潤の最大化という資本主義経済の論理にもとづいて暴利をむさぼる製粉業者や商人に対する民衆の懲罰意識が、暴動を引き起こしたとされる（Thompson 1971）。

また、東南アジアにおける農村社会の政治と反乱について研究したスコットは、このトムスンのモラル・エコノミー論を用いて、資本主義の発展にともな

---

12) トランスナショナリズム研究が前提としてきた均質的な凝集性と調和性に疑問を示し、トランスナショナルな社会空間における対立や不協和音に目を向けた研究も進展してきた。たとえば、エスニシティや相互扶助を基盤として形成されるトランスナショナルな社会空間における不協和音に目を向けた研究に、ニューヨークとロサンゼルスにおけるコロンビア出身の移民たちが抱える相互不信の問題を取り上げた、グアルニーソらによる研究がある（Guarnizo et al. 1999）。ただし、この研究はそもそもの凝集性が村落出身者に比べて低いとされる都市部出身の移民を対象としたため、村落部の移民が形成する社会関係のなかで相互不信がどのように形成され、共有されるのかという、共同体内部における社会規範や義務と互酬性をめぐる論理については言及していない。

う歴史的ダイナミズムをふまえながら，農民による反乱がどのような条件の下で発生するのか析出した（Scott 1976=1999）。

スコットは，農民による反乱は，伝統的なモラル・エコノミーが資本主義経済の論理によって無視され，農民たちの互酬性の規範と生存維持権が脅かされた際に，エリートたちに対してその道徳的な義務を守るよう強制するために発生したと指摘している（Scott 1976=1999）。スコットは，このような議論をふまえ，民衆の生存維持に向けたモラル・エコノミーを，資本主義経済の論理にもとづく搾取に対する抵抗や連帯の契機として見出したのである。

では，このようなモラル・エコノミー論は，本書の議論とどのように関連づけられるのだろうか。トムスンとスコットの研究には，モラル・エコノミーの基盤となる社会的契約を考えるうえで，生産労働を提供する農民や労働者，そして彼らの再生産領域に対する社会保障は，一国・一地域の内部で閉じられたものという前提があった。しかし，メキシコのミシュテコ先住民村落から米国への移住を検討したカーニー，ナジェンガストやベセレらの「トランスナショナル・コミュニティ」をめぐる議論が示したように，移民は移住先においても出身コミュニティとの複数のつながりを維持しながら，政治・経済・宗教的な実践を再生産しており（Kearney and Nagengast 1989; Kearney 1995a, 1995b; Besserer 2004），移住がそのコミュニティのモラル・エコノミーの喪失を招くと考えるのは早計である。

トランスナショナリズム研究の進展とともに，送出社会の規範がいかに移住先にまで拡張し，移民の行動に影響を及ぼすのかという問いに対して，経済合理性だけでは説明できない人々の選択や行動を念頭におくモラル・エコノミー概念を用いた移民研究が蓄積されてきた。たとえば，義務や恥といったカースト制度にもとづく価値規範が埋め込まれたインドの村落コミュニティのモラル・エコノミーが，移民とその家族の行動を制約する越境的な社会的圧力を生み出すことを明らかにした研究がある[13]（Velayutham and Wise 2005）。また，欧

---

13) 類似した議論に，フィリピンからイタリアへの移住を事例にしたカティバックの研究があげられる（Katigbak 2015）。

州に移住したウクライナ移民と家族の経験に着目したソラリは，移民とその家族による経済的・社会的仕送りを通じて，共産主義と資本主義という対立的な価値規範が混在した新たな「トランスナショナルなモラル・エコノミー」が形成されていることを示した（Solari 2018）。

また，モラル・エコノミーという概念を直接的に用いてはいないものの，アルジェリアの農村からフランスへの移民経験を双方の社会を射程に入れて明らかにしたサヤドの研究も注目に値する（Sayad 1999=2004）。サヤドは，アルジェリアからフランスへの移住を三世代にわたって検討することで，移住がもつ意味と，世代交代によるその変化について考察している。とりわけ，フランスに暮らしながらも，農民としてのアイデンティティや農村特有の秩序を維持しようと腐心する第一世代の移民の姿は，出身コミュニティの価値規範や道徳といったモラル・エコノミーの越境的再生産の試みとして理解できる。

これに加えて，モロッコの伝統的な「名誉と恥」という価値体系が，フランスに移住したモロッコ移民コミュニティでも共有され，移民の行動を規定しているさまを明らかにした渋谷（2005）も，本書の議論に貴重な視座を提示する。渋谷は，モロッコへの送金，家の建築や車の購入といった「顕示的消費」（Vebren 1889=1998）だけでなく，集団内部の伝統的価値規範を移住後もいかに維持できているかが，移民たちの間で繰り広げられる「名誉競争」において重要な意味をもつと指摘する。この名誉競争に参加する男性たちにとっては，村の伝統的な価値規範から逸脱しないよう，妻や娘の行動を管理できるかが重要とされる。とりわけ，女性の身体やセクシュアリティに対する管理・抑圧は，トランスナショナルな社会空間における「うわさ」を通じて達成される[14]（渋谷 2005: 123 142）。モロッコ移民らが体現するこうしたモラル・エコノミーは，トランスナショナルな社会空間における人々の振る舞いを規定する作用をもたらしている。

近年では，特定の社会や集団の価値規範のシステムそれ自体への関心の高ま

14）こうした「うわさ」は，集団内の規範や価値を再認識させ，集団内部の規範をよりいっそう内面化させると同時に，集団の凝集性を高める上で重要な役割を果たしている（渋谷 2005: 69-73）。

りから，道徳や価値規範をめぐる人類学の領域と接合し，モラル・エコノミーをめぐってより広い概念的な解釈が試みられている（Palomera and Vetta 2016）。たとえば，人類学者のファッサンは，フランスの難民庇護政策を事例に，申請者の包摂と排除をめぐって，同情と抑圧という2つの矛盾した道徳的規範が作用していると論じている（Fassin 2005）。そこでは，秩序の政治と同時に，苦しむ人々への救済という人道主義的な論理が用いられ，特定の難民申請者の受入れが正当化されるのである。この議論に触発されたショーヴァンらは，脆弱な法的地位をめぐって社会に浸透する支配的言説と政策の交差に着目し，移民の非合法性をめぐるモラル・エコノミーを検討している（Chauvin and Garcés-Mascareñas 2012）。従来のモラル・エコノミー研究の多くが，民衆が共有・維持するローカルな価値規範を主に扱っていたのに対して，これらの研究は，上からのモラル・エコノミーとも呼べるような特定社会の言説や政策に浸透する道徳や規範に焦点をあてることで，概念を発展させてきたといえる。

　こうしたモラル・エコノミーをめぐる議論をみてゆくと，この概念の強みは，何が善とされ，何が社会的に許容されるかという道徳や価値規範の境界をめぐるダイナミックな闘争の場，その権力関係および政治性に光をあて，草の根レベルの生活実践を規定するあいまいな論理と価値規範の実像を浮き彫りにすることにあるといえる（Palomera and Vetta 2016）。

　これをふまえると，本書の課題は，メキシコ村落出身の移民と家族が形成するトランスナショナル・コミュニティが，上からの抑圧と排除に対して，どのような反応を示すのかという問いに収斂される。換言するならば，米国社会に浸透する移民の包摂と排除をめぐる言説が，米国の移民，そしてその出身地域であるメキシコの村落においてどのように受けとめられているのか，そして村落コミュニティを舞台に発動するモラル・エコノミーは，こうした上からの秩序に対していかに作用・変容するのかという問いである。本書は，越境的に形成される村落コミュニティを，上からの支配的な秩序に対する抵抗や連帯の拠点，あるいは新たな抑圧装置の一部と決めつけるのではなく，資本主義の進行とともに再編成される社会経済構造のなかで両義性をもつ社会組織として捉え，当事者への丹念な聞き取りを通じて考察していくことを目指す。

その際に，本書は従来のモラル・エコノミー概念を，越境的な広がりのある社会空間に作用し，送出社会と受入社会双方の価値規範が相互に伝播して形成される「トランスナショナルなモラル・エコノミー」(Solari 2018) へと拡張する。これによって，移民の排除を正当化する上からの言説がメキシコにいかに浸透しているのか，またメキシコ村落の社会的秩序の源泉が，トランスナショナルな社会空間においていかに維持されるのか描き出すことができるだろう。

これらの相互作用を捉えるうえで，本書は，村落コミュニティを一枚岩とみなすのではなく，特に世代やジェンダーによる重層性に着目する。先に挙げたサヤドや渋谷の研究が示すように，同じ村落コミュニティを出身とする社会集団であっても，世代やジェンダーに応じてどの価値規範に依拠するのかは変化しうる。こうした側面に着目することで，トランスナショナルなモラル・エコノミーが生み出す衝突と交渉をとらえ，規制の厳格化の時代に生きる移民とその家族の，複雑であいまいな経験を明らかにしていく。

3）移民政策と支配的言説

本項では，ここまでの議論をふまえ，移民に対する包摂と排除の境界線をめぐって，いかなる言説が米国社会において形成されてきたのか検討したい。詳細は第2章に譲るが，ここでは，移民の包摂と排除をめぐる支配的言説の原型を示しておく。

現在の大規模な強制送還につながる規制の厳格化への布石が法的に形成されはじめたのは，1990年代後半にさかのぼる。その後，9.11同時多発テロを契機とした移民政策の安全保障化は，刑事司法政策との相互浸透を生み出し，無登録移民の犯罪者化に結びついてきた。とりわけ，オバマ政権の下で加速した強制送還政策を正当化する，「強制送還に至る者は犯罪者である」という論理は，米国社会にとって「望ましい移民」と「望ましくない移民」という二元化された言説をより強化したといえる。

他方で，どのような移民が米国社会への包摂に値するかという議論も，排除をめぐる議論とともに，支配的言説の形成においてコインの裏表のような役割を果たしてきた。高学歴の若者移民の包摂を企図したドリーム法案をめぐる議

論はその最たるものであろう。米国にすでに社会的に統合されている罪のない若者たちには正規化のチャンスが与えられるべきであるという考え方は，特定の条件を満たした若者移民に暫定的な権利を付与する DACA プログラムをめぐる議論でも，主要な言説として米国社会に受け入れられてきた（Nicholls 2013）。また，このプログラムの応募条件には，社会保障の負担にならない経済的自立性などが含まれており（飯尾 2017），勤勉さや有用性に重きを置く考え方が，さまざまな言説に浸透していることが分かる（Nicholls 2013）。

　米国社会における移民の包摂と排除に関する主要な言説は，主に法制度，そしてそれをめぐる政治的議論によって生み出されてきた。ただし，連邦制度の下で，聖域都市とそれ以外ではストリートレベルの取締りの実践に差異があることも指摘されている（Varsanyi et al. 2012）。規制の実践にばらつきがあることをふまえ，特定のローカリティをもつ調査地において，移民やその家族がどのように規制をめぐる秩序を認識し，日常生活に反映させているのかまで検討する必要があるといえる。

　本書では，調査地であるカリフォルニア州フレズノ郡の事例を検討するうえで，次の 3 点に注意して分析する。ひとつは，米国有数の農業地帯としてのフレズノの特徴である。フレズノは伝統的に保守傾向が強く，白人を中心とした農場主が利益団体として政治的に強い発言力を有しており，取締りにはしばしば彼らの意向が反映されてきたという。農場で真面目に働いていれば，労働の場で検挙されにくいと調査協力者の多くが考えていた点は注目に値する。

　また，男女によって異なる規制をめぐる経験にも着目する必要がある。フレズノにおける筆者のフィールド調査でも，男性が飲酒運転や家庭内暴力などさまざまな触法行為によって強制送還される一方で，女性は法を順守し子どもを守って生活するというジェンダー化された二項対立的理解が浸透していることが明らかになっている。

　最後に，規制の厳格化をめぐる通時的変化に注意する必要がある。2015〜19 年にわたる調査期間は，ちょうどオバマ政権からトランプ政権へ移行した時期にあたる。特定の社会空間における規制のあり方と同時に，米国における政権交代は，規制とそれに対する移民の認識をどのように変化させたのか。移民の

包摂と排除をめぐる米国の支配的言説が，移民とその家族によりいかに認識されているのかという点まで踏み込む本書においては，こうした時代の変化に留意した分析が必要である。

4）越境的に再生産されるモラル・エコノミー

米国における支配的言説に対して，メキシコにおける村落コミュニティの価値規範を内包したモラル・エコノミーとは，一体どのようなものか。エスペランサ村出身の移民やその家族が形成する，トランスナショナルな社会空間におけるモラル・エコノミーの核を捉えるには，メソアメリカの先住民共同体の基礎をなす制度である「カルゴ・システム（行政的・宗教的階梯制度）」について理解する必要がある。

カルゴ・システムとは，スペイン人支配下にあった植民地時代を起源とする，ラテンアメリカの行政的・宗教的な自治組織を指し，学術的には「村落社会の居住者を「閉鎖的」に「共生」させてきた組織・制度」（禪野 2006）と考えられている。具体的には，ヒエラルキーをともなう体系的・階層的な役職制度であり，村人は与えられた役職に付随する責務や無償奉仕の義務を果たすことで，そのヒエラルキーを上昇していくことができる。ウルフは，このカルゴ・システムにともなう出費が村落内部の富の平準化をもたらし，共同体内の安定を維持してきたことを指摘している（Wolf 1957）。

この制度はひとつの確固たる定型があるわけでなく，各村によって独自の形態をとり，また時代とともにその形を変えながら「共同体への帰属意識や共同性の核」（禪野 2006: iii）を醸成する役割を果たしてきた[15]。すなわち，村で土

15）具体的には，この制度は村が共同で所有する土地を中心としながら準自立的に組織され，自給自足的生産を基盤とする村落コミュニティ内部の蓄積プロセスを管理している。カルゴ・システムを通じて，村人は無償の肉体労働や，ヒエラルキーにもとづいた職務あるいは金銭的貢献を行い，村における政治経済システムの再生産を担っている。従来の研究は，カルゴ・システムを閉鎖的な共同体を維持する組織・制度として描いてきたが，村落コミュニティからメキシコ都市部への国内移住，あるいは米国への国際移住が進展するにつれて，カルゴ・システムの変容や村落在住者と移住者との関係に着目した研究も蓄積されてきた（禪野 2006; Worthen 2012; Ventura Luna 2010 など）。

地や家を保有し成員として認められるためには，カルゴ・システムを通じて村へのメンバーシップを常に維持することが不可欠である[16]。村落部から都市部へ，あるいは米国へといった越境的な移動が拡大するなかでも，村落コミュニティ出身の移民は越境的に維持されるカルゴ・システムにさまざまな形で組み込まれ，村の成員としての権利を保持し，再分配機能を通じた社会的連帯を維持してきたのである[17]。

　特に，先住民村落における移民送出による人口減少の顕在化は，カルゴ・システムの制度上のルールにさまざまな変化をもたらしてきた。たとえば，それまで男性にのみ認められていた役職が女性にも開かれる，あるいは村への無償奉仕として位置づけられてきた仕事について，金銭を介した代理人を立てることが許容されるといった事例が報告されている（たとえば Worthen 2012 など）。本書が検討するエスペランサ村のカルゴ・システムは，現在に至ってもなお村の祭事以外で女性の参画は許されておらず，男性にのみ開かれた制度であるが，村の祭りの数の縮小，役職にかかる年数の抑制，そして役職に金銭を介した代理人を立てることを許可するなど，規定をさまざまに変容させてきた（Ventura Luna 2010）。エスペランサ村では，このようなカルゴ・システムを中心とする道徳的な価値規範やジェンダー秩序が維持され，村落コミュニティのモラル・エコノミーの核となってきた。

　また，村の男性たちは，「移住の文化」（Cohen 2004）にみられるように，一

---

16) 先住民出自の移民たちのあいだでは，村で生きる権利を保障するメンバーシップを指してシウダダニア（ciudadania）という言葉が使われる。また，エスペランサ村では，村の成員を指す言葉としてコミュネロ（comunero）がある。

17) カルゴ・システムを基軸とした生活世界における「われわれ」という意識は，村のメンバーシップを有しているか否かに依存し，個々人のエスニックなアイデンティティとは必ずしも一致しない。たとえば，1.5 世代や第二世代が自らの先住民性を強く意識したアイデンティティをもっていても，カルゴ・システムを担っていなければ，狭義の意味では村に属さない存在として目される。これは，従来の「トランスナショナル・コミュニティ」研究がコミュニティ内の均質性を暗黙の前提として保持していたこと——特に，共通のエスニシティや出自にもとづくアイデンティティが男性移民の第一世代によって共有され，一定の凝集性を持つものとして描かれてきたこと——に対するウォルディンガーらの批判にも呼応する（Waldinger and Fitzgerald 2004）。

定の年齢に達すると米国への移住と仕送りが役割として課せられてきた。移住の拡大は，社会的期待にもとづく移住の成功と失敗といった二元的な認識も生み出し，移住によって貯金を行い，自宅の建設などの成果を示すことができた者の帰村は「よい帰国」として称揚される。しかし，強制送還などによって無一文で帰村した者は周囲から侮蔑の対象となり，本人もまたそれを「恥」として認識していた。すなわち，カルゴ・システムにもとづく村落コミュニティへの義務を果たさない者，あるいは移住によって資産を蓄えることができなかった者は，村落コミュニティにおけるモラル・エコノミーから逸脱したとみなされる。他方で，家父長制的で男性中心主義にもとづくエスペランサ村のカルゴ・システムにそもそも含まれていない女性については，娘，妻，そして母親としての伝統的なジェンダー秩序に則った役割を果たしているかどうかが，周囲からの評価においてきわめて重要となる。

5）調査手法

　本書は以上のような問題関心と分析枠組み，そして調査地の社会的状況をふまえ，米国の移民管理レジームとその影響の全体像を，移民送出国であるメキシコを射程に含めて描き出すべく，ある特定の国の一地点だけにとどまらず，複数の地点で実施した調査をもとに分析を行っている。このような調査手法として，複数の現場を横断する文化現象を追いかけることで世界を把握しようとする，人類学者のマーカスが提唱した「マルチサイテッド・エスノグラフィー」（Marcus 1995）が挙げられる。

　複数地点の調査を通じて一見非連続的な現象を捉えようとするマーカスに対して，世界中に離散したペルー移民のグローバルネットワークの実践とそれを支える意識を明らかにしたパエレガードは，「拡張されたフィールド（extended field）」（Paerregaard 2008）という方法論的概念を提示した。これは，複数現場での調査を単に合算するのではなく，「いくつかの異なる土地における移民生活の特定の側面（移動，ネットワーク，生活，アイデンティティ，制度，集合行為）について，短期間であるが深い研究の数々を，連結させること」（Paerregaard 2008: 22）の重要性を強調するものである。

パエレガードの研究を論評した稲津はその特徴を，「複数の調査地のあいだ
に埋もれてしまった当事者に関する事実を記述していくこと」（稲津 2009）へ
の志向であると述べている。

　本書も，国境を越えた複数のローカリティに根ざす移民の意識や実践を捉え
るために，パエレガードの「拡張されたフィールド」という方法論的概念に依
拠する。特に，米国の移民管理レジームの全体像を射程に含めるべく，特定の
送出村落とその移住先という 2 地点だけでなく，メキシコ都市部や複数の異な
る村落における調査も分析に含めている。それは，一見複数の調査地の非連続
性を印象づけるかもしれないが，むしろ移民規制の時代における移民のトラン
スナショナルな実践とそれにもとづく主観的意味世界の変容を，各々の調査を
重ね合わせ，相互補完的に描き出すという効果が期待できる。

　このような拡張的エスノグラフィーという視座をふまえ，米国およびメキシ
コの異なる地点での複数の調査を組み合わせた本書のデータは，半構造化イン
タビューと参与観察を組みあわせたフィールド調査にもとづいている。本書は，
調査協力者である移民やその家族へのインタビューを重ねていく際，機能論的
な推論を基本としながら，語りを解釈し，彼らの置かれた社会の制度的あるい
は規範的現実を記述しようとするライフヒストリー論の解釈的客観主義（桜井
2005：25）に依る。これは，多数の聞き取りを重ねることで表れる一定のパ
ターンを見出すことで特定の社会的現実を浮かび上がらせるとしたズナニエツ
キの「分析的帰納法」（Znaniecki 1934=1971），あるいはグレイザーらによる
「データ対話型理論」（Glaser and Strauss 1967=1996）に類似したアプローチとい
える。これらのように，得られた数々の語りから帰納的に問いに立ち返り，必
要な修正を図る往還的な調査手法をとる場合であっても，最終的な執筆の際に
は，問いとデータから導き出した議論の内容が合致する，いわゆる全ての辻褄
があった状態で提示するのが望ましいとされている。しかし，本書は 10 年近
くにわたる複数の地点でのフィールド調査において，調査者である筆者自身の
思い込みによる失敗や戸惑い，そして当初の想定が覆されていく経験それ自体
に，本書の重要な知見につながる発見があったことから，そうした当初の問い
や仮説を問い直す過程も含み込んだ議論を示すこととした。

本書は，調査協力者の語りが全て客観的に証明できる事実にもとづいている，という前提に立つわけではない。エスノグラフィーは，調査協力者の経験や記憶が語られ，それをもとに聞き手である調査者が記録し解釈するなかで，再構築されたものである。その意味で，調査協力者の声をそのまま再現することはできないし，唯一無二の真実として扱うこともできないという「表象の不可能性」（青山 2007）を認める必要がある。そして，たったひとつの真実を見出すことを自己目的化し，「正しい事実」を選び取ることに躍起になり，調査協力者の語りに含まれる「嘘」や居心地の悪い間違いそれ自体を切り捨てるのではなく，それらを解釈のなかに織り込んでいくことが重要である。その際有効な手法となるのが，同一の事象に関する複数の関係者への聞き取りである。調査協力者が生きている社会関係の内実に，また語られることと実際の行動との矛盾や齟齬に注目し，なぜ調査協力者がそのような言動に至ったのかを意識しつつ，そこに隠された社会的文脈にまで注意を払う必要があるだろう。往々にして，このような言動の不一致，あるいは本人からは決して語られないことに，調査協力者が置かれた社会的現実に迫るうえで重要な事柄が隠されている。また，先住民言語で交わされる会話を分析に含めることができなかったことは本書の限界であるが，言語的に可能な範囲で，調査協力者らの間で日常的に交わされる噂話にも注意を払うことは，越境的に伝播する価値規範や言説のあり方を理解するのに重要な役割を果たした。

6）調査の概要

本書のデータのもととなる主なフィールド調査は，次の４つ──①メキシコシティの大衆居住区ネリワルコヨトル，②メキシコ南部オアハカ州の３つの村落，③同州のエスペランサ村，④米国カリフォルニア州フレズノ郡──に分けられる（地図１参照）。

①の調査は，2012 年 2〜3 月と 2012 年 8〜9 月の 2 回にかけて，米国からメキシコへの被強制送還者を含めた帰国者が，メキシコ都市部においてどのように再編入されているのか，そしてどのような条件によってその再編入プロセスが変化するのか明らかにすることを目的に行った。メキシコシティ周縁部に位

地図1　本書の調査地

置する大衆居住区ネサワルコヨトルで出会った調査協力者の自宅に仮住まいをさせてもらい，合計69人に対する聞き取り調査を行った。

②の調査は，都市から村落へと視点を移し，村落ならではの帰国者の経験を捉えるべく，適切な調査地を探索する過程で，2014年9月〜15年3月に断続的に実施した。移民送出地域であり，トランスナショナル・コミュニティを形成していることでもよく知られるオアハカ州に焦点を定め，都市部で構築した調査者ネットワークなどを用いながら，オアハカ州シエラ・ノルテ地域における4つの村落（X, Y, Z, S村と表記）を短期的に訪問し，調査を行った。調査条件に合致する村探しは難航を極めたが，コミュニティ内における，強制送還による帰国者へのまなざしを考えるうえで，重要な示唆を得られた。

③の調査は，2015年1〜2月，2017年3月，2018年8月にかけて実施した[18]。まず2015年1月と2月にエスペランサ村に滞在し，予備調査を行った。この調査において，エスペランサ村の移住の歴史の概略を把握した。エスペランサ村出身者が特にフレズノ郡に居住し，トランスナショナルな社会空間を形成していること，そして被強制送還者を含めた帰国者が複数名存在することを確認した。その後，2017年と18年に村を再訪し調査を実施した。

④の調査では，エスペランサ村の越境的なコミュニティを米国側で検討する

---

18) オアハカ州政府の帰国者支援事業に携わるルフィーノ氏にインタビューを申し込んだところ，氏の出身村であるエスペランサ村にも被強制送還者を含めた帰国者がいるとして訪問を勧められたことが，同村を調査する契機となった。

第 1 章　強制送還をトランスナショナルに把握する　　45

うえで，出身者が最も多く居住するフレズノに照準を定め，2017 年 9〜10 月，
2018 年 8〜9 月，2019 年 2〜3 月の計 3 回にわたって調査を実施した[19]。主に，
米国の移民管理レジームを移民たちがどのように経験しているのか，またコ
ミュニティが強制送還をいかに認識しているのかに着目した[20]。

　フィールド調査では，日本の大学に所属する院生として自身を紹介し，修士
論文あるいは博士論文のための調査をしていると伝え，研究の目的について説
明したうえで，機縁法を用いて調査協力者を募った。

　メキシコ村落部（②③）では，メキシコメトロポリタン自治大学イスタパラ
パ校のフェデリコ・ベセレ教授による身元紹介状を提示し，各村長に調査のた
めの滞在許可を得たうえで調査を行った。インタビューの冒頭に録音機の使用
をお願いし，録音を好まない場合にはフィールドノートに会話内容を書き取り，
その後できる限り詳細を記録している。聞き取り調査は，30 分程度で終わる
こともあれば，3 時間以上かかる場合もあった。可能であればフォローアップ
として聞き取りを 2 回以上行っている。③と④の調査を通じて，男性 32 人と
女性 14 人（エスペランサ村）および男性 16 人と女性 36 人（フレズノ郡）の計
98 人に半構造化インタビューと参与観察を実施した。また，人々とのイン
フォーマルな会話から得られたデータも本書の分析に使用している。

　メキシコ村落部では住民同士は主に先住民言語（ミシュテコ語など）を話し
ているが，聞き取りは調査者（筆者）が使用可能な英語あるいはスペイン語で
行っている。老齢の女性でスペイン語でのやりとりを望まない場合は，スペイ

---

19) エスペランサ村で構築したネットワークと，過去にエスペランサ村に入り人類学的調
　　査を行った元大学院生（メキシコメトロポリタン自治大学）を頼りに，フレズノに暮
　　らすエスペランサ村出身者とコンタクトをとった。両親がエスペランサ村出身で移民
　　二世の女性とその家族に世話になりながら，筆者の子どもも帯同し，調査を行った。
20) 2 回の調査を実施した 8〜9 月は，季節労働のなかでもブドウ摘みという稼ぎどきの時
　　期にあたり，朝 4 時に起床し，夕方寝るために家に戻る移民とその家族にとって，肉
　　体的にも精神的にも聞き取りに応じる余裕はなかった。調査時期と季節労働の時期が
　　重なるという問題については，専業主婦として家にいる女性や学生など，異なる層に
　　アプローチすると同時に，3 回目の調査は 2〜3 月に訪問することで，季節労働の繁忙
　　期を避け，より広い層にアプローチすることが可能となった。

ン語とミシュテコ語の 2 言語ができる 20 代の村出身女性に通訳を頼むことも
あった（ただし，本書において語りのデータとしては用いていない）。また，すで
に述べたとおり，調査協力者の匿名性を担保するために，本書における村落の
名称（エスペランサ村）および調査協力者の名前は全て仮名である。また，年
齢は初回のインタビュー時にもとづいている[21]。

4　調査者としての立場性

　日本からやってきた大学院生という立場で調査を開始した筆者の「よそ者」
としての立場性は，聞き取りにおいて調査協力者の自己開示性を高める効果を
まれにもたらしたが，調査協力者との関係性においてさまざまな葛藤や困難を
も生み出した。プラマーが指摘するように，筆者は観察者および解釈者，そし
て他者を表象する知識の「構築者」（Plummer 2001: 206）として，大学という制
度をさまざまな形で利用しながら調査に入り，得られたデータを再構築し，分
析を行ってきた。本書の議論において，そうした調査者がもつ圧倒的な権力性
を無視することはできない。他方で，フィールド調査に出れば，外国人かつ女
性という立場によって，調査協力者と筆者の権力関係はときに反転することも
あった。本節では，調査者としての立場性が調査にもたらした影響について，
本書のテーマを探求していく際に得られた知見との関連において述べるととも
に，表象をめぐる社会的責任について言及したい。
　メキシコ都市部の調査では，複数回の聞き取りを重ね，調査協力者と関係性
を構築するなかで，実は強制送還による帰国なのだと打ち明けてくれることも
あった。また，協力者が強制送還の経験を語った後に，やはり調査には協力で
きないと意思表示したため，聞き取りノートを一部廃棄することもあった。こ
のような経験を重ねるなかで，強制送還による帰国は，ときにトラウマをとも

21）なお，博士論文提出後にエスペランサ村（2023 年 8 月）およびフレズノ（2024 年 3
　月）を訪れ，連絡のついた調査協力者の方々に博士論文の完成を報告した。この訪問
　で得られた新たな情報については，本書の議論に関連する限りにおいて使用している。

なう，きわめてセンシティブなイシューであることを身をもって理解した。ただし，この時はよそ者である調査者との信頼関係の欠如に第一義的な要因があると考え，強制送還という経験それ自体がメキシコ社会においてどのようにみなされているのか，その否定的なまなざしやスティグマまで十分認識することができていなかった。

　メキシコ村落部の調査では，匿名性に特徴づけられた都市空間から村落部に調査の場を移し，村人たちと関係性を構築するうえで，「若い女性」とみなされることがいくつかの障壁をもたらした。たとえば，調査を始めた当初は，役場に頻繁に顔を出していたが，しばらくすると自分があまり快く迎え入れられていないことに気がついた。村の男性たちにとって，役場は村の役職を担う男性にのみ許された空間であり，筆者のような女性に開かれた場ではなかったのである。また，限られた期間で調査を進める必要があったこと，そして他の村人が同行すると聞き取りに制約が生じることを懸念し，あえて1人で村を回り聞き取りを行った。単身の女性が男性と2人きりになることは，明らかにローカルなジェンダー規範を逸脱した行為であり，それは結果的に調査者と協力者の間に親密性の問題（藤田・北村編 2013: 209）を引き起こした[22]。

　質的調査では，いかに「語ってもらえる私」（波平・小田 2010: 95-98）になるかが重要とされているが，強制送還によるトラウマ的経験や，家族と離れて1人で村に暮らす孤独や苦しみを想像する，「よい聞き手」であろうとすることが，相手に誤った認識を抱かせた可能性は否定できない。また，メキシコの大学から身元保証の手紙を持参していたとしても，後ろ盾となる男性の存在が見えなかったこと，そして，男性に対する聞き取りを1人で行おうとしたことがこうした問題を引き起こした。

22）たとえば，米国に家族を残したまま帰国し，1人で村に暮らすある男性の自宅を訪れた際，聞き取りが終わってから，お金を払うからと性的な行為を暗に求められたことがあった。慌てて自分にはそのつもりは全くないと断り，すぐにその男性の家を後にした。また，米国に家族を残し単身で村に暮らす別の男性から，酒に酔った状態で絡まれるなど，居心地の悪い思いをさせられることが何度かあった。特に，当時この男性が村で権威をもつ男性であったためか，周囲にこうした行為を諫める人はおらず，どう対処すべきか苦慮した。

2015 年 3 月に日本へ帰国した後，筆者の妊娠・出産によってすぐにメキシコに調査に戻ることができなかったが，フィールドから一定の距離と時間を置くことで，こうした調査上の問題を改めて検討しなおすことができた。また，出産を経て「母親」というアイデンティティを得ることが，調査協力者との関係性に変化をもたらし，事態を好転させられるのではないかという期待もあった。

2017 年にエスペランサ村へ戻った際は，それまでの反省をふまえ，男性には女性の親族を介して聞き取りを依頼し，単身男性を訪問する際には女性の友人に同行を依頼した。また，子どもを帯同して調査に入り「母親」として印象づけるよう努めた結果，若い未婚女性を指すセニョリータ（Señorita）ではなく，既婚女性であるセニョーラ（Señora）と呼ばれるようになり，協力者との間に適度な距離を保つことが容易になった。これらは調査者としての未熟さゆえの失敗や困難を受けての対処であったが，村落の厳格なジェンダー規範から逸脱することの意味を身をもって経験したことは，村落で共有される道徳や価値規範の核にジェンダー秩序がきわめて重要な位置を占めていることへの気づきをもたらし，のちの分析に影響を及ぼした。

他方で，フレズノ郡における調査は，調査者と調査協力者の間に存在する非対称的な権力関係を省みる経験でもあった。エスペランサ村で知り合いになった人々に，フレズノに住む家族や友人・知人を紹介してもらうという形で聞き取りを進めたが，ときに調査協力者に強い警戒心を抱かせ，調査を断られることもあった。移民たちが自身の経験を過去のものとして振り返ることができるメキシコでの聞き取りとは異なり，米国での調査は，無登録移民やその家族の生活を直接的に脅かすものとみなされることもあった[23]。調査協力者の懸念をできるだけ払拭すべく，いつでも調査協力を撤回できること，そして彼らの側

23）ある無登録移民の男性に聞き取りを行った際に，筆者を警戒した男性の娘からいくつも質問を投げかけられたことがあった。後から，さっきは問い詰めるようなことをして申し訳なかったと謝られたが，むしろ相手に不安や懸念を抱かせたことについて筆者も改めて謝罪した。検挙や送還のリスクを抱える両親を守ろうとする彼女の反応は当然のものであり，筆者の聞き取りそれ自体が不安や恐れを呼び起こす可能性がある。調査者として，いかにこうした懸念や不安を取り除くことができるのかが問われている。

にそれを決める権利があることを聞き取りの際繰り返し伝えるよう心がけた。

　また，フィールド調査における，外部からの研究者に対する不信感についても言及せねばならない。たとえばある男性は，女性を二級市民として扱うジェンダー秩序に疑問を感じる一方で，それを外部の研究者に開示することで，村落コミュニティとしての実践や営みの全てが後進的なものとして論じられ，米国社会からの批判や攻撃を引き起こすことを恐れていると述べた。

　この率直な告白は，「研究者は蚊のようだ。血を吸っては去って行ってしまう」（Cochran et al. 2008）という，研究者による情報の搾取がコミュニティに及ぼす実害に言及した，アラスカ先住民の言葉を想起させた。筆者の調査は断続的で短い調査を組み合わせたものであり，積極的にこのような調査上の瑕疵を乗り越えることができなかった。調査協力者からみれば，本書は彼らが直面する困難の解決には直接結びつかず，調査する者とされる者との非対称性が際立っていたことは否定できない。上の男性の言葉は，社会調査の倫理や研究成果の還元といった幅広い問題を，今もなお筆者に突き付けている。

　また，上で語られた懸念は，外からやってくる調査者によって産出されたデータやテキストが人々に読まれ，ねじまげられ，誤読される可能性に対する当事者の深い憂慮を示している。表象をめぐる社会的責任について論じたファインらは，研究が潜在的にもたらす影響力を認識し，「どのように読んではならないか」という研究者の考えを明示することの重要性を説いている（Fine et al. 2000=2006: 112）。これに倣って，筆者の立場を示しておきたい。

　本書の事例には，米国で何らかの違法行為に関与した当事者の語りが含まれるが，それは「犯罪者」としての移民のステレオタイプを強化するためではない。また，メキシコ村落の家父長的なジェンダー秩序を批判的に考察するが，移民男性を先進的な価値規範から遅れた啓蒙の必要な人々とみなすジェンダー化されたレイシズムに寄与するつもりもない。本書の意図は，あくまで筆者というフィルターを通して，越境的に生きる移民とその家族が置かれる社会構造およびあらゆる権力関係との相互作用に注意を払い，それにともなうさまざまな痛みから目を背けずに彼らの経験を描き出すことにある。

おわりに

　本章では，全体を貫く問いを示すために，先行研究の整理，分析枠組み，そして研究方法について示した。トランスナショナリズム研究と強制送還研究という2つの先行研究群の整理を通じて，これまでこの2つの領域が十分に接合しないまま発展し，米国とメキシコの双方に生きる移民とその家族の経験が十分に捉えられてこなかったことを明らかにした。本書の意義は，受入国を中心に議論されてきた強制送還をトランスナショナルに把握することを通じて，移民規制の厳格化が，越境的な社会空間に生きる移民とその家族，そしてトランスナショナル・コミュニティにもたらす影響を送出地域まで射程に入れて描き出すことにある。そこで，従来のトランスナショナリズム研究の発展に実証的に貢献してきた凝集性の高い村落を戦略的な調査地として設定し，移民規制の厳格化の下，移民や家族，そしてコミュニティが強制送還をどのように認識し，いかなる帰国や移動を経験しているのか，また彼らが形成するトランスナショナルな社会空間がどのように再編されているのかという問いに接近する。

　本章は，これらの問いを検討するための分析枠組みとして，人々の行動や生活実践を規定する道徳的な価値規範の核であるモラル・エコノミー概念を起点に，移民の包摂と排除をめぐる支配的言説が国境を越えて移民コミュニティでどのように受容され，送出村落のローカルな価値規範といかに接合するのかを捉える概念として，「トランスナショナルなモラル・エコノミー」を提示した。本書は，強制送還の影響をトランスナショナルに把握する研究方法として，パエレガードの提示した「拡張されたフィールド」という方法論を参照し，米国とメキシコにおける多地点フィールドワークを相互補完的に組み合わせていく。次章では，具体的なフィールドワークで得られた知見を論じる前に，米国の移民管理レジームがいかに形成されてきたのか，現代のラティーノ移民に対する監視と排除へと連なる歴史をふまえつつ明らかにしていく。

第 2 章

米国移民管理レジームの形成
──移民政策と刑事司法システムの接合──

はじめに

　本章では，以下展開する議論の前提として，ラティーノ移民を標的とする現代米国の移民管理レジームがいかに形成されてきたのか，歴史的な流れをふまえて明らかにする。とりわけ，19世紀初頭の中国系移民を標的とする1882年排華法や，国籍にもとづく制限を設けた1924年移民法の歴史をたどり，誰を米国に受け入れるのかという問いが，人種主義と不可分に結びついてきたことを示す。その上で，「非合法（illegal）」という実定法の産物が，あたかも実態を有するカテゴリーかのように構築されてきた経緯を明らかにするとともに，ラティーノ移民を標的とする移民管理レジームと，それにもとづく支配的言説の内実に迫っていく。

1　移民管理レジームの歴史的展開

1) 移民管理レジームの端緒

　本項では，19世紀後半の「中国人問題」というアジア系移民の歴史的経験にさかのぼり，移民の包摂と排除をめぐり，現代の移民管理レジームの原型が形成されるプロセスを明らかにしたい。19世紀から20世紀の転換期にかけて，

米国の圧倒的な労働需要に呼応して，東・南ヨーロッパから多くの移民が流入する「大量移民時代」が到来した。ヨーロッパからの移民たちは，東海岸のエリス島を玄関口に，移動をほとんど管理されることなく，米国社会へと参入していった。その一方で，ゴールドラッシュを契機として，西海岸からカリフォルニアの労働市場に参入した中国人移民は，厳しい排斥の対象となった（貴堂 2012, 2018）。中国人移民に対する排華運動は，中国人労働者を他の労働者の「自由労働」を侵すものとみなすと同時に，中国人売春婦を道徳的・社会的悪影響を及ぼす存在として批判し，ときに暴力をともなって展開した（貴堂 2018）。こうした問題への対処として，1875 年には「猥雑で不道徳な目的」での女性の入国を制限するページ法が制定され，これは中国人売春婦を念頭に置いていた（貴堂 2012）。

19 世紀の米国では，州が独自の帰化法を制定するなど，移民行政や法制度に関してもつ権限は連邦より州が強かったが，南北戦争や米国再建期を経て，連邦機関がより直接的に出入国管理の権限を担うようになった（貴堂 2012: 10）。このような連邦権限の重要性を決定づけたのは，「中国人問題」への対応のため，中国人労働者の流入停止および中国人の帰化禁止，および在国人の登録証保持などを取り決めた，1882 年排華法であった。貴堂は，この中国人という特定のエスニック集団を標的にした排華法の成立によって，米国への入国禁止だけでなく，帰化が永遠に許されない「帰化不能外国人」という「差別的な内なる他者」が創出されたと論じている（貴堂 2012: 10）。

帰化法の適用を通じた市民権の付与において，「アメリカ人になる」ことは「白人」として認められることと同義語であり，白人性とシティズンシップの適性は法的に分かちがたく結びついたものとして理解されてきた（村田 2007: 39）。したがって，「帰化不能外国人」という言葉は，米国社会において，中国人をはじめとするアジア系移民が，人種的に米国社会には決してなじむことができない存在として位置づけられていたことを示している。人種的視座をふまえたホワイトネス研究が明らかにしてきたように，このような中国人を皮切りとするアジア系への排斥法は，誰が米国社会にふさわしいのかを，白人優越主義にもとづいて決定する，きわめて人種化された法であった。

このような「帰化不能外国人」カテゴリーの生成を端緒として，20世紀の米国の移民政策は，人種差別的傾向をさらに強めていった。米国における「非合法」移民の歴史的起源を検討したナイは，移民の出身国別の割当制度にもとづく1924年移民法（ジョンソン゠リード移民法）が，米国に誰を受け入れるのか／受け入れないのかという選別性の原型を作り出したと述べる。国民の序列化のもとに特定地域からの移民だけを優遇し，移民の受入人数に上限を設けた米国初の移民制限法は，当時いかにアメリカが人種的に分類・階層化された社会として想像されていたのかを示すものである。ナイはこの移民制限法が必然的に非合法移住を生み出し，「社会的現実としてはネーションの一部であると同時に，法的には決して包摂されることのない，シティズンシップから排除された」（Ngai 2004=2021）人々を生み出したと述べる。この移民制限法によって，米国ではヨーロッパ人を白人という人種に位置づけたうえで，国籍にもとづく排除が進行したのである（Ngai 2004=2021: 40）。

他方で，この時メキシコ人は移民制限法の対象ではなく，明確な受入上限が設定されなかった。ただし，制限の対象外であったからといって，メキシコからの移民が無制限に流入したわけではない。むしろ，ビザ取得要件の厳格化と国境警備隊の導入をはじめとする国境管理政策によって，1920年代末にはメキシコ人は無登録移民のなかで最大の集団となった。これは，メキシコ人が「不法性」と結びつけられ，米国における新たな人種問題として認識されていたことを示している。アジア系移民とメキシコ系移民は，米国にとって永遠によそ者であり，決して同化しえない「外来市民」として位置づけられてきたのである（Ngai 2004=2021）。

本項では，「中国人問題」を起点として，特定の国籍や人種・エスニック集団に対する排他的な移民管理レジームの原型がすでに形成されていたことを示した。次項からは，米墨国境地帯の歴史やメキシコ人に対する人種主義的まなざしを歴史的に検討し，メキシコ人がいかに人種的他者として位置づけられ，「非合法性」と結びつけられながら問題化されてきたのか，より具体的に明らかにする。

2) 米墨国境地帯の歴史と人種化

現在，米国南西部と呼ばれる一帯は，1820年代にはまだメキシコ北部の一地域であった。白人開拓者たちは，文明化の名の下で暴力的な西部開拓を正当化する「マニフェスト・デスティニー」を標榜し，テキサスをはじめとするメキシコの領土へと拡張を始めた。カリフォルニア州は，スペイン植民地からメキシコが独立した1822年に，ともにメキシコ領土として編入された。そのため，1821年から1846年まで，カリフォルニアはメキシコ国家の領土の一部であり，先住民を含む居住者はみなメキシコ市民権を有していた。そして，米墨戦争を経て，カリフォルニア，コロラド，アリゾナ，そしてテキサス州にいたる旧メキシコ領土の実に50%（主に北部）が米国に併合された（Hernández 2010: 21）。こうして，新たに米墨国境線が引き直された結果，およそ33万人にのぼるメキシコ人および先住民族らが，メキシコではなく米国として宣言された土地に居住することになった。

米国は，明らかに黒人あるいはインディアンとみなされた人々を除いて，新たに併合された土地にとどまる意思をもったメキシコ人には，アメリカ合衆国憲法による庇護と市民権の付与を約束した（村田 2007: 41）。当時の法制度において，帰化は「自由な白人」にのみ許されており，条約によって領土内のメキシコ人にアメリカ市民権を付与するという規定は，彼らを法的には白人の側に区分することを意味していた。すなわち，「コケージアンではない」としてかたくなに帰化が認められなかったアジア系移民[1]に対して，新たにアメリカ領土に併合されたメキシコ人は，少なくとも法的な意味においては，アメリカ市民権を有した「白人」という地位を例外的に得られたのである。

米墨戦争が終結した1848年を境にして，支配側である米国と，従属側である旧メキシコ領の人々をめぐり新たな人種間関係が生み出された（Menchaca 1995）。アルマゲルによれば，よりヨーロッパ的な身体的特徴を有するとともに，カリフォルニアのエリート層であるメキシコ人は，新たな社会的秩序に同化し，

---

1) 日系一世を含めたアジア系移民は，第二次世界大戦後の1952年ウォルター＝マッカラン法の成立まで，市民権を得ることができなかった（貴堂 2012: 11）。

部分的な権利をもつに値するとみられた一方で,「先住民(インディアン)」とみなされた人々は,同等の権利をもつことを認められなかった(Almaguer 1994)。

　当時の米国において,「市民」であることは「白人であること」と密接に結びついており,同時に市民としての一連の義務や権利を指すシティズンシップにつながるものであった。したがって,旧メキシコ領の人々を,どの法的カテゴリーに区分し,いかなる権利を付与するのかが,米国政府にとって重要な課題となった。この点を検討するうえで,「インディアン」と「市民」という法的カテゴリーの狭間に置かれた旧メキシコ領の先住民の歴史をひもといた水野の研究は示唆に富む(水野 2007)。水野は,先住民から土地を「購入」し占領する際には彼らを「市民」とみなしながらも,選挙権などが問題になるときには「インディアン」として扱うなど,先住民が連邦や州政府の場当たり的な対応によって処遇され,実質的な無権利状態に長く置かれてきたことを明らかにした。先住民の多くが,人種的に異なる他者として周縁化され,「市民」としての十全な権利を認められてこなかったのである。このようにして,一度は法的に白人の側に位置づけられたはずの旧メキシコ領の人々は,「インディアン」との混血として,人種的に劣った人々とみなされ,日常的・社会的には非白人としても扱われた(村田 2007)。すなわち,法的には「白人」として束ねられたメキシコ人を,先住民性や階級性と結びつけながら人種的に細分化することで,「白人性」を主張するのにふさわしい者とそうでない者の差別化がなされたのである(村田 2007: 41)。

　そして,19世紀末にかけて,白人開拓者たちは,メキシコ人や先住民が本来所有してきた土地を,暴力や虐殺,あるいは婚姻や詐欺,そして担保接収などのさまざまな方法を用いて収奪し,ほぼすべての土地の所有権を手中に収めていった(Hernández 2010: 22)。その後,カリフォルニア州が大規模な農業地帯へと変貌していくなかで,アジア系移民を代替する「低賃金でも働き,食料産業や農業主の求めに応じて,搾取することが可能なフレキシブルな農業労働者」(Stephen 2007: 68)として,メキシコからの移民が急増していった[2]。また,南西部の農業の拡大とともに,メキシコ人労働者の存在は,鉄道の拡張ともあ

わせ徐々に南西部を超えて太平洋岸北西部，中西部，北東部などへ広がり，農業以外の鉱業，製造業や精肉加工業などにも流入し，メキシコ人コミュニティの形成へと結びついた（Balderrama and Rodríguez 1995: 16）。米国の1930年国勢調査によると，当時のメキシコの全国民人口のおよそ10％にあたる142万人が米国に居住していたとされる（Balderrama and Rodríguez 1995: 7）。米国の農場主や実業家たちは，低賃金をいとわず働くメキシコ人の労働力をますます重宝すると同時に，いつかメキシコに戻る，永遠に米国に定着しない存在とみなす認識の下で，彼らは極限まで搾取可能であり，不必要になれば米国から追放して構わないと考えていた（Balderrama and Rodríguez 1995: 19）。次項では，このようなメキシコからの移民の増加と「非合法移民問題」の顕在化にともなって，彼らを人種的に劣った存在とみなす流れが加速し，メキシコ系の人々に付与された「白人性」の意味が大きく変容したことを示していく。

3）「非合法」移民として発見されるラティーノ移民

　前項で述べたように，19世紀末からメキシコからの移民労働者が急増したが，米墨国境の越境はほとんど問題視されてこなかった。一方で，国籍別の流入制

　2）カリフォルニア州では1882年排華法以降，アジア系移民の入国が大幅に制限されるなかで，労働市場における「エスニックな置き換え」（小井土 1992: 93）が進行した。農場主たちは，日本人移民やフィリピン人移民の導入を試みたものの，農場主の望む従順な労働力ではなかったために入国が大幅に制限され，その後のメキシコ出身の労働者の導入へと結びついた（Hernández 2010: 24）。カリフォルニア州ロサンゼルスから米墨国境へとつながる農業地域のトランスナショナル・ヒストリーを，異なる人種・エスニック集団間の関係性に着目して明らかにしたトクナガ（2022）は，戦時中の日系人に対する強制立ち退きによる農業の担い手の減少が，メキシコ人労働者を大量導入するブラセロ計画へと結びつく背景のひとつとなったと指摘している。他方で，メキシコもまた急激な工業化にともなう社会変動を経験するなかで，とりわけ貧困に苦しむ農村地域から都市部および米国への移動が活発化し，南西部の農業は，主にメキシコ人移民によって担われるようになった（Cardozo 1980: 94–95）。また，後述するように，1910年のメキシコ革命による政情不安や暴力も，米国への移動を促進する背景となった（Balderrama and Rodríguez 1995）。1900～10年にかけてメキシコ人による越境者数はおよそ50万，1920年代には100万以上にのぼると推定されるほど，その規模は爆発的に拡大した。

限を設けた 1924 年移民法は，同時に移民の出入国管理をめぐる新たな規定を作り出した。具体的には，①審査を受けずに入国した者や適正な旅券をもたない者を「非合法」移民として強制送還の対象に規定し，②強制送還の時効を撤廃し，③米国史上初となる国境警備隊を設立するという，強制送還の手順やメカニズムの制度化がもたらされた（Inda 2006: 69）。ただし，国境警備隊の設立の第一義的な目的は，主に中国人をはじめとするアジア人の米国への入国を取り締まることであり，滞在許可のないメキシコ人を取り締まることでは必ずしもなかった。また，当初の国境警備隊は 500 人弱と小規模であったため，その役割は象徴的なものにとどまり，実質的には米墨間の往還的な移動が常態化していた。バルデラマとロドリゲスの研究が，ただ歩いて国境を越えたという移民の証言を取り上げているように（Balderrama and Rodríguez 1995: 8），当時のメキシコから米国への越境はきわめて容易なものとして人々に認識されていた。ただし，国境警備隊の設立は，メキシコ人移民にも適用できるさまざまな法律の形成をうながし，米墨間における「国境」の概念が徐々に社会的な意味をもちはじめることを意味した（Massey et al. 2003）。国境警備隊や移民局による取締りは，米国におけるメキシコ人移民の労働力需要にもとづいて恣意的になされ，ときに農場主らに利するよう運用されていた（Balderrama and Rodríguez 1995: 9）。国境警備隊を歴史学的に検討したエルナンデスは，このような恣意的な国境管理の実践を通じて，メキシコ人を他者化し，人種化するまなざしが形成されたと論じている（Hernández 2010）。

　また，米国における「非合法移民問題」を社会文化史的視点から研究した村田は，いかにラティーノらが，「「白人性」を準拠枠とする〈アメリカ人〉性が希薄な「外国人」として位置付けられ」（村田 2007: 3），排斥されてきたかを明らかにしている。このような「非合法」カテゴリーの形成と，メキシコ系移民を含めたラティーノに対する人種化のまなざしは，1929 年の大恐慌を引き金としたメキシコ系移民に対する排斥と強制退去政策において顕在化した。1929年から 37 年の間に，45 万 8000 人に及ぶメキシコ人が米国から強制送還されるだけでなく，ネイティビズムによる強い排斥を背景として，多くの移民とその家族が「自発的に」メキシコに帰国したとされている（Massey et al. 2003）。

また，この時期に米国から排除された移民とその家族のおよそ60％近くが，出生地主義にもとづく米国市民であったことが明らかになっている（Balderrama and Rodríguez 1995）。すなわち，合法か非合法であるかにかかわらず，メキシコ系であることが，排除を正当化する根拠とみなされていたことを示している。

　このような法的地位と人種化にもとづくカテゴリーの強化とスティグマ化は，ブラセロ計画（1924〜64年）と呼ばれる米墨二国間協定の実施とその廃止によってさらに強化されていった。この米墨二国間協定は，第二次世界大戦中より米国農業において不足する労働力をメキシコからの低賃金労働者によって補うことを目的とし，実に460万人にのぼるメキシコ人がブラセロ計画の下で米国の農業労働力として動員された（Fitzgerald 2009）。すなわち，第二次世界大戦中の米国にとってきわめて重要な食料基地であった西部農業を，メキシコからの移民らが支えたのである。その間も，この二国間協定の枠組みに入りきらないメキシコ人労働者が，就労許可のないまま国境を越え続けた。こうした非合法的な越境の増加に対して，米国政府は国境警備隊だけでなく軍隊まで動員し，「ウェットバック作戦（Operation Wetback）」と呼ばれる取締り作戦を展開した。その目的は，無登録移民を単に一掃することではなく，米国で労働者としての連帯を強めつつあった「メキシコ人の抵抗力を解体して，彼らの社会的・政治的コストを抑制すること」（小井土 1992: 96）にあった。その結果，農業主は毎年の契約更新を通じて反乱分子となりうる労働者を排除し，労働組合などの組織化を妨げ，統制しやすい労働者を選別することができた（小井土 1992: 96）。このような合法と非合法をめぐる恣意的なカテゴリー化と取締りのもとで，メキシコからの移民労働者は，「外国人」として規定されながらも，経済システムの「不可分な一部」（小井土 1992: 97）として，米国社会に埋め込まれていったのである。

　その後，ブラセロ計画はアメリカ人の労働条件を圧迫しているという批判を受けて，1964年に廃止された。しかし，メキシコから米国への人の流れはすでに構造化されており，米墨経済の労働力需要・供給の高まりのもとで，ブラセロ計画廃止後もなお無登録移民となって継続した（Portes 1978; 小井土 1992）。また，その翌年には，従来の国別割当制度を廃止した1965年移民法（通称，

ハート=セラー法）が成立した。これは，人種差別的な 1924 年移民法を改めた
とされるが，のちにメキシコを含む西半球からの移民を年間 12 万人までに制
限する措置の導入をもたらした（小井土 2003; 村田 2007: 159; Ngai 2004=2021: 427–
436）。このような西半球からの合法的な移住の量的制限は，必然的に「非合法」
移民の増加をもたらす要因のひとつとなった（Ngai 2004=2021: 431）。すなわち，
これらの政策転換はメキシコ人労働者の「合法的」導入を表面上断ち切ったよ
うにみせつつ，実際には米国内に必要な労働力をメキシコからの「非合法」移
民によって補い続けるという構図を生み出したのである。

　このような米墨間における「合法」／「非合法」という法的カテゴリーは，米
国の移民政策がもたらした人工的・恣意的な区分であり，「アメリカ国家に
よって付与された象徴的記号」（小井土 1992: 101）といえる。ただし，小井土
も指摘するように，この「非合法」カテゴリーは，実質的には単なる記号にと
どまらず，その移民の社会的地位を厳格に規定するものとして作用している。
就労許可証をもたずに入国したメキシコ人労働者は，厳格な規制の対象とされ
ることで，交渉力のない弱い立場に置かれた。「非合法」移民の政治的な脆弱
性を発見した雇用主らは，無登録移民というカテゴリーを労使関係における優
位性を維持するうえで利用したのである（Portes 1978）。このように，法的規範
から外れた存在として目される無登録移民とは，米墨の経済構造を背景としな
がら，米国の移民政策によって作り出され，社会的に構築されてきたカテゴ
リーといえる。それにもかかわらず，無登録移民として流入したメキシコ人は，
入国管理をめぐる法制度から逸脱した非倫理的・非道徳的な人びとであり，
「アメリカの市民的価値を「劣化」させる存在」（南川 2021: 202）とみなされ，
ネイティビズムの激しい排斥の対象となったのである（村田 2007）。

　増加する移民の取締りが政治問題化したことを受けて，米国政府はこれを解
決するために，1986 年移民改革統制法（Immigration Reform and Control Act: IRCA）
を成立させた。これは米国移民政策において初めて，無登録移民に対する規制
とその扱いを体系的に決めたものであり，表向きはある一定の条件を満たした
就労許可のない移民を合法化し，移民規制を厳格化することによって新たな
「非合法」移民の増加を未然に防ぐことを目的としていた。この一斉正規化を

組み込んだ法案の成立によって，およそ 310 万人にのぼる無登録移民が正規化された。ただし，規制の要とされた無登録移民を雇った雇用主への処罰条項が不十分であったこと，また地域の企業家層の利害が優先されたことで，本来想定されていた抑止政策は不発に終わった（小井土 1992, 2003）。

　また，この法案は，「非合法移民問題」を解決するために，国境管理のさらなる厳格化を推し進めることで，移民の流入を阻止しようとする考えにもとづいていた。ダンは，1986 年移民法を契機として，軍事的な戦術，戦略，テクノロジー，そして道具や力を用いた「国境の軍事化[3]」（Dunn 1996）の流れが，さらなる予算増加やハイテク機器の導入によって，1990 年代初頭に確立されたと論じている。このような国境管理の厳格化が進行し，越境のリスクとコストが増大したことによって，移民とその家族は従来の循環型の移住ではなく，むしろ米国にとどまり家族を呼び寄せることを選び，定住化が進んでいった（Massey et al. 2002; 小井土 2005a）。すなわち，1990 年代を通じて進行した国境管理の厳格化は，無登録移民の排除という本来の政策目的とは異なる「意図せざる帰結」をもたらしたのである。

　米国社会は「合法」／「非合法」移民のカテゴリーを温存し続けることで，労働市場における脆弱性を引き受ける低賃金労働者を確保し続け，米国社会を下支えする労働力を継続的に補充してきた。現在の米国で暮らす 1000 万人以上の無登録移民の存在は，1986 年移民法による一斉正規化後もこうした米国内における構造矛盾が放置され続けた帰結として理解できる。すなわち，米国政府は，米国社会を底辺から支える従順な労働力としての無登録移民に深く依存

3）ダンは，この国境の軍事化を，もともと中南米の軍事独裁政権を支援するために米国が用いてきた「低強度紛争（Low Intensity Conflict: LIC）」という軍事的ドクトリンの概念を用いて検討している（Dunn 1996）。これは，軍事化が明示的ではなく表面には見えにくい形で進行するにもかかわらず，その実践においてきわめて厳格な市民管理がなされることにその特徴がある。2001 年の同時多発テロ以降，世界的にテロへの警戒が強まるなかで，欧州諸国の域外国境管理を安全保障化の文脈において「国境の軍事化」として位置づける研究が増えてきた（たとえば Bigo 2014 など）。しかし，米国の文脈においては，移民政策が安全保障政策と接合する前の 1980 年代から，すでに軍事化が国境管理をめぐる大きな焦点として論じられてきたといえる。

しながら，いつでも追放できる存在として維持し続けてきたのである。そして，この「合法」／「非合法」という法的な区分は，メキシコ出身者を含むラティーノに対する人種化されたまなざしと深く結びついてきたといえる。

2　ジェンダー化される「移民の脅威」

　米国では，すでに指摘した人種化の問題もさることながら，ジェンダーやセクシュアリティもまた規制をめぐる言説の構築に重要な役割を果たしてきた。とりわけ，国境管理にセクシュアリティにもとづく規制を組み込んだ米国初の法案とされる1875年ページ法は注目に値する。当時カリフォルニア州のサンフランシスコで社会問題化していた「中国人売春婦」を発端として，売買春を目的に入国する中国人女性が，米国社会に道徳的に悪い影響を及ぼしているとみなされ，入国規制の対象となった。中国人を含めたアジア系移民を人種的に米国社会と相いれない存在として他者化した1882年排華法に対して，このページ法はとりわけ中国人女性を管理・排除の標的とし，「国境線上での国家のセクシュアリティにもとづく移民管理の起点」（貴堂 2012: 133）を生み出した。

　移民のジェンダーやセクシュアリティをアメリカ社会への包摂・排除と結びつける議論は，移民女性の多産性を焦点化する形で歴史上幾度となく繰り返されてきた。たとえば，東欧・南欧からの移民が急増した時代には，移民女性の高い出産率が教育・福祉・医療を脅かすものとみなされた（Chavez 2008: 71）。また，1930〜40年代にかけてすでに，メキシコ系移民の排斥を訴えたネイティビズムの主張は，多産とみなされるメキシコ人女性に強い懸念を示していた。メキシコ人が人種的に劣るだけでなく多産であることを強調した優生学者らの主張は，ときにメキシコ人の強制送還の必要性を訴える世論の扇動へと結びついた（Gutiérrez 2008: 11; Stern 2005）。1990年代の反移民言説を検討したオンダグニュ＝ソテロもまた，ラティーノ移民女性が多産とみなされ，その身体と再生産に対するスティグマを付与され，排除の標的とされたことを指摘している（Hondagneu-Sotelo 1995; Chavez 2008）。

1990年代のジェンダー化された反移民言説の構築において重要な役割を担ったのが，多くのラティーノ移民の定着先となっていたカリフォルニア州である。それまでメキシコからの移民の流れは，季節労働を中心とした循環的移動が主流とされてきたが，前述の1986年移民法によって，家族呼び寄せと定住化によるメキシコ系移民コミュニティの形成が進んだ。このコミュニティの存在感が増すにつれて，メディアによるカリフォルニア州の「メキシコ化（mexicanization）」や「ラテンアメリカ化（latinization）」といった危機を煽る言説のもとで，移民に対する敵対的な世論が醸成された。それは，移民の定住化が，人口動態上の人種・民族的均質性の崩壊，公教育や病院といった公的サービスにおける資源の枯渇，そしてラティーノ移民のコミュニティのさらなる拡大につながるのではないかという，特に移民女性の再生産能力に対する恐怖を基盤としたものであった（Golash-Boza and Hongdenau-Sotelo 2013）。

こうした反移民感情の高まりは，無登録移民の女性たちとその子どもたちを公教育や公的サービスから排除しようとする法案の提出へと結びついた。（Hondagneu-Sotelo 1995）。これは「提案187号（proposition 187）」と呼ばれ，カリフォルニア州で可決されたものの，連邦裁判所で違憲とされ，実質的な法案の実施には至らなかった。しかし，ジェンダー化された排除の言説はその後，カリフォルニア州だけにとどまらず，連邦の水準における反移民の政治を活性化させ，永住権をもつ移民を公的な社会保障サービスから排除し，米国で生まれた無登録移民の子どもに米国市民権を認めないという法案まで生み出した。それは，一見人種主義とは無関係にみえる「法の支配」の重要性を排斥の根拠にしていたが（南川 2021: 203），ラティーノ移民をアメリカ社会に同化しえない脅威とみなす，人種主義とネイティビズムがより巧妙に結びついた「シヴィック・ネイティヴィズム」（村田 2007）の反映といえる。米国の伝統的な「移民国家」としてのアイデンティティを支える出生地主義すら否定するこの法案は成立しなかったものの，このような反移民をめぐる主張の一部が，のちに連邦政府の法案に組み込まれていった。

それが，クリントン政権の下で成立した新自由主義的政策のひとつともいえる1996年個人責任および就労機会調整法（Personal Responsibility and Work Opportunity Reconciliation Act of 1996: PRWORA）と，1996 年非合法移民改革法（Illegal Immigration Reform and Immigrant Responsibility Act of 1996：IIRIRA）と呼ばれる 2 つの法案である。前者の法案は「市民」でないとされる人々のカテゴリーを拡大し，教育と緊急医療サービス以外の社会保障から無登録移民を排除するものであった。そこには，定住化が進む無登録移民を生産領域における低賃金労働者として搾取する一方，移民とその家族をできる限り公的な社会保障サービスから排除することで，再生産領域にかかるコストを最小化しようとする明確な意図があった。これは，特に移民女性のセクシュアリティを問題化する反移民言説がひとつの法案として結実したことを意味する。

　他方で，後者の非合法移民改革法は，国境管理だけでなくすでに国内に滞在する無登録移民の取締りを目的として，主にメキシコ系を含むラティーノ男性を標的とする移民規制への転換をもたらした（Golash-Boza and Hondagneau-Sotelo 2013）。人種的マイノリティである男性を標的とする取締りのあり方は，後で詳述するように，1970 年代から 80 年代にかけて進展した福祉国家から刑罰国家への転換とも大きく関係している。それは，福祉国家が行き詰まりを迎え，新自由主義的な政策が推し進められるなかで，社会保障制度の縮減とともに，治安維持を名目とした刑罰制度の拡充を意味した（Wacquant 1999=2008）。米国の刑罰国家への転換に着目したヴァカンは，雇用環境と社会保障制度が特に悪化していった米国都市部において，黒人やラティーノといった人種的マイノリティを標的とする取締りの拡大とともに，彼らを収容する刑務所の民営化および増設が進展してきたことを指摘している。このような刑罰政策の主要な標的となったのが，大都市の貧困地区に暮らす黒人やラティーノといった人種的マイノリティの若年男性であった。

　2001 年同時多発テロ以降，移民政策が安全保障政策と結びつけられる中で，労働者階級のラティーノ男性を標的とする大規模な強制送還政策は，このような米国における刑事司法制度の変容と並行して生み出されてきた（Golash-Boza and Hondagneu-Sotelo 2013）。すなわち，ラティーノ女性と子どもを社会保障の負担と結びつける排除の言説が 1990 年代に形成された一方で，同年代後半以降は人種化されたマイノリティを標的とする刑罰政策の下で，ラティーノ男性

64

に対する苛烈な取締りが進行したのである。ゴラシュ゠ボーサとオンダグニュ゠ソテロは，このような近年のラティーノ男性移民を標的とした移民規制のあり方を，「人種化（Ngai 2004=2021）およびジェンダー化された」ものであると論じている（Golash-Boza and Hondagneau-Sotelo 2013）。次節では，この人種化かつジェンダー化された移民管理レジームが，移民規制における犯罪者化，そして刑事司法制度と移民政策の相互浸透のもとで，どのように構築されてきたのかひもといていきたい。

3　移民政策と刑事司法システムの交差

　本節では，米国における人種化かつジェンダー化された移民管理レジームのなかでも，「非合法」移民であることを犯罪者として規定するような「犯罪者化（Criminalization）」（Menjívar and Abrego 2012; Rumbaut et al. 2019）のメカニズムに着目し，これがいかなる法制度と実践の下で形成されてきたのか検討していく。この問題を検討していくためには，移民規制政策の変遷だけでなく，それが米国における刑事司法システムとどのように絡み合いながら発展してきたのかを理解する必要がある。

　これを検討するうえで鍵となるのが，「加重重罪（aggravated felony）」と呼ばれる，国外退去に付すべき外国人の犯罪の種類を規定するカテゴリーである。そこで，このカテゴリーを生み出した 1986 年の反薬物乱用法（Anti-Drug Abuse Act）に立ち返り，その創出過程をたどることで，移民の犯罪者化の源流を明らかにしたい。同法は，実は直接的な移民法ではなく，1980 年代に米国が取り組んだ対麻薬戦争の文脈で制定され，殺人，麻薬や銃の密輸入を「加重重罪」に指定し，これらに関わった移民を強制送還の対象として規定した。麻薬戦争と移民に対する規制強化の動きを分析したヤテスらによると，1970 年代に当時の大統領ニクソンが麻薬問題を米国の社会問題として取り上げて以降，米国内で増加する犯罪への移民の関与が，米国社会への脅威として取りざたされるようになったという（Yates and Fording 2005）。移民を治安への脅威として

捉えるこのような見方は，1970年代から90年代にかけて拡大した，ラティーノを含む人種的マイノリティ男性の犯罪者化，そして監視や収監の制度化の流れに位置づけられる（Young 1999; Zilberg 2004; Wacquant 1999=2008）。

その後，1990年から1996年にかけて制定された数々の移民法によって，この「加重重罪」カテゴリーに該当する犯罪の内容が拡大し，強制送還に対する裁量的救済への道がよりいっそう制限されていくこととなった（Liem 2007: 1077）。たとえば，クリントン政権期の1994年には，このカテゴリーに該当する犯罪として，密入国やその斡旋，そして強制送還後の再入国なども追加された。また，司法審査なしの強制送還だけでなく，加重重罪人とみなされた外国人の所在追跡センターが創設され，罪を犯した外国人を追放するためのプログラムがより制度化されていった（Macías-Rojas 2016）。このように，強制送還の対象となる外国人の範囲は，犯罪管理と密接に結びつきながら，その内実を流動的に変化させ，米国政府によって恣意的に形成された。

このような移民規制の厳格化による移民の犯罪者化がより明示的に進展したのが1996年から2001年である。ここでは，移民規制と刑事司法の相互浸透を特徴とする法制度を検討するうえで，2つの重要な時代的契機を挙げる。第一の契機は，前節でも取り上げた1996年個人責任および就労機会調整法と，1996年非合法移民改革法に加えて，1996年反テロリズムと効果的死刑法（Antiterrorism and Effective Death Penalty Act of 1996: AEDPA）の成立である。これらの法案の成立によって，無登録移民を教育と緊急医療サービス以外の社会保障から排除するだけでなく，移民の犯罪者化につながる制度的基盤が構築された。第二の契機は，2001年同時多発テロを端緒とした「移民管理機構の全面的再構築」（小井土 2014）である。次節で詳述するように，それまで司法省の管轄にあった移民帰化局が解体され，新たに設置された国土安全保障省に移民の規制を担う「移民・関税取締局」と行政サービスを担う「市民権・移民サービス局」が編入されることで，移民政策が安全保障の論理に組み込まれたのである（小井土 2014; 飯尾 2017）。

第一の契機では，移民の犯罪者化を推し進める制度的布石が国境管理と国内管理の2つの領域において構築され，より強硬な政策へと転換した。そのひと

つが「国外退去手続（removal proceeding）」にもとづく強制送還のより明示的な
拡大である。それまで，「拘束即解放（catch and release）」と呼ばれるゆるやか
な国境管理政策とその慣例にもとづき，被強制送還者を含む帰国者たちは法的
罰則をともなわない「帰国」として処理されてきた。しかし，1996年の法案
成立により，彼らの一部は新たな「国外退去手続」にもとづく「公式的な強制
退去（formal removal）」に付されることになった。そして，この手続きを経た
帰国者のその後の越境行為は，「入国」および「再入国」という連邦上の犯罪
行為として規定されるようになった。これによって，将来的な入国が法的に禁
じられると同時に，再び検挙された際には，連邦刑務所への収監といった法的
罰則が課されることになった（Rosenblum et al. 2014）。このような一連の法的罰
則と運用は，2005年に本格導入された国境管理政策「オペレーション・スト
リームライン」の下で拡大していった。さらに，こうした強制送還の拡大を支
えたのが，1996年移民法によって「公式的な強制退去」とともに導入された
新たな法的カテゴリー，「略式の退去命令（expedited removal）」[4] である。このカ
テゴリーによって，移民審判の審問を含む通常の「国外退去手続」をとらずに，
効率的に人々の入国を阻止し，強制送還に付すことが可能になった（Rosenblum
et al. 2014）。

　国境管理だけでなく国内管理の領域においても，移民に対する排除の意味合
いを持つ政策が強化された。前述の福祉改革法は，「市民」でないとされる
人々のカテゴリーの解釈を拡大し，教育と緊急の医療サービス以外の社会保障
から「非合法」移民を排除した。さらに，1996年非合法移民改革法，そして
反テロリズムと効果的死刑法（反テロ法）は，移民の犯罪者化をめぐり，特に
次の2点において重要な役割を果たした。

　1点目は，それまで伝統的に地域社会の治安維持を担ってきた市や州警察が，
1996年反テロ法を契機にその役割を大きく転換させたことである。特に2001
年以降，連邦政府と合意を結んだ米国各地の自治体において，地方警察が連邦

4）1996年移民法が制定された当時，この新たなカテゴリーの対象は米国の輸入港にやっ
　てきた人々だったが，その後すでに米国に2年以内滞在している人も含まれるように
　なった。

機関である移民取締局と捜査協力や情報共有を含めた連携を図るようになった（小井土 2014；飯尾 2017）。次節で詳述するように，このような警察機関と移民取締局という法執行体制の連携が，法制度上（287（g）条項）で規定され，2001 年同時多発テロを契機として実際に施行されることで，それまで地域社会の治安維持を担ってきたはずの警察が，実質的な移民取締りの役割を担うことが可能になった。

2 点目は，外国人の強制退去に至る諸犯罪を定めた「加重重罪」カテゴリーの再拡大である。これによって，万引きなどの軽犯罪を含めた実に 50 以上の犯罪が，あたかも重罪かのような名称をもつ加重重罪カテゴリーのリストに含まれることになった。

さらに，加重重罪カテゴリーのなかに，過去に罪を犯した外国人を遡及的に強制送還の対象にする旨が上記の 2 つの法により規定された。これによって，一度服役し罪を償った永住者を含めた移民の強制送還が可能となった。すなわち，罪を償い更生し，社会に戻り生活を営んでいた永住権取得者であっても，警察との何らかの接触によって，突如として強制送還のプロセスへと送り込まれる可能性が生じた。それは，移民にとって米国社会への復帰が認められないという二度目の懲罰を受けることを意味する。米国において，同じ罪に対して二度裁かれることは，一時不再理の原則にもとづき禁じられている。にもかかわらず，強制送還はあくまで移民法の範疇にあり，刑法とは異なるとして正当化されている（Kanstroom 2012）。

このような移民規制をめぐる法制度の転換は，それまで強制送還の対象とされてこなかった犯罪のカテゴリーを加重重罪の名の下で再分類（reclassification）し，過去に罪を償った者を再犯罪者化（recriminalization）することで，永住権取得者を含めた非市民に対する社会統制の強化に結びついてきた（Warner 2005）。このような政策は，元来であれば端的な移民法違反とされた行為を重罪として規定しなおすことで，刑事司法制度と移民政策の相互浸透を生み出した（図 2 を参照）。

このような諸政策は，社会保障や犯罪管理の分野において推進され，特に国境管理の厳格化に重大な影響を及ぼすが，これらに通底する論理を，インダは

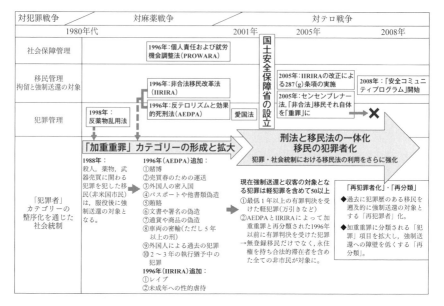

図 2　法制度の構築にもとづく移民の犯罪者化
出典）Warner 2005; 小井土 2013。

「反シティズンシップ装置（anti-citizenship technology）」(Inda 2006) という概念を用いて説明している。このメカニズムは，新自由主義的な自己管理能力のある個人を，あるべき市民のモデルとして促進し，それを達成できないとみなされる特定の集団をシティズンシップの諸権利から排除・周辺化し，多くの場合人種的な分断を生成する。このメカニズムのなかで，ラティーノ移民は非倫理的，非道徳的，自己管理能力のない個人として人種的にステレオタイプ化され，政府による抑圧的な管理の対象となってきたのである (Inda 2006)。では，このような移民の犯罪者化を促す法制度は移民たちの移動や立場をどのように変えていったのだろうか。次節では，前述した第二の契機である，2000 年代以降の米国の国内・国境管理における移民の犯罪者化の影響を読み解いていく。

4 2000年代以降の移民の犯罪者化とその影響

　前節で提示した移民の犯罪者化が，2000年代以降の米国社会にどのような影響を及ぼしてきたのかを明らかにするには，9.11同時多発テロの影響をみる必要がある。すでに指摘した通り，米国の移民政策の厳格化は1990年代から進行し，移民法と刑事司法制度を一体化させる法的枠組みが構築されてきた。2001年の同時多発テロは，こうした一連の流れをよりいっそう強化すると同時に，移民政策を米国の安全保障の論理と結びつける重大な契機を生み出したのである（Alarcón and Becerra 2012; 小井土 2013）。まず，同時多発テロをきっかけに可決された2001年愛国法は，市民権の大幅な侵害にもかかわらず，理由を明示しないまま市民や非市民を逮捕拘留することを可能にした。また，2003年には，移民行政と規制の両方を担ってきた移民帰化局（Immigration and Naturalization Service）が，大規模な省庁編成にともなって司法省の管轄から新たに設置された国土安全保障省（Department of Homeland Security: DHS）に編入され，「移民・関税取締局（Immigration and Custom Enforcement: ICE）」と「市民権・移民サービス局（Citizenship and Immigration Service: CIS）」の2つに分割された（小井土 2013）。この組織再編にともない，議会は国土安全保障省による対テロ戦争を名目とした予算配分要求に従って，移民規制の厳格化に必要な資源を大幅に拡充していくことになった。1990年の時点で2億6000万ドルであった国境警備隊の予算は，2021年にはその15倍以上となる48億ドルに膨張し，移民を拘留する施設の建設・維持のために使われるというICEの予算もまた，2003年の創設時から約3倍の83億ドルに増加している（川久保 2023: 72）。現在では国土安全保障省は退役軍人省や防衛省に次ぐ規模をほこり，24万人のフルタイム職員と610億ドルの予算を有する組織に成長している（川久保 2023: 73）。

　この組織的再編成に限らず，すでに可決された1996年非合法移民改革法の287（g）条項が実際に施行されたことで，国土安全保障省の下で，市・州警察が移民取締機関としての機能を果たすことが可能となった（Alarcón and Becerra

2012)。この条項によって，それまで移民の法的地位にかかわらず，地域社会で全ての住人のために治安維持を担ってきたはずの警察が，人々の生活空間において移民取締の機能を担うようになったのである（Waslin 2010）。そして，この流れと並行して，2000 年代より次の4 つのプログラム——①外国人犯罪者プログラム（Criminal Alien Program: CAP），②安全コミュニティプログラム（Secure Communities），③287（g）条項プログラム（287（g）Program），④逃亡者プログラム（National Fugitive Operations Program: NFOP）——が警察と移民取締局の協力の下で実施されていくことになったのである。

これらのプログラムは，「犯罪者」として登録された指紋データと移民取締局のデータを照合させることによって，優先度の高い「犯罪者」の効率的な送還を目的としていた。このような政府執行機関による電子データにもとづく個人情報の一元管理と共有の流れは，同時多発テロ以降のブッシュ政権によって進められた「統合的 ID システムの出現」（小井土 2014: 197）の一端として理解できる[5]。移民政策と刑事司法制度の相互浸透は，生体認証システムを用いた移民の移住歴や前科といったデータの共有と照合によって可能になった。

ただし，このような「犯罪者」の効率的な検挙と強制送還にもとづく国内管理の実践は，その効果に疑義が呈されているだけでなく，人権侵害およびコミュニティへの深刻な影響が移民支援団体や研究者らによって批判されてきた。たとえば，ノースカロライナ州のある地区では，287（g）条項の下で警察に検挙された移民の実に 83% が軽微な交通違反を罪状とされていたことが報告されている（Keaney and Friedland 2009）。こうした優先順位が高くないはずの移民

---

5) このようなデータの一元化は，刑事司法制度の分野だけでなく，本格的な無登録移民の取締りが不可能とされてきた労働市場においても推進されてきた。2001 年の同時多発テロ以降，米国は社会保障番号と移民の法的地位を含めた個人情報を一律に管理する E-verify システムを導入した（Rosenblum and Hoyt 2009; 飯尾 2017）。雇用主は，この電子認証システムを用いて移民取締局のウェブサイトから新たに雇用する者の社会保障番号を入力すると，それが連邦政府のもつデータシステムと照合され，その人物の在留資格を確認できる仕組みになっている。E-verify システムの導入は労働市場に正式に包摂される者／されない者をより明確に線引きすることで，無登録移民が内包する脆弱性をより強化し，労働市場の下層へと追いやる機能がある。

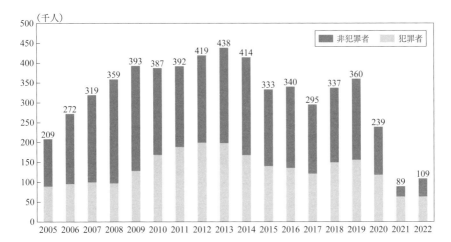

図3　被強制送還者の「犯罪者」および「非犯罪者」の内訳

出典）https://www.pewresearch.org/hispanic/2011/12/28/appendix-a-deportations-reported-by-ice/（最終閲覧：2024年12月27日）。

に取締りが集中している実態は，移民取締りの本来の目的との乖離を如実に示している。さらに問題とされるのが，ローカル，州，および連邦警察が移民を拘束する際の裁量行為が人種プロファイリングにもとづいているという点である。ある別の調査によると，米国内におけるラティーノ移民の割合は77％であるにもかかわらず，安全コミュニティプログラムによって検挙された「非合法」移民のうちラティーノは93％を占め，明らかに人種的なバイアスが作用している（Kohli et al. 2011）。

また，被強制送還者の内訳を示す図3から分かるように，移民取締局による年次レポートのデータによると，「犯罪者」とカテゴライズされた者は全体の半数程度であり，実は多くの者が「非犯罪者」でありながら強制送還されていることがわかる。さらに，連邦政府のデータにもとづくシラキュース大学のレポート（Transactional Records Access Clearinghouse: TRAC）によると，移民取締局は犯罪の重罪度に準じて，強制送還された人々を次の3つのレベル，① Level 1：加重重罪（aggravated felony），② Level 2：重罪／複数の軽犯罪（felony / misdemeanors），③ Level 3：軽犯罪（misdemeanors）に分類している。2011年から

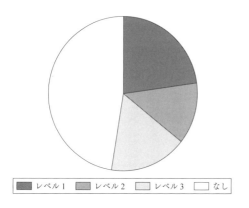

図4 ICEの分類による水準別にみた被強制送還者「犯罪」の中身（2011〜13年）
出典）https://trac.syr.edu/immigration/reports/330/（最終閲覧：2020年1月27日）。

2013年のデータを累積すると，図4にあるように，ほぼ半数に近い数の被送還者が犯罪歴をもたず，最も重罪度が高いLevel 1にあてはまるのは23％にすぎないことがわかる（TRAC Reports 2013）。加えて，後述する通り米国政府は「犯罪者」の強制送還を最優先すると主張してきたが，「犯罪者」にも上記のようにさまざまな水準があり，それぞれの水準が具体的にどのような犯罪を指し，また犯罪の内実がどのように規定されてきたのかも，きわめてあいまいである。

強盗や麻薬売買，あるいはギャングといった組織犯罪への加担（「加重重罪」に分類される）によって検挙される移民が一定数存在するのは確かである。しかし，人種化・階層化された居住地域（ゲットー）を対象とした，警察による高頻度の取締りが，麻薬取締法などの罪に問われるラティーノおよび黒人の検挙率を結果的に高めてきたように，この強制送還レジームもまた，米国社会に構造的に存在する人種主義に深く規定されていることを見逃してはならない（Golash-Boza 2015）。序章で取り上げたアルフォンソは，まさにこうした制度的人種主義のもとで，リスク集団に属する存在として高頻度の取締りの標的となったともいえる。

このように，1990年代後半の立法，そして同時多発テロを契機として，米国は国境管理だけでなく，就労先や街頭における検挙・取締りといった，すでに米国に滞在する非市民を標的とする国内規制に重点を置くようになった。小井土は，こうした規制のあり方を「国境管理という線的あるいは帯状の管理」から「領域内の面的・全域的管理」への転換と指摘している（小井土 2013）。しかし，オバマ政権の下で，このような国内管理に傾斜する傾向は再び変化し，

図5に示したように，2012年には国内における検挙数が減少した一方，国境での検挙数が増加に転じている（Chishti et al. 2017; Rosenblum et al. 2014）。

こうした規制戦略の変化の背景には，オバマ政権が発表した，強制送還の優先順位に関する国土安全保障省長官の2010年度の覚書があったとされている。そこでは，優先順位が高いカテゴリーとして，①加重重罪を含めた重罪を犯した「犯罪者」，②強制退去に付されたにもかかわらず，再び米国に戻ろうとする「再入国者」，③新たに米国へ越境しようとする新規入国者が挙げられた。オバマ政権は，すでに米国に滞在し，米国経済に貢献し，社会に根づいてきた移民家族の離散を避け，強制送還政策を正当化するために，「犯罪者」の取締りと国境管理の厳格化を掲げたのである。

ただし，このような移民規制の変化を面的な管理から線的・帯状の管理への回帰と捉えるのは早計である。前節で指摘したように，2000年代より本格的に導入された，移民を「公式的な強制退去」に付してより厳しい法的処遇を課す「オペレーション・ストリームライン」と呼ばれる国境管理政策は，「拘束即解放」を方針とした従来の国境管理とは大きく異なるものであった。それは，越境行為自体を重罪として扱うことで，米国の入国を数年から10年間，あるいは無期限に禁じるだけでなく，もしこれを破った際には移民の長期収容を法的に可能にする厳罰化を意味した[6]。

オペレーション・ストリームラインにおいて，移民は国境沿いで検挙された後，流れ作業のように数十人に対してまとめて送還を言い渡す「略式の退去命令」のプロセスに入るが，これは正当な裁判手続きとは言いがたいものである。ここで移民は，実質的な強制退去を意味する「行政上の自発的帰国（administrative voluntary departure）」を自ら選ぶか，越境の前歴・前科があるものは懲役刑を言

---

6) 2000年代以降，「非合法」移民であることそれ自体を「重罪人」として規定したセンセンブレナー法案（Sensenbrenner Bill）によって，「非合法」移民に対する「全面的なスティグマ化」が企図されてきた（小井土 2013: 71）。こうした法案は最終的に否決されたものの，オペレーション・ストリームラインが示すように，実は越境行為を重罪として規定する流れは，国境管理における法制度とその運用によってすでに達成されてきたとみなすこともできるのである。

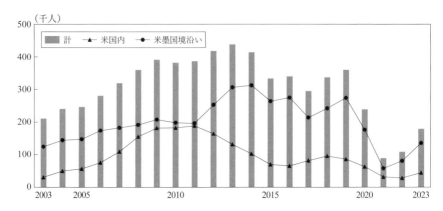

図 5 米墨国境沿いと米国内の検挙による送還数（2003～23 年）

出典）米国内（Interior Removal）：2003–12 年は，ICE-EID（Immigration and Customs Enforceement-Enforcement Integrated Database）のデータにもとづく Rosenblum and McCabe（2014）のレポート（p. 41）を参照した。2013 年以降は ICE のレポート（2020 年までは *Enforcement and Removal Operations Report*，それ以降は *Annual Report*）から "Interior removal" を各年ごとに抽出した。米墨国境沿い（Border Removal）：① "CBP removals" と② "ICE border removals" を加算して算出した。①は，国土安全保障省のレポート（DHS OIS, *Yearbook of Immigration Statistics*）にある強制退去の各年総数から，"ICE-involved removals"（ICE-EID）を引いて算出した。②は "ICE-involved removals"（ICE-EID）から "border removal" を抽出した。なお，これらのデータ算出方法は，Rosenblum and McCabe（2014）による，国境および国内の送還数の算出方法にならった。

い渡されるか，あるいは数日間の収容を経て「公式的な強制退去」に付される。この「公式的な強制退去」に付されると，その後米国に再入国し検挙された際に，「繰り返しの違反者」に分類され，2 回以上の再入国者は重罪犯として最長 2 年，あるいは前科がある者，3 回目の再入国者は最長 10 年の刑務所に収監される，という将来的な法的影響を抱えることになる（Cardozo et al. 2014）。移民にとって，「行政上の自発的帰国」を選択することは，それと引き換えに「公式的な強制退去」に付随する懲罰を回避することができるという，司法取引の側面をもつ。

アリゾナ州の国境地帯をフィールドとするマシアス＝ロハスは，このような近年の国境管理政策のあり方を「強制送還から監獄へ（from deportation to prison）」（Macías-Rojas 2016）と表現している。それは，面から線への単純な回帰ではなく，むしろ検挙と送還を通じていつでも移民を収容所や監獄へと送り込むことができる，国境管理と国内統制の融合を意味している。同じくマシアス＝ロハ

スの研究では，このプログラムによって懲役刑を受けた移民が 80% にも上ること，さらにこの地域における移民の収容期間が平均 24 カ月に及ぶことが指摘されている（Macías-Rojas 2016）。すなわち，このプログラムの局所的な実施は，移民を「公式的な強制退去」に付すだけでなく，場合によっては懲役刑による収容，あるいは収監へと送り込んでいる。そして，このような刑事司法システムと移民政策の相互浸透を可能にするのは，指紋などの生体認証にもとづく「移住歴」と「犯罪歴」の一元化を通じた，個人の半永久的な管理である。すなわち，オペレーション・ストリームラインは新たな国境管理政策のひとつとして導入されたが，生体認証データの管理にもとづく懲罰の可能性は，単なる物理的な入国阻止にとどまらず，過去の移住歴および犯罪歴に応じた刑罰の執行という「入国後の社会統制」（Kanstroom 2012: 31）としての側面を有している。

5　「産獄複合体」と移民収容所の拡大

　さて，ここまで移民政策と刑事司法制度の相互浸透がどのように構築されてきたのか明らかにしてきたが，近年の大規模な強制送還を考えるには，移民収容所が移民管理レジームの形成に果たしてきた役割についても言及する必要がある。特に，1996 年非合法移民改革法を根拠とする「強制収容（mandatory detention）」が拡大するにつれて，検挙と収容，そして強制送還がひとつの流れとして定着し，それによって収容所の延床数が問題化した。マシアス＝ロハスによれば，当初は検挙者数に比べて移民収容所の延床数が圧倒的に不足していたが，2001 年の同時多発テロ以降，国土安全保障省の下で収容所の延床数が増化してきた（Macías-Rojas 2016）。

　また，2005 年から 2018 年までの収容所の増減に関わる国土安全保障省の拘置オペレーション（Custody Operation）の予算は，多少の停滞もみられるものの，2005 年以降基本的に増加の一途をたどり，18 年時点では 3.6 倍に増えている。こうした予算の変化を反映するように，1998 年の時点で 1 万 6000 床だった延

床数は，2012 年には 3 万 4000 床まで増加した（Macías-Rojas 2016）。また，実際の収容人数も大幅に増えており，1994 年の時点では 6785 人であった 1 日の平均収容人数は，2019 年には 4 万 7000 人まで拡大している。また，2001 年の時点では 20 万人程度だった年間の収容人数は，2016 年には 35 万人まで増加している（Reyes 2018）。

　このような移民収容所の拡大は，米国における刑務所産業の歴史的展開と密接にかかわっている。1980 年代より加速した刑罰国家化とグローバルな資本主義との関連を批判的に検討したデイヴィスは，厳罰主義の下で監獄ビジネスに巨額な資本が流入していった結果，黒人を中心とする人種的マイノリティを標的とした大量投獄を可能にする「産獄複合体」が生み出されてきたと論じている（Davis 2003=2008）。「産獄複合体」とは，政府，民間企業および刑事司法制度が結びつき，実際の必要性とは無関係に，投獄のための支出を増大化することを奨励するような官僚的，政治的そして経済的利益の集合体とされる（Davis 2003=2008; Schlosser 1998）。

　薬物取締りの厳格化と犯罪の重罪化によって，主に黒人男性を標的とする人種化された取締りが激化し，米国の刑務所は超過収容という政策的課題を抱えるようになった。マシアス＝ロハスは，1996 年非合法移民改革法における規制の厳格化は，それまで刑務所に収監されてきた非市民を含む無登録移民を国外退去に付すことで，このような超過収容を改善することも目的のひとつであったと論じている（Macías-Rojas 2016）。これは，移民の収容と送還を扱う移民政策が，実はより広い意味で，米国における監視と社会統制のメカニズムと結びついていたことを示唆する重要な指摘である。

　刑務所におけるスペース不足を解消するために，1980 年代以降拡大してきた刑務所産業は，新自由主義的政策による公的セクターの民営化の流れのなかで，民間企業が連邦政府や州政府機関と契約し，刑務所の運営および管理を実施してきた[7]。しかし，1990 年代後半に入ると，市場における競争率の低下に

　7）米国で民間刑務所を運営している主な企業として，コアシビック（Corrections Corporation of America: CCA）とゲオ・グループ（Wackenhut Corrections Corporations: WCC）が挙げられる。これらの企業の年間収益は，民間刑務所産業のシェア全体の

加え，刑務所内における脱走，暴力や殺人事件の発生といった問題によって市民社会からの強い反発を受けたことで，一時的に刑務所産業の成長は落ち込みをみせた。こうした低調を脱するのに大きな役割を果たしたのが，まさに2001年の同時多発テロ以降，連邦政府による移民政策の安全保障化によって「犯罪者」として標的にされた移民収容所ビジネスであった。すなわち，移民の収容は，停滞傾向にあった刑務所産業における新たな利益創出の柱となったのである（工藤 2014）。全米各地に多くの移民収容所が建設された結果，2010年の年間収容者数は 40 万人にものぼった（Detention Watch Network 2011）。このような移民収容施設の建設の急拡大をふまえ，「産獄複合体」から「移民産業複合体」への転換が起きているという（Fernandes 2007, 川久保 2023）。

　移民収容所をめぐっては，人権侵害といった問題点がすでに指摘されてきたが，民営化による利益追求型の合理化は，そうした問題をよりいっそう深刻化させてきた。そもそも，更生や社会復帰を目的とする刑務所とは異なり，矯正プログラムを必要としない収容所は運営コストを抑制することが可能である。加えて，民営化によって施設内の電話サービスや消耗品の購入を有料化するだけでなく，施設内の清掃や洗濯といった再生産労働を最低賃金以下で被収容者に担わせることで，企業収益の最大化が図られてきた（小井土 2014; 飯尾 2017）。つまり，移民収容は検挙した移民を即座に強制送還するだけでなく，「もともと権利の限られた人々から最小限の権利を剥奪し，最低賃金以下の労働力を公式に形成し滞留させる装置」（小井土 2014: 201）としても機能している。

　加えて，こうした問題の根本的要因として，収容所における法的・社会的権利の剥奪が指摘できる。被収容者は，弁護士へのアクセスなど基本的な権利が保障されていないために，法的アドバイスを受けることができないばかりか，厳格な強制拘留の条件によって保釈の権利さえ有していない（Kohli et al. 2011）。さらに，なんの前触れもなく被拘留者を別の収容所へ移動させることで，家族やコミュニティとのつながりが事実上断絶されることもある（Kohli et al. 2011）。外部とのアクセスを遮断するこうした仕掛けは，米国全土に広がる膨大な収容

　　　75％を占め，2012 年の年間収益は 33 億ドルに達している（川久保 2023: 161）。

所ネットワークの迷宮に被収容者を離散させ不可視化することで，適切な支援を受けることを困難にしている[8]。

　以上に示したように，米国における移民収容所の拡大は，人種化・階層化された米国社会において，黒人やラティーノ男性を標的とする厳罰主義を推し進めてきた刑事司法制度の発展と深く結びついてきた。そして，新自由主義的政策のもとで，営利の最大化を目的とする運営企業は，コストを低く抑えられる移民収容所の拡大をいっそう推進する役割を果たしてきた。すなわち，このような移民収容所の拡大は，適切な法的処理を看過した大規模な強制送還を可能にする法制度を支えるメカニズムとして機能してきたといえる。

6　包摂される「望ましい移民」とは誰か

1）ドリーム法案と「ドリーマー」の誕生

　ここまで，主に移民の管理と排除にまつわる法制度とその実践について論じてきた。ただし，移民管理レジームの全体を捉えるには，こうした排除の側面だけでなく，包摂の側面についても検討する必要がある。米国では，幼少期に両親に連れられて移住し米国で教育を受けた無登録移民の若者たちに対し，権利を与えて米国社会に包摂しようとする政治的議論や当事者運動が活発化してきた。本節では，このような移民管理レジームの包摂的側面に焦点をあて，こうした議論の背景にある「望ましい移民」をめぐる言説に着目する。

　1990年代後半より米国では，幼少期に両親に連れられて移住した若年層が，米国で教育を受け社会化されてきたにもかかわらず，その法的地位によって米国社会から排除され続けていることがひとつの問題として浮上していた（Abrego 2006, 2008; Gonzales 2016）。このような状況をふまえ，特に2000年代か

8）通常の法原則が無効化された状態に置かれる被収容者は，入国管理局裁判所の審理を受ける権利を放棄し，「司法にもとづかない強制送還」に同意する書類に署名を求められる。過去10年間でおよそ16万人以上がこの書類に署名し，そのうちの実に96％が弁護士に相談できないまま強制送還に至ったとされる（Koh et al. 2011）。

ら全ての無登録移民の合法化を求める運動とは別に，大学進学を果たした1.5世代の無登録移民の若者たちに権利を付与し，市民権への道を開くことを約束するドリーム法案が主に政治家たちによって推進されてきた。2001年には，大学進学を果たした無登録移民の若者に合法化の道を開くというドリーム法案が議会に提案された。この法案は議会で否決されたものの，大学進学を果たした若者移民を「ドリーマー」と呼称し，彼らの権利獲得を目指す運動が展開していくこととなった（Trauax 2015; Nicholls 2013）。

また，特に移民人口が多く，移民の権利擁護運動の歴史的蓄積をもつカリフォルニア州では，こうした無登録移民の若者たちの大学進学を独自に支援する州法案（AB540）が可決された（Abrego 2008）。この法案は，法的地位にかかわらずカリフォルニア州の高校を卒業した者を州内居住者として扱うことを規定し，大学進学のための経済的障壁を取り払うことを意図したのである（Abrego 2008; Gonzales 2016）。

連邦や州におけるこのような政治的動向をうけて，「ドリーマー」と呼ばれる無登録移民の若者たちによる「ドリーマー運動[9]」が展開していった。2003年にはカリフォルニア州立大学への進学を果たした無登録移民の若者たちの当事者グループとして IDEAS（Improving Dreams, Equality, Access and Success）が設立され，これが初期のドリーマー運動の中心的拠点となっていった（Batzke 2019; Wong et al. 2013）。

無登録移民の若者たちの多くは，自分の法的地位を知らずに，あるいは周囲

---

9) 本書ではドリーマー運動を，「ドリーマー」と呼ばれる無登録移民の若者たちによる移民の権利拡大のための運動と定義する。主要なドリーマーの運動組織として"United We Dream"，"California Dream Network"や"California Immigrant Youth Justice Alliance"などが挙げられ，大学キャンパスを中心とした活動が行われている。具体的には，大学内における無登録移民の学生たちの権利・サービス向上のために活動すると同時に，全国的なドリーマー組織と連帯することで，州および連邦レベルにおけるドリーム法案や他の移民政策に関連するロビー活動を実施している。2000年代初期はドリーム法案の可決が運動の前提とされ，世論喚起のためにメディアを通じて自分たちのストーリーを語るといった手法がとられてきたが，2010年以降は議員会館での座り込み，ハンガーストライキ，強制送還や移民収容に対する抗議活動なども行われている（Nicholls 2013）。

に隠して成長するなかで、運転免許の取得や大学進学を検討する時期になって、無登録移民であることがもたらすさまざまな困難に直面した経験をもっていた。そして、それまで自分と一緒に教育を受けてきたはずの同級生と同じように将来が描けないことに対して強い葛藤を抱えてきた（Gonzales 2016）。移民支援団体や当事者グループにおいて移民運動の活動家となった 1.5 世代の若者たちに対し、カリフォルニア州のロサンゼルスを中心に行った聞き取り[10] では、特に大学進学によって、大学キャンパス内で他の無登録移民の若者や運動に関わる者とつながることで、運動への関与を深めていく傾向がみられた。すなわち、ドリーマー運動は、それまで周囲から隠していた法的地位の自己開示を通じたエンパワメントとして経験されている。

　ただし、ドリーマー運動がその目標として掲げるドリーム法案は、大学進学を果たした高学歴層の移民を、正規化に値する「よい移民」とすることで、自分たちの両親を含む他の移民を、正規化に値しない移民として規定するという、内在的なジレンマもまた抱えてきた[11]（Nicholls 2013）。たとえば、ドリーマー運動初期に多く用いられた「子どもたちに罪はない（No Fault of Their Own）」というスローガンは、自らの意志で米国に来たわけではない罪のない子どもこそ救済に値するが、自分の意志で越境した彼らの両親には罪があることを暗に示唆していた。また、ドリーム法案を推進する議員らは、高学歴であるドリーマーらが米国の社会と経済にとって有益な人材であり、アメリカン・ドリームを達成するためのチャンスを与えられるべき存在であることを強調した（Nicholls 2013）。これによって、「非合法的」な越境に対する罪をそもそももたず、勤勉で、米国社会に貢献するポテンシャルを秘めた高学歴な無登録移民の

---

10) 小井土彰宏氏の科学研究費プロジェクト「移民・難民選別システムの重層的再編成——9ヶ国の国際比較と越境的構造分析」の一部として、2017 年 7 月に小井土氏と筆者によりロサンゼルスを中心に実施したフィールド調査にもとづく。

11) このような葛藤については、小井土氏の科学研究費プロジェクト「選別的移民政策の国際比較——新自由主義／新保守主義と国民国家の境界再編成」の一部として、2012 年 8 月にロサンゼルスで行ったフィールド調査において、カリフォルニア大学ロサンゼルス校を中心として活動するドリーマー運動の活動家（主に同校の大学生）への聞き取りでも語られた。

若者たちは，米国社会にとって「望ましい移民」であり，合法化のチャンスを与えられるべき存在であるという言説が広く米国社会に認識されるようになった（Nicholls 2013）。

ドリーマー運動の当事者らは，こうした「望ましい移民」と「望ましくない移民」の二極化をそのまま受け入れてきたわけではない。特に，2008 年の包括的移民法改正案と 2010 年のドリーム法案の挫折によって，主要な移民団体への信頼が揺らぐなか，2010 年よりドリーマー運動は当事者による独立した運動として展開する傾向を強めた。この流れのなかで，ドリーマー運動のスローガンは，「無登録移民の私は恐れない，そして弁解などしない（Undocumented Unafraid and Unapologetic）」，また「私の両親は勇敢で責任感がある。だから私はここにいる（My parents are courageous and responsible. That's why I am here）」のように変化していった。これらのメッセージには，非正規性へのスティグマ化を拒否することで，「非合法」と「犯罪」を結びつける言説や，望ましい移民とそうでない移民という単純な二極化を否定し，政治経済構造をふまえることによって，両親を含めた移民のスティグマ化を回避しようとする意図があった（Nicholls 2013）。かつてドリーマー運動の一部には，「犯罪者化」を運動のフレーミングにすることで，移民コミュニティ全体との連携を図ろうという動きがみられた。このような，権力側（特にオバマ政権）と協調することでドリーム法案を成立させ，自分たちのために権利を獲得するという過去の姿勢から，現在はより広範な社会正義を実現するため，権力側に対する徹底的批判を辞さない姿勢に変化してきたことも付記すべきだろう（Nicholls 2013）。

以上のようなドリーマー運動の言説の変容を明らかにしたニコルズの研究とともに，ドリーマー運動に関わってきた活動家や大学生への実際の聞き取り調査[12] をふまえると，ドリーマー運動に傾倒した 1.5 世代の若者たちの多くは，自らの主張が「望ましい移民」と「望ましくない移民」という二元的なカテゴリーを形成してきたことに葛藤を抱え，それを乗り越える運動を形成しようとしてきたといえる。しかしその一方で，特に政治家やメディアによって繰り返

12）前注，前々注のプロジェクトにおける調査にもとづく。

されてきた支配的言説は，移民規制の厳格化による犯罪者化の進行とともに，米国社会に深く浸透してきたのである。

2）DACA プログラムにみる包摂と排除の境界線

　移民政策の議論が政治的停滞に陥るなか，オバマ政権は 2012 年に議会承認を経ず，特定の無登録移民の若者層に対する救済策として DACA プログラムを発表した。これは，2010 年，そして 2012 年にドリーム法案が議会で否決されたことを受けて，これ以上待てない移民支援団体や当事者による強い要請と，それに応えようとするオバマ政権との折衝の末に生み出されたもので，議会を通さずに無登録移民の若者たちに暫定的な権利を付与するという苦肉の策であった。

　具体的には，16 歳から 31 歳まで，高校水準の学歴があること，犯罪歴がないことといった，米国政府が提示する一定の条件を満たした者が，一時的に強制送還のリスクから解放され，就労許可のもと合法的に労働市場に包摂されることになった。これまでに，推定 80 万人に及ぶ無登録移民の若者がこの DACA プログラムによって暫定的な権利を獲得したとされる（López and Krogstad 2017）。

　DACA プログラムはそもそもドリーム法案の対象者を念頭において打ち出されたが，ドリーム法案が主な対象として議論してきた大学進学者だけでなく，高校在学者や GED 取得者が含まれたことで，学歴における間口はより広くとられた。ただし，政治的議論を経るなかで，年齢，米国滞在歴，そして犯罪歴をもとにして，巧みにその条件が絞り込まれてきた（表 1 を参照）。

　まず年齢制限がかかることで，1150 万人いるとされる「非合法」移民は 10 分の 1 以下にまで絞られる。さらに，DACA プログラムが発表された段階で米国にいない者は，その他の条件を満たしていたとしても対象には含まれない。すなわち，このプログラムが発表される以前に米国から強制送還された，あるいは米国での将来を悲観して出身国に自ら帰国した者は，このプログラムに申請することはできない。米国からメキシコに帰国した元ドリーマーを調査したアンダーソンの推定によると，DACA の対象となりえた年齢層で，2005 年以

表1　DACA プログラムの申請基準

DACA の申請条件	審査と運用
① 2012 年 6 月時点で 31 歳以下	パスポートなどの身分証明証
② 16 歳未満で米国に入国	学校記録（成績表など）
③ 2007 年 6 月 15 日から継続的に米国に居住していること	学校記録（成績表），光熱費などの公共サービスの請求書など
④ 2012 年 6 月 15 日と申請時に米国に居住していること	Facebook などの SNS におけるコメントや買い物のレシート，銀行のレシートなど
⑤ 2012 年 6 月 15 日時点で合法的な身分が失効していること	失効したビザなど
⑥軍隊または学校に所属していること（高校卒業資格も可）	軍隊および学校からの証明書
⑦犯罪歴がないこと。薬物やアルコールを摂取した状態での運転での逮捕歴がないこと。重犯罪歴がある場合，現在は例外的状況にあることを証明する必要あり。	書類提出後に，バイオメトリックス（生体認証）が実施される。ここで取収された指紋データをふまえて，ギャングデータベース，FBI などの犯罪記録と照合される。

降に強制送還に至った若者はおよそ 50 万人に上る（Anderson and Solis 2014）。すなわち，この DACA プログラムによって多くの若者が暫定的な権利を得ることができた一方で，包括的移民法改正をめぐる政治的駆け引きが長期化するなか，その機会を紙一重で失った多くの若者たちがいるのである。

　また，申請者は他国へ出国することなく継続的に米国に滞在してきたことを証明する必要がある。学校教育を受けている者は成績証明書などが存在するため，この証明はそう難しいものではないが，学校教育をすでに終えている者や就学前の証明が困難な者もみられる（Patler et al. 2015）。たとえば，本書で事例として取り上げるエスペランサ村出身者には，幼少期から親の名前で働き，季節労働者である親に連れられて夏季のみカリフォルニア州からオレゴン州，ワシントン州へ移動している者もいた。本来であれば DACA の申請要件を満たしているはずのある男性は，当時滞在していたオレゴン州の農場主に滞在を証明する手紙を発行するよう依頼したが断られたため，継続的な滞在を証明することができずに申請できなかったと語った。

　次に重要な基準として挙げられるのが，申請者の教育水準である。すでに指摘したように，ドリーム法案に比べて DACA プログラムは高校（成人教育を含

む）に在学していることを基準として設定しており，その間口はより広がった。とはいえ，米シンクタンク（Migration Policy Institute）の推定によると，DACAプログラムの潜在的申請者のうち 5 人に 1 人はこの条件を満たしていないため，DACA に申請できないという状況にある。このような若者層の特徴として，メキシコや中南米出身者の男性であることに加え，年齢が学齢期を超過していることや，低い英語能力，そして高い貧困率が挙げられる（Batalova et al. 2014）。すなわち，そもそも申請の段階から排除されている層に着目すると，そこには人種化され，かつジェンダー化された特定の若者移民層が浮かびあがる[13]。

　申請を見送った者は約 45 ％に上るとされるが，その理由のひとつとして申請費用 465 ドルが高額である点も指摘されており，DACA 申請者の世帯が抱える経済的要因も見逃すことはできない。実際に，DACA に申請できる若者家庭の半数以上が，米国連邦政府が示す貧困水準以下にあるとされる。こうした家庭環境の下で子育てや仕事を抱える若者移民らにとって，公的な支援なしに必要な教育機関に再編入することは困難となる。さらに，こうした申請者が抱える問題だけでなく，米国全体で成人教育制度への予算が削減されるなかで，DACA 申請を望む者の需要に応えるだけの機能とキャパシティがないケースもあることが指摘されている[14]（Batalova et al. 2014）。このような現実は，移民

---

13) DACA プログラムの実施以降，DACA 受益者となった若者に関する大規模な統計調査が，ドリーマー運動を牽引してきた若者活動組織の協力を得たいくつかの研究者グループによって実施されてきた（たとえば，Batalova et al. 2014; Wong et al. 2012; Singer and Svejlenka 2013; Patler et al. 2015）。数的な差異はあるものの，それぞれの調査データが示す傾向からは，いくつかの興味深い共通点がみてとれる。そのひとつが，DACA 受益者のジェンダー比率である。米国における外国生まれの無登録移民人口のうち女性は 48.5％であるが，女性のほうが DACA 申請を通過し，暫定的権利を獲得できる確率が高い。たとえばワンらの調査によれば，国土安全保障省から開示されたデータにもとづくと，DACA 受益者の 51.2％が女性であり，男性のほうが女性と比べて申請の却下率が 1.4 倍高いことが明らかになった（Wong et al. 2012）。

14) MPI の報告書によると，2007 年以降から 2012 年にかけて，米国連邦政府による成人中等教育（Adult Secondary Education，高校教育と同水準として考えられている）への予算が 35％削減されている。また，多くの地域において，DACA の申請条件を満たすコースが，プログラムの廃止や順番待ちリストによって履修できないという報告がなされている。

運動を牽引する高学歴若者層を「非合法」若者移民の代表として捉えることはできず，ある特定のエスニック集団において，「DACA に必要な教育達成条件を満たすことが難しいワーキングプアの青年」が一定数存在していることを示している（Batalova et al. 2014: 18-19）。すなわち，こうした貧困率とも相関する教育達成度を基準として設けることは，将来的な社会保障上のリスクとみなされる貧困層が DACA 申請から排除されることを意味している。こうした DACA 申請の基準設定は，高学歴層の社会上昇をもたらす一方で，低賃金労働者として米国社会を下支えする貧困層を切り捨て周縁化することで，無登録移民の階層分化をもたらしている。

　年齢，米国滞在歴，教育水準に続き DACA 申請基準の決定打となるのが「犯罪歴」の有無である。具体的には，加重重罪，重罪，および 3 回以上の軽犯罪といった犯罪歴があるかどうか，公共の安全や国家安全保障の脅威となりうるかどうかが，その判断基準とされる。こうした犯罪歴にもとづく申請基準は，無登録移民として幼少期から米国で社会化されてきた 1.5 世代の若者たちにとって，どのような意味をもつのだろうか。1.5 世代の若者移民は幼少期に米国へ移住したことで，その人生の大半を米国で歩んできた。低賃金労働者として働く両親の下で，その多くがいわゆるゲットーに居住し，教育的資源が乏しい学校教育を受けて成長してきた。米国の社会学者のポルテスらは，こうした社会環境において主流社会から外れ，社会上昇をとげられない若者移民は，均質な米国社会への同化ではなく，人種化・階層化された多様な社会集団に準じた「分節化された同化（segmented assimilation）」（Portes and Zhou 1993）の道をたどっていると指摘する。すなわち，「非合法」という法的身分のみを抽出し，更生のチャンスを与えないまま国外退去を強いる現仔の移民政策は，そうした若者移民らが米国社会の構造的ゆがみのなかで社会化されてきた事実を無視しているといえる。このような社会の下方向へ同化した帰結として排除の対象とされる若者移民の姿は，既存の社会階層の分断に移民規制による階層化が連動することで，さらなる周縁化が引き起こされることを示唆している。

　また，こうした犯罪歴の有無に加えて，FBI や地元警察が作成するリストに名前が載っているかどうかもその判断基準にされる。ギャングデータベースと

呼ばれるこのリストへの登録はきわめて主観的になされるため，ギャング活動が活発な居住地域に住み，ギャングメンバーである友人や兄弟と頻繁に接触があった場合，たとえ正式なメンバーではなかったとしてもそのリストに名前が登録されることもある[15]。したがって，実際に犯罪歴がなくとも，今後罪を犯す可能性が高いリスク集団とみなされることで，排除の対象となりうる。言うまでもなく，こうした排除は人種化および階層化された米国社会において，ある特定のエスニック集団に属する，特に男性の若者移民への不当なスティグマ化を引き起こす。

　DACA プログラムは，ドリーム法案の議論を引き継ぎながら始まった。この議論において浮上した，「望ましい移民」と「望ましくない移民」を分ける二元論，そして模範的な移民として学業に励み米国社会に貢献するドリーマー像が社会に浸透した結果，DACA プログラムの選別の基準をめぐっては，新自由主義にもとづく能力主義がより前面に押し出されてきた。その一方で，DACA プログラムは，将来的に社会保障の負担となりうる貧困層，あるいは罪を犯すと予測される層をあらかじめ排除してきた。そこには，ギャングデータベースの利用が示すように，将来的に社会的リスクとなりうる層に対する「監視追放複合装置」[16]（古屋 2014）ともいうべき監視と排斥の論理が潜んでいる。すなわち，DACA プログラムは，ある特定の条件を満たした自己統治能力のある移民を理想的な市民モデルとして包摂する一方で，そのようなモデルに沿わない層を囲い込み，シティズンシップの諸権利から排除する機能を有しているといえる。

15）ロサンゼルスを基盤に活動する移民援護団体 CHIRLA のディレクターへの聞き取りによる。

16）これは，ビゴによる「バノプティコン」の概念に由来する。ビゴは，全ての国民を福祉国家へと順応させることを目的とした管理統制メカニズム「パノプティコン」（フーコー）に対し，潜在的に福祉詐欺やテロの関連が疑われる者を国外退去の対象として管理する新たな統治システムとして「バノプティコン」を提示した（Bigo 2002）。

3）第一期トランプ政権と移民管理レジーム

　ここまで，1990年代からオバマ政権期までを中心とする移民管理レジームの形成とそのメカニズムを明らかにしたが，2017年に発足した第一期トランプ政権は，このメカニズムにどのような影響を及ぼしたのだろうか。トランプ政権は，就任直後より「米国を再び強くする移民改革」を掲げ，ムスリム国家出身者の入国禁止，一時的保護の撤廃，米墨国境の壁建設を含めたさらなる厳格化，中南米からの庇護希望者の入国禁止や子どもの収容，そしてDACA撤廃など，反移民の姿勢を鮮明に打ち出した。このように，移民規制のさらなる厳格化を目指したトランプ政権は，オバマ政権期までに構築されてきた移民管理レジームの強化を，より強力に推し進めることを試みた。

　そのひとつが，2000年代を通じて導入されていた「安全コミュニティプログラム」の再開である。軽微の交通違反などさまざまな理由で警察に拘留された無登録移民を移民取締局に引き渡すことを可能にした本プログラムは，実際には「犯罪者」に限らない全ての無登録移民を強制送還プロセスに送り込むとして強い批判を受け，オバマ政権期後半の2015年に停止されていた。しかし，トランプ政権はこれを再開し，無登録移民を送還へと全面的に送り込む回路を再び作り出そうとすると同時に，移民取締りにおいて連邦政府と州・ローカルの警察機関の協力関係を取り結ぶ287（g）条項の締結をさらに推し進めた（Pierce 2019）。

　ただし，こうした規制の強化を掲げた第一期トランプ政権において，無登録移民の被送還者数は必ずしも大きく拡大していない。移民取締局によると，被送還者数は2017年から2018年にかけて17％増加したが，オバマ期の40万に対して33万人にとどまる（Gramlich 2020）。この理由のひとつとして，特に移民の権利擁護に取り組んできた「聖域都市」を中心とする州や地方自治体が，連邦政府の取締りに対する協力を拒んできたことが指摘されている（Gramlich 2020; Nowrasteh 2018, 2019）。トランプ政権下では規制の強化が推し進められたが，実際には聖域都市との政治的な対立が先鋭化したことで，連邦政府が州・ローカル地域における法執行機関の協力を得られず，検挙や強制送還者数の全体的な抑制につながったといえる。ただし，本書の後半でも言及するように，実際

の取締りや送還の実態とは別に，移民とその家族にとって，トランプ政権の登場はきわめて現実的な危機として認識されている。

　また，トランプ政権は，オバマ政権の政治的遺産のひとつであるDACAプログラムをめぐりあいまいな姿勢をとり続けたのちに，その廃止を宣言した。この措置の法的正当性が最高裁まで争われた結果，最終的にプログラムの存続は守られたものの，新規募集は停止され，50万人近くの若者が申請できないまま取り残されている（Bolter et al. 2022: 4）。第一期のトランプ政権がとったこうした姿勢は，一度付与された権利が剥奪される恐怖をDACA受益者にもたらすと同時に，多くの混乱を引き起こした。そして，政府が取締りにおいてDACAプログラムで得られた個人情報を利用するのではないかという不安も生じており，これは議会を経ないこのプログラムが不安定で脆弱であるという現実を改めて浮き彫りにしたといえる。

おわりに

　本章は，現代の米国において，ラティーノ男性移民を犯罪者化し，取締りの標的とする人種化かつジェンダー化された移民管理レジームがいかに構築されてきたのか，明らかにしようと試みた。こうした現代の移民管理レジームの形成プロセスとそのメカニズムを検討するにあたって，まず米国の移民をめぐる歴史的側面を概観した。これを通じて，すでに19世紀より現代に至るまで，中国人移民を標的とする法制度（1882年排華法など）を基軸としながら，特定の国籍やエスニック集団を人種化し，排除する移民管理レジームが形成されてきたことを示した。また，米墨戦争後の米国に市民として組み込まれたメキシコ人は，法的には「白人」としての地位を付与されたものの，日常的・社会的には「非白人」とみなされた。メキシコ人に付与された「非合法性」のスティグマは，米国には決して同化しえない他者として，彼らを劣位に置く人種的まなざしに深く規定されてきた。

　そして，2001年同時多発テロを契機に，対テロ対策や治安と結びついた移

民政策の安全保障化の下，「加重重罪」カテゴリーの拡大，連邦政府の移民取締局と州・自治体の警察機関の密接な連携，そして越境それ自体を重罪化する法制度を通じた，移民の犯罪者化が進行してきた。このような移民政策と刑事司法制度の相互浸透が，近年の大規模な強制送還を生み出す法制度上のメカニズムを構築してきたのである。

　さらに，ラティーノ移民男性を犯罪者化し，国外追放へと送り込む移民管理レジームは，黒人やラティーノといった人種的マイノリティを標的として投獄することで利益を最大化していく産獄複合体とも分かちがたく結びつきながら展開してきた。このような移民の犯罪者化は，強制送還される移民は何らかの罪を犯している「望ましくない移民」であるという支配的な言説を生み出すと同時に，誰を「望ましい移民」として社会に受け入れるのかという問題群とも強く関連していた。幼少期に親に連れられて越境し，米国で教育を受け社会化されてきた移民 1.5 世代の若者たちに対する権利付与の議論は，まさにこうした境界をどこに引くのかという問題として理解できる。第 3 章以降では，米国における移民管理レジームを移民やその家族がいかに経験しているのか，また，「望ましい移民」と「望ましくない移民」の境界をめぐって構築されてきた支配的言説が移民やその家族によってどのように認識されているのか，具体的なフィールド調査にもとづいて明らかにしていく。

第3章

緩やかなネットワークの強みと弱み
──メキシコ都市部出身移民の帰還──

はじめに

　ここまで，米国において人種化かつジェンダー化された移民管理レジームがどのように形成されてきたのか明らかにしてきた。では，米国における移民規制の厳格化を背景とした検挙，収容，そして強制送還を，移民とその家族はどのように経験しているのだろうか。本章では，移民受入国である米国の法制度をふまえたうえで，移民の帰還先であるメキシコに視点を移し，特に出身地域であるメキシコ都市部の大衆居住区へと戻った人々の経験をひもといていく。

　序章でも言及したように，本書は「メキシコへの帰還者の経験」を一枚岩のものとして提示するのではなく，都市部や村落部といった異なる送出地域で実施したフィールド調査を多角的に連動させ，相互補完的に組み合わせることで，米国の移民管理レジームが移民やその家族に及ぼす複雑な社会的影響を浮き彫りにしてゆく。その際，移民の社会的ネットワークや社会関係資本の環境ごとに異なるあり方に注意を払い，各々の経験を対比させることで，移民管理レジームが及ぼす影響の普遍的要素と差異を明らかしていく。そこで本章では，村落部出身者と比べて密度の低い社会関係に埋め込まれた都市部出身の移民たちの帰国経験を描くことで，第4章以降の村落部での調査へと続く研究プロセスの一端を示していく。

1 帰還に社会的ネットワークが果たす役割

　1980年代以降の移民研究では，移民の社会的ネットワークや社会関係資本の重要性が認識されてきた。特に，ある送出地域から特定の受入地域になぜ移住が拡大し，なぜ特定の産業や労働市場に水路づけられるのかといった，越境・居住局面[1]に関する議論が中心になされてきた。しかし，移民が出身国へと戻る帰国局面については，出身地域へ「自発的に」戻ることが想定されてきたために，移民の社会的ネットワークや社会関係資本の果たす役割に注目した議論はごく一部（たとえば，Cassarino 2004）を除きほとんど展開されてこなかった。しかし，メキシコの社会学者リベラ（2011）が，帰国を移住プロセスの最終段階ではなくその一過程に位置づけ，帰国に向けて資源を動員していく移民のポテンシャルに着目したように，帰国局面においても，社会的ネットワークなどがどのような機能を果たしているのか，着目する必要があるだろう。

　社会的ネットワークや社会関係資本が都市出身者の帰国局面に果たす役割を考察していくうえで，移住システム論の理論的射程と課題について改めて言及しておきたい。第1章でも示したように，1980年代以降，移民の社会的ネットワークの重要性を提示した移住システム論は，移民たち自身が生み出す中間組織や移民のネットワークに着目することで，移民を能動的なエージェントとして捉えなおし，移民のトランスナショナルな実践をめぐる議論に先鞭をつけた。

　移住が始まり，越境のリスクとコストが引き下げられることで，移民のもつネットワークによる移住それ自体が一定の推進力をもつようになる。そして，送出地域において移住が「成功」と結びつけられ，一定の年齢に達した若者たちが応えるべき社会的期待として移住を認識することで，移住は人生における「自然な」選択肢のひとつとみなされるようになる。このような「移住の文化」

1）梶田・丹野・樋口（2005）は，この移住システム論を検討する際，移住局面と居住局面を分けている。本書では米国に入国した後の国内移動も居住局面に含めた上で，国境を越えるという点を明確にするため，移住局面は越境局面とする。

が形成されると，移住の流れが移民規制の厳格化や不況といった政治経済の構造的条件から独立して，永続的かつ累積的に拡大することが指摘されてきた（Massey 1990; Massey et al. 1994; Massey and Zenteno 1999）。

　ただし，このような理論枠組みは，主にメキシコの伝統的な移民送出地域とされる小規模な町や村落部に焦点をあてた実証研究を基盤に発展してきた。そのため，メキシコから米国への移住が多様化し，都市からの移民の流れが顕在化するにつれて，村落部の実証研究を基盤にして発展した理論枠組みが，都市からの移住にも適用できるのかという問題関心が醸成されてきた。

　この問いに正面から取り組んだのが，メキシコ北東部の工業都市モンテレイ市をフィールドに都市出身の移民の移住プロセスを明らかにしたエルナンデス＝レオンの研究である（Hernández-León 2008）。自己増殖的に拡大していく村落からの移住の特徴が都市でもみられるかどうか懐疑的であった既存研究に対して，エルナンデス＝レオンは，都市からの移民が，もともとの出身地を基盤とする同胞や，都市で形成された隣人といったさまざまな紐帯を用いることで移住を実践していることを，丹念なフィールドワークにより明らかにした。都市の生活者は必ずしも匿名性に特徴づけられるわけではなく，ときに都市の下で育まれる「弱い紐帯」が，村落における強い紐帯の欠落を補完する役割を果たしていた。多くの都市エスノグラフィーの研究蓄積（Lomnitz 1977 など）も示すように，都市環境では近隣住人同士の関係をもとにした相互扶助やインフォーマルな経済活動が営まれ，弱い紐帯は強い紐帯に比べて密度が低くとも，感情的なつながりや信頼にもとづく相互行為の基盤となっている（Hernández-León 2008: 21–22）。

　では，村落と都市の紐帯の差異はどこにあるのだろうか。エルナンデス＝レオンは，村落における社会的ネットワークとそれにもとづく関係は，コミュニティ内部の同族結婚によって強化される縁戚関係と，経済的な協力関係に特徴づけられると論じる。また，都市における社会関係はさまざまなネットワークがそれぞれに独立して存在しているのに対して，村落で想定される社会関係は，全てのネットワークが互いに緊密に結びついている。このような村落部の社会関係は，ポルテスの論じる「境界化された連帯」（Portes 2010: 33）の特徴を有

している。それは，強い連帯にもとづく相互扶助において力を発揮するが，ネットワークが同質的でその範囲も限定的であるがゆえに，それを超えた情報や資源へのアクセスが制限される傾向が強い。また，連帯や高い凝集性のある社会関係を維持するには，共通の規範を介した拘束力が必要である。したがって，そうした社会関係には，何らかの行為に対して期待される見返りを返さなければ排除されるなど，コミュニティとしての制裁機能が備わっているとされる。この拘束力は「強制力のある信頼関係」と呼ばれる（Portes 2010: 34）。

　他方で，本章が取り上げるメキシコ都市部出身の移民は，このような村落部の社会関係とは異なり，「弱い紐帯の強み」（Granovetter 1973）を最大限に発揮し，多様な情報や資源にアクセスしながら越境・居住局面のさまざまな課題に対処していくことができるとされる（Hernández-León 2008: 21–22）。凝集性および拘束性が高い社会関係を持つ村落出身者に対して，都市部からの移民は一般的に密度が低く拘束力の弱い社会関係に埋め込まれている。こうした都市農村間の社会関係の違いが，移民の帰国局面においていかに作用するのか，検討する必要があるだろう。また，帰国局面を検討するうえでは，移民が出身地域に残された人々とトランスナショナルな社会関係をいかに継続してきたかも，重要な指標となる。仕送りや定期的なコミュニケーションにもとづく越境的な社会関係の維持が，強制送還といった危機的状況において，窮地を救う社会関係資本として機能するのかという問いも，村落部に対して都市の状況を並置することで検証することができる。

　これらの議論をふまえ，本章では都市から移住した人々が，どのように出身地域とのトランスナショナルな紐帯を維持してきたのか，そして，都市からの移住者が埋め込まれた社会関係の特性が，強制送還による帰国局面においてどのように作用するのか，メキシコの首都であるメキシコシティの大衆居住区ネサワルコヨトルで実施した調査をもとに検討していく。次節では，米国の移民管理レジームが移民にもたらす影響を，聞き取り調査をもとに記述する前に，村落部から都市部，そして都市部から米国へという移住の流れがいかに形成されてきたのか，調査地である都市部の特徴とともに，先行研究にもとづき描き出していく。

2　メキシコにおける都市化のプロセスと国内移住

　この章で取り上げる都市部の大衆居住区（ネサワルコヨトル）は，メキシコ首都の周縁部に位置し，地方から首都圏へ流入した国内移住者によって開拓・形成された巨大な地区である。この地域の特徴を捉えるため，その形成の歴史を，メキシコの村落部から都市部への国内移動と，都市部から米国への国際移動という2つの切り口から記述する。

　メキシコの首都であるメキシコシティは，1880年代以降，近代化を推し進めるポルフィリオ・ディアスの独裁政権の下で，「近代化」への道をたどり，都市としての発展をとげてきた（山崎 1987）。1910年代にメキシコ革命の「破壊期」とも呼ばれる過酷な内戦状態と政治的混乱を経験した後，メキシコでは1920年代になって革命後の新たな体制づくりが進み，政治的・経済的安定に向かう「改革期」へと入った。1930年代になると，カルデナス大統領のもとで農地改革や石油産業の国有化など実質的な改革が展開し，工業化へと向かう本格的な体制が整備されていった。このように，メキシコ革命による内乱と混乱を経て，工業化への体制が整えられたことで，1940年代のメキシコシティは村落からの移住者による爆発的な人口増加を経験したのである（山崎 1987）。

　メキシコシティへと移住する貧困層と政治との関わりを研究した米国の政治学者であるコーネリアスは，こうした国内移住についていくつかのデータをもとに詳述している。これによると，メキシコ国内の人口移動率は1940年代を境に劇的な高まりをみせ，1950年から1970年の間に4500万人に上る人々が村落部から都市部へと移住した。そして，1970年の国勢調査によれば，全人口の15%以上が，出生地とは異なる州で生活していたという（Cornelius 1975）。村落部から都市部へと向かう国内移民にとって，移住の目的地は中小規模の都市ではなく，あくまでメキシコシティのような大都市であった。1960年代においてメキシコシティは43%以上の人口拡大を経験し，1970年代には，それまでのメキシコシティの中心部分，その周囲を含めた連邦地区，そしてさらにその周りに隣接するメキシコ州の行政区を含めた地域の人口が，計840万人に

達した（Cornelius 1975）。

　では，なぜ地方の町や村々で生まれ育った人々が，大量に故郷の村を離れて都市へと向かいはじめたのだろうか。このような移動をめぐる決断については，農村の生活条件の変化という視点からいくつかの要因が指摘されている。第一に挙げられるのが，村落社会における急激な人口増加である（Martínez Ríoz, 1972; 山崎 1987）。都市への移住が拡大する前の村落では，多産傾向にありながらも貧困と衛生環境による高い死亡率によって，農業産出高の緩やかな増加に見合う程度に人口増加が抑制されていた。しかし，保険・医療サービスが改善し，死亡率が顕著に低下していくなかで多産傾向が維持され，村落社会はかつてない急激な人口増加に直面したのである（山崎 1987）。加えて，自給性の高い村落部の生産構造は，限りある土地・資源の制約もあり，急激な人口増加に耐えることができなかった（山崎 1987）。

　第二に挙げられるのは，こうした農民経済の自給性が解体されたことである。第二次世界大戦後，伝統的な自給型の農業経済が，輸出向け農作物の奨励政策によって機械化されたことで，市場経済に組み込まれていった。さらに，後述するように村落社会において抑制されていた消費欲求の高まりは，農民経済の自給性が最終的に解体されていく背景となった（山崎 1987）。

　第三の要因は，マルチネス・リオスが指摘する，村落部における耕作可能地の深刻な欠乏である。これによって，村落の雇用状況に大きな圧力がかかり，土地をもつことができない農業従事者の数が増加し，仕事を見つけることができた者も，この状況にあわせて賃金レベルが大きく低下することとなった（Martínez Ríoz 1972）。

　そして最後の要因として，村落と都市の社会的距離の縮小が挙げられている（山崎 1987）。首都圏を含む大都市部には，近代化の流れのなかで，特に産業部門の雇用機会や社会サービスなどが集中するようになった。他方，村落部では，自給的経済が市場経済に取り込まれたことで，それまで未知であった都市に関する情報が村内で盛んに共有される状況が生み出された。都市という外部社会との接触の拡大によって，村落の人々が生活条件や所得における都市との格差を認識する契機が生じたことが，村落から都市への人口流出に結びついたので

ある（山崎 1987）。

　イギリスの都市地理学者ホールは，爆発的な人口増加を経験したメキシコシティを「究極の世界都市」（Hall 1984）と称した。それはメキシコシティが，その規模，麻痺や混乱状態，そして政治家や都市計画の担当者が直面した解決すべき諸問題のすべてにおいて，他に類をみない都市であることを意味していた。都市部への流入民による爆発的な膨張を経験する都市は，次から次へとやってくる人々に，住宅，上下水道，ゴミ処理施設，交通便といった基本的な公共設備さえ提供できなかった（山崎 1987; Espinosa-Castillo 2008）。このようなインフラの不在が最も明白に表れたのが，掘立小屋集落，または自然発生的集落と呼ばれる国内移民の集住地であった。これらは，公共機関や民間住宅業者によって計画的に建設された住宅地区とは異なり，都市の誰も利用していない土地に，村落部からの移住者たちが寄せ集めの材料で造り上げ，いつのまにか人が住みつくことで形成された（山崎 1987）。本書で扱うネサワルコヨトルは，まさにこのような集落から始まり，のちに正式な行政区（municipio）として行政当局から認可されるに至ったという歴史的経緯を有している。

　ネサワルコヨトルは，もともとテスココ湖を 1930 年の排水事業によって陸地化した地域を含んでいた（山崎 1987）。しかし「やっと姿を現したばかりの湿地帯で，雨季には沼となり乾季には塩のふきでた砂漠となる」（Ferras 1977: 17; 山崎 1987: 206）不毛な土地であったため，その利用価値の低さも相まって，長い間その所有権に誰も関心を示さず，あいまいなままにされていた。このような土地に目をつけたのが土地分譲業者であった。投機的な土地売買による地価の高騰を防ぐため，1952 年にメキシコ連邦地区内の新規の土地売買が禁止されると，不動産業者はかつてテスココ湖のあったメキシコ州の土地を買い漁るようになった。そして，不動産業者らはこれらの土地を勝手に区画し，1950 年代初頭以降，公共設備がいずれ完備されるという空約束のもと，都市へ流入した低所得者層に安価な土地を売りつけていったのである（山崎 1987）。

　村落における貧困と生活苦を背景として都市へと移住してきた人々にとって，自分の土地をもつということは，都市から追い出されることのない，最も信頼できる保障を得ることを意味していた。ゆえに村落からの移住者たちは，どれ

ほど不毛な土地であろうとも，価格の安さに魅かれて次々と入植していったのである。しかし言うまでもなく，勝手に売られた土地に対して，不動産業者が約束した公共設備が整備されることはなかった。公共サービスの不在にともなう粗悪な環境を改善するため，住民たちは自助組織を作り分譲業者や関係機関との交渉・陳情を繰り返しながら，自分たちで移住環境の整備に取り組んだ（Cornelius 1975; 山崎 1987）。そして，ようやく 1960 年になって，住民と分譲業者の代表に州政府が加わった形で，町の環境整備について検討する協議会が設置された。そして，ついに 1963 年，州議会において新しい行政区「ネサワルコヨトル」が承認されるに至った（山崎 1987）。このようにして，1950 年初頭まではほとんど無人に近かったこの土地は，1960 年代には早くも人口が 6.5 万人ほどになり，さらにその後人口増加率 16％という驚異的な勢いで拡大し，1970 年代の人口は 58 万人に膨れあがった（山崎 1987）。

1960 年代のネサワルコヨトルの産業別の就労状況について明らかにした調査研究によると，ネサワルコヨトルへの居住者の 66％以上が第二次産業に区分される製造業などの労働者（obreros）であった（Hernández 2011）。1970 年代になるとその内訳は，農業などの第一次産業に 2.9％，製造業などの第二次産業に 42.9％，そしてサービス業を中心とする第三次産業は 44.7％であった（López et al. 2009）。これらの統計では労働者がネサワルコヨトル内外のどこで勤務していたのかが明記されていないが，ネサワルコヨトルに居住する労働者の多くが連邦地区へ働きに出ていたことが指摘されている（Garcia Luna 1992）。

そして，1980 年の 134 万人をピークに，その後人口は緩やかな減少傾向をたどり，爆発的な人口増加という都市化の波が一定の終結を迎えた。それまでさまざまな社会インフラの欠如によって顕在化していた諸問題も，1980 年代に入って公共設備も完備され，商店街などの生活機能が備わることで解決していった。メキシコシティへの人口流入はこの時期まで続き，連邦地区は 1980 年代まで 5％という継続的な成長を記録していたが，1980 年代から 90 年にかけて，その成長率は 2％にとどまった。1982 年の債務危機[2]をきっかけとした

---

2) 1980 年代初頭にメキシコで起きた経済危機。世界的な原油価格の下落によりメキシコ

メキシコの経済構造の変容が，村落から都市への国内移住の流れを大きく変化させたといえる（Rodríguez 2000）。次節では，こうした国内移住の流れを背景として，都市から米国へという国際移住がどのように発展していったのかを明らかにする。

3 都市部から米国への国際移動

　メキシコの村落から都市への国内移住の拡大は，1980年になるといったんの収束をみせた。コーネリアスらはこの要因として，都市における労働市場が縮小し飽和点に達したことを指摘している。とりわけ，債務危機のあおりを受けた1980年代を境に都市部から米国への移民が増加したとされる（Cornelius 1991; Lozano-Ascencio 1999; Hernández-León 2008）。また，債務危機後，メキシコは従来の輸入代替工業化から輸出志向型工業化へと転換を図り，これが都市から米国への移住の促進を決定づけた。この構造転換は，①新規技術，柔軟な生産システム，そしてローカルおよびグローバルな資本の戦略的同盟を通じた製造セクターの近代化，②1986年のGATT加盟を通じたメキシコ政府による急速な貿易の自由化と経済解放，そして米国やカナダとの北米自由貿易協定（NAFTA）締結を通じた，米国経済への統合によってなしとげられた（Hernández-León 2008: 48）。

　この転換によって，経済における国家の役割が縮小し，ナショナルな領域におけるグローバリゼーションが拡大したことで，都市の産業と雇用に大きな変化がもたらされた。とりわけ，製造業の安定雇用が減少し，第二次産業におけるインフォーマル労働や自営業が拡大した結果，都市周縁部における貧困が広がった（Roberts et al. 1999; Hernández-León 2008）。その要因として，都市部の労働者とその家族を支える給料を保障する安定的な仕事がなくなったことが指摘

　　　の対外債務が急増，資金の海外流出が止まらず外貨準備高が激減し，ペソが急落したことが原因である。

されている（Roberts et al. 1999）。また，マキラドーラ——メキシコ北部に集中投下された海外投資によって形成された保税加工制度——が製造業の雇用を生み出したことも，米国への移住が増加する要因のひとつとなった[3]（Sassen [1991] 2001, 1996）。すなわち，メキシコにおける新自由主義的な構造調整政策が推し進められた結果，都市部から米国への移住をよりいっそう促進する土壌が形成されたのである（Hernández-León 2008; Roberts et al. 1999）。

1982年の経済危機と並び，メキシコの経済レジームの転換をもたらした契機として挙げられるのが，1994〜95年の通貨危機である。経済の自由化が進行し，投資を呼ぶために金利が高く設定され，ペソが過大評価されたことにより，1980年代後半から90年代前半にかけて輸入が大幅に増加した一方で，輸出は不振に陥り貿易赤字が増大した。マキラドーラによって輸出は拡大したものの，輸入をそれでも上回ることができず，1992年には輸入率が輸出の12倍にもなった（Hernández-Léon 2008）。増加の流れにあった海外からの投資は，1994年の内政不安をきっかけにカントリーリスクが表面化したことによって激減した。この危機に対応するために，メキシコ政府はドルに連動した短期国債を発行するが，中央銀行のドルが尽きたことによって変動相場制に移行せざるをえなくなった（Hernández-Léon 2008）。エルナンデス゠レオンは，この通貨

3）メキシコ政府は，ブラセロ計画廃止による北部地域での失業の増加を懸念し，元ブラセロ労働者に対する雇用創出を目的とした外国企業の誘致（マキラドーラ計画）を図った。しかし，実際には1980年代まで，その雇用は周辺地域の若年女性労働力に偏り，米国への移住に代わる雇用は創出されなかった。そのため，男性移民の多くがブラセロ計画の停止後もなお，米国への無登録移民の流れを形成した（小井土 1992; Bustamante 1983）。また，1990年代以降の研究では，メキシコ各地から国内移住を果たし，国境地帯のマキラドーラ産業に従事した人々が，その後米国へ越境する「二段階のステップ型移住」が生じていることが指摘されている（Carrillo 1990）。移動の女性化をグローバルな産業構造の変容から検討したサッセンもまた，メキシコ地方出身の女性たちがマキラドーラ産業へと組み込まれ賃金労働者となったことが，米国への潜在的な移民労働力のプールの形成に寄与し，のちに米国における家事労働といったサービス業への参入に結びついたと論じている（Sassen [1991] 2001, 1996）。マキラドーラが米国への移住の流れに果たすこれらの役割を実証的に検討したものとして，Kopinak（2011）の研究もある。

危機による失業率は1982年の経済危機を上回り，正規労働市場からこぼれおちた労働者らは，サービスセクターやインフォーマルセクターへと参入していったと指摘している（Hernández-Léon 2008）。1995年のクリントン政権による通貨危機への救済策と米国経済の好景気に刺激され，メキシコ経済は一時的に持ち直したものの，米国の景気低迷によって2001年には再び陰りをみせた（Hernández-Léon 2008）。

このようなマクロ経済の変動を反映するように，ネサワルコヨトルにおける産業別の就業割合は，それまで第二次産業と第三次産業にほぼ等しく分配されていたにもかかわらず，1990年になると，第二次産業が31%であるのに対して，第三次産業が62%と大きく拡大している（López Piña et al. 2009）。すなわち，それまで製造業に従事していた労働者が大幅に減少し，サービス業を中心とした第三次産業に吸収されていることがわかる[4]。

こうしたメキシコ都市部の経済構造の変容は，都市部から米国への国際移動が生み出される背景を作り出していった。国勢調査によると，1982年債務危機後の1987〜92年にかけて，メキシコ州から米国への移民は全州で4番目に多い6.1%であった。また，1993〜94年にメキシコ国立・北部国境大学院大学によって実施された「北部国境における移住に関する質問票調査」の統計によれば，メキシコ州内の郡のなかでも，ネサワルコヨトルは移民の送出地域（郡）として2番目に位置している（Becerril 1998）。したがって，本書が注目するメキシコシティの大衆居住区ネサワルコヨトルは，1980年代の経済危機以降，メキシコが経済の再編成を余儀なくされる過程において，米国への移民の送出地域としての特徴も有するようになったのである。

---

4) ただし，ここで注意したいのは，ネサワルコヨトルにおける製造業の労働者が激減したからといって，同地域から連邦地区へ働きに出る人口が同じように減少したわけではない。1998年の統計によれば，ネサワルコヨトルが提供する経済活動はおよそ43%であるのに対して，連邦地区へ働きに出る人々は41%，そしてそれ以外の周辺地域で働く人々がおよそ16%である（López Piña et al. 2009）。

4 ネサワルコヨトルから米国への移住の特徴

　以上のようなメキシコ都市部をめぐるマクロ経済構造の変容をふまえたうえ
で，実際のフィールド調査からみえてきた，都市部から米国への移住の特徴に
ついて記述したい。当時修士課程の院生だった筆者は，2012年の約3カ月間，
ネサワルコヨトルに断続的に滞在し，機縁法を用いて計63人に半構造化イン
タビューを行った。男女比は，男性50人，女性13人であった。また，年齢層
は，20代が10人，30代が20人，そして40代が25人，50代と60代は5人，
70代と80代が3人であった。したがって，調査協力者の多くは，ネサワルコ
ヨトルへ国内移住した第一世代よりも，両親に連れられてネサワルコヨトルへ
移住した者，あるいは都市部で生まれた者だった。調査協力者の両親の出身州
は，ミチョアカン，グアナファト，ベラクルス，プエブラなど多岐にわたって
いる。機縁法を用いた調査のキーパーソンとなった家族は，もともとミチョア
カン州出身であったが，その親族，友人，隣人，そして仕事関係など，一次的
紐帯にとどまらず，都市におけるさまざまな二次的紐帯を通じて調査協力者を
紹介してもらったため，複数の州出身者への聞き取りにつながった。

　調査協力者の学歴をみると，教育歴が不明な者2人と80代の男性1人を除
いた全員が小学校を卒業し，43人が中学校卒，そして18人が高校まで卒業し
ていた。大学への進学者は8人おり，そのうち4人が卒業している[5]。移住前
の職業は多岐にわたっており，大きく分けて学生（14人），第二次産業（6人），
第三次産業（18人），公務員（1人），インフォーマルセクター，職業不明，定
職なし（29人）であった。第三次産業の従事者は，主にレストランやスーパー
の従業員，またはトラックやミニバスなどの運転手であった。そして，定職が
ないと答えた者には，街頭の物売りといったインフォーマルセクターで働いて

5）大学を中退した4人のうち2人が，その要因として，父親または母親が亡くなったこ
　とによって，通学にかかる交通費や学費を捻出できなかったという経済的な理由を挙
　げた。この2人は中退後に米国に越境している。大学を卒業した4人のうち3人はメ
　キシコの大学，1人は米国の大学卒であった。

いた人々が一定数いたことも特徴的である。

　また，米国における滞在先もさまざまであり，最も多かったのはカリフォルニア州，イリノイ州，そしてテキサス州であった。ただし，この3地域に限らず，西海岸のワシントン州，ユタ州，ネバダ州，アリゾナ州，コロラド州，ウィスコンシン州，インディアナ州，中東部のケンタッキー州，南東部のジョージア州，そして南東南部のフロリダ州，南部のサウスカロライナ州，東部のワシントン・コロンビア特別区，ニューヨーク州というように，米国全土の異なる地域に広く拡散していた。

　また，調査協力者らの移住の特徴として，多様な移住先だけでなく，米国内の特定地域に定着せず複数回にわたって転居を繰り返す傾向もみられた。63人の調査協力者のうち，24人がアメリカ国内の家族や親族，メキシコの近隣に住む知人や友人，そして米国への移住で出会った知人や友人などさまざまな紐帯を用いて，数回にわたって居住地を移動していた。建設業に携わっているために期間限定で他地域に移動するケースもみられたが，仕事や居住において直面した問題から脱するため，転居を模索した事例も多くあった。このように，村落部から米国の特定地域に移住が促進されコミュニティを形成するケースとは異なり，都市からの移住者は密度の低い社会的ネットワークに埋め込まれているがゆえに，村落とは異なる種類のさまざまな紐帯を利用しており，地理的・社会的に高いモビリティを有する傾向にあった。

　米国への移住者の法的地位は，その大半が無登録移民（59人）であった。80代の男性は，ブラセロ計画が施行されている期間は労働許可証を持って入国していたが，この二国間協定が終了した後には無登録移民として米国に越境していた。また，短期での商用を目的とするB1ビザでの入国が2人，また観光ビザで入国し就労を経験したのちにビザ期限内で帰国した者も数人いた。なかには，法的地位の移動を経験する者もいた。たとえば，米国入国時は無登録移民であったが，その後市民権を有する者との結婚を通じて永住権を取得した者が4人いた。しかし，彼らは4人とも何らかの違法行為による逮捕・服役を経て永住権を剥奪され，強制送還に付されていた。無登録移民から1986年移民法改正を契機とするアムネスティ（恩赦）の下で正規化され，その後市民権を獲

得した者は1人であった。

5 米国からネサワルコヨトルへの帰還の特徴

　では，これら63人の調査協力者は，どのような帰国を経験していたのだろうか。63人のうち，自身の帰国を強制送還であると認識していたのは21人に及び，その大半が20代から50代の男性で，6年以上米国に滞在していた人は11人であった。その他の帰国理由には「家族に会いたかったから」，「孤独に耐えられなかったから」，「メキシコが恋しかったから」のほか，「家族に不幸があったから」，「自分自身が病気になったから」という，積極的な帰国の選択を示唆する者もいた。また，「経済的に米国での生活が厳しくなったから」という回答のように，2008年以降の景気後退のあおりを受けての帰国を示唆する者も数人確認できた。ある男性は，建設業に従事していたが，リーマンショック以降仕事が激減し，仕送りどころか米国での生活費もままならない状況が続いたため，メキシコに戻ることを決めたという。これらの理由は排他的ではなく，「経済的にも状況は悪いし何年も家族に会っていないから帰国を決めた」というように，いくつかの理由が複数重なり合って，帰国への選択がなされている場合もあった。

　ただし，強制送還ではなく，一見自分の意思にもとづく「自発的帰国」であるようにみえても，その自発性・非自発性の境界はきわめてあいまいである。たとえば，15歳で米国に移住し，米国の中学・高校を卒業したフアンは，2011年に12年間暮らした米国を自らの意思で去り，その理由を「〔米国での生活が〕退屈になったからだ」と述べた。しかし，聞き取りが進むにつれて，本当は「「米国」でずっと生活していくつもり」だったが，同時多発テロ以降，一斉正規化の道が閉ざされ，無登録移民であることへの社会的スティグマの高まりを日々感じていたとも語っている。また，フアンは移民規制の厳格化によって日常生活を脅かされるだけでなく，無登録移民としての自らの将来に限界を感じていたという。建設業で働いていたころは，他の労働者らをまとめる

リーダー役として「稼ぎのよい」仕事[6] に就いていたが，2008年の経済危機の影響で建設業の仕事が目に見えて減少し，フアン自身もそのあおりを受けていた。聞き取りの終盤に「本当は向こうで正規化したかった」と吐露したフアンは，確かに自らの意思にもとづいてメキシコに帰国している。しかし，このような帰国の背景に，無登録移民として働き，暮らすことにともなうさまざまな困難があったことをふまえると，構造的に強いられた帰国としても理解することができる。

　次に，移民取締局によって拘束・送還された21人の帰国時期から，どのような傾向が見出せるのか検討したい。移民規制の厳格化がより明示的に進展する1996年より前は，国境沿いでの拘束による強制送還は1件のみであり，残りの20件は全て1996年以降の帰国である。特に移民取締局が取締強化を図っていく2000年代半ば以降の強制送還の件数は12件に上った。

　聞き取りデータによると，強制送還に至るにはいくつかの異なる要因があった。それらは大きく分けて，①「重罪」に区分される前科に起因する強制送還（5人），②交通違反や家庭内暴力の通報などが契機となる強制送還（9人），③国境警備隊による拘束が起点となる強制送還（7人）という3つに分類できる。①の多くが薬物所持・売買，あるいは強盗などの犯罪行為によって警察に捕まり，刑務所に服役後，移民取締局に引き渡されて強制送還に至っていた。なかには，服役後に社会復帰を果たしていたが，1996年移民法のもと，「前科」のある者が遡及的に送還の対象にされたことで，強制送還に至った事例もあった。また②のように，運転免許証の不携帯や飲酒運転といった交通違反や家庭内暴力の通報などによって警察当局と接触した結果，無登録移民であることが発覚し，移民取締局に身柄を移され送還に至るケースもあった。また，移民取締局の職場捜査によって無登録移民であることが明るみになった結果，自宅で身柄を確保されたという事例は②に含めている。そして，③のように国境沿いで国境警備隊に拘束されたことによる送還の経験者も一定数存在する。ただし，

---

　6) たとえば，建設現場における労働者の日当が通常80ドル程度だったのに対して，フアンは1日120ドルほど稼いでいた時もあったという。

これらはあくまで最後の強制送還が何に起因するかにもとづいており，①〜③の区分は相互排他的ではなく，重複している場合もある。たとえば，①や②による送還をすでに経験した者が，その後再越境に挑戦し，③の国境警備隊による拘束と送還に至る事例などがそれにあたる。

　以上のように，強制送還を受けた帰国者 21 人のうち，その多くが特に 2001 年の同時多発テロ以降の強制送還を経験していること，かつ米国社会（国境沿い以外の地域も含む）に一定期間以上滞在しており，彼らの生活圏内で拘束され強制送還に至っていること，また国境管理の厳格化の下で，越境を諦める人々がいることが分かった。この調査は，あくまで機縁法にもとづくものであり，その普遍的な妥当性には一定の留保が必要だが，特に 2000 年代以降の米国の大規模な強制送還の全体像と，一定の連関を見出すことができる。

6　都市部出身者のネットワークが帰国局面に及ぼす影響

1）トランスナショナルな紐帯の喪失と国境をさまよう帰国者

　従来の帰国移民に関する研究には，出身地域への帰国は「自発的な」帰国であるという前提があり，移民の「故郷」への帰還は自然なこととみなされてきた（Gmelch 1980）。しかし，自らの意志に反した予期せぬ出来事として移民を「出身国」へと追放する強制送還は，帰国に対する従来の前提を覆す。都市部から米国へ移住し，その後強制送還によってメキシコに戻った人々は，帰国をどのように経験しているのだろうか。ここでは特に，刑務所や移民収容所で長期間収容された後に，メキシコへと戻った都市部出身者がどのような帰国を経験しているのか，移民が長年の移住のなかで維持，あるいは喪失した社会的ネットワークの役割に着目して明らかにしたい。

　都市部出身者の経験を検討するためにまず取り上げるのは，リカルド（20 代後半）の事例である。2002 年，当時 19 歳だったリカルドは，連邦地区でサービス業に従事していたが，よりよい稼ぎを求めて兄を頼りにサウスカロライナ州へ移住した。移住当初はレストランの皿洗いとして真面目に働いていたが，

しばらくして麻薬売買に関わる人物と知り合った。実際に麻薬売買にかかわることはなかったものの，非合法的な経済活動に携わる知人や友人との関係を続けたことで，リカルドの人生は大きな転機を迎える。警察が捜査に入った時にその場に居合わせたため，一緒に現行犯逮捕され，有罪判決を受けたのである。2年半の刑に服す間，地元から遠く離れた監獄に身柄を移されたことで，長期間にわたって，米国にいた兄や母と物理的な接触を図ることができなかった。服役を終えた2006年，リカルドの身柄は移民取締局によって移民収容所へ移され，数日もしないうちに他の収容者とともに国境沿いの町，タマウリパス州のヌエボ・ラレドへと強制送還された。

　リカルドは，強制送還された日のことを，強い不安と恐れの感情とともに思い出すと語った。まだ夜も明けきらぬ早朝，大型バスからメキシコの国境側の町，ヌエボ・ラレドに降ろされ，暗く人影のない道のりを町の中心部まで，強制送還された数十人と一緒にひたすら歩き続けた。この時，リカルドは収容所の服を着たまま，一銭も持たず，逮捕時に没収された身分証明書もないまま，まさに身ぐるみ剥がされた状態であった。

　このような経験は例外的とはいえず，実は強制送還された人々の多くが，着の身着のままの状態で——ときに収容服であるオレンジ色のジャンプスーツを着たまま——現金や身分証明書といった貴重品を身につけずに送還されている。特にリカルドは，刑務所に服役後，家族や友人が暮らす地域から別の州へ移動させられたことによって，米国にいる家族や友人との緊密なコミュニケーションを断たれ，法的な支援も受けることができなかった。これはまさに，被収容者を前触れなく別の収容所へ移動させることで，被収容者が周囲から支援を受けにくい状況に追いやるという移民管理レジームの戦略（小井土 2014: 195–196; 川久保 2023: 164–165）とも合致する。

　また，このように身分証明書をもたない状況でメキシコに送還されることで，帰国者がメキシコの警察から不当な処遇を受けることも，国境沿いの調査で明らかになっている（Velasco and Albicker 2013）。国境沿いの町ティフアナで帰国移民への支援を行う非営利団体の職員は，強制送還による帰国者が直面する問題のひとつとして，メキシコ警察が身分証明書をもたない帰国者を取締りの対

象とし，刑務所に連行していることを挙げている[7]。すなわち，米国の移民管理レジームにもとづく収容や送還の実践が，メキシコ側において深刻な人権侵害を生む土壌を作り出していることを示している。

　先にふれたリカルドは，このような送還後の困難な状況において，米国にいる家族に連絡をとり，メキシコシティへ戻るためのバス代を送金してもらい，ネサワルコヨトルで暮らす母のもとにたどりつくことができた。しかし，なかには，長期にわたる米国滞在によって，故郷につながるトランスナショナルな紐帯を喪失しており，出身地域に戻れないまま，メキシコ国境沿いにとどまる帰国者もいる。

　そうした事例として次に取り上げるのは，1989 年，17 歳の時に米国へ無登録移民として移住したペドロ（40 代半ば）である。10 代半ばまでメキシコ都市部で暮らしていたが，仲間内の諍いをきっかけに，父親から米国行きを勧められた。当初は親族を頼って移住したが，その後住居を転々とし，ニューヨークでアメリカ人女性と結婚し息子を 1 人もうけ，永住権も得た。しかし，その後結婚は破綻し，20 代から喧嘩や飲酒運転などで複数回捕まり，刑務所での服役を繰り返してきた。その一方でペドロは，地域のギャング抗争の平和的解決に尽力するなどコミュニティにおける活動で名が知られた人物でもあった。ペドロにはメキシコで扶養すべき家族もいなかったことから，仕送りの必要はなく，メキシコの家族との関係は希薄であった。特に，刑務所に入っていた最後の 2 年間は，メキシコの家族はペドロが生きているのか死んでいるのかさえもわからない状況であったという。

　そして，すでに刑に服した者も遡及的に強制送還の対象とする 1996 年移民法のもとで，長く刑務所に収監されていた永住権取得者のペドロもまた 2009年に国境沿いの町マタモロスへ強制送還された。身分証明書や所持金がないまま送還されたペドロは，出身地域のネサワルコヨトルに住む母親の連絡先をもっていたが，リカルドのように家族に助けを求めることはできなかった。その理由を次のように述べている。

7）2012 年 8 月の聞き取りから。

問題を起こしたくなかったからです。羞恥心がありました。米国に行って，本当なら金を稼いで，名誉（honor）とか手に入れて，お金を稼いでいるはずでした。自分の身内に何かいいことをひとつもしてこなかったとか，そういうわけではないのですが，でも〔メキシコにいる家族にとって自分が〕米国でどんな経験をしてきたのか，そういうのを理解することはすごく難しいでしょう。それで，ネサワルコヨトルに戻るのにお金が必要だなんて言ったら，「米国から帰って来たのに，お金を何も持っていないの？」ってみんな思うでしょう。だから恥ずかしかったのです。私は，向こうでいい生活を送っているはずだったのですから。20年後に戻って来たと思ったら強制送還されて，お金もなく，しかも身内に〔ネサワルコヨトルに戻るための〕バス代を頼むなんて，そんなの，ありえないだろうと思いました。だからそこ〔マタモロス〕にしばらく住むことにしました。自分で何とかしたかったのです。

　ペドロは，一緒に強制送還された帰国者の世話になりながら仕事を探した。しかし，1カ月経っても仕事は見つからず，犯罪組織によって治安が悪化する国境の町で身の危険も感じたペドロは，結局家族のいるネサワルコヨトルに戻ることを決めた。そして，ニューヨークにいる友人に助けを求め，数百ドルを送金してもらい，国境沿いにおける1カ月以上の滞留を経て，ようやく故郷ネサワルコヨトルに戻ることができたのである。

　このようなペドロの事例は，一見つながっているかにみえる故郷の家族との紐帯が，きわめて脆弱なものであったことを示している。ペドロとメキシコの家族との紐帯は，きわめて低い頻度のコミュニケーションによって，社会関係資本を動員することができるものではなくなっていた。さらに，ペドロのネサワルコヨトルへの帰還をためらわせたのは，移住の成果に対する期待と，それに応えることができないという落差によって生まれた羞恥心であった。ペドロは，移住と成功を結びつける社会規範を強く内面化しており，それが強制送還という危機的状況においてさえも，家族に頼ることを難しくさせた。帰国者が出身地域における社会的期待に応えられなかったことで生まれる羞恥心は，第

6〜7章で村落部の事例を検討していくうえでも注目すべき点である。

　次に，トランスナショナルな紐帯を喪失した都市部出身移民の経験を考えるうえで，序章のエピソードのひとつとして取り上げた，移民1.5世代の若者アルフォンソ（20代前半）の事例を検討してみたい。生後8カ月のアルフォンソは，すでに米国のニュージャージー州で働いていた父親を頼って移住した母親に連れられ，米国に越境した。その後，9歳の時に父母が離婚し，母親とともにカリフォルニア州ロサンゼルスに親戚を頼って転居した。20代で強制送還に至るまで，メキシコには一度も戻ったことがなく，国籍はメキシコであっても，アルフォンソにとっての故郷（ホーム）は米国ロサンゼルスであった。

　母親はシングルマザーとして朝から晩まで身を粉にして働いていたため，必然的に兄が幼少期のアルフォンソの面倒を見ていた。その兄はスレーニョ（Sureño）と呼ばれるギャングの一員であったため，自然とアルフォンソもギャング集団にかかわる兄とその仲間たちのなかに自らの居場所を見つけるようになった。間近でギャング同士の抗争や警察との攻防といった暴力やストレスを経験していたため，自らギャングの正式メンバーになろうとはしなかったものの，10代の頃から飲酒や大麻などにふれる生活を送っていた。このようなアルフォンソの事例は，ポルテスらが提示した「分節化された同化」理論の枠組みにおける下降同化として捉えることができる（Portes and Zhou 1993）。すなわち，アルフォンソは，アメリカ社会から単に逸脱したのではなく，さまざまな資源へのアクセスが制限された状況で生きるなかで，階層化されたアメリカ社会の下層へとまさに同化していたと理解することができる。

　アルフォンソが14歳の時に，保護者的存在でもあった兄が警察に捕まったことで，その生活はより乱れていった。17歳の時，恋人との間に子どもが生まれたが，アルフォンソは仲間と強盗を企てた結果現行犯で逮捕され，2年の実刑判決を受けた。服役を終えると，無登録移民であったことから移民取締局に身柄を移され，20歳のときに強制送還に至った。

　アルフォンソは，メキシコへの強制送還を全く予期せぬ出来事であったと振り返る。幼少期から米国社会で育ったアルフォンソにとって，メキシコは一度も足を踏み入れたことのない未知の国であり，親族のほとんどが米国に移住し

ていたため，メキシコには頼れる親族や知人が誰もいなかった。したがって，1回目の強制送還を経てから，アルフォンソは彼にとっての「故郷」であるロサンゼルスに何度も舞い戻り，そのたびに警察に検挙された結果，最終的に4回以上の強制送還を経験した。アルフォンソがたどった越境パターンを捉えるために，その経緯を確認しておこう。

　1回目の強制送還の後，アルフォンソは服役によって長期間会うことができなかった母親に一目会うためロサンゼルスを目指した。越境それ自体はかろうじて成功させたものの，その3カ月後にロサンゼルスの地元を歩いているところを職務質問され，前科のある保護観察中の身であること，そして強制送還歴のある無登録移民であることが明るみになった。刑務所に7カ月間収容されたあとに，10年間の再入国禁止令を受け，2回目の強制送還に付された。

　アルフォンソはテキサス州のエル・パソからメキシコのヌエボ・ラレドに強制送還され，その際の所持金はたった50ドルであった。今度はロサンゼルスの母親から200ドルを送金してもらい，そのお金で3日間かけてティフアナに戻り，再びロサンゼルスに戻るために越境したという。しかし，6カ月ほど経過したころ，アルフォンソは別の事件で保護観察中の義弟と居合わせたところを再び警察の職務質問によって検挙され，3回目の強制送還に至った。その後，再びロサンゼルスに戻ったが，その1年後，友人の家にいるところを警察に見つかりまたも逮捕され，4回目の強制送還に至った。結局警察に見つかり強制送還に至るにもかかわらず，メキシコにとどまることは選択せず，このシジフォス的徒労ともいえる越境を繰り返した理由を，アルフォンソは次のように振り返った。

　　その時は父がどこにいるかわからず，連絡先も持っていなかったからです。ティフアナに知り合いが誰もいなかったですし。もし誰かがいるってわかっていたら，ティフアナに残っていたかもしれないけれど……。もし誰か頼れる人がいたら，ここ〔ネサワルコヨトル〕にもっと早く帰ってきていたと思います。

　このアルフォンソの語りは，幼少期に米国に移住し，米国で社会化されてき

た移民 1.5 世代にとって，メキシコは必ずしも自然に戻るべき場所などではなく，米国の育った地域こそが彼らの故郷であるという事実を示している。ただし，幼少期から米国で育つと，メキシコとのつながりが必然的に希薄になる，とは言い切れない。たとえば，ニューヨークに住むプエブラ州の村落出身者について調査したスミスは，第一世代の移民が，休暇の際に子どもたちをメキシコの故郷へ送り出す事例を挙げている（Smith 2006）。このように，条件さえそろっていれば，米国育ちであってもメキシコとの緊密なつながりを維持することが可能となる。本書の後半で扱うエスペランサ村出身者のなかにも，合法的な滞在許可をもつ家族の多くが，休暇や村の祭りのたびにメキシコの村に戻ることで，トランスナショナルな紐帯を維持していることが確認できた。しかし，アルフォンソの場合，米国生まれの妹を除いて，母親を含めた家族は全員無登録移民であり，そのような往還は困難であった。つまり，アルフォンソはメキシコに生まれながらも，法的地位の制約も相まって，メキシコを知らぬまま成長し，トランスナショナルな紐帯を完全に喪失した状態にあったといえる。

　また，ロサンゼルスでアルフォンソが警察に繰り返し検挙された背景には，米国における制度的人種主義の問題が指摘できる。米国の刑事司法制度や人種問題の連関を指摘する先行研究の多くが示すように，治安の悪化が懸念される低所得層の居住地域に警察の資源が集中投入され，それが結果的にアフリカ系アメリカ人，プエルトリコ出身者，ドミニカ共和国出身者，そしてメキシコ出身者といった特定の人種・エスニック集団に対する集中的な監視および検挙を生み出してきた（Golash-Boza 2015）。これに加えて，生体認証システムの下で「前科」が身体に刻印されているがゆえに，警察と移民取締局の監視および排除からは永遠に逃れることができない。

　このような法制度に埋め込まれた構造的な問題とともに，アルフォンソの生きる場所はロサンゼルスの居住地における密度の高い社会関係に限定されており，仲間のところに戻るという選択肢しか残されていなかった。成長の過程において，逸脱行為によって連帯するコミュニティへの下降同化が進行したことが，このような社会関係から抜け出すことのできない負の力を発揮したともいえる（Portes 2010）。すなわち，アルフォンソの越境と強制送還の繰り返しは，

さまざまな要因が重なり合うなかで，追放と収監という負のループに閉じ込められ，必然的に生み出されたものといえる。それは，まさにマシアス＝ロハスが「強制送還から監獄へ」（Macías-Rojas 2016）というアナロジーで示した，国境管理と国内管理の融合がもたらす帰結の一形態を示している。

　アルフォンソの事例では，ロサンゼルスの母親がネサワルコヨトルで暮らす元夫（アルフォンソの父）の連絡先を手に入れたことが，この負のループを断ち切る契機となった。しかし，ここまで見てきたように，長期にわたる米国での生活によって社会的ネットワークを維持することができず，社会関係資本を喪失していたために，強制送還後に行き場を失う帰国者は少なくない。たとえば，それまで米国に移民を送出する重要な越境地点としての役割を担ってきたティファナは，強制送還の激化によって，被強制送還者が送り込まれる地点となり，行き場を失った帰国者の滞留が社会問題化してきた[8]。メキシコ北部国境大学による統計調査（Encuestas sobre Migración en las Fronteras Norte y Sur de México: EMIF）によると，2012年にメキシコへ強制送還された30万人のうち，およそ5分の1にあたる6万人弱がティファナに強制送還された（Velasco and Albicker 2013）。

　特に，ティファナの河川敷で暮らす人々が年々増加傾向にあり，その多くが米国からの元被強制送還者であることが，移民支援団体やホームレス支援に注力してきた団体によって指摘されてきた。2013年8〜9月にメキシコ北部国境大学の研究チームが，Angeles Sin Frontera などの移民支援団体の協力のもと，推定700〜1000人が居住する河川敷において約400人に対する質問表調査を実施した。その結果，回答者の実に91％が米国から強制送還されていることが明らかになった（自発的退去の書類にサインをした者も含む）。さらに，そのうち90％が2000年以降強制送還された人々であった（Velasco and Albicker 2013）。また，調査対象者の半数以上が米国に6〜25年間以上滞在しており，長期的に米国社会に根づいてきた人々が多くみられた[9]。

8）ティファナにおける最も古い移民支援団体のひとつである Casa de Migrantes に対し，2012年8月に実施した聞き取りにもとづく。

9）野宿生活へと水路づけられた元被強制送還者たちが直面する困難として，安定した雇

ティフアナの河川敷における野宿者の顕在化は，2000年代以降の大規模な強制送還の影響の大きさとともに，強制送還された人々は必ずしも出身地域へと戻るわけではなく，行き場を失った帰国者が生み出されていることを示している。アルフォンソの事例を合わせて考察すると，帰国者がそれまでの移住歴においてどのような社会関係に埋め込まれ，強制送還という危機的状況に際していかなる支援を動員することができるのかという点もまた，帰国者の経験を大きく規定する要因になりうる。次項では，この点に着目しながら，国境沿いからメキシコ都市部に戻ることができた人々が，強制送還という物理的かつ社会的な剝奪をどのように経験しているのか，改めて考察していく。

2）都市部出身移民の軽やかなモビリティとその脆弱性

　国境沿いに送還された帰国者のなかでも，そこからさらにメキシコ内陸部に位置する都市のメキシコシティへと戻った人々は，どのような帰還を経験しているのだろうか。国境沿いからメキシコ都市部に帰還したということは，強制送還という危機的状況において頼ることができる家族や親族などの社会関係資本を動員できたことを意味する。しかし，強制送還を経験し，都市部へと戻った調査協力者のなかには，「全てを失った」とその喪失の大きさを語る者がおり，強制送還によって貯蓄や家財道具を含めた物品を失うだけでなく，離散による家族形成の断絶や困難を経験している者もいる。どのような条件の下で，こうした剝奪の度合いは高くなるのだろうか。本項では，都市部出身の移民がもつ社会的ネットワークや，彼らが埋め込まれた社会関係のあり方が，越境・居住局面において高いモビリティを発揮する一方で，強制送還という危機的な

用に就きにくいといった労働市場への編入における困難，薬物乱用などの悪循環へと取り込まれやすい脆弱性，そしてティフアナ市警察による元被強制送還者に対する再犯罪者化が指摘されている。さらにこの調査は，実に93.5％が警察によって正当な理由がないまま拘留され，そのうちの44.0％が暴力行為を受け，33.2％が現金や身分証明書といった数少ない持ち物まで奪われた経験があることを明らかにした。また，野宿者となって暮らす人々の出身州は，バハ・カリフォルニア，シナロア，ハリスコ，アグアスカリエンテス，ミチョアカン，ゲレロなど多岐にわたっている（Velasco and Albicker 2013）。

帰国局面においてどのような帰結をもたらすのか検討していきたい。

　先に述べたように，メキシコ都市部のネサワルコヨトル出身者の多くは，米国の特定の移住先に集住するわけではない。その移住先は多様であり，かつ移住前後を通じて得た二次的紐帯に依拠しながら，米国移住後に別の州・地域に転居する事例も多くみられた。すなわち，都市出身の移民の多くは，村落部出身者にみられるような密度・凝集性の高い社会的関係には埋め込まれておらず，移住先においても緊密なネットワークを必ずしも有していない。

　たとえば，もともとミチョアカン州の田舎から，メキシコ都市部のネサワルコヨトルへと 1990 年代に移住し，その後都市部から米国へと越境を果たしたシングルマザーのクララ（40 代前半）の事例をみてみよう。クララは，先に米国へ移住していた兄や父を頼ってイリノイ州のシカゴに向かい，そこで何年か暮らした。その後，当時の恋人の都合でコロラド州のデンバーへ転居し，そこで数年間暮らした。2006 年に警察に捕まり強制送還に至るが，1 年後に再びデンバーに戻ることができた。その後，新たなパートナーと出会い数年の同棲を経て，生活が軌道に乗りはじめたものの，職場への通勤途中の交通規制で警察に止められ，運転免許を不携帯だったことから無登録移民であることが発覚し，移民取締局に引き渡され再び強制送還に至った。ネサワルコヨトルに帰還したクララは「お金も何もかも全てを失った……」とその影響の大きさを言葉少なに語っている。当時，長く働いた工場に移民取締局による監査が入ったことで仕事を失い，最低賃金にも満たない職場で働いていたクララは，移民規制の厳格化の影響を肌身で感じていた。故郷の母は死去し，一人息子も働いていたことから，メキシコの家族に仕送りはせず，できるだけ長く米国で暮らすつもりであったと語る。身柄を拘束された際に，デンバーには頼ることのできる親族や友人が不在であったために，2 人のアパートの家財道具やタンス預金は全て家主によって回収・処分された。また，クララは，逮捕歴と強制送還歴があったために 6 カ月間刑務所に収容され，「その日着ていた服以外，何も持たないまま」，ネサワルコヨトルで暮らす妹と親戚の援助を受け，帰国することになった。クララは，温かい湯も満足に出ないような小さな部屋を間借りし，親戚の仕事を手伝いながら細々と暮らしている。40 代に入ったクララにとって，

安定した職を得ることは難しく、「日々暮らしているのがやっと」だと、帰国後の生活を語っている。

　では他方で、米国滞在が継続的に長期化し家族形成が進んでいた移民の場合、強制送還はどのように経験されているのだろうか。

　　これまでの数十年が無に帰してしまった。何のせいで？　不法移民だから、正規のペーパー〔滞在許可証〕をもっていないから。彼ら〔米国政府〕は、私たちが持っていたもの全て、夢、そして未来をも奪ったんだ。……ずっと続いていくはずだと思っていた生活が突然断ち切られてしまうなんて。

　これは、12年にわたって米国で家族とともに生きてきたにもかかわらず、2011年に強制送還されたフランシスコ（40代半ば）の語りである。フランシスコは、1999年に生まれ育ったネサワルコヨトルの隣人に誘われ、イリノイ州のシカゴへ越境した。3カ月後に今度は叔父を頼ってアイオワ州に移動した。そこで半年ほど働いた後、今度はミネソタ州の首都ミネアポリスの友人を頼って再び転居した。時給6ドルの養豚工場での精肉作業に従事した後、清掃業務の仕事を見つけ、時給12ドルで10年近く働いたという。2003年にはメキシコ出身の女性と知り合い結婚し、3人の子ども（7歳、6歳、2歳）を授かった。メキシコには一度も戻らずに、妻と2人で協力して家も購入し、妻と子どもたちとともに米国に生きていく将来を思い描いていた。しかし、このような安定した生活はその後暗転する。

　2011年、フランシスコの働く清掃会社に移民取締局による監査が入り、無登録移民であることが露呈した結果、何の前触れもなく、移民取締局の職員が検挙のために彼の自宅を訪れた。長引く収容を恐れたフランシスコは、逡巡の末に裁判で闘うことを諦め、国外退去に至った。突然訪れた危機を乗り越えるために、妻は一番下の子どもと米国に残って働き続け、上の子ども2人はネサワルコヨトルに戻ったフランシスコと暮らすことになった。しかし、突然の環境の変化に適応できなかった子どもたちは精神的に不安定になり、1年ほどメキシコで暮らしたのちに結局母親のいる米国に戻った。そして、フランシスコは米国に残ることを選んだ妻から事実上の別れを告げられた。

ここには，強制送還という国家による物理的な排除が移民とその家族に及ぼす影響を考える上で，いくつかの重要な示唆が含まれている。強制送還に直面する移民とその家族は，帰国の際にそれまで米国で蓄積した経済的な資本や物的資産を失うと同時に，多くの家族が離散を余儀なくされる。すなわち，年月をかけて米国社会で形成した社会関係や定着性は考慮されないまま，突如として社会から引き剝がされ，出身国へ送還されることで，深刻な物理的・社会的剝奪を受けるのである。

　米国社会学者のメンヒバルとアブレゴは，このような移民規制の厳格化をもたらす法制度による負の社会的影響について，「法的暴力」（Menjívar and Abrego 2012）という概念から捉えている。そこで重要なのは，規制の厳格化や強制送還は，標的となる無登録移民の当事者だけでなく，米国市民権を有する第二世代の子どもたちの社会統合の側面にまで長期的な影響を及ぼしうるという指摘である。フランシスコの事例に即していえば，彼の送還とそれにもとづく家族の解体は，米国市民権を有する子どもたちから，父親と暮らす権利の剝奪をももたらしたといえる。

　クララやフランシスコと同様に，強制送還という予期せぬ出来事によって強い剝奪を経験したのは，マノロ（30 代前半）の事例である。マノロは，プエブラ州出身でネサワルコヨトルに移住した両親のもとに生まれ，2005 年に米国アリゾナ州のフェニックスに住む義姉の誘いをきっかけに越境した。1 回目の移住では義姉から金銭的援助を受け越境し，居住局面においては，義姉の家族の家に居候し，仕事も紹介してもらった。メキシコに残してきた妻の連れ子に健康上の問題が生じたため，2006 年に帰国したが，その後この配偶者とは離婚し，2008 年に再び米国に戻った。この時，マノロはメキシコ都市部で知り合った知人を頼ってニューヨークまで行くつもりだったが，移民取締局に拘束され，強制送還を受け国境沿いへ送還された。その後，再び移民取締局に拘束されることを懸念したマノロは，10 回以上越境に挑戦した末に，1 回目の移住で知り合った，カリフォルニア州に住む別の知人を頼った。すなわち，マノロは，移住過程で得たさまざまな紐帯を柔軟に用いることで，移民取締りの検挙をかいくぐりながら越境を成功させ，住む場所と仕事を確保したのである。

移民規制の厳格化の影響による困難な越境局面を乗り越え，仕事に邁進し生活が安定してきたころ，マノロは出会い系ラジオを通じてワシントン州に住むオアハカ州出身の永住権を持つ女性と知り合い，同棲を始めた。当時の仕事は残業代を含めて時給 15 ドルほどで，車も購入することができたという。メキシコにいる母親に気が向いたときに仕送りをしたものの，メキシコに戻るつもりはなかった。同棲相手の名義の銀行口座に一緒に貯蓄し，2 人で稼いだお金を投資し，彼女の名義で家も購入していた。

　新たなパートナーとその家族との米国での将来を思い描いていたマノロであったが，彼女の子どもたちとの関係性がうまくいかなくなったことで，その青写真は揺らぎはじめた。悪化する関係性からいったん物理的な距離をとるために，自ら車を運転し，カリフォルニア州の友人のところに向かうその旅路で，マノロは警察から職務質問を受け，無登録移民であることと過去の送還歴が明らかになり，2011 年に強制送還に至った。自身が置かれた困難な状況を，マノロは関係が悪化していたパートナーに結びつけて次のように語っている。

　　妻はもう私のことを気にかけてはくれませんでした。〔カリフォルニア州へ〕出発する前にも喧嘩をしていましたから。銀行には私たち 2 人の口座を作っていたのですが，彼女はそれも解約してしまいました。全てを盗られてしまいました。私が持っていたお金も。購入したトラックや家財道具も〔全てです〕。私は無一文になりました。……彼女にまた米国に戻るためにコヨーテ〔仲介業者〕のお金を支払ってほしいと言ったのですが，拒否されました。彼女は，「あなたが自分で招いたトラブルなのだから，自分でなんとかすればいい」と言い，私から全てを奪ったのです。……今，私は〔メキシコへ〕戻ってきましたが，何も持っていません。米国に行く前よりもひどい状況です。今ここ〔ネサワルコヨトル〕で仕事を見つけるのもすごく難しいですから。

　マノロの事例もまたクララと同様，強制送還によってそれまでの貯蓄や購入車といった資産を全て失い，ほとんど身ぐるみ剝がされた状態でメキシコに追放される帰国者の姿をあらわにしている。そして，強制送還という危機的状況

に直面した際に，信頼していた女性とその家族から何の支援も受けられなかったことが，マノロの苦境に追い打ちをかけた。むろん，2人の関係をめぐっては双方の言い分があり，マノロの語りだけで断定することはできない。ここで注目すべきは，マノロがいとも簡単に切り捨てられた社会関係の特徴とその脆弱性が，都市部出身者特有の社会的ネットワークのなかで生み出されているという点である。

　マノロの移住を振り返ると，最初の米国への越境では，越境と居住の局面において親族という一次的紐帯を用いているが，それ以降は移住の中で蓄積される二次的紐帯を用いて米国内の移動や転職を繰り返している。さらに，2回目の越境で規制の厳格化による影響を経験したマノロは，友人・知人を頼りながら柔軟に目的地を変更するなど，リスクを回避しながら越境を成功させた。また，ラジオで知り合った女性と暮らすために転居し，さらにさまざまなネットワークを駆使することで，時給15ドル近くという相対的に割の良い仕事を得ることができた。まさにそれは，グラノベッターの言う「弱い紐帯の強み」（Granovetter 1973）を利用し，軽やかに移動する姿といえよう。

　しかし，フランシスコやマノロの事例が示すように，都市部出身の移民がもつ社会的ネットワークや，彼らが埋め込まれた社会関係のあり方は，越境・居住局面において高いモビリティを発揮する一方で，強制送還による帰国局面における脆弱性を併せ持っている。

　たとえば，マノロの新たなパートナーは彼自身が「妻」と表現したように，一時的にではあったが強い紐帯で取り結ばれていた。しかし，それはあくまで2人の関係に限られており，必ずしも密度の高い拘束性のある社会関係に埋め込まれていたわけではない。つまり，このパートナーである女性の視点に立つと，周囲から事実婚の夫を見捨てた妻としてスティグマ化される，あるいはマノロの兄弟や親から責められる心配がないからこそ，簡単にマノロを切り捨てることができたとも解釈できる。すなわち，マノロが経験した強制送還による困難な状況は，マノロや彼のパートナーが埋め込まれた社会関係において，マノロを見捨てる行為に対する周囲からの懲罰的リスクがなかったからこそ，もたらされたと言えるのではないだろうか。このように，都市部からの移民で

あったフランシスコやマノロは，弱い紐帯を用いた移動を繰り返し，その恩恵を受ける一方で，密度の低い社会関係のなかに埋め込まれていたがゆえに，最も助けが必要なときに社会関係資本を動員することができなかったと理解できる。

　このようなフランシスコやマノロの事例は，強制送還による家族の離散に際して，どのような条件下において，米国で形成されていた家族が再編されるのかという問いを考えるうえで示唆的である。そもそも関係が悪化していたこともあるが，マノロの強制送還は，家庭の崩壊を決定づけた。フランシスコの事例では，米国にいる妻とメキシコに送還された夫が，3人の子どもをそれぞれ引き取ることで，新たな家族の越境的再編が模索されたかにみえる。しかし，メキシコの生活に慣れることができなかった子どもたちが米国に戻り，フランシスコが妻から一方的に別れを告げられたことで，家族の形は維持されずに崩れ去った。

　では，マノロの事例で考察したように，もし強制送還された男性が，互いを拘束しあうような密度の高い関係性のなかで婚姻関係を築いていた場合，異なる帰結が生み出されるのだろうか。それは，強制送還によって移民が米国社会から突如として引き剥がされた先に，どのようにトランスナショナルな社会空間が再編されるのかというテーマに結びつく問いであり，第7章において詳細に検討していく。

おわりに

　本章は，移民送出国であるメキシコへと視点を移し，米国で形成された移民管理レジームが帰国者とその家族に及ぼす影響について，特にメキシコ都市部出身移民の形成する社会的ネットワークや社会関係に着目し明らかにした。ここで取り上げた強制送還による数々の帰国は，第2章で明らかにした移民管理レジームが，ミクロの水準にある移民個々人の生にどのような影響を及ぼしているのか浮き彫りにしている。

第3章 緩やかなネットワークの強みと弱み 121

　アルフォンソやペドロのように，一度「犯罪者」として「前科者」の烙印を押された者は，生体認証システムにもとづく情報の共有，そして特定の地域における集中的な取締りを通じて，人種化かつジェンダー化された移民の標的となり，社会にとってリスクとなる層として囲い込まれ，排除の対象とされる。このような「前科者」となった移民の多くは，服役し罪を償ったとしても，社会復帰の道は閉ざされ，米国でどのように社会化されてきたのかという事情を顧みられることなく，強制送還という二度目の「懲罰」をうけるのである。そして，このような移民管理レジームがもたらす影響を検討するなかで，都市部出身移民特有の社会的ネットワークのあり方が，送還の帰結に影響を及ぼしていることも浮かび上がった。

　都市からの移住者の多くは仕送りの義務をもたず，それゆえ故郷の家族とのつながりを希薄化させる傾向にあった。特に，移民1.5世代であるアルフォンソは，出身地域における家族や親族とのトランスナショナルな紐帯を完全に喪失していたことで，メキシコで生きていくという選択肢を見出せないまま，再越境と再強制送還を繰り返し，収監と排除の負のループに封じ込められていた。他方で，アルフォンソと同様に下方型の同化を経験した村落部出身の移民1.5世代であるホルヘ（序章のエピソードで取り上げたうちの1人）には，村という戻る場所があり，この収監と排除の負のループには陥らなかった。この事実は，アルフォンソとホルヘが埋め込まれた社会関係の差が一定の影響力をもっている可能性を示している。

　また，密度が低く拘束力の弱い社会関係に埋め込まれている都市部出身の移民は，地理的なモビリティだけでなく，より高賃金の仕事を求めて職を転々とするモビリティも高くなる傾向にあった。マノロやフランシスコの事例が示唆するように，都市部出身の移民は，こうした弱い紐帯の強みを活かして移動することができたが，同時にそうした拘束力の低い社会関係のあり方は，強制送還という危機的状況において脆弱性をあらわにした。マノロやフランシスコが経験した家族の解体は，強制送還による離散が，必ずしも新たにトランスナショナルな家族を生み出すわけではないという事実を突きつけている。

　以上のように，都市部出身の移民による強制送還の経験をひもといていくと，

都市特有の密度の低い社会関係に埋め込まれ，柔軟で軽やかな高いモビリティを有していたからこそ，強制送還という予期せぬ事態に直面した際，周縁化される帰国者の姿が浮かび上がる。では，これに対して密度の高く拘束力の強い社会関係に埋め込まれている村落部出身の移民は，高い凝集性に特徴づけられるトランスナショナル・コミュニティに包摂されることで，強制送還による衝撃を緩和することができるのだろうか。次章からはこのような問いを念頭に，村落部出身者の経験を検討していく。

　その際に，本章で取り上げた都市部の調査の限界も指摘しておく必要があるだろう。メキシコ都市部における調査では，その帰国をあくまで個人化された経験として捉えていた。そのため，2000 年代以降加速した大規模な強制送還政策の下で，メキシコ社会において強制送還による帰国がもった意味を十分に検討できたとは言いがたい。すなわち，強制送還による帰国が周囲からどのように認識されているのか，米国の移民管理レジームが作り出す支配的言説が送出社会の集合的な認識にどのような影響を及ぼすかについては，十分に明らかにすることができなかった。

　現在から振り返ると，メキシコ社会においては，強制送還による帰国に対し，ある種の否定的なまなざしが向けられていることが示唆されていたことに思い至る。たとえばアルフォンソは，ネサワルコヨトルに戻ってから，アメリカ帰りであることが一目でわかる格好や入れ墨によって，周囲から距離を置かれ，働き口を見つけるのに大変な苦労をしていた。また，ある調査協力者は私と出会ってからしばらくの間，強制送還による帰国であることを隠しており，その帰国背景を開示してくれるまで長い時間がかかったこともある。同様に，強制送還によって家族ごとメキシコに戻ることになったある夫婦の聞き取り調査では，録音を許されずノートにメモをとる形で行った。一通り聞き取りを終えて帰宅しようとすると，やはり調査には協力できないと告げられ，ノートを廃棄するよう依頼された。私は，相手に不安を与えた自身の未熟さを恥じ，謝罪したうえで記録した数ページを破り取った。当時は，強制送還による帰国を開示することへのこうした恐れや忌避感について，強制送還というトラウマ的体験を外国からの調査者に明かすことをためらうという，私自身の「よそ者」とし

ての属性に起因すると認識していた。確かに，これらの出来事は全て，調査者である私と協力者とのラポール形成が不十分であったゆえの出来事であったが，同時にメキシコ社会において強制送還それ自体がもつ負のスティグマについては，十分認識を深めることはできなかった。それは，都市的環境において，帰国者が置かれた状況を，帰国者の家族やその周囲の人間関係をふまえてつぶさに参与観察し，俯瞰的に捉えることの難しさにも起因していた。このような都市部における調査の限界を乗り越えるために，次章からは村落部出身の移民が経験する強制送還の経験へと視点を移し，移民とその家族が形成するトランスナショナルな社会空間において，強制送還という国家による排除がどのような社会的意味を内包しているのか，帰国者だけでなくその家族やコミュニティを視野に入れつつ，移民規制の厳格化がもたらす経験をひもといていきたい。

第4章

「帰国者」へのまなざしと排除
──メキシコ村落部出身移民の帰還──

はじめに

　第3章では，都市部出身の移民たちが，米国の移民管理レジームの下で，強制送還による帰国をいかに経験しているのか，都市特有の社会的ネットワークおよび社会関係のあり方に着目して検討した。その結果，都市部出身の移民は，越境・居住局面において柔軟で軽やかなモビリティを発揮する一方で，強制送還に直面した帰国局面では，拘束力のある緊密な関係性に埋め込まれていなかったうえ，出身地域とのトランスナショナルな紐帯を積極的に維持してこなかったため，周縁化される傾向にあったことが明らかになった。

　このような社会的ネットワークや社会関係資本の効能をふまえると，都市部出身の移民とは対照的に，同質性が高く，結束力の強い社会的ネットワークに埋め込まれる村落部出身の移民の場合，強制送還がもたらす危機的状況において，相互扶助を基盤とする村落コミュニティがセーフティネットとしての機能をもちうるのではないかという仮説が立ち上がる。筆者はこれを念頭に置きながら，2014〜15年にわたる7カ月間，メキシコ政府外務省の奨学生として，オアハカ州における複数の先住民村落を訪問する調査を開始した。オアハカ州の先住民村落に着目した理由は，都市部の文脈と対比するうえで，相互扶助にもとづく社会関係を越境的に維持しており，結束力の高い先住民移民のトランスナショナル・コミュニティを事例にすることで，この仮説を最もうまく検証

できるのではないかと考えたからである。

　しかし，本章で述べるように，複数の先住民村落における探索的なフィールド調査で出会った予期せぬ出来事は，こうした図式的な把握に対する認識の転換を要請するものであった。とりわけ，強制送還による帰国を米国の移民管理レジームが構造的に生み出す社会的不平等の帰結とみなす筆者の認識は，移民とその家族の意識とは大きなズレがあった。調査の過程で生じた違和感に目を向け，注意深くフィールド調査での出来事を反芻し，強制送還による帰国者に向けられるまなざしの意味を考えることは，当初の仮説を改めて問い直すことにつながった。

　本章は，オアハカ州ミシュテコ地域のエスペランサ村を事例とする第5章以降の議論への前段階として位置づけられる。先住民村落コミュニティの特徴，および国内移住と米国への国際移住に関する歴史をふまえ，複数村落におけるフィールド調査から得られた発見について詳述していきたい。

1　オアハカ州における先住民の特徴と移動

1) メキシコにおける先住民の歴史と社会的位置

　本節では，メキシコ南部オアハカ州における複数の先住民村落を検討するうえで，メキシコにおいて先住民とはそもそもどのような存在なのか，その社会的位置や特徴を示し，本書が着目したオアハカ州の先住民村落を起点とする移住の歴史について検討していく。メキシコを含めたラテンアメリカ諸国において，先住民は一般的に「インディヘナ（indígena）」と呼ばれている。2020年のメキシコ国立統計地理情報院の統計によると，メキシコの先住民は68の言語集団からなり，何らかの先住民言語を話す人はおよそ736万人に上り，国民総人口の6.1％が先住民人口とされている（INEGI 2022）。2000年より，主観的な帰属意識を問う拡大質問票が追加され（三澤 2004），2020年の調査では，自分自身を先住民と認識する人々は2320万人と推計され，これはおよそ全人口の19.4％にあたる[1]。このように，先住民人口の把握において，それまでは主に

先住民言語が重要な指標とされてきたが，近年では自己の主観的意識を含めた広い解釈のもとで捉えようとする動きもある。また，メキシコにおける先住民人口の地域的分布は，本書が主に取り上げるオアハカ州（31.2%）を筆頭に，チアパス州（28.2%），ユカタン州（23.7%），そしてゲレロ州（15.5%）という4つの州に集中している（INEGI 2022）。

　メキシコにおける先住民の歴史は，スペイン植民地時代から始まる差別，迫害，そして貧困に特徴づけられる。スペイン人が，新大陸を「インディアス」と間違った地理的認識にもとづいて認識したことで，この土地の原住民は「インディオ」と名指され，ヨーロッパ諸国の植民地主義にもとづく支配構造に組み込まれていった（禪野 2006）。したがって，この「インディオ」という呼称は，「民族的要素を卓越したカテゴリー」（禪野 2006: 53）であり，植民地体制における支配と被支配の関係のなかで用いられてきたといえる[2]（禪野 2006: 54）。そして，植民地時代が終焉を迎えてもなお，白人とメスティーソ（白人と先住民の混血）が主導する人種主義の下で，先住民はときに苛烈な暴力をともなう迫害，経済的搾取，偏見，そして構造的差別にさらされてきた。メキシコでは，このような差別と支配の構造のなかで，先住民人口の国民社会や文化への統合が一貫して目指されてきたのである[3]。

2) オアハカ州における先住民村落コミュニティ

　本節では，本書が取り上げるオアハカ州の先住民人口に着目して，その特徴を捉えていく。オアハカ州は8つの地域に大きく分かれており，本書が取り上げる村落を含む地域は，シエラ・ノルテ地域[4]（第4章）とミシュテコ地域（第

---

1) また，国立先住民研究所によると，世帯主かその配偶者，あるいはその子孫が先住民言語を話すことを条件とする指標にもとづいて算出された先住民世帯の総人口は1180万人で，全人口の9.4%にあたる。

2) ただし，禪野（2006: 54）が指摘するように，先住民が庇護や啓蒙教育の対象となり，その「伝統」が価値あるものとみなされ，その呼称が「インディヘナ」と変化しても，歴史的にそこには明らかな差別的意味合いが含みこまれてきたという。

3) メキシコ革命以降の先住民人口をめぐるさまざまな政策の変遷，特に20世紀以降の展開については，黒田（2013）が詳しい。

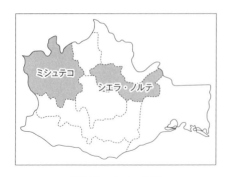

地図2　オアハカ州

5章・第6章）の2つである（地図2を参照）。

　オアハカの州人口はおよそ413万人にのぼり，自らを先住民として認識している人々はそのうち約65%を占めている（INEGI 2016）。オアハカ州には16の先住民言語の集団がおり，そのなかにはさらに異なる地域の方言があるとされる（Hernández-Díaz and Robson 2019a）なかでも，本章以降で言及する地域で話されていたサポテコ語（33%）とミシュテコ語（22%）は，最も話者の割合が高い。このような多様な民族—言語集団は，何世紀にもわたる歴史，共通のアイデンティティ，共有あるいは差異化された文化，共同体が保持する領土，自己統治の組織構造といった，各集団を結びつけまたは区別する一連の特徴を有している（Hernández-Díaz and Robson 2019a: 23）。

　社会経済的な見地からみると，オアハカ州はメキシコのなかでも最も貧しく，周縁化された州のひとつである。貧困測定を行う公的機関である全国社会開発政策評議会によると，オアハカ州で先住民言語を話す人の10人中7人が貧困状態にあり，この割合は非話者のほぼ2倍（39.4%に対して74.9%）に上る。また極度の貧困状態にあたる割合は，非話者の6倍（5.6%に対して35.6%）となっている（CONEVAL 2019）。さらに，同評議会の2020年のレポートによると，オアハカ州において極度および中程度の貧困状況に置かれた人口は，合わせて66.4%にのぼる（CONEVAL 2020）。このような，先住民の割合が高いオアハカ州を含むメキシコ南部の貧困は，長らくメキシコ政府が解決すべき主要な問題

4）オアハカ州のシエラ・ノルテ地域には，先スペイン時代からサポテコ，チナンテコ，ミヘ，マサテコそしてクイカテコという5つの先住民族が居住してきた。この地域は，ヴィヤ・アルタ，ミヘ，イシュトランという3つの地区に分けられ，それらが68の行政区，74の公的に登録された自治区，そして35のエヒード（後述）の土地所有区に分割されている。

とされてきた。経済機会の慢性的な制約および構造的差別を歴史的に経験してきた先住民にとって，メキシコ都市部への国内移住および米国への国際移住は，きわめて切実な生存戦略のひとつとして機能してきたといえる。

　では，オアハカ州を含むメキシコ南部の先住民村落は，いかなる生業構造を有しているのだろうか。ロブソンらによると，オアハカ州の先住民コミュニティの多くは，個々人あるいは家族によって組織された農業活動，森林農法，畜産，木材および非木材林産物の伐採に加えて，協同組合によるコーヒー生産，商業林業，エコツーリズム，その他の森林保全活動，そして村落コミュニティが組織する土地管理活動に関与してきた（Robson et al. 2019: 8–9）。

　このようなオアハカ州の村落地域の生業は，生態学的な多様性と自然環境的条件へのアクセスおよび適応によって形成されてきた（Hernández-Díaz and Robson 2019a）。オアハカ州の土地のほとんどが先住民村落コミュニティによって共同で保持・管理されており，2015年の時点でそうした共同管理に置かれる土地は実に全体の87.5%を占め，そのうちの69.1%が先住民村落，18.4%がエヒードと呼ばれる共有地制度に帰属している。とりわけ，本書が取り上げるシエラ・ノルテ地域とミシュテコ地域はこの共同管理に置かれている土地の割合が高い（Hernández-Díaz and Robson 2019a: 25）。このような制度の下で，森，放牧地，そして水路といった資源は，先住民村落コミュニティの共有財産とされ，これらの資源にアクセスする権利は，伝統的に「所有者」である村落に居住する「コミュネロ」と呼ばれる村の成員に付与されてきた。メンバーシップにもとづくこの権利によって，当該の先住民村落の成員たちは，共有地や森などで生産物を収穫するとともに，これらの村の領土がいかに使用され，管理されるのかという意思決定に関わることができる[5]（Hernández-Díaz and Robson 2019a: 25）。このような権利の分配は，村落組織の機能を維持するとともにコミュニ

5）このような先住民の共有地は，外部者による購入の対象とされない。ただし，コミュニティの成員は，農地区画や市街地のロットに関して個々人の用益権を主張することができ，村落コミュニティの集合的な仕事やサービスの責任を果たす限りにおいて，家族や他のコミュニティメンバー間で用益権を継承することができる（Hernández-Díaz and Robson 2019a: 25）。

ティの結束に貢献し，村落および共有地のガバナンスに対して，村人が時間と労力，そしてときに経済的資源を投入する強いインセンティブを提供してきた（Hernández-Díaz and Robson 2019a: 25）。

　また，このような共有地にもとづく分配制度に加えて，先住民の村落コミュニティを特徴づけるのは，カルゴ・システムと呼ばれる制度化された社会的組織である。第1章ですでに言及したように，オアハカ州の多くの先住民村落は，スペインの植民地統治を起源とする行政的・宗教的な自治組織であるカルゴ・システムによって統治され，共同体の調和や結束が維持されてきた。すなわち，カルゴ・システムにもとづく実践が，「共同体への帰属意識や共同性の核」（禪野 2006: iii）の醸成に大きな役割を果たしてきたといえる。

　このシステムは具体的には，村行政の最高責任者である村長を筆頭に秘書や判事といった役割を担う複数名で構成される「村落コミュニティの執行部（Cabildo）」，村の領地の森林や水資源の管理を担う「共同領地の委員会（Comisariado de Bienese Comunales）」，そしてそれらの活動を監督する「監視評議会（Consejo de Vigilancia）」という3つの主要機関によって成り立っている（Hernández-Díaz and Robson 2019a: 26–27）。これらの機関を構成する役職が，日本語では「荷」や「役目」，あるいは「義務的な仕事」を意味する「カルゴ（cargo）」と総称される（禪野 2006: 9）。このような行政的なカルゴに加えて，コフラディアと呼ばれる村の聖人祭りを含めた複数の宗教的祭事を担う制度があり，村全体で行う祭事のための経済的負担や，共同での料理の提供などの責任を負うことになる（Valenzuela 2008: 36）。カルゴ・システムの特徴は，無償の奉仕であること，共同体の行政およびカトリック教会の活動が，それぞれ行政的・宗教的カルゴの役職によって担われていること，役職が年単位で交代すること，ヒエラルキーにもとづく階梯制度であること，役職の担当が村の成員に厳しく強要されていることなどが挙げられる（DeWalt 1975: 90–91; Chance 1990: 27–28; 禪野 2006: 10）。ただし，ミシュテコ村落から都市部への移住が村落コミュニティの実践にもたらす変化を丹念な民族誌的調査から明らかにした禪野（2006: 12）が指摘するように，20世紀以降になると行政的役職からヒエラルキーが徐々に失われ，経験の下積みがなくとも識字能力や外部との交渉能力などによって上位の役職

に就くようになる場合もある。これは，必ずしもカルゴ・システムの衰退や崩壊を意味するのではなく，時代の変化とともに生まれた多様性のひとつとして捉えられる（禪野 2006: 12）。重要なのは，共同体の成員が行政的・宗教的役職を担うべき，という強制性をともなう義務が生じていること，また主要な役職に就くことが威信をともなう行為とみなされていることである（禪野 2006: 12）。こうした議論は，カルゴ・システムが固定的なものではなく，むしろ時代とともにその形を変容させてきたことを示している。とりわけ，先住民村落から都市部，あるいは米国への移住が拡大することで生じる，物理的な共同体からの成員の流出が，カルゴ・システムの運用および実践にいかなる変化を生じさせてきたのかは，現代にも引き継がれた重要な研究テーマといえる（たとえば，禪野 2006; Ventura Luna 2010; Worthen 2012 など）。

3）オアハカ州先住民村落からの国内・国際移住

　以上のような先住民村落コミュニティの特徴をふまえたうえで，本項ではこのような村落から国内・国際移住がどのように展開してきたのか記述していく。文化人類学者の黒田は，先住民たちによる米国への移動に関心が注がれている近年の傾向について，先住民の移動そのものは，16 世紀以降の植民地時代から連続的に発生してきたと指摘している（黒田 2013）。すなわち，先住民村落から同民族内外の別の村へ，あるいは都市部への移動が歴史的に繰り返され，その延長線上に国境を越えた移動があるといえる（Stephen 2007; 黒田 2013）。スティーブンは，このような移動を繰り返してきた先住民の移動の歴史を含みこむ概念として，社会のさまざまな境界を越える「トランスボーダーな生」を生きる先住民の経験を提示している（Stephen 2007）。本書は，主に村落から米国への移動のみを事例として扱っているが，こうした移動を歴史的連続性のなかで捉える視点をふまえつつ，対象村落が位置するシエラ・ノルテ地域とミシュテコ地域からの移動の歴史について記述していく。

　20 世紀前半まで，シエラ・ノルテ地域からの移住は，そのほとんどが散発的で，それほど頻繁な現象ではなかった[6]。他地域への移動は永住的な移動を想定しておらず，自分たちの生活を維持するために他の土地や村で食べ物や資

源を得るという，あくまで一時的なものであった（Hernández-Díaz and Robson 2019b: 40）。

しかし，1940年代になると，多くのサポテコの若者がオアハカ市やメキシコシティへ移住し，サービス業に従事するようになった。とりわけ，サポテコの若い女性たちは，都市における中・上流階級の家庭で家事労働の仕事に就いた。1950年代後半には，オアハカ村落部から大都市圏に向かう安定した移動の流れが形成され，都市の周縁部に暮らす先住民出身者の組織化も進んでいった（Hernández-Díaz and Robson 2019b: 40）。

1960年代後半から1970年代前半になると，国内移住はその推進力を失い，代わりに米国への国際移動が大きく拡大していった。特に第2章でも指摘したように，第二次世界大戦中の米国の労働力不足を補うことを目的とした，米墨二国間協定のブラセロ計画（1944〜64年）が開始され，オアハカ州の先住民村落からもこの計画の労働者として米国へ向かう出移民の流れが形成された。二国間協定が停止した後もこの流れは継続し，もともとカリフォルニア州の農業地帯で働いていたシエラ・ノルテ地域出身のサポテコは，のちにその多くが都市ロサンゼルスに集住するようになった（Hernández-Díaz and Robson 2019b: 40）。

エルナンデス＝ディアスとロブソンは1980年の統計をもとに，当時のシエラ・ノルテ地域における経済活動は農業・畜産・狩猟といった活動に依拠しており，経済機会はきわめて限られていたことを示している（Hernández-Díaz and Robson 2019b: 41）。そして，1980年代にメキシコ経済が債務危機不況に陥るなかで，米国の賃金労働の需要の高まりをうけて，米国への越境的な移動がよりいっそう拡大していった（Kearney 1996; Zabin 1992; Hernández-Díaz and Robson 2019b: 40）。他方で，1986年の米国移民法改正によって，1982年以前に米国に移住していた無登録移民の一斉正規化が行われると同時に，国境管理の厳格化が進行

---

6) たとえば，1910〜17年のメキシコ革命期に，左派に傾倒するコミュニティから一時的な男性の出移民がみられたほか，1930年代から50年代にかけて，オアハカ州の低地やベラクルス州のコーヒー豆，サトウキビ，パイナップルのプランテーションへと移動し，季節労働に従事した男女の出移民もみられた（Hernández-Díaz and Robson 2019b: 40）。

第 4 章 「帰国者」へのまなざしと排除　133

した。しかし，この時点での越境はそれほど困難ではなかったため，1990 年代から 2000 年代にかけて移民の流入は継続した。特に 1994 年の NAFTA の下で拡大した，トウモロコシを含めた農作物の米国からの非関税輸入は，メキシコ南部の先住民村落を含む農民たちに大きな経済的打撃を与え，これが米国への移住を拡大させる主要な経済的要因を生み出した。しかし，移民規制の厳格化による越境コストとリスクの拡大，および 2008 年のリーマンショックを契機とする経済危機による労働需要の低下によって，シエラ・ノルテ地域から米国への移住は，2000 年代半ばより減少したという（Hernández-Díaz and Robson 2019b: 42）。

　このようなシエラ・ノルテ地域からの移動の歴史と重なりつつも，ミシュテコ地域からの移動はやや異なる歴史を形成してきた。20 世紀前半，ミシュテコ出身者の多くは，グアテマラと国境を接するチアパス州のタパチュラやサトウキビ農場のあるベラクルス州へと移動し，出稼ぎ労働に従事した。1940 年代から 1950 年代にかけて，メキシコシティやプエブラ州における労働需要の高まりや，メキシコ北西部の農業の急成長を受け，ミシュテコ地域からの国内移動が拡大していくこととなった。当初は主に単身の男性移民による移動で，その多くがオアハカ州の村に残した家族を仕送りによって支える形態をとっていたが，1980 年代になるとシナロア州のクリアカンを中心とするメキシコ北部にミシュテコ地域出身家族の集住が進んでいった。また，メキシコのバハ・カリフォルニア州のサンキンティンにも農業に従事する国内移民が多く集まったが，その 70% がミシュテコ地域出身者であったという（Guzmán and Lewin 1999: 14; Hernández-Díaz and Robson 2019b: 43）。

　1960 年代から 1980 年代にかけて，ミシュテコ地域から米国への移住はきわめて散発的であったが，前述したメキシコ北部への国内移住が，のちに米国移住の流れを形成する重要な拠点となった。カリフォルニア州中部の農業が拡大していくなかで，農場主や投資家たちはメキシコ南西部の熟練農業労働者たちに目をつけ，リクルートしていった。1980 年代後半になると，ミシュテコ地域からメキシコ南西部とアメリカ西部，特にカリフォルニア州への移住の流れが安定的に形成され，カリフォルニア州にはおよそ 5 万人に上るミシュテコ人

のコミュニティが生まれていった。農業労働者は、都市部に定着していた移民たちより就労証明書を得やすかったこともあり、1986年の一斉正規化を経た移民の多くが家族を呼び寄せたことで、米国のミシュテコ出身者のコミュニティはよりいっそう確立していった（Hernández-Díaz and Robson 2019b: 44）。

このように、本項で取り上げたシエラ・ノルテとミシュテコは、オアハカ州のなかでも主要な移民送出地域となった。1940年代以降、前者からは主にメキシコシティといった都市部への国内移住が拡大すると同時に、後者からは都市部だけでなくメキシコ北部の農業地域への移住の流れが形成されてきた。その後、こうした移住の流れは米国へと拡大し、主にロサンゼルスといった都市部への流入が特徴的であるシエラ・ノルテに対して、ミシュテコからの移動はカリフォルニア中部の農業地域へと集中していくこととなった。

4) 先住民移民のトランスナショナル・コミュニティ

従来の先住民村落の「共同体」は、特定の領域に暮らす人々の間で共有される社会的価値や文化的規範にもとづく、世界に対する共通のまなざしによって結びつけられた拡大家族の集合体として概念化されてきた。すなわちそこでは、村落という特定の領域と空間に紐づけられた人々の結びつきの総体として、共同体が捉えられてきた。しかし、村落からの移住が拡大し、移住先に飛び地が形成され、移民たちが出身地域とのネットワークを維持したまま、社会経済的あるいは文化的な実践を継続していくなかで、「共同体」の概念は大きく変容してきた。オアハカ州の先住民村落からの国境を越えた移動を検討した研究者らは、こうした越境的な実践をふまえ、脱領土化された「トランスナショナル・コミュニティ」（Kearney 1995a, 1995b）が形成されていることを明らかにした。村落部からの移民たちは、移住先において同郷者らと社会経済的な紐帯を確立し、多様な実践を通じて出身村落とのつながりを保つことで、共同体への帰属やアイデンティティを維持・強化し、凝集性・結束力の高いトランスナショナル・コミュニティを形成してきたのである。米国における移民規制の厳格化の下、先住民村落に帰還する人々の経験が、都市部への帰還者のそれといかに類似し、いかに異なっているのかという問題意識を前提に、筆者はオアハ

カ州の複数の村落部におけるフィールド調査を開始した。

2　村落部における「帰国者」へのまなざし

2014 年から 2015 年にかけて，筆者はメキシコシティに拠点を置き，都市部の調査で培った友人・知人，そして大学教員らの紹介に助けられながら，オアハカ州にてより調査に適した村を探すフィールドワークを行った。都市部の調査で強制送還を経験した帰国者に多く出会ってきた経験から，当初は村落でも同様に，あるいはより高い頻度でこうした帰国者に出会えるのではないかと考えていた。しかし，実際に調査を始めてみると，この予測に反して，強制送還を経験した帰国者に出会うのは，そう容易ではなかった。

これには，2 つの要因が考えられた。ひとつは，調査に入った村の移住の歴史が長いために，移民の多くがすでに合法的地位を得ており，移民規制の厳格化の影響を受けにくい可能性である。たとえば，予備調査を行った村落のひとつであるサポテコの Z 村は，1940 年代より米国移住がはじまり，1986 年の移民法改正によって移住者の多くが正規化されたという。当村出身の移民研究者ドナトによると，およそ 7 割から 8 割がすでに永住権および市民権を取得しており，無登録移民は 2 割から 3 割程度だという。このように無登録移民の母数がそもそも少ないことから，強制送還による帰国の事例が限られていたとみることもできる。

また，もうひとつの理由として，メキシコに強制送還されていても，オアハカ州の出身村落には戻らず，国境沿いや都市部で暮らす者も多いことが考えられる。実際，Z 村やその周辺村落（X 村や Y 村）の出身者にも，強制送還後に村には戻らず，あるいは帰村した後に村を出て，オアハカ市や国境沿いのティフアナに居住し，生計を立てる帰国者もいた。彼らは，経済機会が乏しい村落部よりも，都市部で働き生活することを選んでいた（あるいは第 5 章で後述するように，さまざまな理由で長期にわたって村に滞在できない者もいた）。村落以外の場所まで実際に足を運び，詳細な調査が実施できなかったのは，本書の限界

のひとつであった。

　しかし，聞き取りや参与観察を継続するうちに，このような要因のほかに，強制送還を経験した帰国者と出会いにくい調査上の制約と盲点が浮かび上がってきた。それは，強制送還を経験した（あるいは，そうみなされた）帰国者に対する，村落コミュニティにおける否定的なまなざしが，このような調査上の困難に少なからず関連しているのではないかという気づきであった。以下，3点に分けてそれぞれ詳述していきたい。

1）被強制送還者がコミュニティの一部とみなされていない

　機縁法を用いた調査協力者へのアプローチは，その調査法ゆえの制約と同時に，誰が村落コミュニティの一員としてみなされているのかという問題を浮き彫りにした。オアハカ州の先住民村落にフィールド調査に入る場合，まず村の政治行政を司る共同体の執行機関に対して，メキシコの大学名と捺印の入った手紙を持参したうえで，自分の身元を示し，村での調査を許可してもらうよう依頼する必要があった。このような手続きを踏むことで，筆者という調査者（学生）の存在が，村長を筆頭とする中心的存在の男性たちに認知され，一定の承認を受けることができるのである[7]。村の行政執行機関でカルゴ（役職の責務）を担う，あるいは担ってきた成人男性を，仮に村落内の社会的ネットワークの中心と位置づけた場合，独身女性やまだカルゴ・システムに取り込まれていない若年層，そしてとりわけ村のカルゴ・システムを担っていない成人男性は，たとえ両親が村出身者であっても，このようなネットワークの周縁に存在していた。

　Z村における調査では，メキシコ国内の同郷者団体を通じて，村外に居住するZ村出身者にも聞き取りを実施できた。そのなかで，Z村で生まれたが，国内移住を経てオアハカ市に長く居住し，オアハカ市の同郷者団体でも強い影響力をもち，過去にはZ村の村長を務めたこともある60代の男性に聞き取り

　7）この手続きによって，あくまで調査者は「一定の承認」を受けたにすぎない。学生という身分で日本から来た私が，村人にとって不可解な存在であることは変わらない。

をする機会があった。村の有力者の 1 人と目される人物であったため，彼を通じて，強制送還による帰国者を含む潜在的な調査協力者へとネットワークを広げることができるのではないかという目論見を抱いていたが，その期待はあっけなく裏切られた。この男性は，米国の強制送還政策による影響について尋ねた筆者の質問に対して，「Z 村出身者に強制送還された者はほとんどいない」と断言し，次のようにも付け加えた。

> Z 村出身の若者のなかには，米国で何らかの罪を犯したために強制送還された者もいると聞いたことがありますが，彼らは Z 村には戻らないでティフアナとか国境沿いにとどまるそうですよ。

　この発言を受け，強制送還された「彼ら」を紹介してもらえないかとさらに食い下がったものの，「連絡先は知らないよ」とそっけない答えが返ってきただけであった。こうした会話は，強制送還によって戻った帰国者が，この男性の想定する Z 村コミュニティの埒外に存在するものとして認識されていると同時に，男性とこうした帰国者との間には実質的な接点はなく，紹介を可能にする社会的ネットワークがそもそも存在していないことを意味した。すなわち，村落コミュニティの中心に位置づけられる男性たちから機縁法を用いて調査協力者に接近しようとすること自体が，カルゴ・システムを中心とするネットワークの周縁，あるいは外部にいるとみなされる人々にアクセスしにくいという構造的制約を生み出していたと考えられる。
　また同時に，こうした制約は，そもそも誰を村出身者とみなすのかというメンバーシップの問題ともかかわっていた。これを検討するうえで示唆的なのが，メキシコシティにて Z 村出身の両親の下に生まれ，長く米国に暮らした後に強制送還によって帰国したマヌエルの事例である。マヌエルは，まさに先の男性が言及したような，強制送還後も村には戻らずに国境沿いで暮らす若者の 1 人にあたる。筆者が調査のために Z 村に滞在した際，普段はオアハカ市で大学院に通う 20 代の男性と知り合い，この男性からティフアナで暮らすマヌエルを紹介してもらうことができたのである。
　マヌエルにオンラインで聞き取りを行った後，米国に暮らす Z 村出身の女

性とフェイスブックでメッセージのやり取りをした際，彼女の同郷者であるマヌエルにインタビューしたことを伝えると，次のような返事があった。「誰のことかしら，Z村出身でティフアナにいる男性？　……あぁ，彼のことね。でも彼はメキシコシティ生まれでしょう」。この男性がメキシコシティの生まれで，Z村生まれではないとやんわり指摘する言葉は，彼女が想定する「Z村出身者である同胞」にこの男性が含まれていないことを暗に示唆しているようであった。

　マヌエルは，強制送還によってメキシコに帰国してから，ほぼ毎年Z村の聖人祭りにあわせて村に戻り，数週間滞在しているという。しかし，数回の現地調査のうちで，調査者である私との会話のなかでこの男性に言及し，実際に紹介してくれたのは，前述の20代の若者だけであった。こうした経緯をふまえると，本書の潜在的な調査協力者となりえる人々は，そもそも村落コミュニティの成員として認識されていなかった可能性がある。

2）被強制送還者が調査者への紹介に不適切な存在としてみなされている

　また村に居住している者でも，アルコール中毒者や薬物中毒者，そして過去に何らかの罪を犯したとみなされる者は，カルゴ・システムにおいて責務を全うしていない限り，村に悪影響を及ぼす者とみなされ，外部調査者への紹介がためらわれる傾向がみられた。

　たとえば，同じくサポテコのS村での調査の際は，強制送還の経験をもつ帰国者になかなか出会えないという困難を認識しはじめていたため，より調査対象の間口を広くとるため，米国への移住経験があり，現在村に帰還している人に聞き取りを行いたいと，村人らに説明した。すると，村長の指示で，私の調査に村の教師たちが協力してくれることになった。教師たちは，生徒4人に帰国者をリストアップしてみるように頼み，そのリストが35人ほどに広がったところで，ある男性教員が別の教員に対し，このリストに名前が挙がったある男性について質問を始めた。「この人物は強制送還されて戻ってきたんだっけ？」。もう一方がそうだと答えると，今度は「で，こいつは何をやったんだい？」と問いかけた。もう一方が冗談まじりの口調で答えるには，「米国でそ

りゃひどいこと沢山やったって話だよ。こっち〔村〕では何にもしないし，まったくひどい怠け者だよ。……こいつは彼女〔調査者である私〕に紹介しないほうがいいんじゃないか。S村に悪いイメージがつかないようにしないと……」。ここまで黙って話を聞いていた私だったが，「できればさまざまな事例について知りたいので，この男性にもぜひ会いたい」と強く要望し，ようやく聞き取りが実現した。この事例から，被強制送還者が負わされたスティグマによって，よくない噂が立っている人物を外部からやってきた私に会わせたくないという心理が働く場合があることが見受けられた。教師たちは，厳密には村落の外部者であるため，これを村民たちの認識として捉えることはできないかもしれない。しかし，調査者である私に特定の帰国者の紹介をためらう事例は他にもみられた。

　とりわけ，アルコール・薬物中毒であるという理由から，紹介を断られることが多々あった。Z村のすぐそばにあるY村では，ある家族の親戚が米国帰りだということを聞いたため，紹介してもらえないかと頼んだが，「彼はアル中だから」という理由で紹介してもらえることはなかった。同様に，Z村出身で，米国から強制送還で戻ったとされるオアハカ市居住の男性に会いたいと紹介を頼んだ際も，アルコール中毒者であるだけでなく，薬物中毒であることも暗に示唆され，紹介は実現しなかった。このように，外国から訪れた女性かつ学生である調査者の聞き取りにふさわしくない，あるいは実害の恐れがあるとみなされた人物は，たとえその存在が村落コミュニティにおいて十分認知されていたとしても，決して私に紹介されることはなかった。

　一度だけ，Y村での滞在調査の時期が村の聖人祭りと重なった際，普段はY村で暮らしていないY村出身者が多く村に訪れたことがあった。そのなかには，強制送還による帰国者も含まれているという。調査が思ったように進まず必死な私に同情したのだろうか。村の役場でカルゴを担う男性の1人が，グループでの聞き取りを提案してくれた。またとない機会に小躍りしたが，私に寝食を世話してくれた村の家族は，それを知ると，なぜ「そんな人たち」に興味をもつのかと不満げな顔をみせた。村人たちのこうした言葉や態度は，強制送還によって帰国した人々に対する否定的なまなざしを強烈に印象づけた。

3) 被強制送還者自身が周囲から意図的に自分の過去を隠している

　ここまで，なぜ調査者である筆者が強制送還という帰国経験をもつ人々に容易にアクセスすることができなかったのか，機縁法を用いた調査において媒介となった人々とのやりとりを中心に，参与観察にもとづく知見を検討してきた。これらの知見は，強制送還の経験をもつ帰国者について，その事実を周囲が共有していることを前提としていた。しかし，帰国者に出会わないもうひとつの要因として，そもそも帰国者自身が，自らの帰国理由を周囲から隠しており，強制送還による帰国が不可視化されている可能性も指摘できる。

　調査を開始したばかりの頃，筆者は，強制送還という出来事を同情すべきものとする認識，あるいはその非人道性に対する義憤が人々の間で共有されていると考えていた。こうした先入観を見直す契機となったのは，Ｓ村での経験である。この村で出会った女性に筆者の研究関心を伝え，もし強制送還によって村に戻った人がいれば紹介してもらえないだろうかと伝えると，彼女は少し考えてから次のように答えた。

　　強制送還によって戻ってきたと周囲に言いたくない人は多いです。私たちは，誰かが突然米国から戻ってくると，強制送還以外に村に戻る理由なんてないと思っています。だけど，そのことについて本人から話を聞いたりしないから，実際のところはどうなのかわからないのです。

　この発言は，強制送還による帰国が周囲からできるだけ隠しておくべき出来事であることを示している。確かに前章でみた都市部を中心とする調査でも，調査協力者が，帰国理由をあえてあいまいにしたり，強制送還に至った要因を隠したりするという事例があった[8]。筆者は当初，こうした態度は，初対面か

　8）たとえば，ネサワルコヨトルで出会った30代の男性は，ギャングの一員として麻薬売買に関わったことで強制送還に至ったが，この事実は1回目の聞き取りではいくつかの嘘によって隠されており，知り合って2年後に行った2回目の聞き取りで明らかになった。また，Ｚ村で出会った50代の男性は，帰国理由を両親の介護のためと言ったが，別の人物からその男性が実は家庭内暴力によって捕まり強制送還に至ったことを聞かされた。このように，本人が隠しているつもりでも，周囲が本当の帰国理由を知っている場合もある。帰国者が，周囲からのスティグマを避けるために，自身の帰

つ外国人の私に対して抱く警戒心に起因していると理解していた。しかし，このS村での女性の発言が示すように，相互扶助を基盤とする強いネットワークを形成する同郷者同士であっても，強制送還による帰国は，表立って話せない，あるいは話したくないきわめてセンシティブな事柄であることがわかる。では，なぜ人々は強制送還による帰国理由をそもそも周囲から隠そうとするのだろうか。この問いを検討するためには，強制送還による帰国が村落コミュニティにおいてどのように語られているのか，明らかにする必要があるだろう。

3　村落部における帰国をめぐる言説

　オアハカ州のシエラ・ノルテ地域における複数の村々を訪問しフィールド調査を進めるなかで，強制送還された者をめぐる見方には，ある決まった2つのパターンが存在していることに気づいた。ひとつ目は，被強制送還者を「汚れた存在」あるいは，村を「汚す」存在とみなすもの，そして2つ目は村の治安への脅威とみなすものである。

　被強制送還者を「汚れた存在」とみなす言説と重なるのが，数年前には村長を務めたこともあるというS村のハビエル（50代後半）の語りである。自分自身も米国に移住した経験をもつハビエルは，ここ数年間において村が移住によってどのように変化していると感じるか，という筆者の質問に，次のように答えた。

　　今，よりいっそう，村における被強制送還者の存在が増していて，コミュニティを汚染する（contaminar）要因となっていて，S村にとって悪い影響を与えていると感じています。

　このような発言の背景には，どうやら強制送還者が村にマリファナをはじめとする薬物を持ち込んで売りさばいているという噂があった。前節の第2項に

　　国をいかに語るかについては，第6章で論じている。

おいて，紹介するべき人物ではないとして聞き取りのリストから外されようとした帰国者は，まさにこの噂の中心人物であった。当の男性に聞き取りをしたところ，周囲は自分が村にマリファナを持ち込んでいるというが，カリフォルニア州で暮らしていた時に薬用マリファナを合法的に使った経験があり，今でも痛む古傷を癒すため，自分のために使っているだけだという。真偽はともかく，元村長の発言を含め，村落コミュニティに流布する噂は，強制送還による帰国者であるこの男性が村の規範から逸脱し，村を汚す存在として否定的に認識されていることを示している。

　複数の村落で調査を重ねるなかで，こうした言説とも重なりつつ，強制送還による帰国者を村の治安を脅かす存在とみなす言説にも繰り返し遭遇した。たとえば，次のようなものである。

　　強制送還されて戻ってきた奴っていうのは，向こう〔米国〕で何かをやらかした奴らなんだ。もし真面目に働いていたら，捕まったりすることはないのだから。

　村落での調査を始めてからまだ日が浅かった私は，村長経験もある60代のZ村男性のこの言葉に虚を突かれ一瞬たじろいだ。強制送還による帰国者を，米国で何らかの罪を犯した者とみなす発言は，まさに移民を犯罪者として扱い，大規模な強制送還を正当化する米国の言説と，ぴったり重なりあっているように聞こえたからである。

　そして，このような強制送還による帰国者への否定的なまなざしは，「被強制送還者」を村の安全への脅威とみなす認識や言説と結びつけられて語られていた。村人の多くは，まだ調査に入って日が浅い外部者である私に対して，村の否定的な側面について積極的に語ることはなかった。しかし，こうした言説は，多くはインフォーマルな会話において，女性である調査者の身の安全を心配するという文脈のなかで表出した。たとえば，Y村に近接するX村を訪問した際，筆者の身を案じるという文脈で，ある男性は宿泊しているY村へあまり遅くならないうちに戻るよう忠告し，その理由を次のように説明した。

村からまだ出て行ったことのない人はきれいな考え（mente limpia）をもっているけれど，この村から出て米国に行って戻ってきた奴は，もう違う考え（ya tiene mente diferente）をもっているからね。だから気をつけた方がいいって君に忠告するんだよ。

この発言が興味深いのは，「きれいな考えをもつ村人」に対して，米国に移住経験がある帰国者は「違う考え」をもった人々という対比がされた上で，村の治安と結びつけて語られている点である。米国移住が加速した結果，現在この集落に居住するのは数十世帯のみとされるが，別の男性によれば「ここ数年で6人も強制送還によって帰国した」という。男性からの忠告では，米国から村に戻ってきた人々が強制送還による帰国であると明確に言及されたわけではないが，このような背景を念頭におくと，そこには強制送還による帰国者が暗に示唆されていると考えることもできるだろう。

強制送還による帰国者を村の治安と結びつける上記のような言説には，シエラ・ノルテだけでなく，ミシュテコで訪問したエスペランサ村（第5章以降で取り上げる）でも，同様のやりとりのなかで遭遇した。初めてエスペランサ村を訪問した2015年2月の調査で，永住権があり普段はカリフォルニア州フレズノ郡に居住する50代半ばの男性と知り合い，インフォーマルな会話を交わすなかで，「女性1人で村を歩き回るのは恐くないのか」と尋ねられた。「村の方はみな親切なので，幸い恐い目にあったことはありません。なぜ，そのようなことを聞くのですか」と逆に問いかけると，この男性はある噂を教えてくれた。

その噂によれば，数年前に米国から被強制送還者が村に戻ってきたが，村のやり方を受け入れることができなかった若者たちが，結局村を追い出され，国境沿いでこの地域の他の村の若者と徒党を組み，村に戻って強盗を働いたという。エスペランサ村だけでなく，移住先であるフレズノ郡でも，同様の噂を何度か耳にした。どうやら，本当に窃盗事件はあったようだが，それが強制送還によって帰国した若者たちによるものなのか，真偽は不明である。ただ，このような噂の数々は，強制送還による帰国者が，何らかの犯罪と結びつけられ，

村の治安を脅かす者として認識されているという事実を示している。

おわりに

　以上のように，オアハカ州におけるいくつかの異なる村落で行ったフィールド調査は，都市部と比べて凝集性を有し結束力が高いとされる村落部では，強制送還による帰国者が密度の高い社会関係に包摂されるという仮説を大きく覆すものであった。筆者は強制送還による帰国者になかなかたどりつけないなかで，村落コミュニティにおいて強制送還者に対する否定的なまなざしがあることを見出した。とりわけ，強制送還による帰国者を，村の道徳的秩序から逸脱し，村を「汚す」存在，あるいは何らかの犯罪性と結びついた治安に対する脅威とみなす特徴的な言説が浮き彫りになった。これは，移民の強制送還を正当化するために米国政府が生み出した犯罪者化の言説がメキシコ側においても受容され，同郷者コミュニティにおいても帰国者が周縁的かつスティグマを付与される存在である可能性を示唆している。

　米国において構築されてきた犯罪者化の言説が，相互扶助を基盤とする緊密な社会関係が想定される村落部において受容されている可能性は，米国の移民管理レジームを通じた社会統制のメカニズムが，米国内にとどまらず国境を越えてメキシコ側でも一定の影響力をもって作用しうることを示している。

　他方で，犯罪者化の言説がメキシコ村落においてそのまま全面的に受容され，完全なる排除の方向へと作用しているとみなすのは，きわめて一枚岩的な理解であることも否めない。受入国の米国社会と送出国のメキシコ社会という二重の文脈に生きる移民とその家族は，それぞれの社会における道徳規範やジェンダー規範，またセクシュアリティをめぐる価値基準の差異をめぐって，世代やジェンダーごとにさまざまな葛藤を抱えることが明らかにされてきた（Smith 2006）。すなわち，誰を包摂し排除するのかを規定する米国の法制度を基盤とする支配的言説は，カルゴ・システムを中心とするメキシコの村落コミュニティの伝統的な価値規範と完全に同一の型として存在するわけではない。

では，米国社会において移民の犯罪者化を浸透させてきた言説は，村落コミュニティのモラル・エコノミーといかに異なり，あるいはいかに接合するのだろうか。筆者はオアハカ州における複数の村落でフィールド調査を実施したうえで，こうした問いをより深く検討していくことができる調査地として，ミシュテコのエスペランサ村を最終的なフィールドワーク先として定めた。その理由はいくつかあるが，シエラ・ノルテのZ村やY村は，実際に村に戻って暮らしている被強制送還者に出会い，聞き取りを行うことが難しいように思われた。また，X村は，強制送還による帰国者が一定数存在するという印象を受けたが，長期にわたる調査をするには小規模すぎると判断した。ミシュテコのエスペランサ村は，数回にわたる訪問を経て，村の移住史を検討するなかで，1986年の移民法改正のもとで正規化が進んだ一方，1980年代から90年代，そして2000年代にかけてもなお米国への移住の流れがあったために，米国で無登録移民のまま家族を形成する層が一定数いることが推測できた。また実際に村に入って調査をするなかで，外部からの調査者である私の聞き取りに協力してくれたことも，長期的な調査の可能性を見出すことができた大きな理由のひとつであった。

次章では，本章で示した複数の異なる村落部での調査をふまえた上で，エスペランサ村を基軸としながら，米国の移住先をも含めた越境的なコミュニティを長期的に分析し，特定のローカリティに根ざした言説を丁寧に読み解いていく。そうした分析を通じて，移民管理レジームによる上からの社会統制メカニズムが，出身地域におけるローカルな規範とどのように接合しているのか，トランスナショナルな社会空間における包摂と排除をめぐる複雑な権力関係を明らかにすることができるだろう。

第5章

トランスナショナルな社会空間の形成と変容
──村落コミュニティの越境的実践と世代・ジェンダー──

はじめに

　2015年1月某日，オアハカ市からミシュテコのフストラワカ市を経由し，バスや乗り合いタクシーを乗り継いでエスペランサ村を目指した。村出身だというタクシー運転手の男性は，エスペランサ村の中心にある広場で私を降ろすと，役場が開く夕方までここで待つようにと言い，走り去っていった。そこには，村役場とみられる背の低い建物が並び，コンクリートで整備された広場は大きなドーム状の屋根に覆われていた。よく晴れた日の昼過ぎにもかかわらず，誰かが行き来する気配もない。村役場の前に置かれた木製のベンチに座りながら，昼間とは思えない静けさに思わず心細くなった。この日のフィールドノートを見返すと，「エスペランサ村もまた「幽霊の村」なのかもしれない」と記している。「幽霊の村」とは，現地の人々や研究者らが，米国への移住によって人口が流出した村落に対して用いる言葉である[1]。

　いつの間にか日も陰り，肌寒さを感じる夕刻になって，年配の男性たちが村役場に続々と集まってきた。フィールド調査の許しを得るべく，今年の村長に選出されたという男性に，メキシコ国立自治大学の捺印と教授の署名が入った

---

1) そこには働き盛りの男たちとその家族が米国に移住し，村には高齢者しか残っていない，あるいは立派な家が立ち並ぶも，誰も住んでいない空き家が目立つといった村の様子が含意されている。

写真 1 村役場前の広場
注）少年たちが村の祭りで披露する踊りを練習している。
出典）2023 年 3 月 28 日，飯尾撮影。

手紙を手渡し，村からの移住に関心があること，米国から戻ってきた人，米国への移住経験のある人にできれば聞き取り調査を行いたいと伝えた。すると，村長は村役場の古いパソコンの前に座っている比較的若年の男性に目をやりながら，「あぁ，それならここにもいるよ。彼は，われわれの書記官（secretaria）で，アメリカ帰りだ」と教えてくれた。それが，序章のエピソードで取り上げた，米国で 20 年以上暮らしたにもかかわらず強制送還による帰国を経験したホルヘとの出会いであった。エスペランサ村の規模や移住史，移住先であるカリフォルニア州フレズノ郡を中心とするトランスナショナルなつながりの存在，米国からの帰国者が（ときに不可視化されつつも）それなりに存在すると思われたこと，そして何よりも村人たちが，私という予期せぬ訪問者を訝しがりつつ，（たとえ表面的なものであったとしても）受け入れてくれたことが，エスペランサ村を最終的な調査地とする決め手になった。

　本章では，エスペランサ村からの移住の歴史，また主要な移住先であるフレズノにおいて形成されるトランスナショナルな社会空間とその変容について，村のカルゴ・システムと，それをめぐるジェンダーや異なる世代の関わりを中心に記述していく。そのうえで，移民規制の厳格化をフレズノに生きる移民とその家族がどのように経験しているのか明らかにする。

1 移住の歴史的展開とトランスナショナルな社会空間の形成

1) エスペランサ村からの移住の歴史

本節では，エスペランサ村からの国内・国外移住がどのように進行し，トランスナショナルな社会空間がいかに形成されてきたのか，米国やメキシコにおける政治経済的なマクロ構造を視野に入れて考察していきたい。

エスペランサ村は，オアハカ州のミシュテコ地域に位置するフストラワカ地方区を構成する先住民村落のひとつであり，トウモロコシや豆を中心とする伝統的な小規模農業に従事する農民層によって形成される。農作物の栽培や家畜の飼育は，基本的に自家消費を目的としているが，フストラワカ市で毎週開かれる青空市場にて，果物や農作物を物々交換し，販売することもある（Valenzuela 2008: 17–18）。近年では，フストラワカ市からエスペランサ村をつなぐ乗り合いタクシーの運転手として日銭を稼ぐ男性たちもいる。また，カルゴ・システムの変容によって，国内外へ移住した村人が，金銭を介してカルゴの職責を引き受ける代理人を立てることが可能となったため（後述），男性たちにとって，カルゴの代理を担うことも重要な収入源のひとつとなっている。ただし，これは男性にのみ開かれており，オアハカ州の他の先住民村落と同様，経済機会は全体的に乏しい。エスペランサ村の社会経済的水準は極度の貧困状態に位置づけられ，国内外の移住とそれにもとづく仕送りが重要な生存戦略となってきた（Matus Ruiz 2004: 35）。

メキシコの国立統計地理情報院によると，2000 年には739 人であったエスペランサ村の人口は，2010 年には522 人（男性242 人，女性280 人）に減少した。この村で2000 年代初頭に人類学的なフィールド調査を行ったマトゥスによれば，村役場が把握する村民人口は，公的統計より多く見積もられ，1000 人を超えているという（Matus Ruiz 2004）。これに対して，米国におけるエスペランサ村出身者の人数を明らかにする具体的な統計データは存在しないが，その数はおよそ2000 人近くに上ると推定されている（Ventura Luna 2010）。米国へ移住したエスペランサ村出身者の多くは，カリフォルニア州，オレゴン州，そして

写真 2　山頂から見たエスペランサ村の全景
出典) 2021 年 8 月, アビゲイル・ヒメネス撮影。

ワシントン州の農業における季節労働に従事し，その多くはカリフォルニア州のフレズノ郡に居住する。

　この村からの移住の端緒は，家畜の売買を目的としたオアハカ州他地域やゲレロ州への移動であり，1920 年ごろから始まった（Matus Ruiz 2004; Valenzuela 2008）。その後，1940 年代から 50 年代にかけてメキシコ南部ベラクルス州のサトウキビ農場における季節労働に従事するために，男性たちの移住が拡大した。さらに，1960 年代になると，移住先はさらに地理的拡大をみせるようになり，メキシコ北部のシナロア州やソノラ州におけるトマトや綿農業にも従事するようになった。ベラクルス州への移住が男性中心であったのに対して，メキシコ北部への移住は配偶者である既婚女性や独身女性も含めた家族移動が主であった。

　また，この時期から，男性だけでなく女性を含めた，メキシコシティへの移住が一定の規模をもって進展した。エスペランサ村出身者は，他の多くの移住者と同様に，所有者が明確でない土地に住み着き，そこで居住空間を形成した。最終的に多くのエスペランサ村出身者がメキシコシティのコヨアカン地区で土地を獲得し，そこで安定した生活を営むようになった（Matus Ruiz 2004: 38-48; Valenzuela 2008: 15）。多くの男性が連邦地区政府によって雇用され，特にメキシコシティのメトロや公園といった公共交通機関や施設の建設労働に従事し，

女性たちは主に家事労働者や仕立て業といった労働市場に参入した（Matus Ruiz 2004: 38–48; Valenzuela 2008: 15）。

また，メキシコ北部へ移住したエスペランサ村出身者のなかには，前述のブラセロ計画を通じて，カリフォルニア州へと季節労働者として移住する者が現れた。農場主と移民との直接的なつながりが形成されることで，越境的な人の流れは計画停止後も「無登録移民」として持続した。エスペランサ村からの移住先は，1980年代まで国内が中心だったが，それまでメキシコ北部の「延長」（Valenzuela 2008: 15）にあるとみなされたカリフォルニア州への定住も徐々に進行した。とりわけ，1986年の移民法改正による一斉正規化が実施されると，家族の呼び寄せが進んだ（Valenzuela 2008; 15）。

エスペランサ村を含むオアハカ州の先住民村落から米国への移動が拡大したマクロの要因として，第二次世界大戦後に本格化したメキシコ農業の商業化が挙げられる（Stephen 2007: 122）。1970年代になると，メキシコはさらに経済再編を進め，非生産的とみなされた自給自足形態から海外輸出を目的とする生産形態への政策的転換が図られた。そして，1994年にNAFTAが締結されたことで，米国産の安価なトウモロコシを中心とする農産物の流通は，自給自足型の農業形態を維持していたメキシコの村落地域に決定的な打撃を与えた（Stephen 2007: 122–130）。

1990年代になると，特にカリフォルニア州フレズノ郡は，エスペランサ村からの主要な移住先として認識されるようになった。エスペランサ村からの移住は，このようなグローバル資本主義のもとで米墨間の経済自由化が促進されるなかで，構造的に生み出されてきた。そして，相互扶助を基盤とする移民の社会的ネットワークが，特定の移住先であるフレズノにおける集住地の形成をもたらしたのである。

2）農業労働に従事する先住民の移民たち

本章が取り上げるエスペランサ村出身者は，フレズノに多く集住し，その多くがサンホアキンバレーを中心とする農業地帯で農業労働に従事している。エスペランサ村出身の移民たちが置かれた状況の一端を捉えるために，本項では

主にカリフォルニア州におけるメキシコ出身の先住民農業労働者に関する大規模調査（Indigenous Farmworkers Study: IFS, 2007〜12年）にもとづくレポート（Mines et al. 2010）を参照しながら，カリフォルニア州に生きる先住民移民の状況を示していく[2]。

　カリフォルニア州の農業労働には多くのメキシコ移民が組み込まれてきたことはすでに述べたが，実はこのなかにはメキシコ先住民も多く含まれてきた。カリフォルニア州におけるメキシコ出身の農業労働者のうち，先住民を出自とする移民の規模は，1990年から1993年にかけて7%だったが，2006年から2008年では29%まで増加している。また，カリフォルニア州の農業地帯に342の先住民村落を基盤とする同郷者ネットワークがあり，その成人人口はおよそ5万3000人である（Mines et al. 2010: 7）。ただし，この調査が全ての先住民人口を網羅できているわけではないため，このレポートはさらに米国労働省の農業労働者サーベイ（注2参照）のデータを補完的に用いて，2010年の時点でカリフォルニア州におけるメキシコ出身の先住民人口は成人が12万人，子どもを含めると16万5000人に上ると推計している。このようなカリフォルニア州における先住民農業労働者は，主にオアハカ州（全体の80%）出身で，その他はゲレロ州（9%），プエブラ州（2%）と続く。およそ半数がミシュテコ語話者，残りがサポテコ語（26%），トゥリキ語（9%）話者である。もともと，カリフォルニア州へ移住するメキシコ先住民は主にミシュテコからが大半を占めていたが，近年ではサポテコやトゥリキ語話者の移住が顕在化している。エスペランサ村出身者らは，このような先住民移民のなかでも定住が最も進んだグループとして位置づけられている（Mines et al. 2010: 22）。

　では，米国における主要な農業地帯のひとつであり，エスペランサ村出身者の主要な移住先であるフレズノは，どのような特徴をもった地域なのだろうか。ここでは，エスペランサ村出身の移民とその家族が，この地域の農業労働にどのように組み込まれ，いかなる役割を果たしてきたのか概観しておきたい。

　2）このレポートは，米国労働省が実施した米国農業労働者サーベイ（National Agricultural Workers Survey: NAWS）を部分的に用いており，その場合はメキシコ南部出身者を先住民出自の者へと読み替えている（Mines et al. 2010）。

フレズノ郡は，カリフォルニア州のサンホアキンバレーの中心に位置する同州最大の郡で，およそ86万人が居住し，ラティーノ人口は47％，そのうちメキシコ出身者は93％を占める（Martínez Nateras and Stanley 2009: 2）。フレズノにおける主要産業の農業は労働集約型であることから，米国における農業労働者の約14％が集中し，全米でも最大規模の移民労働者に依存してきた（Kissam 2008）。フレズノにおける農業労働者のうち，少なくとも6人に1人が先住民出自とされ，その大半は本書が扱うエスペランサ村と同じミシュテコ族（人）である（Kissam 2008）。

キッサムは，フレズノにおける移民労働者とその定着を，1942年以降のブラセロ計画を契機とするカリフォルニア州への移住拡大に位置づけて検討している。フレズノへの農業労働者の第一波は，1950〜60年代の，テキサス州の農業労働者や米国およびメキシコ出身者による，サンホアキンバレーへの移住と定住であった。続く第二波は，1977〜82年の，メキシコ経済破綻を端緒とするメキシコ移民の流入である。そして第三波は，1980〜90年代に起こった，先住民を多く含む移民の流れであり，1986年の移民法改正による合法化を受けて定住化が促進された。1990年代の季節労働の繁忙期には，10万近い雇用が必要とされ，その大半はメキシコからの移民労働者によって占められてきた（Kissam 2008）。

また，2005年に実施された米国国勢調査のリーベイ（American Community Survey）によると，1997年から2006年の間に米国全土でおよそ620万人が米国市民権を獲得したのに対して，フレズノにおいて米国市民権を獲得したラテンアメリカ系移民はたったの3万人弱であった（Kissam 2008）。このような全国的にみても低い帰化率の要因としてキッサムは，「ワーキングプア」であることと「言語的に孤立」した居住環境を挙げている（Kissam 2008）。これを裏づけるように，カリフォルニア州の農業労働者に対する統計データによれば，農業労働者の72％が外国生まれで，第二外国語としての英語クラスや成人教育プログラムの履修者はわずか7％であった。彼らの4分の3が年間1万ドル（100万）以下の年収しか得ておらず，60％が貧困層に位置づけられる（Kissam 2008）。

では，移民たちはフレズノの農業にどのように組み込まれてきたのだろうか。フレズノにおける主な生産物は，アーモンド，ブドウ，ピスタチオ，マンダリンやオレンジといった果実と，鶏肉および生乳である。2016 年にアーモンドの生産量が初めてブドウを抜いて 1 位になったが，ブドウは長くフレズノの農業において重要な位置を占めており，多くのエスペランサ村出身の移民もまた，ブドウ農場の季節労働に従事してきた。たとえば，フレズノ郡のファウラーに位置し，ブドウの生産を中心としてきた農場には，1980 年代からエスペランサ村出身の移民が多く雇用されてきた。エスペランサ村出身者たちは，この場所を「カンポ・ネグロ（Campo Negro，黒い農場）」と呼び，1980〜90 年代には，この農場の敷地内に宿泊所が作られ，多くのエスペランサ村出身の単身男性が生活しながら働き，コミュニティの中心として機能していた（Matus Ruiz 2004: 73; Valenzuela 2008: 20）。特にこの農場では，1986 年の移民法改正によって永住権を取得したエスペランサ村出身者が，農業労働者をまとめるマネージャー職に就いたことで，恒常的にエスペランサ村出身者が労働者として雇用される流れが形成された（Matus Ruiz 2004: 73–74; Valenzuela 2008: 20）。

　フレズノにおけるブドウの生産と収穫のサイクルは，エスペランサ村出身者の労働や移動の経験に大きく関連している（Valenzuela 2008: 22–25）。11 月から 1 月にかけて，ブドウの枝を支柱に絡みつける仕事を終えると，2 月から 3 月にかけて仕事がなくなるため，その間多くの労働者は「無職」の状態におかれる。次に，4 月から 5 月にかけて，ブドウの葉の剪定と（葉の）収穫がある。6 月から 8 月にかけては，ブドウ農場での仕事がなくなり，子どもたちが通う学校も夏休みに入るため，エスペランサ村出身の家族の多くは，オレゴン州やワシントン州へ短期的に移住し，イチゴ，ブルーベリーそしてラズベリーなどの収穫作業に従事する。その後，8 月末から 9 月にはフレズノに戻り，ブドウの収穫に従事する。ブドウ農場で働く季節労働者にとって，このブドウの収穫が最大の繁忙期となる。そして，この収穫がちょうど終わる 9 月末日が村の聖人祭りにあたるため，これに合わせて多くの移民が帰村したという（Valenzuela 2008: 22–25）。このように，少なくとも国境管理の厳格化が進行する 1990 年代後半までは，米国のブドウ農場における栽培・収穫のサイクルに合わせた，往

還的な越境が可能であった。次節では，エスペランサ村からの移住と労働の具体的な様相について，移民の世代とジェンダー，そして法的地位によって異なる多様な経験に着目しながら明らかにしていく。

2　分岐する移住経験

1）第一世代の男性移民らの労働経験

　まず本項では，第一世代の男性の労働経験を，法的地位の違いにも注目しながら描き出していく。それは同時に，農業における就労経験が先住民の移民たちにとってどのような意味をもっているのかを検討することでもある。

　前述したように，エスペランサ村出身者のなかには，1986年の移民法改正によって正規化された層が一定数存在する。たとえば，前節でふれたカンポ・ネグロと呼ばれるブドウ農場で，労働者のとりまとめを担った経験もある60代のヘルマンはその1人である。ヘルマンは，1980年代から妻子をエスペランサ村に残し，カルフォルニア州の農業に季節労働者として従事してきた。1986年の正規化を契機に，妻とメキシコ生まれの子どもを呼び寄せ，1994年に家族全員が永住権を取得した。さらに，米国で2人の子どもが生まれ，フレズノの中心街の外れに一軒家を得て，生活を築いてきた。

　ヘルマンの次女ロクサナ（30代）は，自身の幼少期を振り返って，両親が朝から晩まで農場での仕事に出てしまうため，下の兄弟を自分たちが世話したこと，また多忙ゆえに家族で過ごす時間をもてなかった寂しさを吐露している[3]。このような経験は，必ずしもこの家族に限ったことではなく，第一世代移民の

3）2019年のフィールド調査でロクサナは，自分の娘の誕生日パーティーに調査者である私を招待した際，両親があまりに仕事ばかりに時間をとられ，自分の誕生日のお祝いがなされず忘れられたという悲しい記憶があるため，子どもの誕生日は盛大にお祝いするのだと語っていた。ただし，こうした幼少期の経験が現在もなお家族関係に影を落としているわけではない。農場での仕事を引退したヘルマンとその妻は，日々の食事や孫たちの世話などを通じ，すでに結婚して家を出た娘たち家族を支えている。

子どもたちにある程度共通している。劣悪な労働環境のなか低賃金で働く農業労働者にとって，米国で子どもを育て，生活を成り立たせるためには，長時間労働はやむをえない選択だったといえよう。このように家族との時間を犠牲にしてまで仕事に打ち込んできたヘルマンは，カンポ・ネグロの農場主の信頼を得ることで，末端の作業を担う季節労働者から徐々に昇進を重ねた。農地の働き手を束ねる仕事を経て，最終的には監督（supervisor）と呼ばれる農地の最高責任者としての仕事を任されるようになった。1990 年代と 2000 年代には，村のカルゴに指名されたことで，数年にわたって帰村したこともあるが，きちんとカルゴを務めあげてから，再び米国に戻って同じ農場主のもとで継続的に働いてきた。現在，妻とともに仕事からは退き，糖尿病の透析治療を受けつつ，給付される年金で暮らしている。

　このように，正規化によって法的地位が安定することは，家族呼び寄せや低リスク・低コストの往還を可能にするだけでなく，季節労働の仕事がない期間は，政府から失業手当を受給し，かつ一定の年齢に達すると年金給付を得ることができる。無登録移民の場合は，このような社会保障サービスを受けることができないため，季節労働の仕事が途絶える数カ月は，それまでに稼いだ蓄えを崩しながらの生活を余儀なくされる。また，どれだけ身体を酷使して年を重ねても年金を得られず，たとえ病気になっても米国で治療を受けることはできない。米国に残って家族と暮らしたいと思っても，メキシコの村に戻るしか老後の道は残されていないことがほとんどである。ある無登録移民の男性は，仕事がない期間にどうしても蓄えが足りない場合は，エスペランサ村出身の同郷者に借金をせざるをえない時があると語った。当然，エスペランサ村出身者のなかでも，金を貸すことができるのは，永住権あるいは市民権を獲得し，経済的に安定している者である。このように，同じ村出身であっても，法的地位の有無によって階層化が進行している。

　ただし，正規化されたエスペランサ村出身者がみなヘルマンと同様に社会上昇をとげられるわけではない。1970 年代後半から 3 年ほどメキシコのシナロア州で農業の季節労働に従事した後，14 歳の時に米国へ初めて移住したベンハミン（50 代半ば）もまた，1986 年に正規化された 1 人である。ベンハミンは，

ヘルマンと同様に，1980年代初頭は家族をエスペランサ村に残してフレズノで農業に従事し，ほぼ1年ごとに村に戻る生活を続けていた。1986年に正規化された後，1996年にはそれまで離れ離れで暮らしていた家族を呼び寄せ，フレズノで一緒に暮らすことができるようになった。しかし，ベンハミンが「〔正規化の前も後も〕生活は同じ，なぜって以前も今も私たちはフィールド〔農地〕で働いているから。在留資格がなかったときも，正規化された後もずっと同じ仕事を続けている」と語るように，少なくとも本人の主観では，法的地位の安定は労働経験に大きな変化をもたらさなかった。

　正規化によって諸権利を得られるにもかかわらず，なぜこのような認識が生まれるのだろうか。移民労働者が法的地位の変化をどのように経験しているのか検討したゴールドリングとランドルトによれば，法的地位の安定は必ずしも社会上昇に直結せず，人種やエスニシティ，そしてジェンダーといった他の変数にも依拠する（Goldring and Landolt 2013）。またゴールドリングらは，無登録移民の正規化がもたらす影響を米国や欧州において検討したいくつかの調査[4]を用いながら，在留資格の獲得が，福祉や公共サービスへのアクセスを可能にし，精神的な安定をもたらす一方で，雇用や労働条件における著しい改善にはすぐには直結せず，2つの間にタイムラグが生じると指摘している。目に見える社会上昇を果たすには，在留資格がない時期に就労していた職とは異なる産業で仕事を見つける必要があるというが，それを実際に達成するのは困難をきわめる（Goldring and Landolt 2013: 156-157）。

　また，カリフォルニアで農業に従事する先住民の経験を医療人類学的視点から検討したホルムスは，農場における職種を「屋内のオフィスワーク」，「立ち仕事」，そして「屋外で膝をつく仕事」に区分し，このヒエラルキーが人種・エスニシティ，法的地位，そしてジェンダーに依拠していることを指摘している（Holmes 2013: 83-87）。通常，屋内のオフィスワークはアングロ系アメリカ

4）具体的には，米国の1986年移民法のもとで正規化された移民の就労状況を経年で調べた「正規化人口サーベイ（Legalized Population Survey: LPS）」や，EUにおける「無登録移民労働者のトランジションプロジェクト（Undocumented Worker Transitions Project）」などが挙げられている。

人や日系アメリカ人が占め，マネージャーや監督者といった立ち仕事は永住権や市民権をもったラティーノ，そして膝をつくような肉体労働に従事する者は先住民出自の移民がほとんどであると指摘する。たとえ移民労働者が昇進しても，それはあくまで屋外の農地における肉体労働の現場に限定されており，農場におけるオフィスワークを含めた職種のヒエラルキーは，人種，エスニシティ，法的地位やジェンダーに依拠した徹底的区分によって成立している（Holmes 2013: 83-87）。先住民の移民労働者であるヘルマンの昇進は，エスペランサ村出身者の中では例外的な出世を果たした事例であるが，あくまでこのような限定された枠内での社会上昇であると言えよう。

　ヘルマンとその家族は，自分たちを引き立ててくれた農場主に対して強い感謝と恩義を抱いている。しかし，農場主の側からすれば，エスペランサ村出身者であるヘルマンに労働者のとりまとめを任せることで，移民の社会的ネットワークに依拠した従順な労働力の安定的確保が可能になってきたともいえるだろう。ヘルマンの娘（三女）アラセリによれば，農場主は「私たち〔オアハカ出身の移民〕がどの労働者よりも真面目で丁寧な仕事をする」と好意的に評価し，好んでオアハカ出身の移民を使うのだと私に教えてくれた。しかし，これは裏を返せば，過酷な労働環境の下で肉体を限界まで酷使する農作業の適性をオアハカ出身の移民労働者と結びつける，人種化された認識を農場主が有していることを示している。

2）エスペランサ村出身者による農業労働の意味づけ

　エスペランサ村出身者の多くは，正規化以降も農業に従事し続ける者がほとんどである。なぜ，正規化後も別の職に就くことはせず，農業にとどまり続けるのだろうか。こうした疑問に明快な解を与えることは容易ではないが，その要因のひとつとして，密度が高い強固なネットワークに埋め込まれることで，外部とのネットワークを取り結ぶことができず，結果的に共同体の外部にある機会構造から締め出されてしまうという，社会関係資本がもつ負の側面が挙げられる（Portes 2010）。エスペランサ村出身で，フレズノを基盤とする移民支援団体で長く勤務してきたレオナルド（40代前半）[5] は，次のように述べた。

私たちがなぜ農業を中心とした生活形態を送るのか，他人に理解してもらうのはとても難しいです。エスペランサ村出身者の両親は大半が農場で働いてきました。ですから私にとっても農業を離れるには，その大きな障壁を乗り越える必要がありました。まず農業でずっと働いてきたために，他の産業での就職につながるコンタクトをもっていません。また，農場で私たちはひどい扱いを受けるので，農業以外において私たちに機会はないだろうと考えてしまうのです。そして，私たちは農業を去ることに強い恐れを抱いています。農業労働がどんなに大変で困難であっても，そこが自分にとって一番よくわかっている場所であるからこそ，農業のサイクルのなかでずっと働いてきた人は，そこで働き続けようとするのです。そこから出て，別の世界に行くということは，本当に大変なことなのです。

　レオナルドによるこの説明は，エスペランサ村出身者が米国の農業労働力として吸収され続けてきた事実を理解するうえで，示唆に富む。移住システム論が示したように，エスペランサ村出身者は強固な相互扶助のネットワークに埋め込まれた状態で越境するため，労働においても同様の社会的ネットワークを介して農業へと吸収されていく。フレズノの特定の農場（カンポ・ネグロ）に単身男性のための宿泊所が作られ，エスペランサ村出身の単身男性が多く集ったように，就労と生活の場があらかじめ用意されてきたのである。こうした相互扶助を基盤とする移民のネットワークの下では，移住のリスクとコストが低くなる一方で，村出身者がみな農業へと吸収されるため，それ以外の産業で仕事を探すことが困難になる。また，多くの移民第一世代の母語は先住民言語であるミシュテコ語であり，スペイン語や英語ができないこともまた，別の産業にアクセスできない障壁となっていたと考えられる。

　このような，農業労働者を中心とした同郷者による限定的なネットワークが生み出す孤立的状況は，時に世代を超えて引き継がれる。たとえば，10歳で

---

5) レオナルドは，先に移住経験した父親に呼び寄せられ，1989年に10代半ばで米国に移住した移民1.5世代である。米国の公教育で高校まで卒業し，大学にも入学したが，父親が亡くなったため中退している。

米国の母親を頼って移住し，米国で公教育を受けると同時に，長年農業労働者としても働いてきたダニエル（20代後半）は，2014年にDACAプログラムにもとづく就労権を獲得した。合法的な就労許可を得たダニエルは，農業以外の仕事を模索し，より「ましな職場」として，皿洗いを含めたレストランのキッチンで働きはじめた。しかし，同僚から「ここは就労許可をもつ人が働く場所ではない」と言われて初めて，レストランもまた無登録移民の働く場所であることを認識したという。このダニエルの事例は，米国で教育を受けた1.5世代であっても，限定的なネットワークにのみ埋め込まれていた結果，他の労働市場について非常に限られた情報しかもてないという事実を端的に示している。

　このようにエスペランサ村出身の移民の多くは，農業から別の産業へ移動することがほとんどないが，一方で自分たちの子どもを含めた次世代には，別の産業へ移行することで社会上昇をとげてほしいという強い希望を抱いている。移民第一世代や1.5世代の多くは，子どもたちには米国で教育を受けることで，同じように農業で働くのではなく，別の職でキャリアを形成してほしいと願っているのである。第一世代であるマウリシオ（40代前半）は，次のように述べている。

　　〔農業の〕仕事はいつも同じですよ。ひとつの仕事が終われば，次の仕事が始まる，その繰り返しです。……とても肉体的にきつい仕事です。賃金も低いですし，でも他に何ができるというのでしょう。……賃金もよくないし，きつい仕事だし，私の子どもたちには誰一人としてこの仕事についてほしくはありません。土曜日など子どもたちの学校がないときに，農地の仕事に連れていって手伝ってもらったりもします。でも，それはお金を稼ぐためではなくて，一緒に仕事に連れて行き，それがいかにつらくて大変な仕事であるか見せたいからです。それによって，この仕事に就かないために，彼らが勉強を一生懸命しなくちゃいけないと思うようになってほしいと願っているからです。

　このように，農地での仕事を手伝わせ，その過酷さを体験させることで，勉学に励み農業以外の領域でキャリアを築いていく動機を子どもたちに植え付け

たいという語りは，マウリシオに限ったものではない。ヘルマンのように，農業労働内で上昇を達成したわずかの者を除いて，農地における肉体労働を担う移民第一世代の多くは，自分の子どもが別のキャリアを築くことを強く望んでいた。

このような農業労働への強い忌避感がある一方で，同郷者とともに同じ過酷な労働に従事するという経験そのものが，ある種の共通体験としてコミュニティ内部の凝集性を高める方向へと作用してきたことも事実であろう。それは，米国で農業に従事しながら，村のメンバーシップを維持するカルゴ・システムに参画するという，村の男性にとって重要なトランスナショナルな社会空間の形成にもつながってきた。たとえば，前述のカンポ・ネグロでは，エスペランサ村出身の男性たちが農場の敷地内にある宿泊所で生活をともにするなかで，村に関する重要な決め事などについて話し合う「アセンブレア（asemblea）」と呼ばれる寄合的性質をもった集会が開催されてきたという（Matus Ruiz 2004: 82–85; Valenzuela 2008: 20）。このような具体的な場・空間を通じてカルゴ・システムでの決め事や情報が米国のコミュネロにも共有されるのである。同じ農地で働き，そこで寝食をともにするという環境が，共同体としての磁場を形成し，凝集的なトランスナショナルな社会空間を形成することに寄与したといえる。

また，移住が長期化するなかで，法的地位にもとづく階層化が進行したことはすでに指摘したが，農業で働き続けることは，社会的・経済的状況における一定の均質性の維持にもつながってきた。そして何よりも，「過酷な労働を耐え抜き，真面目に働く」という労働倫理は，コミュニティにおけるひとつの美徳として共有されてきた。こうしたエスペランサ村出身者による農業へのアンビバレントな意味づけについて，前出のレオナルドは，農業以外で就労できても，家族を手伝うために農業労働に戻った経験を引き合いに出しながら，次のように述べている。

　〔ガソリンスタンドなど別のサービス業で働く経験は〕農業をやめることを意味するはずでしたが，それでも私はときどき農場に戻りました。週末など休みの日には，私の姉妹を手伝うため，たまに農場に戻って働いていたの

です。ガソリンスタンドで働いているときも，ときどき農場へ戻りました。ガソリンスタンドのあとは，青果物の貯蔵庫でコンピューターを使って果物を米国各地に配送する仕事もしていましたが，それでもまだ農地での肉体労働はやめませんでした。

飯尾　なぜですか。誰かに頼まれたのですか。

――いいえ，必ずしもそういうわけではないんです。むしろ自ら進んで，自分がどこから来たのか忘れないためにやっていました。ときに，私たちは自分の出自を忘れてしまうことで，自分自身をコントロールできなくなるのです。そう，堕落（corrupt）してしまうのです。労働における倫理や家族といったもの全てを失ってしまうのです。だから，強い家族の絆と労働の倫理を保ち続けるためにも，ときどき農業で働くのです。

飯尾　それはとても興味深い指摘です。農業で働くことがコミュニティとのつながりを維持するということなんですね。

――〔農業で働くということが〕コミュニティと，そして家族とつながっている，その通りです。……私たちの村の共同体の輪から外れて，〔米国社会に〕同化していった人々を知っています。そういった人たちは，これといった特徴のない何者かになってしまうのです。でも，私たちがやってきた場所〔メキシコの先住民村落〕には，たくさんの文化があるのですから。

　このような農業労働をめぐる認識は，エスペランサ村出身者でありながら，農業から離れて NGO セクターでキャリアを築いてきたレオナルドの特殊な位置が影響しているかもしれない。つまり，農業以外に選択肢のない者とは異なる立場にいるからこそ，農業に対するやや憧憬的ともいえる認識を示したとも解釈できる。しかし，それでもなお彼の発言は，エスペランサ村出身の移民と農業との関係を考察するうえで，重要な指摘を含んでいる。

　ここから読み取れるのは，農業において同じ季節労働者として働くという，肉体を酷使する過酷な労働が，連帯を生み出す経験として共有されると同時に，村落から解き放たれた個人を共同体につなぎとめ，規律をもたらすような行為として認識されているという点である。ただし，家族の絆を大切にし，苦しい

農業労働に耐えて真面目に働くという倫理は，共同体内部の凝集性を高める一方で，そこからこぼれ落ちた人々を逸脱者としてスティグマ化する可能性を有している。レオナルドが用いた「堕落」という表現は，個人主義と物質主義が浸透するアメリカ社会に同化し，相互扶助にもとづく村落コミュニティの社会的期待や義務に無頓着に生きようとする，エスペランサ村出身者に対する批判的な認識を反映している。たとえば，農業を離脱した1.5世代の若者たちが，麻薬売買やギャング活動にかかわるような場合は，まさにレオナルドが述べる「堕落」した層として想定されていると考えられる（この点は第6章で詳述）。このように，エスペランサ村出身者にとっての農業労働とは，村とのトランスナショナルなつながりを維持し続けるうえで強力な磁場となり，社会的秩序を統制するひとつのメカニズムとしても機能してきたとみなすことができる。

3) カルゴ・システムを中心とするトランスナショナルな社会空間

　ここまで，エスペランサ村出身の第一世代や1.5世代の移民男性らによる農業労働の経験や意味づけを明らかにしてきた。本項では，政治・経済的実践，そして文化・宗教的実践を担う制度であるカルゴ・システムと移住生活との連関に着目する。具体的には，エスペランサ村からの出移民の増加によるカルゴの担い手減少によって，カルゴ・システムの運用がどのように変化してきたのか，また移民規制の厳格化によって越境的な移動が大きく制限されるなかで，カルゴの要職を担うことの意味合いがどう変化し，それが新たな象徴資本にいかに結びついているのかを検討していく。これらの問いを通じて，移住が村落部のカルゴ・システムを中心とするローカルなモラル・エコノミーに及ぼす影響を明らかにする。

　第4章第1節で紹介したとおり，エスペランサ村出身の男性は，村でのメンバーシップを維持し続けるために，「コミュネロ（村の成員）」としてカルゴ・システムにおける義務を果たす必要がある。村出身者，あるいは村出身の両親をもつ男子は，18歳になるとカルゴ・システムを担うコミュネロになるか決めなければならない。ひとたびコミュネロとして登録されれば，それにもとづく経済的な貢献とともに，村の行政を担う執行機関，共有領地の管理を担う委

写真3 フレズノで聖人祭りを祝いに集まった移民たち
出典）2017年9月29日，飯尾撮影。

員会，また村の聖人祭りなどの祭事を担うコフラディアといったさまざまな役職に任命された際，その責務を果たすことが求められる。男性らは，このカルゴ・システムの責務を果たし，村落内で周囲から尊敬を集めることで，村落における政治的な発言力を増すことができる。

エスペランサ村からメキシコ国内や米国への移住が拡大していくなかで，村落外に居住する者も増えていったが，ひとたびカルゴの役職に任命されれば，村に1〜3年ほど戻ることが要求された。前述したベンハミンは，コミュネロとして村落コミュニティへの責務を果たすことの重要性と同時に，移民規制の厳格化によってこの責務を果たすことが困難になっている状況を憂いながら，次のように語った。

> 私はエスペランサ村のコミュネロです。村と一緒にいることを誇りに思っています。村を支えるために，もし村の委員会の仕事に従事する，村の聖人祭りのためのコフラディアの1人を務めるよう言われたら，村を愛しているので受け入れるでしょう。自分の村があるというのは，とても素晴らしいことです。もし，村に戻って長期間暮らしても，村から追い出されることはありません。なぜって，私は村の出身でこれまで村の責務を果たしてきたからです。どこかに帰る場所があるというのは，素晴らしいことです。確かに，責任を果たせずに，村から出ていった人もいます。滞在資格がないために，村に戻ることが難しく，村のカルゴの役職に指名された際に，責務を果たすことができない人がいるのも理解できます。なぜって，米国に家族を残したまま帰村したら，再び米国に戻ってくることはできません。とても難しいことです。だから，私は自分が村に戻れるという神の

ご加護に感謝しています。もし，カルゴの役職のために，村に1年いてくれと言われたら，喜んでそうするでしょう。

　この語りは，村落コミュニティの成員としてカルゴ・システムの中核を担うことが，ベンハミンにとってアイデンティティの核であり，彼自身の生活世界における重要な参照点となっていることを示している。厳格なカルゴ・システムの運用の下で，村のメンバーシップを維持するためには，いかなる時もカルゴの役職を担い，責務を果たす必要がある。このようなカルゴ・システムを中心とするモラル・エコノミーを共有する成員が相互監視のもとで責務を果たし続けることこそが，コミュニティの凝集性を高め，共同性の核となる村落への帰属意識を深めている。

　他方で，村からの出移民が拡大していくにつれて，カルゴ・システムをめぐる運用が，移住者の負担を減らす方向に変化してきたことも事実である。たとえば，それまで3年間の任務とされていた共同領地の委員の役職は，2003年よりその負担の重さを考慮して1年半に短縮された。また，祭事関連のまとめ役であるコフラディアの経済的な負担を軽減すべく，祭事の数が減らされた。さらに，特定の上位職以外の役職であれば，家族以外の村人に代理を頼むことが可能になった。従来は，家族内で代理人を立てることが前提とされていたが，家族以外の村人でも対価を支払い，代理人に立てることが認められるようになったのである[6]。これは，本来のカルゴ・システムが無償労働を前提としてきたことを念頭に置くと，きわめて大きな変化といえる。前述した無登録移民であるマウリシオは，カルゴ・システムを通じた村への責務の果たし方について次のように述べている。

---

6) 2024年3月にフレズノを再度訪問した際に，この運用がさらに変化していることが分かった。村長などの上位職であっても，金銭を媒介とした代理人を立てることが了承されることになったのである。複数名への聞き取りによると，これにかかる金額は，およそ9000ドル（1ドル150円換算で135万円）だという。ある1.5世代の男性によると，あくまでこれは「試み」であり，何か問題が生じれば，元の運用に戻すという前提だという。

私たちには，自分の役職を担ってくれる誰かにお金を支払うという選択肢があり，大半の人がそうしています。向こう〔村〕での役職を守るために必要な金額が示されるので，それを支払ってでも，村のコミュネロであり続けることが自分にとって望ましいのか，考えるのです。そして多くの人はそれを支払いたくないので，外に出て行ってしまい，もうここ〔米国〕か，向こう〔メキシコのエスペランサ村〕の出身なのかわからなくなってしまう人がいるのです。最終的にここ〔米国〕から追い出された時に，どこにも行くところがなくなってしまうのです。もう一度コミュネロとして復帰するためには，金額が提示されますが，それはとても高額になっています。私たちは，お金の捻出に困るときもありますが，なんとか続けています。万が一〔米国〕大統領が何らかの理由で私たちをここから追い出しても，私たちには向こう〔メキシコ〕に戻る場所があるのです。村は私たちを受け入れるでしょう，なぜなら私たちは彼らに対して責務を果たしてきたからです。

　マウリシオは40代ということもあり，村から示されるカルゴの役職は，絶対に帰村が必要な上位ではなく，下位から中位であるため，金銭を媒介とした代理人を指名することができる。この金額は，相場が決まっているが，代理人となる村人との交渉で決まるという。マウリシオは，この代理人への支払いを忌避するがゆえに，コミュネロであることを辞めて村落コミュニティから離れていく人々の存在を示唆するが，その選択には，移民規制の厳格化によって排除の対象となった際に行き場所を失うリスクがともなうと指摘している。一度でも村から与えられた職務や経済的貢献が滞ると，コミュネロとしての責務を放棄したとみなされるため，もう一度コミュネロとして復帰するためには，多額の罰金の支払いを課せられるという。無登録移民として米国に暮らし，近年の移民規制の厳格化による排除の危機を身近に感じるマウリシオとその家族にとって，コミュネロとしての責務を果たしメンバーシップを維持することには，将来的なリスクを回避する保険のような意味合いが含まれている。

　マウリシオが先の語りで示したように，村に対する責務を果たさずに，メン

バーシップを失う人もいるが，村から求められる罰金を支払えば，もう一度コミュネロとしての資格を取り戻し，メンバーシップに復帰することができる。では，このようにしてメンバーシップを取り戻すことができれば，階梯制度の下で周囲から獲得できる「名誉」もまた，同様に回復するといえるのだろうか。ベンハミンは，2018年にエスペランサ村に帰省した際に開催された村の集会で，コミュネロの資格を取り戻した男性が，周囲から批判を浴びて黙らされたという話を念頭に置きながら，次のような説明をしてくれた。

> もし仮に，私が任命されたにもかかわらず，村に戻らず責務を果たさなかったとします。そして，2，3年くらいしてから村に戻って，「村に戻りたいです。罰金を払いますからいくらになるか教えてください」と訊いたとしましょう。〔罰金を支払って，〕コミュネロの資格を回復してから，何かについて意見を述べようとしても，他の村人たちは，私の意見はもう聞くに値しないと言うでしょう。コミュネロの責務を前にきちんと果たしてこなかったために，意見を述べることができなくなるのです。私が述べる意見には，もう価値がなくなってしまうのです。

　これは，コミュネロの資格を回復しても，何らかの理由で一度その責務を放棄したという事実ゆえに，本来得られるはずの威信や名誉といった象徴資本の蓄積にはすぐさま結びつかないことを示している。また，別の男性は，コミュネロの代理人が物事を強く主張し意見を述べたとしても，周囲から疎まれるだけでその発言や意見は軽視されると指摘した。このように，移住の拡大によってカルゴ・システムの運用や実践が変容するなかで，何が周囲からの承認を引き出し，象徴資本の獲得に貢献するのか，モラル・エコノミーをめぐる新たな解釈が生まれている。

　また，近年の移民規制の厳格化もまた，このコミュネロとしての周囲からの承認に重要な影響を及ぼしている。コミュネロとしての責務をいったん放棄したことで象徴資本を失った前述の事例とは対照的に，無登録移民でありながら，村長としての役職を担うため，家族を米国に残してエスペランサ村に戻ったルイスは，困難な選択のなかでコミュネロとしての責務を全うしたことで，周囲

からの尊敬をあつめ，高い象徴資本を獲得した。ベンハミンは，この事例を次のように説明している。

> 彼は村に仕えるために戻ってきました。滞在許可がないことを理由に，米国に家族を残して村に戻ることはできないと言うこともできたのに，彼は村への責務を疎かにしたくなかったので戻りました。それが，村の人々が彼を尊敬に値すると考える理由です。……無登録移民であり，家族を米国に残していたにもかかわらず，村への責務を果たしたので，向こう〔村〕で彼はとても重要な人物となっています。
>
> **飯尾** それはとても興味深いです。米国における移民政策が，村で誰が一番大きな声を持っているかという問題にも変化をもたらしているということでしょうか。
>
> ——えぇ，まさに。そういうことです。
>
> **飯尾** 〔滞在〕許可をもっているのか，いないのかということが，その人の置かれた状況と，その人物が村でどのように評価されるのかということにも影響するのですね。
>
> ——えぇ。彼のような人は尊敬を集め，彼の意見はより重要視されるようになるのです。

　このようなベンハミンの語りが示すように，無登録移民でありながら，村長としての責務を果たすために家族を米国に残し，村に戻ることを決めたルイスの選択は，多くの村人に尊敬の念を抱かせることになった。第6章で詳述するように，一度村に戻ればもう米国に戻れなくなるかもしれないというリスクをルイスは十分承知していた。しかし，無登録移民である自分だけでなく，妻やメキシコ生まれの子どもたちがいつか米国から排除された際に戻る場所を確保しておくため，村への責務を果たし，メンバーシップを維持することが重要であるとルイスは考えていた。このように，ルイスにとって帰村は将来的なリスクをふまえた合理的な選択でもあったが，エスペランサ村の共同体においては，この行為は村のために自分自身を犠牲にした英雄的な行為として受け止められたのである。結果的に，ルイスは村落コミュニティにおいて高い象徴資本を得

ることで，政治的な発言力を高めることができたと考えられる。

4）女性移民の労働経験と伝統的なジェンダー秩序の変化の兆し

　「かわいそうな私たち，これは男の仕事だよ。男の仕事を女たちがやっているの」。

　これは，2018年8月にエスペランサ村出身者が多く働く農場で，ブドウ摘みの仕事を経験させてもらった際に，一緒に働いていた女性たちが筆者に向かって放った言葉である。「かわいそうな私たち」とは語ったものの，収穫作業を淡々と進めながら力強く発せられた言葉からは，同情や哀れみを乞う姿勢は感じられなかった。確かに，このような農地における過酷な肉体労働に従事する女性たちの悲哀もあるかもしれないが，むしろ本来男性の仕事であるはずの肉体労働という仕事を，男性と同じように熟練した動きでこなし，世帯収入に貢献してきた女性たちの自負がそこには含まれているようであった。

　本章では，ここまで第一世代の移民男性を中心とした，就労における経験やカルゴ・システムを中心としたトランスナショナルな社会空間のあり方について論じてきた。しかし，カルゴ・システムが男性のみを中心としているため，これだけでは必然的に移民女性の経験は見落とされ，エスペランサ村出身者が形成するトランスナショナルな社会空間の全体像を捉えることはできない。村落コミュニティのカルゴ・システムから排除される女性たちは，男性中心主義的なモラル・エコノミーのもとで，政治的な声をもたない従属的な立場に置かれてきた。しかし他方では，米国への移住を通じ，男性と同じ仕事に就き収入を得ることで，米国における生活を経済的に支えてきたのである。本項からは，村落コミュニティ内部の家父長制にもとづく抑圧を経験しながらも，農業労働を担うエスペランサ村の女性たちが，この矛盾をいかに経験してきたのか明らかにする。まず，20年近く米国に暮らし，2018年にエスペランサ村に帰村したモニカ（40代後半）が語った米国での生活経験についてみてみよう。

　　私たち女性は，向こう〔米国〕ではあまりに多くの仕事をしなければなりません。家での仕事もしなくてはいけないし，男性と同じように仕事をし

なくてはいけない，1日中仕事をして，家に帰ったらトルティーヤを作って，食事を用意して，掃き掃除をして，洗い物をして，そういったこと全てです。ですから，女性にとって米国での生活は二重，いや三重の仕事だという人もいます。女性は男性よりずっと多くの仕事を課されるのです。米国にいる男性たちは仕事にのみ集中すればいいですが，私たち女性は全てのことをやらなければならず，それはあまりにたくさんの仕事です。どんなに疲れていたとしても，仕事に行かなければなりません。そうしないと，家賃，光熱費，自動車保険といった全てのものを支払うことができなくなってしまいます。だから，ここ〔エスペランサ村〕より，向こうの生活のほうがもっとつらくて，苦しいと思います。

　この語りが示すように，確かにエスペランサ村の女性たちは米国において男性と同じように農業における肉体労働に従事し，家計に貢献してきた。しかし，こうした生産労働への従事は，必ずしも再生産労働における負担の軽減にはつながっていない。移民研究において女性の移動に着目した先行研究は，移民女性が労働市場に参入しても，家事や育児といった再生産労働はそのまま女性の仕事として残されているために，二重の負担を背負う状況を生み出していることを指摘している（Foner 1998）。モニカがまさに述べたように，エスペランサ村の女性たちもまたこのような負担を背負っているのである。

　ただし，エスペランサ村出身の女性たちの経験を移民第一世代だけでなく，1.5世代や第二世代を含めて検討すると，女性たちが常に男性に対して従属的な立場に甘んじているわけではないことも浮かび上がる。このジェンダーをめぐる価値規範の変化が最も顕著にみられるのは，家庭内暴力への認識である。エスペランサ村出身者の家庭内暴力に対する世代間認識の違いを検討したバレンスエラは，移住経験がなく村で長く暮らしてきた70代の女性への聞き取りから，そもそもかつて結婚は男性と両親の意向で決められ，女性自身の意志とは無関係なものであったことを指摘している。そして，このような伝統的結婚において，男性から女性に対する暴力は，女性が耐え忍ぶべきものとして理解されてきた（Valenzuela 2008: 65–93）。

このような伝統的なジェンダー規範と対比して，エスペランサ村生まれであるが，幼少期から米国で育った20代の女性は，結婚を自由恋愛の先にあるものとして位置づけ，両親を含めた年配者の意向よりも，彼女自身の意志の重要性を主張する。また，農業で働く父と母を引き合いに出しながら，男女が平等の権利を有していることを主張し，家庭内暴力のような男性の女性に対する抑圧的な扱いに対して強い怒りを表明している（Valenzuela 2008: 65-93）。

本書のフィールド調査でも，このような世代による認識の違いを示す出来事に遭遇したことがあった。ある8月の昼下がり，筆者は米国生まれの移民第二世代であるルセロとともに，彼女の両親の家を訪問していた。そこに，縁戚にあたる夫婦が訪れ，何やら話し込んでいる。ミシュテコ語のため，筆者には何を話しているのか理解できなかったが，彼らが帰宅すると，今度はルセロと姉妹たちが，台所で興奮気味におしゃべりをはじめた。先ほどの夫婦は，どうやら妻に暴力を振るったために警察に通報された息子について相談していたようであった。その息子は永住権をもっているが，強制送還の可能性を心配したこの両親は，警察に通報した息子の妻に対して我慢が足りないと不満を述べたという。それに対して，ルセロをはじめとする姉妹たちは，暴力を働く男が悪いのだと，訪問した夫婦を批判しながら，筆者に向かって「マキコ，だから私は村出身の男とは一緒にならないって決めていたのよ。彼ら〔エスペランサ村出身の男性〕は，女性にひどい扱いをするのだから」と主張した。

以上のように，エスペランサ村の第一世代を中心とする女性たちは，労働領域における稼得能力を獲得する一方で，世帯における再生産労働も担う二重の負担を経験していた。ただし，移民1.5世代および第二世代の女性たちは，より男女平等な価値規範を内面化し，家父長制にもとづくジェンダー秩序に異議申し立てをしている。家族という親密圏において，伝統的な価値規範に変化の兆しを見出すことができるといえる。

5) 女性のジェンダー役割に応える帰国

エスペランサ村出身の女性たちの移住経験を理解するためには，村落コミュニティにおけるジェンダー秩序がどのようなものであり，それが彼女たちの移

住における選択にどのような影響を及ぼしてきたのかについて明らかにしておく必要がある。この点を浮き彫りにするのが，主に第一世代の女性たちが，娘，妻，あるいは母としての役割を全うするために実践する，ジェンダー役割に応えての移動である。

このような移動を体現するのが，カルメンの事例である。糖尿病とガンを患い闘病中のカルメン（50代半ば）は，杖を突かなければ歩くことができず，長年の米国における肉体労働で酷使した身体は，実年齢よりもはるかに年を重ねているようにみえる。聞き取りを始めると，困難の連続ともいえる彼女の人生を訥々と語ってくれた。

カルメンは18歳の時に村の男性と結婚し，4人の子どもをもうけたが，夫は別の女性と一緒に米国へ移住してしまった。夫から家を追い出され，シングルマザーとして生活に困窮したカルメンは，すでに米国で暮らしていた兄弟を頼り，子どもたち4人を連れて，1995年に自らも米国に移住することに決めた。カルメンにとって，それは食べるものにも欠くような貧しい生活から脱し，子どもたちの空腹を満たし，よりよい環境で育てるための，母親としての決断であったいえる。

他の多くのエスペランサ村出身者と同様に，カルメンらはフレズノで季節性の農業労働に従事し，夏になるとオレゴン州やワシントン州においてイチゴやベリー摘みなどの短期労働についた。4人の子どものうち，15歳と14歳だった上の2人は，学校には行かずカルメンと一緒に働き，家計を支えることで，母子5人の生活をかろうじて成り立たせることができた。

経済的な豊かさとは無縁であったが，一定の平穏を手に入れた親子5人の生活は，2005年の移民取締局との接触によって終止符が打たれた。家族全員でオレゴン州のイチゴ摘みの季節労働に数週間従事したあと，8月から始まるブドウ収穫シーズンのために車でフレズノへ戻る最中に，警察による交通取締りで検挙されたのである。運転ができないカルメンは，2番目の息子にいつも運転を任せていたが，当時未成年だった息子は運転免許証をもっていなかった。警察から移民取締局に全員の身柄を引き渡され，移民収容所に数日間収容された。子どもたちの父親が，すでに子どもたちの正規化手続きを開始していたた

めに，強制送還は免れ，カルメンと子どもたちのケースは移民裁判所での判断を待つこととなった。当時をカルメンは次のように振り返った。

> 私たちは〔移民審判のために〕サンフランシスコまで，3，4回は行きました。弁護士も雇ったので，裁判所で私の子どもは法的地位を得ることができました。そこで，私は「申請できるものは何もないから米国から去るしかない」と言い渡されました。自発的〔行政上の自発的帰国〕か，強制送還のどちらがいいかと聞かれ，私は自発的な帰国にすると言いました。弁護士費用を払って，なんとか子どもたちは永住権を手にすることができました……。マリオはまだ小さかったのですが，それでもマリオはもう大きくなった上の子どもたちと一緒に暮らすので問題ないと言われました。それから，自分が戻る日を決め，ティフアナで書類に署名をし，5年間の再入国禁止を言い渡され〔メキシコの村に〕戻りました。……でも5年間の再入国禁止が終わるのを待つことはできませんでした。子どもたちがいますから，だから戻りたかったのです。

　移民審判で行政上の自発的帰国を命じられたカルメンは，まだ13歳にも満たないマリオとその弟を米国に残したままメキシコに戻ることを余儀なくされた。このとき，カルメンは自分が5年以上の再入国禁止を受けていることを認識していたが，まだ母を必要とする子どもたちを米国に残したまま，メキシコで離れて暮らしていくことはできなかった。母子家庭というただでさえ困難な状況から，カルメンと子どもたちは強制送還による別離を経験することになった。

　母として子供たちのそばにいてやりたいという強い気持からカルメンは再越境を試みたが，国境警備隊に拘束され，今度は正式な強制送還に付された。長期収容されたくないという恐怖心から偽名を使ったという。幸いすぐに国境沿いで解放され，その後2回目の越境で無事フレズノの子どもたちのもとに帰ることができた。通常であれば，カルメンのような経験をすれば，自身の追放可能性による検挙のリスクを恐れながらも，米国で子どもたちと暮らし，定住化が進行していくと想定されよう。しかし，カルメンの移動はここで終わらな

かった。米国に戻ってから約1年後，病気がちであったカルメンの母親の容態が悪化したことを受けて，今度は自らの意志でメキシコに戻ることを決めたのである。

　〔メキシコの村に住む〕母が病気になりました。それで，また戻ることにしたのです。それが理由です。母の容態はとても深刻でした。姉は永住権をもっていましたが，まだ〔自分の息子よりも小さい〕子どもがいて，夫もいましたから，〔両親の面倒をみるために〕戻ることはできませんでした。私には夫はいませんから，だから私は戻ることにしました。腫瘍の手術をしましたが，3年後にまた再発して，母は亡くなりました。

　この語りが示すように，カルメンには兄と姉が1人ずついるが，親の面倒をみるための帰国をめぐって，カルメンが引き合いに出したのは姉だけである。カルメンにとって，男性である兄はそもそも帰国して親の面倒をみる候補には入っていない。他の聞き取りにおいても，エスペランサ村出身者の老親の介護に対する認識においては，息子ではなく娘である女性が物理的に村に戻り，実質的な介護を担うものとされており，娘として期待されるジェンダー役割を示唆している。

　さらに興味深いのは，カルメンが自分自身と姉の状況を比較し，自分が戻るべきと決断した理由として，姉の子どもがまだ小さかったということだけでなく，配偶者の有無が大きな決め手になっている点である。別の親の介護のために帰村した40代の独身女性の事例でも，誰が親の面倒をみるべきかという優先順位が，配偶者や子どもの有無で決められていることがわかる。この女性は5人兄弟で，そのなかには米国の滞在許可を持っているものがいるにもかかわらず，独身で子どもがいないということから，無登録移民である彼女が，親の介護のために村に戻るという選択をしていた。

　第一世代の女性たちが，母あるいは娘としての役割を率先して果たそうとする帰国は，村落コミュニティに深く埋め込まれたジェンダー秩序が，いかに女性たちの移動の選択に影響を及ぼしているのかを示している。ジェンダーごとに定住や帰国の志向を検討した先行研究は，女性と男性の帰国や定住に対する

認識の違いを分析するなかで，男性のほうが帰国を強く望むのに対して，女性は反対にむしろ将来的にも米国で暮らすことを望む傾向があると論じている（Hondagneu-Sotelo 1994; Hagan 1994）。このような議論では，移民女性は受入社会における男女平等といった社会規範により親和的であり，そうした規範を内面化し，米国での将来を思い描いていると考えられてきた。むろん，フレズノに居住するエスペランサ村出身の女性たちにも，同様の傾向をもつ者もいる。しかし，親の介護を目的とする女性たちの帰国の事例は，このような先行研究が見落としてきた，出身コミュニティにおけるジェンダー役割をめぐるモラル・エコノミーの強い力学を示唆している。

　そして，このような期待される役割に応じた女性たちの帰国は，移民規制の厳格化が進行する時代において別の問題を生み出している。それは，母あるいは娘として，自身のジェンダー役割を全うしようと越境的な移動を実践することが，国境沿いにおける国境警備隊や移民取締局との接触の機会を圧倒的に増やすという点である。このような女性たちの帰国が，その後の再越境においてどのような帰結をもたらすのかについては，第7章において，先の規範をめぐる問題を含め詳述したい。

6）カルゴ・システムをめぐる女性たちの関わりの変化

　ここまで，女性の移動が，村落コミュニティにおける伝統的なジェンダー秩序に特徴づけられるモラル・エコノミーに影響を受けてきたことを論じてきた。翻ってここでは，男性を中心とするカルゴ・システムに対して，女性たちがどのようにその態度を変化させてきたのか明らかにすることで，米国における価値規範のもと，新たな主体性を獲得する女性の姿を明らかにしたい。

　従来，男性のみを対象とする階梯制度であるカルゴ・システムの周辺で，女性たちはこの集合的な政治的・経済的・宗教的実践に対し，男たちを支える存在として貢献することが求められてきた。したがって，夫がカルゴの役職に任命されれば，それを受け入れ，村に対する夫の責務を支えるのが，あるべき妻の姿として認識されてきた。たとえば，前述のカンポ・ネグロで長く働いたヘルマンも，ときにカルゴの任命によって村に戻ることを余儀なくされた。その

間，妻のアデラは，米国で働き夫を経済的に支えたが，ヘルマンが村で体調を崩すと，まだ小学生だったルセロを含めた 6 人の子どもたちを米国において，数カ月間ヘルマンを支えるために米国の家を留守にしている。このように，女性たちにとっても，村への責務を果たす夫を支えることが，ときに最優先事項とされていた。

しかし現在，カルゴに対する女性たちの考えは，従来のそれとは大きく変化しつつある。30 代の夫婦であるガブリエラ（第一世代）とナルシソ（1.5 世代）に，カルゴの役職に任命された場合どうするのかと尋ねると，独身のときは村に戻って役職を全うしたが，結婚後は代理人を立てることで責務を果たしていると答え，その理由を次のように述べた。

> **ガブリエラ**　家族のことも考える必要があります。妻と夫の両方とも永住権をもっているという場合ばかりではありません。その場合は，あなたが村に行くのであれば，私はここで働き，失業保険を申請してお金をもらえれば，経済的にはなんとかなるでしょう。でも，私たちの場合は違います。夫に働いてもらわなければなりません。彼が働かないのであれば私だけ働く必要があります。夫が失業保険を申請しても，最低賃金よりも低いので，経済的に難しいです。子どもたちもいて，日々の出費や家賃や光熱費の支払いなどもありますから。男性が帰村して，女性が米国に残る場合もありますが，女性が運転できなければ何もできません。ですから，夫に言いました。村のために生きることは素晴らしいことだけれど，もし誰か代理人を立てることができるのであれば，そのほうがよいのではないかと。そうすれば，家族と一緒に居ながら，村のために責務を果たしているということになりますから。
>
> **ナルシソ**　そう，家族と一緒にいるためにね。

このように，カルゴの役職に任命され帰村した場合，その期間は無償で村に奉仕することが求められ，世帯にはその分の経済的な負担がのしかかる。ガブリエラが述べるように，車の運転など日常生活のさまざまな側面において男性に依存する無登録移民の女性たちにとって，男性の不在は多くの困難をもたら

すことが予想される。ただし，こうしたカルゴに対する認識の変化は，法的地位とは関係なく起こりうることである。たとえば，夫婦ともに永住権を取得しているベンハミンは，自らの経験を振り返りながら次のように述べた。

> たとえば，ある男性がカルゴの役職に任命されたとしましょう。私がみてきた限り，こちら〔米国〕に住んでいる女性たちのなかで，村で夫がカルゴの仕事に就くことを支えようとする女性は，ほんの一握りです。たとえば，私の妻も，もし私がカルゴのために 1 年村に戻らなければならないとなったら，どうでしょう……こちらに長く住んでいると，私が村で何をしに行くのかということを，大事だとは思わないようです。何か違う考えがあるのです。もう村にいたときとは変わってしまうのです。それが私の家族を見ていて，気づいたことです。もし，1 年間カルゴのために村に戻る必要があれば，私は自分で行くと決めるでしょう。でももし，村に戻ってもよいかどうか，と家族に尋ねたら，お金を払って代理人を立てるか，行かないでほしいと言うでしょう。多くの女性たちは，こちらで長く暮らしていると，もう村のことなんてどうでもよくなってしまうのです。もう昔とは違います。
>
> **飯尾**　女性たちは，もう男性たちと同じように村とともに生きるということに価値を見出さなくなっているということでしょうか。
>
> ——昔とは変わってしまいました。私たちが向こうに住んでいた時は，全ての村の祭りがうまくいくのか，村人が何をするのか，誰が新しいカルゴに選ばれるのか，気にかけていました。でも今は違います。〔多くの女性たちは〕違う考えをもっているようです。

　ベンハミンの語りが示すように，米国に移住した女性たちにとって，カルゴ・システムに従って夫を支えることは，もはや最優先事項ではなくなりつつある。男性たちが自身の威信や名誉といった村落コミュニティの伝統的な価値規範に重きを置く一方で，女性たちは子どもの教育を含めた，米国における家族との生活や経済的安定を最優先に考えている。50 代後半のベンハミンは，村の責務を果たすことに対して妻が不満を抱いていることを認識しつつも，自

分は村へ戻ると明言しており，最終的には村に対する自身の忠誠を通そうとする。しかし，30代の夫婦であるガブリエラとナルシソの場合，夫は妻の意見を取り入れ，2人の総意として村には戻らないという決断をしている。これらの事例は，特にジェンダーや世代によって，カルゴ・システムを基盤とする村落コミュニティの価値規範に対する認識が変化していることを示唆している。とりわけ，移民第一世代の女性たちのカルゴ・システムに対する認識の変化や，移民1.5世代の世帯による実践の変化は，従来とは異なるより平等主義的なジェンダー関係への変化を予期させるが，こうした単線的な理解には一定の留保も必要である。なぜなら，世帯という私的領域における家父長制的実践が変化しているようにみえたとしても，その埋め合わせとして，コミュニティの別の領域におけるジェンダー関係の再構築が進んでいる可能性があるからである（George 2005=2011）。次項では，トランスナショナルなコミュニティにおける別の実践とジェンダー秩序をめぐる衝突を捉えることで，この点を検討していく。

7）トランスナショナルな相互扶助の実践とジェンダー秩序の衝突

　トランスナショナルな社会空間における村落コミュニティの価値規範の揺らぎを検討するうえで，カルゴ・システムとは別のトランスナショナルな実践に言及する必要がある。それは，「故人のためのリスト（Lista de los difuntos）」と呼ばれる，エスペランサ村出身者が死亡した時に発動される経済的な相互扶助の実践である。これは，もともと1989年にエスペランサ村付近で発生した自動車事故によって8人の村人が亡くなったことを受けて，フレズノ郡の移民たちが1人50ドルの寄付を集めて送金したことに端を発している（Matus Ruiz 2004: 89–91）。その後，このような実践が移民を中心によりフォーマルな形で組織化され，2018年の時点では，およそ600人のエスペランサ村出身者がこのリストに登録しているとされる。

　このリストに登録すると，誰かが亡くなった際に，一定の額（1人につき15ドル）[7]を寄付することが求められると同時に，自分の家族に不幸があった際には，同様にこのリストに登録した人々からの募金によって，まとまった金額

を数日のうちに手にすることができる。移民たちは，家族が亡くなると，葬式費用のほか，遺体を故郷に送り埋葬するための輸送費を捻出しなければならない。日々の生活をかろうじてやりくりしているエスペランサ村出身者にとって，このような緊急事態に対処する余裕はほとんどないため，こうした相互扶助は大きな助けとなる。

　この「故人のためのリスト」はカルゴ・システムとは独立したものとして組織されており，コミュネロに登録されていない男性や，未亡人や未婚の成人女性，そして同村出身者以外の男性と結婚した女性が，夫や父親に従属的な立場ではなく，相互扶助を担う独立した個人として名前を連ねることが許されている[8]。カルゴ・システムにおいては，政治的・経済的権力が男性にのみ偏重し，女性に発言権はなかったのに対して，「故人のためのリスト」の実践では，カルゴ・システムと同様にコミュネロ男性が中心的役割を担ってはいるものの，女性やコミュネロ以外の男性たちの発言も許されている。移住先において同郷者同士で組織されるこの相互扶助のシステムは，エスペランサ村の共同性や連帯の象徴として認識されてきた。しかし近年，そこに誰を含めるのか（あるいは含めないのか），すなわちメンバーシップをめぐって，ジェンダーや世代の差異を背景とした論争が巻き起こっている[9]。

　具体的な争点になったのは，エスペランサ村出身者と他地域出身者が結婚した場合の，配偶者と子どもの処遇である。エスペランサ村出身の男性が同郷者ではない他村の女性と結婚した場合，妻と子どもはこのリストの対象に含まれ

---

7) 2004年の時点では，この額は1人20ドルとされているが（Matus Ruiz 2004），2019年の調査では，1人15ドルであった。

8) ただし，リスト自体の管理や運用は，エスペランサ村のコミュネロ男性が複数名で構成するコミテ（委員会）によって管理されており，毎年新しいコミュネロ男性が選ばれる仕組みになっている。

9) このリストについて言及したマトゥスの論文では，エスペランサ村だけでなく同じミシュテコ村落出身である近隣の村人の死去についても，このリストにもとづくお金の徴収がなされたという（Matus Ruiz 2004）。ただし，2019年のフィールド調査では，エスペランサ村以外の近隣村落出身の男性をリストのメンバーシップに含むか否か議論が繰り広げられた結果，リストから除外することが決められたという。

る。逆に，エスペランサ村出身の女性が同村出身者以外の男性と結婚して子ど
もをもうけている場合，子どもは含まれるが，男性配偶者はこのリストの対象
外とされてきた。しかし，2018 年から 2019 年にかけて，この方針が撤回され，
エスペランサ村以外の男性と結婚した女性の子どもたちは，このリストの恩恵
から排除されることになった。すなわち，エスペランサ村出身の男性に認めら
れている権利が，女性には認められないことが決まったのである。

　エスペランサ村出身の女性たちには，このような決定に強く反発する者もい
た。たとえば，メキシコの他州出身の男性と結婚しているルセロは，夫との間
に生まれた自分の子どもたちが含まれないことに対して，ひどい差別だとして
憤慨していた。このリストに関する議論のため，フレズノで開催される会議に
は，コミュネロではない男性や女性たちも出席することができる。この会議で
ある女性が「女性が稼ぎ，これまでリストのために寄付してきたお金は，男性
のそれとは同等ではないのか？」と述べ，強い不満と反対を表明したところ，
別の年配男性（移民第一世代）が「あの女を黙らせろ，女があんな態度をとる
のを許すのか」と激高したという。この集会でのやりとりを目にしていた 20
代の女性は，このような男性の態度を強く批判し，今新たに女性たちだけの
「故人のためのリスト」を組織化する動きがあることを教えてくれた。実際に，
この会合のあと複数回にわたって，女性たちを中心とする会合が開かれたとい
う。こうした女性たちによる動きは，フレイザーが論じるような「下位の対抗
的な公共圏（subaltern counterpublics）」（Fraser 1992＝1999: 123）として理解するこ
とができる。それは，これまで男性に従属的に位置づけられてきたエスペラン
サ村出身の女性たちが，男性たちが支配するカルゴ・システムを中心とする公
共圏ではなく，女性たちの考えを議論し，独自の対抗言説を形成するための討
議の場を模索するものといえよう[10]。

　この「故人のためのリスト」をめぐって白熱する議論は，エスペランサ村出
身者が形成するトランスナショナルな社会空間において，誰をこの相互扶助の

---

10) 2024 年 3 月にフレズノを訪れた際に，これについてフォローアップをしたところ，こ
　の新たなリストを立ち上げる中心にいた第一世代の女性が亡くなってしまったことで，
　この動きは停滞しているという。

輪のなかに含む／含まないのかという，メンバーシップの問題とともに，伝統的な価値規範がジェンダーや世代によって変化し，年配の男性たちを中核とする権力の構図の揺らぎをみてとることができる。

　このような，男性と女性，あるいは世代間における主張の対立は，どのように理解できるだろうか。男性たちはなぜ同郷者以外の男性と結婚した女性の子どもを「故人のためのリスト」に含まないと決めたのか，その直接的な理由について，本書は断定的に論じられるほどの材料を持ち合わせていない[11]。しかし，少なくともこの問題をめぐって交わされた男性と女性のやりとりは，男性中心主義にもとづく不平等な処遇を黙って受け入れるのではなく，抵抗し異議申し立てをする女性に対して，従来のジェンダー秩序にかたくなに固執する男性の姿をあらわにしている。そして，これは越境的に形成される移民コミュニティにおけるジェンダー秩序をめぐる変化と葛藤，そして権力関係について重要な示唆を与えている。

　フェミニズムの視点から，こうした移住を通じて変化するジェンダー秩序について検討する研究の蓄積（Hongdaneau-Sotelo 1994; George 2005=2011）は，移住後に受入社会において二級市民として扱われ，地位の喪失を経験する男性たちにより，ジェンダー関係を再構築するための「埋め合わせ」が行われることを明らかにしている（George 2005=2011）。たとえば，インドのケーララ州出身の在米インド人看護師とその夫の移住経験を研究した社会学者であるジョージは，コンネル（Connell 1987=1993）による「ジェンダー体制」の議論を労働，家庭，コミュニティという3つの領域の分析に援用し，米国で看護師として働く妻に連れだって移動した夫たちが，労働領域における地位の喪失を埋め合わせるために，公的空間である教会活動にこぞって参加し，そこでの地位向上を目指すことを明らかにした（George 2005=2011）。

　エスペランサ村出身の男性たちは，米国社会の構造的な人種差別の下，劣悪

---

11) 数名の女性や男性にこの問いを投げかけると，ラテンアメリカにおいて男性中心主義を指す「マチズモ（machismo）」が理由だという声が聞かれたが，この決定を下した男性たちへの聞き取りは叶わなかったため，男性たちがどのようにこの決定を正当化したのかについては十分把握することができなかった。

な労働環境と低賃金で働く農業労働者として，二級市民的な扱いを受けてきた。他方で，女性たちが農業労働者として世帯を経済的に支えるなかで，従来のようなカルゴ・システムを中心とする伝統的なモラル・エコノミーにも変化の兆しが生じている。受入社会からの社会的排除を経験し，労働領域における地位の喪失を経験する移民男性にとって，「故人のためのリスト」をめぐる実践は，男性中心主義にもとづくカルゴ・システムとともに，男性の地位喪失を補填できる公的領域として存在していると考えられる。したがって，女性が独立した個人として名を連ね，発言権を有する「故人のためのリスト」をめぐる実践は，男性たちがそれまで死守してきた家父長制にもとづく伝統的なジェンダー秩序を壊しかねないとみなされ，であるがゆえにこのリストが，ジェンダーの権力関係をめぐる闘争の場として浮上したと解釈することができるのではないだろうか。

3　移民規制の厳格化はいかに経験されるか

1) 移民規制の厳格化がもたらす「法的暴力」

　ここまで，エスペランサ村出身の移民とその家族が，どのように米国の移住先社会で農業労働に従事し，カルゴ・システムを基盤とするトランスナショナルな社会空間を形成してきたのか明らかにしてきた。また，男女および世代ごとに異なる移住経験を明らかにすることで，ジェンダー秩序を含めた伝統的な価値規範をめぐって葛藤や論争が生じていることが明らかになった。これらの発見をふまえたうえで，本節では，エスペランサ村出身の移民たちがフレズノにおいて移民規制の厳格化をどのように経験しているのか，ジェンダーや世代の差異にも着目して検討していく。

　すでに論じたように，エスペランサ村出身の移民たちには，1986年移民法改正によって正規化され，家族を含めて永住権を取得した（あるいは帰化した）層が一定数存在する一方で，正規化の機会を逃し，合法的な滞在許可がないまま米国で働き暮らす人々も蓄積されてきた。なかには，正規化の機会を逃した

まま米国で暮らす無登録移民の親の下に子どもが生まれることで，異なる法的地位を含んだ「混合身分家族」（Fix and Zimmerman 2001）の形成もみられた（序章第1節も参照）。

　不安定な法的地位のまま暮らすエスペランサ村出身者への聞き取りを通じて浮かび上がるのは，移民取締りや規制の厳格化によって，今ある日常が突然奪われるかもしれないという強い危機感である。特に無登録移民として暮らす女性たちの多くは，生活における移民規制の影響を尋ねると「恐れを抱いている」と異口同音に語った。

　2005年に米国へ移住したガブリエラは，国境を越える際に何度か国境警備隊に検挙され，強制送還を受けていたこともあり，きわめて過酷な越境を経験してきた。そのため，ついに越境が成功してからも，移民の取締りに対して強い危機感を抱いてきた。

　　当時，その店はメキシコのクッキーとかトルティーヤとか，メキシコの食材を見つけられる唯一の大きな店でした。ある時，フェイスブックで多くの人がその店や近くの道に警察がいるから行かないほうがいいといった投稿をあげているのを見ました。エスペランサ村出身の人たちがそういった投稿をあげていたのを覚えています。それで，すごく恐くなりました。いつも夫にどこに行くのか聞いて，一緒にいるようにしていました。何か緊急事態が起きたときに，私と一緒にいてくれるからです。1人で出かけることが恐くなりました。

　ガブリエラは，できるだけ車の運転はせず，どこへ向かうにしても夫と一緒に出かけるなど，自身の行動を制限してきた。このように，取締りによって検挙されるのではないか，あるいはそれを契機に収容や強制送還に直面するのではないかという恐れと不安から，買い物のための外出さえ控えるなど，日常生活に弊害が生じている場合もある。また，特に学齢期の子どもを抱えた女性たちの語りには，自分が恐れや不安を抱くことで，子どもたちの日常や精神に悪影響を及ぼすことに対する強い懸念が見受けられた。たとえば，無登録移民であることによってメキシコに戻ることが叶わないガブリエラは，自分の不安定

な法的地位をめぐる娘（8歳）とのやりとりと，それにまつわる葛藤を次のように語った。

　以前，娘が私に「なぜメキシコに行けないの，ママ，みんなで一緒に行こう」と言ったのです。「ママはメキシコには行けない」と伝えました。すると，なぜなのかと聞くのです。「なぜって，私には滞在許可がないからよ」と答えました……「あなたはここ〔米国〕で生まれたから，あなたには選択肢があるのよ」と言いましたが，彼女は落ち込んでいるようでした。〔メキシコにいる〕私の母と電話で話をしたときに，娘は「みんなでおばあちゃんに会いに行きたい，でもママがメキシコに行けないのはわかっているから」と涙を流して言うのです。私の悲しみ，あるいは不安が彼女に伝わってしまったのだと思います。ですから，今は娘に安心してほしいと思っています。きっと全てうまくいくからって。

　米国に越境してから，ガブリエラは一度もメキシコに戻っておらず，最後に母親と抱擁を交わしたのは15年以上も前のことである。ガブリエラの語りは，不安定な法的地位ゆえに，メキシコへの帰省を諦めざるをえない無登録移民の困難の一端を示している。ほかにも，アマリア（30代前半，序章のエピソードにも登場）は，夫婦ともに無登録移民であるため，万が一警察や移民取締局に捕まったときの対処法を米国生まれの子どもたちに伝えているという。ただ，そうした緊急事態への備えが子どもたちに不安を与え，学業に影響が出ることを懸念し，できるだけ深刻になりすぎないように伝えなければとも語っている。

　このように，第一世代の不安や葛藤は，無登録移民である当人だけでなく，米国生まれの第二世代を含めた家族全体に影を落としている。このような移民規制の厳格化がもたらす広範な影響を検討するうえで，エスペランサ村出身の両親の下に生まれた4人兄弟の長女であり，フレズノ郡で家族と暮らす移民第二世代のアナ（20代半ば）とその家族の事例をみてみよう。アナの両親は1990年代，越境後の米国で出会い，フレズノを拠点に季節性の農業労働に従事しながら，家族を形成してきた。しかし，アナが13歳の時に，飲酒運転で警察に捕まった父親が強制送還に至った。この経験は，アナに強い衝撃をもたらし，

その心に深い傷を残した。

　　父が強制送還されて，いなくなってしまってから，自分は一体何のために
　　頑張る必要があるのだろうと思いました。もう全てどうでもいいと思った
　　のです。全て終わりにして，自分もメキシコに行こうと思いました。父の
　　強制送還は，私に感情の乱高下をもたらし，強いトラウマを残しました。
　　……父があのように奪われて，何事もなかったかのように棄てられたと感
　　じました。それは，学校での活動や成績にとてもネガティブな影響を及ぼ
　　しました。

　13歳という多感な時期に経験した父の強制送還は，アナに大きな混乱と怒
りを生み出した。抗うことのできない法制度の下で突如家族と引き離されるこ
とは，子どもにとって，最も親密な社会関係の基礎となる家族生活の崩壊を意
味し，社会における自分の存在それ自体に疑問を抱かせるような深刻な影響を
及ぼした。アナと同じように10歳のころ，母親が同じように強制送還された
マリオ（前節第5項にて言及したカルメンの息子）は，当時を振り返りながら，
思春期に入った10代は，薬物の乱用など自己破滅的な生活を送ったと振り
返っている。このように，強制送還はその家族の安定を掘り崩すことで，経済
的な影響だけでなく，子どもたちの精神の安定をも脅かし，長期的な影響を及
ぼす可能性を有している。
　アナの父親はその後，米国に家族を残して送還された他の多くの帰国者と同
様に再越境を試み，数カ月を経て米国の家族のもとに戻ることができた。アナ
はその後，それまで以上に両親を助け，大学進学まで果たしたが，強制送還を
めぐる影響は継続的にアナの生活を蝕んだ。

　　移民取締局がまた父を捕まえに来るのではないかと，常に不安を抱えてい
　　ます。いつもそのことが頭の隅にあるのです。大学に入ったときは，ちょ
　　うどトランプ政権が誕生した時で，私の感情面，それから学業面に大きな
　　影響を及ぼしました。ある日家に戻ったら両親がいなくなっていたらと考
　　えてしまって，電話しても出てくれなかったときなんかは特に。〔両親が

送還されてしまうのではないかという〕恐れが常に頭にあって，いつも不安で，ついにはカウンセリングにかからなければならないほどでした。

　移民規制の厳格化がもたらす社会的影響を検討したメンヒバルとアブレゴは，無登録移民本人だけでなく，第二世代の米国市民である子どもたちの社会統合にも長期的に及ぶ負の影響を「法的暴力」（Menjívar and Abrego 2012）として概念化した。アナやマリオの経験は，強制送還の影響が広範かつ長期にわたって増幅し，物理的な追放を受ける当事者だけでなく，第二世代を含めた移民の社会統合に負の影響を及ぼすとしたメンヒバルらの指摘と重なるものである。また，アナの語りが示すように，反移民的主張や人種差別的発言で世論を煽ったトランプ政権の誕生は，移民やその家族の危機感や不安を増幅させた。それは，デ・ジェノバが論じた「追放可能性」（De Genova and Peutz 2010: 14）の影響が，時の政権の主張や政策によって——実際の政策による影響は別にして——増幅され，移民やその家族の主観的な脆弱性を高めることを示している。

2）規制をめぐる認識
　では，こうした恐れや不安に対して，エスペランサ村出身の移民たちは，どのように折り合いをつけ，子どもたちへの影響を最小限に抑え，日常生活を送ろうとしているのだろうか。社会学者のアンドリューズはロサンゼルスにおける調査から，移民が自分自身の道徳的行動と移民取締りを関連づけて理解する，「規制の道徳化（moralizing regulation）」（Andrews 2017）について論じている。それは，移民規制の厳格化の下で恒常的に検挙・送還の恐れを抱きながら，一寸先も予測できない不確かな日常を送る移民が，道徳的に望しい行動をとれば取締りを回避できるはずだと考え，日々の不安に折り合いをつけるための意味づけの実践を指す。エスペランサ村出身者への聞き取りにおいても，まさに，さまざまな道徳的行動を規制と結びつけることで，規制のあり方を自分なりに解釈する姿がみられた。
　マウリシオ（前出）は，1994年にメキシコ村落部から米国へ移住し，現在エスペランサ村出身の妻と4人の米国生まれの子どもと暮らしている。村ですで

に働いていたマウリシオは移住後も学校には通わず，すぐに他の同郷者らと一緒に農業に従事しはじめた。当初は1年ごとにメキシコへ戻る往還を続けていたが，2004年に年老いた祖父に会いにエスペランサ村に戻ったのを最後に，メキシコには戻っていない。マウリシオの父親も，1980年代からすでに米国へ移住を開始していたが，1986年の移民法改正の時期にカルゴ・システムの役職に就くべく帰村していたため，正規化することができなかった。マウリシオは，「もし父親が正規化されていれば，自分もすでに合法化されていたかもしれない」と振り返る。無登録移民という法的地位によって米国での生活が制約を受けていると感じ，子どもたちが自立したらエスペランサ村に戻りたいと強く願っているマウリシオは，米国で無登録移民として生きてきた経験を次のように語った。

　ここ〔米国〕では車を持つこともできるし，住む場所も手に入れることができます。他にもたくさんのものを手に入れることができるかもしれない。でも，いつも自由ではいられない。……とても厳しいルールがあって，ここ〔米国〕で暮らしていくためには，それに従うしかない，もし破ってしまったら，全てを失ってしまうから。……たとえば，家族や親戚を家に呼んで食事会〔パーティー〕を催すとき，私たちの伝統では家族や親戚が集まったら，何でも自由にできるけれど，ここ〔米国〕ではできません。このトレーラーは私たちの物だけれど，土地は借りていて，そのルールがありますから。……ずっとここ〔米国〕に住む人や，米国生まれの人はここでの生活に慣れているのかもしれないけれど，私たちのようにもっと自由に生きられる異なる場所から来た場合，ここ〔米国〕では向こう〔メキシコ〕でできたことが何もできない〔と感じる〕，だからここでずっと生きていくことはあまり考えられないのです。

　このマウリシオの語りにある，「いつも自由ではいられない」という表現は，無登録移民として暮らす他の人々や，エスペランサ村に強制送還された村人からもたびたび聞かれた。移民の多くは，米国におけるルールからの逸脱行為は，米国からの物理的な排除につながるということを強く認識していた。したがっ

て，彼らは米国で生きていくために，法的にも，そして社会的にも逸脱しては
ならないという強い社会的圧力を感じており，それがこの言葉につながってい
ると考えられる。

　この一方で，マウリシオは，トランプ政権誕生後に「多くの無登録移民が外
出先で検挙されることを恐れ，食料の買い出しにも行けずに困っている」が，
「自分にはそのような恐れはない」とも語った。「無登録移民を全員排除する」
と豪語するトランプ大統領による脅しには屈しないという強い意志が垣間見ら
れるが，さらに聞き取りを続けると，そこには「カリフォルニア州」という特
定のローカリティにおける移民規制のあり方，そして自分自身と強制送還に至
る人々とを区別するはっきりとした差異化の意識が横たわっていた。たとえば，
マウリシオは次のように述べている。

　　カリフォルニア州では，もし悪い運転をしたら止められます。でも，ただ
　見た目だけで滞在許可をもっていなさそうだからとか，他の地域ではそう
　いうことがありますが，ここではそのような理由で止められることはあり
　ません。……車のライトがちゃんとついていなかったとか，荒っぽい運転
　をしてしまったとか，何か運転で間違いを起こしてしまったら，罰金を支
　払って，それでおしまいです。
　飯尾　ということは，もし法律に従っていれば，守られているということ
　ですか。
　──えぇ，法に従っていれば……私たちは車のライトが壊れたままだった
　とか，みな何らかの間違いを起こすことがあります。それは罰金を支払え
　ば済むことです。でも，ひどい運転をするとか，ナンバープレートが付い
　ていないとか，そんなことをしていたら，彼ら〔警察〕に止められるのは
　当然のことです。でも，もし法に従っていれば，彼らはそれ以上何もしな
　いでしょう。
　飯尾　米国の法制度に強い信頼があるのですね。
　──えぇ，それはあなたの家と同じことです。家にはルールが必要です。
　ルールを好まない人もいるかもしれないけれど，そこにはルールがあるの

です。ですから，どこかに出かけたり，店に買い物に行くときにも，自分が止められるのではないかという恐れを感じずに，冷静でいられます。もし，何らかの問題を抱えていれば，恐れを抱くでしょう。でも，それは誰のせいですか。自分のせいでしょう。

　ここで注目すべきは，マウリシオが自分たちの居住するカリフォルニア州における取締りをどのように主観的に認識しているのかという点である。マウリシオの語りは，人種やエスニシティをベースにしたプロファイリングが行われている他の州に対して，カリフォルニア州で運転中に車を停められるのは，運転手に何らかの過失が認められた時であるという認識を示している。マウリシオは，少なくともカリフォルニア州の路上における運転の取締りは，人種差別ではなく，妥当な理由が必ずあると考えている。そして，法に従い罰金を期日内に支払うなどきちんと責任を果たせば，強制送還といった物理的な排除に結びつくことはないと理解している。また，自宅におけるルールは好む好まざるにかかわらず必要であるというたとえを用いて，米国における法的なルールの必要性を指摘し，そのルールをしっかり守ることさえできれば，取締りを恐れる必要がないと語った。このマウリシオの認識と類似した考えを示すのは，2005 年にエスペランサ村から夫のホアキンとともに米国に移住したアマリアである。

　　もし，ここで暮らしているのであれば，それは私たちの国で暮らしているのではありません。法律を守ってよい行動をとるべきです。どのように運転するか，どんな風に振る舞うのか，隣人との関係もそうです。隣人たちはもしかしたら，私たちのことを疎ましく思って警察を呼ぶかもしれません。子どもたちの学校についても同じです。もし学校の教員たちが，私が子どもを虐待しているとみなしたら，どうなるでしょう。もし私たちのことを普通でないと感じたら，彼らもまた……〔通報するかもしれません〕。気をつけなければいけません。……子どもたちにはきれいな靴を履かせて，髪の毛をしっかり整えて学校に送り出さなければ。車を運転するときは，近所の人に気をつけなければいけないし，どんなふうに道を渡るのか，常

に法律やルールに従わなければいけません。そうしたら責任を追及されることはないけれど，もし悪いことをしていたなら，それはあなたの責任です。よい行動をとらなければなりません。私たちは自分の国にいるわけではありませんから。私たちは恐れのなかにいるのですから，荒い運転をするなど，やってはいけないことをしたらダメなのです。……

　アマリアは，聞き取りのなかで「ここは私たちの国ではない」のだから，品行方正であることを意識して法律を守って暮らさなければいけないと何度も繰り返した。アマリアの語りにおいて顕著なのは，警察や移民取締局による検挙と強制送還を回避するためには，車の運転だけでなく，隣人や，子どもが通う学校の教師たちとの関係など，一見法律とは無関係な側面においてまで，自身を律して生活する必要性を感じている点である。そして，法律やルールに従わず悪いことをした報いは自分の責任であるため，そうならないようよい行動をとり続ける必要があるという認識をもち，それは強迫観念のごとくアマリアの日常を支配している。自身の不安定な法的地位によって，いつでもその日常を失うかもしれないという恐怖を抱えながら生きる彼女にとって，法律やルールを守って生きていれば，そうした危機的状況を回避できるはずだという認識は，日常生活に一定の指針を与え，規制に対する恐れを緩和させていると理解することができる。

　このような認識は，移民が取締りを自身の道徳的な善悪にもとづく行動と結びつけている，というアンドリューズの指摘と重なるものである（Andrews 2017, 2018）。エスペランサ村出身者は，よい（正しい）行動をとれば，警察や移民取締りとの遭遇を回避でき，もし遭遇しても適切に対処すれば強制送還は避けられると認識していた。このように，移民自身が考える法やルールに則った望ましい行動と規制を関連づけて認識することで，日常を巣食う不安に押しつぶされることなく，将来に対する一定の予測を立て，自分自身で状況をコントロールしているという感覚をもつことができるのである。

　ただし，このような善と悪の道徳的カテゴリーは，強制送還の責任を国家の代わりに個人の選択の帰結とみなす認識をもたらし，排他的なレジームの正当

化につながっている（Andrews 2018）。強制送還を自己責任であり，同情に値しないとみなす考えは，エスペランサ村出身者との会話のなかで出てきた「彼ら（被強制送還者）は自ら問題を引き起こした（los que buscan los problemas）」という言葉に集約されている。この言葉には，強制送還された人々は，わざわざ自ら好んで問題を起こすというニュアンスが含まれている。たとえば，過去の麻薬売買に関する前科と度重なる飲酒運転によって強制送還に至った夫をもつパロマ（40代前半）と世間話をした際，パロマはこの言葉を用いながら，夫自身が強制送還を引き起こしたのだと，突き放したように語った。

　また，検挙を避けるために徹底的にリスクを回避し，法律やルールに従い自らを律して生きる人々のなかには，そのような法律やルールを無視した行動をとる人々に対して軽蔑の気持ちを抱く者もいた。先のガブリエラは次のように述べている。

　　なぜ，悪いことをする人たちがいるのでしょう。もし私たちが悪いことをしてしまったら，それによって私たちは判断されてしまいます。酔っ払いだから，飲酒運転をするとか，メキシコ人はいつもそうだっていうように，一般化されて私たちは判断されるのです。時に，1人の行動が，私たち全員のせいにされてしまうのです。

　このガブリエラの語りは，自分を含めた法律やルールを守らずに生きる「悪い移民」の行動によって，自分を含めた「よい移民」もまたスティグマ化されることへの強い不満を示している。マウリシオの語りにおいても，このような「よい移民」と「悪い移民」という二元化された認識枠組みのなかで，自身を「よい移民」として捉え，強制送還に至る人々との差異が主張されていたように，多くの移民のなかで，検挙と送還は自己責任によるものであるという理解が浸透している。

　さらに，このようなエスペランサ村出身者が移民規制と結びつけて形成される道徳的な認識枠組みには，ジェンダーというもうひとつの区分線がひかれている。それを明示的に浮き彫りにするのは，ノルマ（30代後半）という女性の語りである。この女性の夫は，家庭内暴力によってメキシコに強制送還された

という噂が立っていた。聞き取りをはじめた当初は，自分の夫に関する話題を注意深く避けていたが，移民規制の厳格化や強制送還に対する一般的なエスペランサ村出身の移民の経験を尋ねると，次のように語った。

> 何か間違いを犯すのは，自らそれを招いているのです。男たちは酒を飲んで出かけます。それで移民取締局に捕まってしまうのです。なぜって，エスペランサ村の女はみなここ〔米国〕にいるでしょう。……エスペランサ村には女はいません。悪いことをするのはみんな男たちだからです。その結果がこれですよ。大統領まで言っているでしょう。前科があるものや犯罪者はみんなここから排除するって。……彼ら〔強制送還された人たち〕に対して同情はしません。それが，彼らの学ぶべき教訓だったということなのです。

ノルマのこの語りは，2つの認識にもとづいている。ひとつは，強制送還は間違いを犯す男性特有の経験であり，女性はそもそも間違いを犯さないため，強制送還とは無縁に米国にとどまることができるというものである。ここでノルマは，男性は法を順守しない，罪を犯す「悪」であるのに対して，女性は法を順守し，真面目に働く「善」であるという二元論的な前提に立っている。もうひとつは，強制送還は罪を犯したことの帰結であり，同情に値しない自己責任であるという前提である。このような，強制送還を犯罪者である男性に特有の経験とみなす語りは，米国の移民管理レジームによる犯罪者化だけでなく，強制送還という排除が「男＝悪」・「女＝善」というジェンダー化した二元的理解をもたらしていることを示している。

このような移民管理レジームのジェンダー化された理解は，多くの女性たちの実体験に裏づけられながら，個々人に内面化され，かつコミュニティに浸透してきた。女性たちの多くは，聞き取りにおいて，飲酒運転をしないよう自分の配偶者に言い含める必要性を語っている。また，飲酒運転，家庭内暴力，あるいは過去の犯罪歴，そして越境歴によって，メキシコに強制送還された配偶者をもつ女性たちがいるが，たとえば先のパロマは夫について「自業自得」であると突き放した。

第5章　トランスナショナルな社会空間の形成と変容　　193

　他方で，実は移民の生活世界において，女性たちの行動がジェンダー規範に
よって制約されてきたことが結果的に取締りの回避につながっていたことも浮
かび上がる。たとえば，移民第一世代の女性の多くは，車の運転を自分でする
ことはまれで，配偶者に頼る傾向にある。この要因としては，移民規制の厳格
化という問題だけでなく，車の運転が女性の役割とされてこなかったことや言
語的障壁が及ぼす影響も考えられる。さらに，男性たちにとって，自身のマス
キュリニティ（男性性）が飲酒を媒介とした社交の場に求められるのに対して，
女性たちの飲酒は家族や親戚同士の交際のなかに限られている。たとえば，エ
スペランサ村のフィールド調査においても，こうした飲酒の規範を破ったとみ
なされた若い女性が，周囲から「不真面目な女性」として批判にさらされてい
た。また，先に挙げたガブリエラは，自らの行動に制約を課す米国での生活を
振り返って，幼少期から女性の身を案じるという文脈で母親から受けた「外出
制限」の教えに言及し，それが今に始まったことではないと示唆した。このよ
うに，エスペランサ村出身の女性たちの多くは，自身の「よい女性」としての
評判を守るために，あるべき行動と振る舞いを常に意識させられてきたといえ
る。すなわち，男性移民を標的とするジェンダー化された移民管理レジーム
（第2章）が，伝統的なジェンダー規範が浸透する移民コミュニティに図らず
も呼応する形で展開してきたがゆえに，女性たちの強制送還をめぐる二元的理
解が強化されてきたのではないだろうか[12]。

3）移民1.5世代が経験する「下降移動」の帰結

　ここまで，移民規制の厳格化が村の男性・女性にいかに経験されてきたのか
明らかにした。では，幼少期に移住したエスペランサ村出身の若者たちは，米
国での生活をどのように経験してきたのだろうか。エスペランサ村出身者は，
学齢期に移住していたとしても，公教育には進まず，両親や親戚たちと一緒に

12）ただし，親の介護を理由とする女性の帰国や再越境が国境沿いにおける取締りのリス
　　クを高める事例が示すように（第7章で詳述），女性に何らかの役割や行動を期待す
　　るジェンダー規範の全てが移民取締りの回避につながるわけではない点も留意する必
　　要がある。

農場ですぐに働きはじめる者も多い。本書では，こうしたエスペランサ村出身者特有の経験に注意を払いつつ，ポルテスらによる「分節化された同化理論」(Portes and Zhou 1993) を手がかりに，ギャングや麻薬犯罪などに関わるような「下降移動」をした若者たちと，上昇移動を目指す若者たちとの分岐に即しながら，1.5 世代の経験を検討していく。

　エスペランサ村出身の第二世代には，高校を卒業し，その後専門学校や大学進学を果たし農業労働以外でキャリアを模索する者が一定数いるように見受けられたが，1.5 世代でそうした社会上昇をとげた人物にはほとんど出会うことがなかった。むしろ，1990 年代から 2000 年代初頭にかけて，10 代から 20 代の若者のなかには，ギャング文化に傾倒していた者も少なくなかったという (Valenzuela 2008)。2003 年から 2005 年にかけてエスペランサ村とフレズノ郡で調査を行ったメルビルやバレンスエラは，当時彼女らのプロジェクトに参加した若者たちが撮影した写真に，ギャングのサインを真似る子どもたちの姿があるなど，ギャング文化が若者たちの生活に深く浸透していたことを示唆している (Melville 2009; Valenzuela 2008)。

　現在，フレズノで妻と子ども 2 人と暮らす 30 代のドミンゴも，こうしたギャング文化に影響され，青少年のうちに何度か刑務所に収監された経験をもっている。ドミンゴは当時について，ギャングに属するのが当たり前になっており，自分もその 1 人だったと振り返る。17 歳のときに現在の妻との間に 1 人目の子どもが生まれたが，強盗事件を起こし有罪判決を受けた。刑務所収監中に妻子とガラス越しに対面し，このままではいけないと強く認識したことが，ギャングを含めた非合法的な活動から足を洗うきっかけになったという。ドミンゴは，1986 年に正規化された父親を通じて永住権を取得していた。未成年であったことが理由なのか，この前科によってドミンゴが強制送還に至ることはなかった。帰化を希望しているが，この前科が移民取締局による検挙のきっかけになることを恐れ，具体的な申請はできていないと語った。

　また，ギャングだけでなく麻薬売買に傾倒し，非合法的な逸脱行動に道を踏み外した 1.5 世代もいる。たとえば，10 歳の時に両親に連れられて他の兄弟とともに米国に移住したカルロス（40 代）は，学校は好きになれず，次第に学校

から足が遠のき，両親と一緒に農場で働くようになったという。16歳の時に，働いているにもかかわらず両親にお金の管理をされることに強い不満を抱いたカルロスは，家族の住むフレズノを飛び出し，夏の間だけ父親と一緒に働いたことのあるオレゴン州へ行くことに決めた。

　まだ16歳になったばかりの子どもが仕事を見つけるのは難しく，ようやく人づてに頼み込んで見つけた植木屋の仕事は時給1ドル90セントだったという。家賃，光熱費，食費を賄うには到底間に合わない給料であったため，雇い主にオーバータイムの仕事をくれるよう頼んだこともあった。そこで働くうちに知り合った1人から，1日で200ドルか300ドルほど稼ぐことができる実入りのよい仕事があると聞かされ，薬物売買の仕事に足を踏み入れた。

　　一体何をしたらそんなに稼げるのか。〔その人に〕「あなたが稼いでいるのと同じくらい稼ぎたいし，同じようなトラックも欲しい」と言いました。当時は，あまり警察との問題もなかったのです。ポートランドのコンベンションセンターの近くで働きました。「メキシカン・キャンディ」というと，それがどんな意味だか知っている白人たちが集まってくるんですよ。警察にも見られましたが，何もされませんでした。メキシコ人がそれを売っているとは知らなかったからですよ。警察は白人や黒人を取り締まっていました。それに，少年だった私が，まさか薬物を売っているなんて思いもしなかったのでしょう。……すぐに1000ドルから1800ドル稼ぐようになりました。売った量に応じて，1日で200ドルか300ドルほどもらえたからです。

　16歳で家を出て，自立を模索したカルロスであったが，低賃金のために日々の生活を成り立たせることも危うい生活の末，オレゴン州のポートランドで薬物売買の売り子として働くようになった。このような非合法な活動へと誘引されていく移民の問題を考えるうえで重要な参照点となるのが，ニューヨークにおけるドミニカ共和国出身者が麻薬売買に関与し，強制送還に至る事例を新自由主義的なグローバル経済という構造的視点に位置づけて検討したゴラシュ゠ボーサの研究である（Golash-Boza 2015）。ゴラシュ゠ボーサは，ヴァカンやハー

ヴェイの新自由主義における労働をめぐる議論をふまえながら，より低賃金化する労働市場において生活を維持していくために，ときに非市民はインフォーマル経済あるいは非合法経済に誘引されるが，それは同時に収監や強制送還につながる高いリスクを背負うことを意味すると指摘する（Golash-Boza 2015）。

　カルロスの事例もまさに，こうした構造的な問題と関連づけて理解することができるだろう。子どもの時から，農業で働く両親の背中をみて育ち，米国の公教育において居場所を見つけることができなかったカルロスにとって，米国で生活を成り立たせ，社会の底辺から抜け出すためには，短期間で大金を稼ぐことができる麻薬売買の仕事が，唯一の確実な生計手段にみえたに違いない。しかし，カルロスは同時にそれによるリスクを引き受けることになった。

　1998 年に警察に逮捕され，有罪判決を受け刑務所に収監され 2002 年に出所したカルロスは，16 歳で家を出てから，その後刑務所に入った期間も含めて 7 年間両親と音信不通であった。刑務所収監中に自分の人生をやり直そうと決め，幸いにも出所後に移民取締局に身柄を引き渡されることなく，フレズノの家族の下に戻ることができた。その後働きはじめた農場で妻のパロマと知り合い，2003 年に結婚し，新たな生活が始まるかにみえた。しかし，「前科」のあるカルロスは，その後も飲酒運転で何度か検挙されたことで，ついに 2010 年，国外退去に付された。その後，2012 年に 8 回以上の越境に挑戦したが，何度も検挙され，長期間の収容を経験したうえに，生命の危機を脅かす誘拐まで経験したことで，カルロスは越境を諦め，現在はエスペランサ村で暮らしている。

　このように，ドミンゴやカルロスの事例は，ポルテスらが提示した「分節化された同化」理論の枠組みのなかでも，下降移動の道をたどった 1.5 世代の移民たちの姿を示している。第 7 章でも詳述するが，何らかの罪を犯した「前科」をもつ者が強制送還に至る場合，強制送還は米国に生きる移民とその家族やエスペランサ村の人々から，犯した罪に対する「罰」，すなわち「自分が招いたものであり，受け入れるべきもの」として認識されている。そして，前章でも言及したように，こうした「前科」をもつ者の帰国は，村においてしばしばスティグマ化と排除の対象となる。

4）暫定的な正規化がもたらす「よい移民」像の強化

　エスペランサ村出身の 1.5 世代の中には，下降移動を経験する上述のような若者たちがいる一方で，学校教育において居場所を見つけ，大学・大学院進学まで果たした者も確かに存在している。また，学業において突出していなくとも，DACA プログラムに申請し，晴れて DACA 受益者として暫定的な権利を獲得した者もいる。こうして法的地位を一時的にでも安定化させることができた層は，移民規制の厳格化という文脈において，自身の置かれた状況をどのように位置づけているのだろうか。ここでは，20 代の男性エミリオと 30 代の女性ロベルタの事例を取り上げ，彼らがどのような経験をし，移民規制の厳格化にもとづく排除や正規化についてどのような認識をもっているのか，明らかにしたい。

　エミリオは 2006 年，14 歳の時に両親に連れられて米国に移住した。学齢期ではあったものの，メキシコにいたときから働いていたエミリオは，学校へは行かずに両親とともに農場で働きはじめた。2012 年ごろに叔母の紹介で，ブドウやモモのほかにアーモンドを栽培する小規模農場で時給 12 ドルの仕事に就いた。DACA プログラムが告知された当初は，学校へ通っていなかったため自分とは無関係だと考えていたという。しかし，兄弟の面倒を熱心にみる姉の指導のもと，エミリオは DACA を取得するため高卒資格を取得し，14 歳で移住してから常時米国にいたことを証明するための書類を集めることができ，ついに 2017 年に申請し，2018 年に DACA 受益者となった。

　聞き取りが終盤にさしかかったころ，近年の移民規制の厳格化，そしてトランプ政権の誕生をどのように感じているのか質問した。トランプ政権の誕生によって，DACA プログラムの先行きが不透明になっていたことから，他の無登録移民として暮らす人々と同様，トランプ政権に対して拒否反応を示すだろうと考えていたが，その後エミリオとの会話は思いもよらぬ方向へ向かった。

　エミリオはトランプ政権の誕生を歓迎しており，もし自分に投票権があったら「きっと，トランプに投票していた」と述べたのである。意外ともいえる発言ののち，彼は次のように続けた。「彼〔トランプ大統領〕は，〔移民のなかには〕よい人と悪い人がいると言っています。私は自分がよいほうの人間だと思って

いるので」と述べた。すなわち，エミリオは，「よい移民」と「悪い移民」がいるという二元論をそのまま受け入れ，さらに自分は「よい移民」であるから，排除の対象にはならないと考えていた。それは，トランプ政権の誕生を「承認しがたい出来事」と捉えていた無登録移民であるマウリシオやアマリアが，それでも「法やルールを守っている自分たちは排除の対象とはならない」と認識していたのと同様の論理にもとづいている。

第一世代で無登録移民のアマリアは，米国生まれの子どもたちを鼓舞するために，幼少期に移住し無登録移民であるがゆえに勉学に励んでも希望する職につけない「ドリーマー」と呼ばれる若者たち──勤勉で米国社会に貢献する可能性の高い若者たち──を引き合いに出し，米国社会に包摂されるべき対象，あるいは子どもたちにとってのロールモデルとして掲げているという。この行動は，排除の対象とならずに米国社会から認められるためには，自らを律し法を順守するだけでなく，自分たちが米国社会に貢献する人間であることを証明する必要がある，という論理に貫かれている。

移民コミュニティにおいては，物理的な排除を回避するために，法あるいはルールに従う「よい移民」であることが重要であると認識されてきた。こうした認識と歩調をあわせる形で，DACAプログラムとして結実した，特定の層に暫定的な権利を認める政策が実施されたことで，強制送還を回避するだけでなく正規化を獲得するための言説として勤勉さが称揚され，米国社会に貢献することがよりいっそう強く意識されるようになっている。

たとえば，幼少期に両親に連れられて米国に移住し，高校を中退したロベルタは，エスペランサ村出身の男性と結婚し，3人の子どもを育てている。2012年にオバマ大統領がDACAプログラムを発表した際には，米国に常時滞在してきたことを示す書類が不足していたこともあり，すぐには申請できなかった。その後，2017年にようやく全ての書類をそろえ，DACA受益者として就労証明書を受領した。小学生と未就学児を育てるロベルタは，子どもたちの世話をしつつ，就労にどれくらいの時間を割くべきかという悩みを抱えていた。そして，正規化に紐づけられた勤勉さの強調によって，2年後の更新を控えるロベルタは，次のような不安を吐露した。

DACA は就労許可を与えていますから，政府は私たちが働くべきだと考えていると思います。そのための機会を与えられているのだと考えたら，恐くなりました。もし私が働いていなければ，更新してくれないのではないかと恐いのです。そのことばかり考えてしまいます。数時間だけでも働く必要があると思いますが，子どももまだ小さいので簡単ではありません。もし更新してくれなかったらと，最近は毎日そればかり考えてしまいます。

　この語りが示すように，ロベルタは暫定的な正規化を維持するためには，就労許可の恩恵を最大限に利用し，就労することが暗黙の前提にあると認識していた。子育てとの兼ね合いで，就労許可を十分活用できていないと感じるロベルタは，自身の状況を後ろめたく感じ，就労への意欲が不十分であるとみなされ，更新が認められないのではないかという恐れを抱いている。
　このように，ドリーマー運動に代表されるような「モデル・マイノリティ」としての認識，あるいは DACA 受益者のエミリオが語るような米国社会における自身の位置づけは，移民管理レジームが構築してきた犯罪者化言説のもとで，「よい移民」と「悪い移民」という二元化された認識が移民コミュニティにおいてもまた強く内面化され，深く浸透してきたことを示している。また，規制厳格化の時代において，移民は強制送還を回避するため，法やルールを順守し，自らを律して生きると同時に，勤勉さに依拠することで，自らの正規化を正当化することが求められてきた。すなわち，ドリーマー運動や DACA プログラムを通じて社会に浸透する「よい移民」像が，正規化の条件として移民の内面に刻みこまれているといえる。

おわりに

　本章ではまず，カリフォルニア州フレズノ郡におけるエスペランサ村出身者の農業労働経験とともに，そこで形成されるトランスナショナルな社会空間において，カルゴ・システムや「故人のためのリスト」といった越境的な実践に，

エスペランサ村出身の男性や女性，そして異なる移民世代がいかに関わっているのか明らかにした。移民第一世代の男性たちにとって，カルゴ・システムの下で村への責務を果たすことが，アイデンティティの核を維持し，コミュニティへの帰属意識を高める重要な役割を果たしている一方で，女性や移民第二世代の若者たちのなかには，このような共同体の実践に対する意識の変化もみられた。伝統的なジェンダー秩序を含み込んだモラル・エコノミーの越境的な再生産もみられた一方，家族という親密圏においては変化の兆しもまた見出された。

　他方で，米国社会の労働市場，あるいは国家による規制の領域においては，人種化かつジェンダー化された移民管理レジームの下で二級市民として周縁化され，スティグマ化される男性移民の姿が浮かび上がる。家族という親密圏では，従来のジェンダー秩序に変化の兆しも見受けられるが，コミュニティの越境的実践では，伝統的な家父長制がかたくなに維持されていた。すなわち，米国社会において地位の喪失を経験する男性移民にとって，村落の伝統的なモラル・エコノミーは，自分たちの地位の喪失を補填し，男性性を死守するための最後の砦として機能しているとも解釈できる。

　また，米国における移民管理レジームの影響を検討することで，規制の厳格化が在留資格のない無登録移民だけでなく，第二世代の子どもたちを含めた移民の家族に対しても，「法的暴力」ともいえる広範かつ長期的な負の影響を及ぼしていることが示された。そして，米国の移民管理レジームの下で形成される，移民の犯罪者化をめぐる支配的言説が，男性移民の送還を自業自得として認識するといった形で，エスペランサ村出身の女性たちに広く受容されていることが明らかになった。他方で移民 1.5 世代は，ギャングや非合法的活動へと誘引され強制送還の対象となる層と，DACA 申請を通じて暫定的な権利を獲得する層へと階層化され，「よい移民」と「悪い移民」という二項対立的な認識の強化がもたらされていた。そして，DACA を通じた正規化が勤勉さの論理と結びつき，移民の内面にまで作用していることが明らかになった。

　以上，近年の移民規制の厳格化の下で，トランスナショナルな社会空間を形成する移民とその家族の経験を検討し，男性や女性，そして世代によって異な

る経験の，複雑かつあいまいな様相が浮き彫りになった。次章では本章の議論をふまえ，エスペランサ村での調査から，米国の規制の厳格化をめぐる支配的言説が，トランスナショナルな社会空間を通じてメキシコ村落部へ伝播することで，トランスナショナルなモラル・エコノミーがいかに形成されているのか検討していく。

第6章

強制送還をめぐる言説と村落の価値規範

——トランスナショナルなモラル・エコノミー——

はじめに

　「もう村にはほとんど人がいません。村はもう終わりつつあるのです」。これは，エスペランサ村やフレズノ郡で暮らす移民やその家族に，移住による村への影響を尋ねた際，幾度となく耳にした言葉である。エスペランサ村に住む20代の女性マリアは，帰国者に対する村人の反応について次のように述べる。「誰か人が戻ってくると，村の人たちの本音は嬉しいの。だって，もうここには誰もいないでしょう。誰かが村に戻ってくれば，それだけ人手が増えるっていうことだから」。この言葉には，移住による深刻な過疎化を経験する村にとって，帰国者を村の維持に貢献しうる存在とみなす認識が表れている。

　他方で，強制送還によって帰村した帰国者に対する否定的なまなざしが存在することもまた事実である。オアハカ州の他の村落での経験と同様に，エスペランサ村でも，女である調査者の身を案じるという文脈から，強制送還によって戻ってきた人々を村の治安を脅かす存在とみなす言説に遭遇した（第4章第3節を参照）。また，村で夫と暮らす50代の女性は，何気ない立ち話の中で，米国から排除されて村に戻ってきた者について，「北〔米国〕で一度チャンスがあったのに，それをものにすることができなかった人」であると辛辣な口調で述べた。そこには，強制送還によって帰国した人々に対する批判的なまなざしが垣間見えた。

規制が厳格化するなか，往還的移動がより困難になる時代において，村落コミュニティの存続を懸念する村人たちは，帰国者を村の新たな担い手として期待する一方で，彼らを村の秩序や治安を乱す者として警戒し，移住の失敗者として忌避している。このような帰国者への矛盾した位置づけは，どのように理解することができるのだろうか。本章では，移民とその家族が形成するトランスナショナルな社会空間において，強制送還という国家の圧倒的な権力行使がいかなる価値観や規範を生み出しているのかに着目する。これを通じて，移民を犯罪者化する支配的言説と村落の伝統的な価値規範との接合によって形成されるトランスナショナルなモラル・エコノミーが，米国とメキシコに生きる移民とその家族の経験をどのように規定しているのか，重層的かつ立体的に描き出していく。

1　移民管理レジームと村落のモラル・エコノミーの接合

1）「よい帰国をした者」と「何らかの理由によって排除された者」

　エスペランサ村に何度も足を運び，村人たちが強制送還を説明するときの語りや言葉に耳を傾けていくうちに，彼ら自身の言葉として「強制送還（deportación）」や「被強制送還者（deportados）」という言葉はあまり使われていないことに気がついた。村人たちは，米国から村に戻った人について語るとき，このような直接的な表現を用いる代わりに，「よい帰国をした者 (los que llegaron bien)」と「何らかの理由によって排除された者 (los que sacaron por algo)」という言葉を用い，さまざまな帰国を説明しようとした。

　強制送還という言葉を用いない理由としては，特に高齢の村人にとって「強制送還」という言葉自体がなじみの薄いものであるからだという説明があった。これには，もちろん一理ある。しかし，ここで注目したいのは，強制送還による帰国を説明する際に，その対比として「よい帰国をした者」がたびたび引き合いに出されることである。これらの言葉を手がかりに，村人たちが強制送還による帰国をどのように捉え，認識しているのかを検討していこう。

フィールド調査を通じて，これら2つの「帰国」は具体的に次のように理解されていることが明らかになった。前者の「よい帰国をした者」は，カルゴの役職に就くために自ら望んで帰村した者，ある程度まとまった金銭を持ち帰ることができた者，あるいは米国滞在中に村で自分の家を建設することができた者を指していた。このような「よい帰国をした者」は，ある程度の資産を蓄積するために，自らを律して真面目に働いたという勤勉さを体現する人物であることが含意されている。すなわち，そこには村落コミュニティにおけるモラル・エコノミーの一端が示されていると理解することができる。

また後者の「何らかの理由によって排除された者」は，たいていの場合飲酒運転で捕まった，妻やパートナーに対する家庭内暴力で検挙された，あるいはギャング活動，薬物売買や強盗といった何らかの法に触れるような行為で捕まった結果，帰国に至った人々であり，「よい帰国をした者」とは対極にあるものとされる。このような人々は，多くの場合，自身を律することができずに，米国において本来期待されていた資産を蓄積できないままメキシコへと放逐された者として，ときに侮蔑の対象とされる。

本章冒頭でも言及したように，複数の村落における調査と同様にエスペランサ村でも，強制送還による帰国者を村落コミュニティにおける治安への脅威とみなす噂が流布していた。確かに，エスペランサ村におけるフィールド調査でも，家庭内暴力，飲酒運転，銃器所持法違反，あるいは麻薬売買など，何らかの罪を犯したがゆえに強制送還に至った事例が散見された。「何らかの理由によって排除された者」という認識は，村人たちが実際に周囲で見聞きした事例や噂をもとに形成されていると考えられる。米国の法制度からの逸脱が帰国背景にあるとしても，それがなぜ帰国者を周縁化するこうした言説に結びついているのだろうか。

この問題を考えるうえで手がかりとなるのが，このような噂の対象として登場する「若者たち（los jovenes）」である。フィールド調査のなかで耳にした帰国者への否定的な噂を振り返ると，その対象は第一世代の男性ではなく，もっぱら幼少期に米国に移住した移民1.5世代であった。エスペランサ村で生まれ，フレズノで育った1.5世代の若者たちの米国における移住経験や帰国後の経験

を検討すると，そこにはある共通点が浮かび上がる。それは，彼らが家族の暮らすフレズノからオレゴン州やワシントン州への移動，あるいはフレズノから転居せずとも，第一世代が多く従事する農業からサービス業や建設業，なかにはギャングや薬物売買といった非合法的な経済活動への移行を経験している点である。

こうした 1.5 世代の若者たちの多くは，同郷者を中心とした緊密なネットワークが存在する農業から離脱し，さらに村落コミュニティの源泉であるカルゴ・システムに積極的に参画してこなかったため，カルゴ・システムを基軸とするトランスナショナルな社会空間において十分に可視化された存在ではなかった。したがって，1.5 世代の強制送還による帰国は，コミュニティ内で十分認知されていなかった人物が突如として村人たちの前に姿を現すことを意味する。

とりわけ，「正当な帰国理由」が見当たらない 1.5 世代の若者たちの帰国は，村人たちによる憶測と噂の対象となり，「何らかの理由によって排除された」に違いないと周囲からみなされる。そして，このような 1.5 世代に対する疑惑の目は，米国社会において拡散されてきた犯罪者化の言説と重なりあうことで，特定の帰国者に対するスティグマを引き起こしている[1]。

すなわち，米国とメキシコの村で流布する噂は，米国の移民管理レジームの下で生み出された移民の犯罪者化を強調する支配的言説が，村落コミュニティのモラル・エコノミーと接合し，強制送還による全ての帰国者を勤勉さを喪失した堕落者とみなすことから生じている。そして，このような猜疑心や不信感

---

1) これは，コロンビア出身の在米移民たちが抱える相互不信の問題を論じたグアルニーソらの研究とも共鳴する（Guarnizo et al. 1999）。グアルニーソらによれば，世界的にコロンビア人とコカインの密輸入との関連が取り沙汰され，コロンビア出身の在米移民が強いスティグマにさらされたことによる相互不信の結果，在米移民コミュニティの形成や発展に深刻な影響がもたらされたという。すなわち，同じエスニック集団であっても，その移民集団が置かれた文脈によって，互いの猜疑心が生み出され，「トランスナショナルな社会空間の断絶化」にもつながることを示したのである。このような視点は，本書が検討するエスペランサ村とフレズノ郡において，米国における移民の犯罪者化が，米国から排除された人々への不信感を生み出す図式と類似している。

が最も直接的に容赦なく向けられたのが，カルゴ・システムを基盤に移民第一世代が中心となって形成するトランスナショナルな社会空間から離脱していた1.5世代の若者たちであったと理解することができる。

　では，このような「何らかの理由によって排除された者」に対する批判的なまなざしは，トランスナショナルな社会空間においてどのように伝播しているのだろうか。フレズノに暮らす女性のノルマ（第5章第3節）が再現してみせた，村に住む父親との電話での会話は，強制送還される人々がどのような含意をもって語られ，それがいかに越境的に共有されるのか，その一端を浮かび上がらせる。

　村に暮らすノルマの父親は，月数回の電話の際，強制送還によって帰国したと思われる男性が帰村すると，「○○が最近村に戻ってきたから，お前も移民取締りにはくれぐれも気をつけるように」とノルマを心配し忠告するという。これに対してノルマは「村に戻った人は米国で何かの罪を犯したから強制送還されたに決まっている。自分にはそんなことは起こらないから心配しないで」と父親に伝えるのだと語った。このような父親への言葉の背後には，罪など犯さずに真面目に働いていれば，そのようなトラブルに巻き込まれることはない，というノルマの認識が潜んでいる。

　このようなノルマと父親のやりとりは，近年の大規模な強制送還を正当化するために用いられてきた移民の犯罪者化という定型化された言説が，いくつかの事実とさまざまな憶測によって脚色された噂となって越境的に伝播していく様子を示している。すなわち，トランスナショナルな社会空間における家族同士の日常的なやりとりのなかで，強制送還された者は，何らかの罪を犯しており，排除されても仕方のない人物であるということが暗に示唆され，共有されていくのである。

　トランスナショナルな社会空間における越境的な相互実践に着目したレヴィットは，「社会的な仕送り（social remittance）」（Levitt 1998）という概念で，移住先から送出社会に対する仕送りは経済的なものだけでなく，アイデア，価値規範，アイデンティティといった社会的および文化的な価値の流入も起きうると指摘している。このような社会的仕送りは，たとえば民主主義といった受

入社会の価値観が，トランスナショナルな空間を通じて越境的に浸透することで，送出社会における権力構造に変革を迫る作用をもたらすように，肯定的なものとして捉えられてきた（Levitt 1998）。しかし，移民の犯罪者化という米国の支配的言説を移民やその家族が内面化し，それがメキシコ村落部に伝播し受容されることで，図らずも米国の社会的不正義を支える下からの認識を生み出している。すなわち，この社会的な仕送りは，必ずしも移民送出地域にポジティブな社会変革をもたらす価値の流入だけでなく，米国のヘゲモニーを浸透させる媒介としても機能しうるのである。

　このように，米国の支配的言説と村落コミュニティのモラル・エコノミーが接合した結果，「よい帰国をした者」と「何らかの理由によって排除された者」という二項対立的な帰国をめぐる認識が生まれてきた。それは，ただ単に米国の支配的言説を受容するというよりも，カルゴ・システムの下で村への責務を果たしているか，あるいは勤勉に働き，移住による資産をきちんと形成したかといった村の伝統的な価値規範とも結びつくことで，新たなトランスナショナルなモラル・エコノミーを生み出していた。では，このような帰国をめぐる認識に対して，当事者である帰国者は，自身の帰国を私（調査者）を含む周囲にどのように説明するのだろうか。次節では，強制送還による帰国をめぐって，スティグマを回避するために打ち出される当事者の戦略的な語りや認識枠組みを抽出していく。これは，帰国者の置かれた状況を整理し多面的に描写していくのが目的であり，各々の定型化された語りは相互に排他的ではないことを付言しておく。

2　帰国をめぐる当事者の認識と戦略的な語り

1)「羞恥心」を呼び起こす帰国

　「何らかの理由によって排除された」とみなされる人々は，自身の帰国をどのように周囲に語るのか。2008 年に強制送還によって村に帰国した 1.5 世代のマテオ（20 代半ば）の事例から見てみよう。マテオは 17 歳の時に経済的事情

からメキシコの高校を中退し，先にフレズノに移住していた兄姉を頼って2000年に越境後，オレゴン州ポートランドで暮らした。当初は，建設業で真面目に働いていたものの，次第に悪い仲間と交際をもつようになり，ある時に犯罪に加担したとみなされ，逮捕された後に強制送還に至った（詳しい経緯は第7章第1節参照）。村に戻ってきた当初の周囲からの視線に対する戸惑いを，マテオは次のように語った。

〔強制送還されて，〕ここに戻ってくることは，大きな変化でした。自分自身に「金もない，一体どうしたらいいんだろう」って問いかけました。そのうち，村人たちが「どうやら，あいつは米国から排除されたらしいぞ，飲酒してこんなことをやって捕まったらしい」とか，そんなことを言い始めるのです。……自分が悪く見られているのがわかります。だから，人によっては戻ってきて1週間もしたら，ここから出て行ってしまうこともあるのですよ。それに，強制送還されてもここ〔村〕には戻ってこないで，国境沿いに留まる人もいます。ここ〔村〕に戻ってきたくないから，国境沿いから米国に戻ろうとするのです。差恥心みたいなものですよ。

　この語りからは，金銭的な蓄積もないまま，強制送還に至った帰国者が，周囲からさまざまな噂にもとづく好奇の目にさらされる様子が浮かび上がる。実際にこのような周囲からの蔑みに耐えられず，村から出ていく者，あるいは国境沿いから再び米国に戻ろうとする者がいると語られるように，村落コミュニティにおける周囲からの視線が帰国者を追い詰めていることも，うかがい知ることができる。
　また，村から出ていく，あるいは戻らないという選択は，周囲から直接的に向けられる否定的なまなざしとともに，帰国者自身のもつ差恥心にも起因する。都市部出身のペドロの事例（第3章第6節）でも，本来米国で稼ぎ経済的に豊かになっているはずが，一文なしで帰国することへの差恥心が語られていたように，移住によって一定の財をなすことが，目指されるべき社会的期待としてメキシコ社会に広く共有されていることがわかる。
　マテオは，米国滞在中に仕送りをするだけでなく，村に家まで建てることが

できた他の兄弟と比べて，自分がよい息子ではなかったことに対して，両親に申し訳ない気持ちになると語った。マテオのように，米国から排除され村に戻った帰国者は，法的な逸脱行為に対するスティグマとともに，メキシコ村落部で共有される移民としての「成功」を手に入れられず，移住に失敗した落伍者として蔑まれる。本章の冒頭で取り上げた村の女性による，米国でのチャンスをものにすることができなかった者への批判的まなざしは，このような社会的期待がまさに体現されている。羞恥心を吐露したマテオの語りは，家族だけでなく村落コミュニティの社会的期待に対して，無一文のまま財をなさずに村に戻った自身の現実とのギャップが生み出すものとして理解できる。

　このように，米国から「何らかの理由によって排除された」人々による，米国の法に触れる行いは，米国における移民の犯罪者化の言説と相まって，村落コミュニティにおける帰国者の周縁化をもたらす。しかし，ジェンダーや世代によって異なる規範が存在するトランスナショナルな社会空間において，さまざまな理由で排除された人々がみな均質的にスティグマの対象になるわけではない。この点を検討するうえで，家庭内暴力によって逮捕され，帰国に至ったアンドレス（30代後半）の事例を取り上げる。

　アンドレスは，1995年に米国に越境してから2012年まで一度も帰国せずに，米国で一軒家を購入し，妻と2人の子どもとともに暮らしてきた。聞き取りを始めた当初は，帰国の原因を問うても，「家族との問題が原因で」と奥歯に物が挟まったかのような答えしか得られなかったが，その後より深く話を聞いていくと，ある晩に妻と激しい喧嘩になり，警察に通報されたことで逮捕されたと打ち明けてくれた。妻から家庭内暴力で訴えられはしなかったものの，アンドレスは移民取締局に身柄を引き渡され，数カ月間の収容の後に強制送還に至った。自身の移住と帰国をめぐる経験を周囲の人に話しますかという質問を投げかけると，アンドレスは次のように答えた。

　　村の他の男たちとは，自分たちの経験について話しますよ。でも，女性たちにはしません。あなた〔調査者〕がカルメンたち〔調査者が村で行動をともにしていた若い女性〕と一緒に来なくてよかったです。もし彼女たちが

一緒だったら，私の身の上話をしようとは思いませんでしたから。彼女たちは私のことを，女に暴力を振るう酔っ払いでひどい奴だと言うでしょうから，それを話すのは恥ずかしいことです。

　アンドレスは，女性に対して暴力を振るった，もしくは抑圧的な態度をとったという事実は，特に若い世代の女性たちから非難の対象となるため，自身の帰国理由は女性たちに知られたくない，恥ずべきことだと語った。しかし，若い女性から非難される帰国理由であっても，それが男性にとって同様の意味をもつとは限らない。なぜなら，男性中心主義にもとづく伝統的なジェンダー規範が浸透する村落コミュニティにおいて，家庭内暴力はことさら蔑まれるものではないからである。第5章第2節にて，家庭内暴力をめぐる認識が主に移民1.5世代，および第二世代以降の女性のなかで変化していることを示したが，第一世代の認識からは大きな隔たりがある。また，米国に暮らす1.5世代の男性ドミンゴ（30代，第5章第3節にも登場）も，「家庭内暴力は，家族の問題であると認識されていて，村におけるその人物の評価を必ずしも下げるわけではありません」と述べている。こうした事例が示すように，米国からの強制送還を誘引した原因が全て，常に村落コミュニティにおいてスティグマの対象となるわけではない。すなわち，米国の移民管理レジームがもたらす支配的な言説は，必ずしもローカルなモラル・エコノミーを構成するジェンダー規範を凌駕するわけではない。重要なのは，米国における移民の犯罪者化をめぐる支配的言説と，村への責務や勤勉さが評価されるモラル・エコノミーとの重なりやずれを丁寧に捉えていくことである。

2)「不運」による帰国

　何らかの罪を犯し，無一文でメキシコに戻ったことに対して「羞恥心」を抱く帰国者がいる一方で，同じ強制送還による帰国であったとしても，自身の帰国は「あくまで不運によって引き起こされた」ものであるから，そのような「羞恥心」とは無縁であると述べる帰国者もいた。その1人が，2004年を最後に米国には越境せず村で家族とともに暮らす40代後半のエンリケである。

9人兄弟の大家族で育ったエンリケは，小学校も途中までしか通わずに家畜の世話や農作業で家計を助けていたが，経済的困窮から抜け出すために，すでにフレズノに移住していた叔父を頼って，1990年代初頭に米国へ初めて越境した。しばらくフレズノに滞在していたが，身体を酷使する農作業が好きになれなかったエンリケは，その後再び叔父を頼ってミネソタ州に移住し，朝7時から10時まで食品工場で働き，夕方4時から夜の11時までレストランの皿洗いというダブルワークについた。週250ドルから300ドルほどの収入で貯蓄もできたため，仕事に満足していたという。

　しかし，このような生活は，ミネソタ州を寒波が襲ったある日，エンリケが運転していた車がスリップして路肩の溝に落ちるという事故によって終わりを迎えた。この事故を契機に警察と接触したことで，エンリケが他人の社会保障番号を用いて運転免許証を入手していたことが明るみになった結果，移民取締局がエンリケを検挙するために職場に現れたのである。

> 事故から数日経ってから，移民取締局が仕事場に現れました。社会保障番号が適切なものではないと言われました。どうやって入国したのかと聞かれ，社会保障番号に問題があるし，米国で働くための許可証ももっていないと言われました。……確かにそうかもしれませんが，なぜ私は手錠だけでなく足錠までされ，あげくに腰縄まで付けられなければいけなかったのでしょう。私は犯罪者ではないと〔移民取締官に〕言いました。

　移民取締局によって職場で拘束され，まるで犯罪者のように扱われるという屈辱的な経験は，エンリケの自尊心を深く傷つけた。そして，移民審判による裁判の経験を次のように語っている。

> 〔裁判では〕できる限り自分を弁護しました。だって，自分は何も悪いことはしていませんから。もし飲酒運転をして衝突でもしていたら，それはそいつの自業自得で，ここ〔米国社会〕では役に立たない人ってことでしょう。でも，1人の労働者であればアメリカ人のために働いていたわけですから。

エンリケの強制送還は，悪天候のなかで起きた車の事故による警察との接触を契機に，社会保障番号に関する「違法行為」が明るみになったことに起因するが，この背景として，1986年移民法改正のもとで，無登録移民の雇用主に対する罰則条項に「法文上の抜け穴」（小井土 1992: 107）が設けられていた事実を押さえておく必要があるだろう。無登録移民であることを知ったうえで雇用した者に処罰を限定するという，雇用主による責任の回避を前提とした法制度が形成されたことで，社会保障番号の形式的な提出が移民に課され，違法な社会保障番号をめぐるビジネスの拡大を招いてきた。したがって，エンリケをはじめとする無登録移民の社会保障番号をめぐる「違法行為」は，米国で働き生活していくために用いられる生存戦略のひとつである。このような，無登録移民としての生存戦略が，強制送還となる外国人を規定する「加重重罪」カテゴリーに含まれたのは，1996年移民法であった。

また，警察によって吸い取られた情報が移民取締局と共有され，それが数日後の職場での検挙につながったというエンリケの事例は，2001年同時多発テロを契機として，米国の移民規制政策が厳格化へと転じていく過渡期と符号している。すなわち，エンリケの「不運による帰国」は，地域の治安維持を目的とし，伝統的に移民規制から切り離されてきたはずの警察の役割が徐々に揺らぎはじめるなか，刑事司法制度と移民規制のより密接な連動のもとで生み出されたといえる。加えてエンリケは，自身の帰国と他の同郷者の帰国とを明確に線引きし，批判的に語っている。

　　実際のところ，最近戻ってきた人たちは酔っ払いで，交通事故を起こしたりしている。……私自身もそういうのはあまり好きではありません。もし，自分がそういうことを起こして送り返されていたら，それは自業自得ってものですよ。でも，私は職場で捕まったのです。だから，ときどき本当に残念に思うのです。私には，4回も飲酒運転で車をぶつけ捕まった従兄がいますが，もし自分がそんなことをしていたら，自分からアメリカに別れを告げたようなものですよ。だって，自業自得ですから。でも，1人の労働者に対して，〔強制送還は〕あまりにひどい仕打ちです。でも，どうする

ことができたでしょう。

エンリケは，自分が「職場で拘束された」ことを繰り返し強調すると同時に，飲酒運転などによって拘束された人との対比を通じて，自分が労働者であったことを強調し，他の強制送還による帰国との間で明確に線引きしようとする。そこには，そのまま働くことができていれば，もっと財をなすことができたはずという悔しさと同時に，勤勉な労働者として米国社会のために働いていたという強い自負も浮かび上がる。ここで重要となるのは，米国社会に役に立たない移民が追放されるのは自業自得であるのに対して，米国社会に貢献してきた「勤勉な労働者」であった自身の送還は，あくまで不運であり，自己責任にはあたらないという主張である。

3)「自分の意志」による帰国

帰国者のなかには，自身の帰国を説明する際に「家族に会うため」といった他の理由を用いることで，帰国が強制的なものではなく，あくまで「自らの意志」にもとづくものであったことを強調する者もいる。もちろん，長い間離れていた家族との再会が帰国理由のひとつであることはありうるが，ここでは，自らの意志にもとづく帰国であることが強調され，強制的な帰国であるという別の事実を隠すために用いられている。たとえば，10 年間にわたって妻と 3 歳になる息子と米国に暮らし，2016 年にエスペランサ村に戻ったフラビオ（20 代後半）は，自身の帰国について次のように語った。

> 帰国したのは飲酒運転で米国の法律に触れてしまったからですが，ちょうどその時にカルゴの役職に指名されていたのもあったし，それで村に戻るべきかどうか迷ってもいました。それに，両親にも 10 年近く会っていなかったので。だから，ちょうど帰るタイミングだったってことです。今〔村に〕戻らなかったらいつ戻ることができるでしょうか。だから帰ることに決めました。

自らの帰国理由を語ったフラビオは，引用冒頭で米国の法律に触れる行為が

第6章 強制送還をめぐる言説と村落の価値規範　215

帰国に結びついたとはっきりと明言する一方で，それ以前から帰国を考えていたことを示唆し，最終的には自分の意志にもとづいた帰国であったと結論づけている。すなわち，飲酒運転によるトラブル，家族との再会，そしてカルゴの役職に就くためといった複数の帰国理由を並置し，自身の帰国はあくまで「自発的」なものであると説明している。しかし，フラビオの語りにさらに耳を傾けると，その帰国は前から計画していたものではなく，帰国以外の選択肢が残されていない状況に追い込まれた帰結であることが浮かび上がる。その日，フラビオは妻と些細なことで口論し，怒りに任せて飲酒したあとに車で出かけ，飲酒運転で警察に捕まった。この時，フラビオが飲酒運転で警察に拘束されるのは4回目であった。2カ月間刑務所で過ごした後に，保護観察となり釈放されたが，ある晩，自宅で就寝していたところを移民取締局によって再び拘束され，移民収容所に身柄を移された。当初は裁判を通じ，国外退去令の撤回を求めて争うことにしたが，裁判の勝ち目がないことから，強制送還の撤回を求めて敗訴するよりも，将来的に法的影響が低いとされる「行政上の自発的帰国」を弁護士から勧められた。結局，フラビオは移民収容所で9カ月もの間収容された後に，自発的帰国に合意し，2016年に帰国した。

　この「行政上の自発的帰国」は，国境沿いや米国内で検挙された移民を強制退去令にもとづかない帰国に同意させる代わりに，本来強制退去によって派生する法的罰則（長期間にわたる再入国禁止や将来的に再度検挙された際に直面する刑罰）を軽減する，司法取引のような側面を有している（Rosenblum et al. 2014）。自発的帰国という名目ではあるが，実態は自らの意志というよりも強制的に帰国を余儀なくさせられたという点において，「強制送還の一形態」としても捉えられている（Rosenblum et al. 2014）。

　このような9カ月にわたる法的係争の経緯は，フラビオは帰国を望んでいたわけではなく，むしろ米国で家族とともに暮らすことを強く望んでいたことを示す。したがって，帰国理由としてその他の要因を並列した語りは，自らの帰国を自発的意思にもとづくものであると調査者である私に印象づけようとしたとも解釈できる。またフラビオは，自身の帰国はあくまで「自発的帰国」にもとづくものであり，着の身着のままで国外へ追放される強制送還に対して，自

分は洋服や靴，そして幾分かの貯金などを持ち帰り，それを両親に渡すことができたため，「よい帰国」であったと述べる。また，「公式的な強制退去」を受けていないことで，いくつかの将来的な法的影響が抑えられたとも自負する。このようなフラビオの語りから，自身の帰国を「何らかの理由によって排除された」帰国ではなく「よい帰国」として位置づけ直し，スティグマを回避しようとする帰国者の姿を見出すことができる。

　このような「自発的帰国」を強調する別のケースとして，家庭内暴力によって逮捕され帰国に至ったアンドレスの事例（前出）が挙げられる。アンドレスもまた，自身の帰国について「「行政上の自発的帰国」であり，自分の意志で帰国した」と答えた。数カ月もの間収容所に拘束されていたアンドレスは，移民収容所を「息さえも自由にできない場所」と表現し，そこから逃れるためには，「メキシコに戻るのが最善の選択」であったと語る。フラビオと同様に，現実的には強制退去令を覆すことはできず，「行政上の自発的帰国」に同意し帰国するという選択肢しか残されていなかった。しかし，移民収容所において自由を奪われる絶望的な経験は，たとえそれが唯一残された選択であったとしても，最善の選択として理解されている。このような「自発的帰国」という自発性の本来の意味を欺くような法的カテゴリーは，皮肉にもフラビオやアンドレスが自身の帰国を強制送還ではなく，あくまで自分の意志にもとづいたものであったと主張する根拠として示されている。すなわち，帰国者たちは，米国の移民管理レジームの形成過程で生まれた複雑な法的カテゴリーを，自分自身の帰国を説明する際に用いることで，より出身コミュニティに受け入れられやすいよう，自らの意思にもとづく帰国であることを強調し，自身の帰国を正当化しようとするのである[2]。

---

　2) ただし，法律上の規定によると，米国に1年以上暮らしていた場合は，「行政上の自発的帰国」を選んでも，10年の入国禁止が課せられる。この2つのケースにおいて，「行政上の自発的帰国」に合意したことの唯一の肯定的側面は，万が一再び米国に越境し，再び拘束された際には，国外退去されたという「罪歴」がないために，より軽度の罰を与えられる可能性が高いという点である。両者とも，米国に1年以上暮らしていたために，同様に10年以上の入国禁止が課せられていると考えられるが，法的帰結の差異を当事者らがどこまで認識しているのかは不透明である（https://immigra

4) 「法的地位を修正するため」の帰国

　帰国が自分の意志にもとづいたものであることを強調するほかに，もうひとつの特徴的な説明として，米国における法的地位を修正するための一時的な帰国である，という主張がある。実際に，米国市民権あるいは永住権をもつパートナーがいる者が，婚姻関係を通じて法的地位を修正するためにメキシコにとどまる事例もある。こうした理由は，強制送還による帰国とは区別され，帰国あるいは村での長期的滞在に関するより正当な理由とみなされている。自身も強制送還によって帰国したマテオ（「羞恥心」を呼び起こす帰国の一例として紹介した男性）は，周囲の村人から「何らかの理由によって排除された帰国者」だと噂される自分の甥について次のように述べている。

> 彼は，〔自分とは違って〕しっかりお金を貯めて帰ってきたみたいだけれど，米国での将来を考えていたにもかかわらず，最近帰国しました。私は彼にどうして戻ってきたのか，一度も直接尋ねたことはありませんでしたが，甥がこんな〔何らかの法を逸脱するような〕ことをやって，強制送還されたということを，他の人から聞かされました。ある時，彼に「それでお前はどうして戻ってきたんだい？」と聞いてみたのです。すると彼は「自分は法的地位を修正しに戻ってきているだけなんです。ここには一時的に滞在しているだけで，また〔米国に〕戻るつもりです」なんて言うのです。〔声を出して笑う〕

　この甥はマテオに対して，自身の帰国は自発的な意思にもとづくものであり，法的地位を修正するための一時的なものであると説明した。このような説明に対するマテオの笑いは，実際には強制送還による帰村にもかかわらず，米国にいずれ戻るという甥の主張を自己欺瞞と捉えていることを示している。

　また，先ほど取り上げたフラビオも，周囲の村人に対して，自身の帰国が自発的なものであると主張するだけでなく，配偶者を通じた法的地位の修正のための一時的な帰国であると説明していた。筆者にフラビオを紹介してくれた別

---

tionlawyerincharlotte.com/voluntary-departure/）。

の村人は，フラビオは米国にいるパートナーを通じて法的地位を修正するために一時的に村に滞在しているだけだと認識していた。しかし実際に聞き取りをすると，フラビオは米国に残した配偶者との関係はすでに終わっており，今のところ具体的に米国へ戻る予定はないと私に打ち明けた。別のフレズノ調査では，ある女性からフラビオの元妻はすでに別の男性と付き合っているようだと聞かされたが，そうした噂は村まで到達しておらず，フラビオの帰国は法的地位の修正を目的とする一時的なものであるという当初の説明が，村人たちの間で一定程度の説得力をもって認識されていた。帰国者が置かれた現実と周囲への説明の間に生じるこうした矛盾や齟齬は，帰国者が「強制送還」による帰国と周囲からみなされることを忌避し，スティグマを回避しようとする抵抗の一端であるとも理解できる。

　法的地位を得るための一時的な帰村という説明は，周囲に2つの前提を示唆する。ひとつは，その人物には「犯罪歴」がないこと，たとえあったとしても，法的地位を得ようとする際に影響を与えない程度のものであるということである。もうひとつは，このような帰国は，米国に将来的に戻ることが想定されているので，移住プロジェクトの途中にあるということである。すでに指摘したように，帰国者に対する否定的なまなざしは，人々が帰国者を米国で何らかの罪を犯しただけでなく，米国で資産を蓄積し，それを持ち帰ることができなかった落伍者とみなすことにも起因している。したがって帰国者は，メキシコに戻り滞在する理由を法的地位の修正に求めることで，まだ自分は移住プロセスの途中にあることを暗に主張し，スティグマを回避しているとも解釈できる。

　以上のように，帰国を移民の犯罪者化と結びつけた支配的言説が伝播し，メキシコ村落部において受容・再生産されることで，帰国者の周縁化が生じていた。他方で，エスペランサ村を中心とするトランスナショナルな社会空間において，強制送還という言葉だけには収まりきらない，帰国をめぐるさまざまな語りが存在することが明らかになった。米国における移民の犯罪者化をめぐる支配的言説は，村落コミュニティのモラル・エコノミーと接合することで，「よい帰国をした者」と「何らかの理由によって排除された者」という二元化された帰国者への認識を生み出している。帰国者は，こうしたトランスナショ

ナルなモラル・エコノミーにおいて，自身の帰国を語りなおすことで，強制送還に対する否定的なまなざしから逃れようとする。たとえば，ある者は米国の移民管理レジームの下で，大規模な強制送還を可能にするために生み出された法的用語である「行政上の自発的帰国」を逆手にとることで，自らの帰国理由を「自発的」なものに作り変えようとしていた。あるいは，法的地位の修正のための帰国であるという主張は，自身の「前科」を否定するだけでなく，自身の帰国は最終的に米国へ戻るための一時的な滞在であると周囲に印象づけることで，二項対立的な帰国者像を回避していると解釈することができる。

　このような二項対立的な認識の埒外に自らを置こうとする努力は，噂や情報が循環するトランスナショナルな社会空間において，少なくとも一定期間，周囲の詮索を回避し，自らの評判を守り，スティグマ化を回避することを可能にする。ただし，トランスナショナルなモラル・エコノミーにおいて，帰国者のこうした試みは，帰国をめぐる序列化をより強化する方向に機能していることも指摘しておきたい。すなわち，移民の強制送還を正当化するために米国政府が生み出した言説は，米国に居住する移民によって内面化されるだけでなく，メキシコ側においてもローカルな規範と接合しながら受容され再生産されているのである。

3　村落コミュニティにおける包摂と排除

1）カルゴ・システムと帰国者の排除

　ここまで，被送還者への否定的なまなざしが，移民管理レジームが生み出す上からの言説とローカルな規範との接合のなかでいかに生じているのか，そのプロセスを明らかにした。トランスナショナルな社会空間における帰国者の経験をより深く理解するために，本節では村落コミュニティにおける帰国者の包摂と排除が，ローカルなモラル・エコノミーの源泉であるカルゴ・システムとどのように結びついているのか検討していく。

　すでに指摘したように，村の成員（コミュネロ）であることは，村で土地や

家を所有し，水道や電気といったインフラへのアクセス権を確保し，村で生きるために必要不可欠な条件である。しかし，国内外への移住が拡大していくなかで，カルゴ・システムを中心とする村の構成員としての責務を果たすことを諦め，村から離れていく人もいる。実際に，村の祭祀を含めた宗教的実践がカトリックを基盤とする一方，移住後にエホバの証人やプロテスタントといった異なる宗派に改宗し，コミュネロであることを放棄する事例も確認できた。また，エスペランサ村で生まれたが，幼少期に米国に移住し，18歳でコミュネロとして登録をしなかったために，エスペランサ村出身者が形成するトランスナショナルな社会空間に生きながらも，厳密な意味で成員としてのメンバーシップをもっていない1.5世代の若者も存在する。

　このように，村出身でありながら，カルゴ・システムにおいて責務を果たしてこなかった人物が強制送還に直面した場合，村落コミュニティはその帰国をどのように受け止めるのだろうか。すでに，「何らかの理由によって排除された」とみなされた人々が周囲から否定的に受け止められることを示したが，そうしたスティグマ化は村からの具体的な排除につながるのか，もしそうであれば，それはどのような条件の下で起こりうるのだろうか。本節では，いくつかの具体的な事例を取り上げながら，強制送還という米国からの社会的・物理的な排除の先に，帰国者が出身村落における包摂と排除をどのように経験しているのか検討していく。

　2015年2月に初めてエスペランサ村を訪問した際，当時の村長であったルイスは，近年の村が抱える問題として，強制送還によって村に戻ってくるエスペランサ出身の若者たちについて言及した。こうした若者のなかには，18歳の時にコミュネロとして正式に登録していないため，メンバーシップを有していない者がおり，強制送還によって村に戻った彼らをいかに処遇するのかが問題になるという。

　このような若者たちが一定期間以上村に滞在する場合，彼らはコミュネロとして正式に登録するよう求められると同時に，18歳の時点から本来コミュネロとして担うべき金銭的負担の未払い分を罰金として支払うよう要求されるという。先の事例でも取り上げたマテオ（本章第2節）によると，この金額は

2000 年代に入り，さまざまな議論を経て変化してきたという。

　　もしカルゴの役職を 1 年間やらなかったら，罰金としておよそ 5000 ペソ
　　を支払わなくてはなりません。もし 10 年間カルゴの責務を果たしていな
　　かったら 5 万ペソにもなってしまいます。それは自動的に村からの追放を
　　意味するのです。
　　飯尾　そんな大金を支払うのはほぼ不可能に近いですよね。
　　──えぇ，不可能です。もしそんなお金があったら近隣の町で土地を買っ
　　て，そこに家を建てて，そこで暮らしますよ。だから，それ〔高額な罰金
　　を設定すること〕が村から追放する方法だったわけですが，もう少し下げ
　　たほうがよいとなりました。それで〔今では〕，〔上限〕3 万 5000 ペソ〔米
　　ドルにしておよそ 2000 ドル〕に落ち着いたのです。

　マテオが指摘するように，このような高額な費用を実際に支払って，村に残
ろうとする者はほとんどいない。強制送還による帰国者は，突然の検挙や収容
を経験し，経済的な資産を持ち帰ることができない者がほとんどである。また，
マテオが述べるように，もしそんな大金をもっていたら，村にとどまるよりも，
近隣の町で生活拠点を築くほうがいいと考える若者もいるだろう。罰金があま
りに高額であることから，多くの若者が村にとどまることができず，米国への
再越境の機会をうかがうか，あるいは別の町へと流れていく。確かに，罰金の
上限は 3 万 5000 ペソに抑えられたものの，結局ほとんどがこのような大金を
支払うことができず，村から出ていくことを求められるという。

　コミュネロとして正式なメンバーシップを有していないがゆえに，まさにこ
のような状況に置かれていたのは，前節で取り上げたアンドレスである。アン
ドレスは，15 歳の時に米国に移住後，エスペランサ村出身だが市民権をもつ
パートナーと出会い，2 人の娘にめぐまれた。娘や妻と米国で生きていく未来
を描いていたアンドレスにとって，エスペランサ村のコミュネロになるという
選択肢は必要ないものに思われた。しかし，このような米国での将来の青写真
は 2012 年に不確かなものになった。ワシントン州の農場に住み込みで働いて
いた時に，夫婦喧嘩を目撃した農場のマネージャーに警察に通報され，アンド

レスは家庭内暴力で逮捕されたのである。

　妻は家庭内暴力で訴えずに釈放を望んでいたが，アンドレスの身柄は結局移民取締局に引き渡された。当初は移民審判で闘うことを望んだが，先の見えない長期収容に耐えられず，「行政上の自発的帰国」に同意し強制送還に至った。アンドレスは，強制送還された後も，米国に戻ろうと何度も越境を繰り返したという。国境沿いにおける1回目の検挙では5年間の再入国禁止を言い渡され，その後「2回目，3回目とまた検挙されるごとに，10年，15年，20年，そして最終的に永久的な再入国禁止」を受けたという。アンドレスは，今は越境が非常に難しいと繰り返すだけで，その経験について多くは語らなかったものの，「もう，再越境はしたくない」とも漏らした。

　再越境に失敗した2014年の終わりに再び村に戻り，それ以降は両親の家に滞在しているが，調査時，「ここには，もうそう長くはいられない」と述べていた。コミュネロではないアンドレスが村に長期間滞在することをよく思わず非難する村人がいるため，表の通りもあまり自由に歩けないという。エスペランサ村を出たら，メヒカリ（メキシコ北部）に行って，とりあえずそこで働くつもりだという。メヒカリに誰か知り合いがいるのかと尋ねると，彼は苦笑いを浮かべながら「いいや，誰もいない。だけど前に強制送還されたときもそこに行って，農場で仕事を見つけたから」と語った。2017年にエスペランサ村を再び訪問した際に，アンドレスの両親の家を訪ねたが，彼の姿はなかった。アンドレスの母親によると，2017年にようやく再越境に成功し，オレゴン州にいる家族と一緒に暮らしているという。

　この事例は，結果だけなら再越境の成功事例とみなすことができる。しかし，「行政上の自発的帰国」として処理される1回目の強制送還から，何度も繰り返し再越境を試みて検挙されたことで，アンドレスは永久的な再入国禁止令を受けるに至った。これは，万が一アンドレスが再び捕まった際には，長期にわたって刑務所に収容される可能性が残されていることを意味する。こうした再越境は，米国に残した子どものところへ戻ろうとするアンドレス自身の強い動機があったからこそ，実行に移された。しかし，同時にこのような再越境の繰り返しは，アンドレスが村から出ていくよう恒常的な圧力を受け，村にとどま

る選択肢が狭められてきた帰結のひとつとしても解釈できる。つまり，たとえ送還に至った者が家族とのつながりを維持し，社会関係資本が機能していたとしても，村落コミュニティは条件なしに居住し続けられるセーフティネットとしては機能しなかったことを意味する。

したがって，強制送還という危機的状況に陥ったエスペランサ村出身者にとって，村の共同性を担保するカルゴ・システムは帰国者を全面的に受け止めるものではなく，むしろ排除の側面を持ちあわせた制度として作用するのである。エスペランサ村とフレズノ郡を中心とする米国の集住地をつなぐトランスナショナルな社会空間においては，脱領域化された共同体としての移民の実践が，文化，経済および政治といったさまざまな水準で維持されてきた。しかし，このようなトランスナショナルに展開する村落コミュニティにおいて，厳格なメンバーシップのルールを掲げるエスペランサ村のカルゴ・システムは，排除と包摂の機能を持ちうる。たとえば，フレズノでエスペランサ村の伝統的な踊りの伝承に貢献する 1.5 世代の若者が強制送還に至った場合，コミュネロとして村への責務を果たさない限り，それは村にとって受け入れられない帰国となるのである。したがって，第 3 章で取り上げた都市の文脈との対比でいえば，当初の想定に反して，相互扶助にもとづく密度の高い社会関係に埋め込まれた村落出身者であったとしても，強制送還による帰国は，米国社会からの物理的な排除だけでなく，ときに出身村落からの二重の排除をもたらすのである。

では，村のコミュネロであれば，こうした排除から無縁でいられるのだろうか。前節ですでに述べたように，「何らかの理由によって排除された者」は，周囲からの否定的な噂やスティグマの対象となりやすい。そして，ときにこうした否定的なまなざしは，トランスナショナルな社会空間において帰国者のネガティブな噂を広げ評判を傷つけるだけでなく，帰国者を村から排除しようとする動きに結びつくこともある。この点を検討するために，強制送還後に村に戻った 1 人であるホルヘ（序章のエピソードにも登場）をもう一度取り上げてみよう。

ホルヘとの出会いは，私が 2015 年にエスペランサ村を初めて訪問した時にさかのぼる。村長に調査の許可を得るため村の役場に挨拶に出向いた際に，村

長は米国からの帰国者の 1 人としてホルヘを紹介してくれた。私の目前にずらりと座る年配の男性たちに比べてホルヘは明らかに若く，ほとんどスペイン語訛りのない英語を話した。

　ホルヘは，エスペランサ村で 1981 年に 6 人兄弟の長男として生まれた。幼少期に両親に連れられて米国に移住し，米国で義務教育を受けると同時に，6 人兄弟の長男として両親と他の兄弟たちを助けるために農業で働きはじめた。当時は米国で暮らし続ける未来を思い描いていた。18 歳になり，カルゴ・システムへの正式な参加が求められたときも，その必要を見出せなかったが，ホルヘの父親が彼をコミュネロとして登録し，必要な経費を毎年支払ってくれていたという。

　高校を中退後，フレズノの家を出て，オレゴン州のポートランドへ移住した。この時期から，ギャングとしての活動によりいっそう傾倒するようになり，2004 年に，ついに違法な銃器の所持を理由に逮捕に至った。ホルヘの逮捕は，彼がオレゴン州でどのような生活を送っていたのか，まったく知らなかったフレズノの家族に強い衝撃を与えた。刑務所に服役した後，ホルヘは移民取締局に身柄を移され強制送還に至った。

　エスペランサ村に戻ったホルヘを待ち受けていたのは，周囲の村人からの否定的なまなざしや，彼を貶めるような言われもない噂だった。周囲から警戒の目で見られるだけでなく，村で盗みを働いたという言いがかりまでつけられたという。数名の村人は，ホルヘはコミュネロではないはずだから，村から追い出すよう当時の村長らに進言した。その結果，このことは実際にアセンブレアと呼ばれる村の会議の議題となり，ホルヘがコミュネロであるかどうか審議されることになった。そこで，コミュネロとしての村への支払い記録にもとづき，村への責任をきちんと果たしていたことが証明されたため，ホルヘが村から追い出されることはなかった。ホルヘは「父のおかげで，村に対して負債が何もなかった」と振り返るが，実はこのような事例は，ホルヘに限ったことではない。両親のおかげでコミュネロとして村に残ることができた 1 人である前出のマテオもまた，次のように語っている。

両親は私たちの状況をよくわかっているから，遅かれ早かれ出身村に戻る
ことになるだろうと〔考えていたようです〕。もしコミュネロでなければ[3]，
村の構成員に入れてもらうのにお金がかかる。もしお金を持っていなけれ
ば，別の行き先〔居住地〕を見つけなくてはいけません。……だから，親
たちは，もし子どもがもう村のためにお金を出すのは嫌だと言い出したら，
子どもたちの代わりにお金を出すのです。ほとんどの親が我慢します。献
金や役職のために必要なお金を無駄遣いしないように貯金するのです。私
たちがここに居られるのは両親のおかげです。私も当時もうすぐ18歳に
なる手前の17歳で米国に行ったけれど，「ここ〔米国〕で将来暮らしてい
くのも悪くないんじゃないか。何のためにコペラシオン〔献金〕を出して，
村に戻る必要があるだろう」って考えたこともありました。でも両親のお
かげです。18歳になったときに，親からコミュネロにならなくてはいけ
ない，村の祭祀のためにお金を出さなくてはいけないと言われ，その時は
「嫌だ」と言いました。でも，お前は村の出身だから，そうしなくちゃい
けないと言われました。でもそのおかげで，今私はここにいるのです。

　このように，強制送還によって村に戻った1.5世代の帰国者の多くは，彼ら
の父親が，村に戻ることのできる場所を確保しておいたおかげで，予期せぬ強
制送還に直面しても，村に戻り暮らすことが可能になったといえる。このよう
に，「何らかの理由によって排除された」とみなされた移民1.5世代の帰国者は，
移民の犯罪者化と結びつけられ，帰国後もときに周縁化され，排除の憂き目に
あう。しかし，村の成員としての責務を果たしてきたことが認められる限りに
おいて，彼らは村からの物理的な排除を回避することができるのである。

2）リスクをふまえた生存戦略としての帰国

　また，このような村落コミュニティにおける包摂と排除の論理は，すでに村
の成員と認められた人々にも同様に適用される。コミュネロである村人は，自
身の成員としてのメンバーシップを維持するため，常に厳格なカルゴ・システ

　3）実際には，「村と一緒にいなければ」という表現をしている。

ムのルールに則って行動することを求められる。村長のカルゴ経験があるルイス（50代半ば）もまた，村のメンバーシップを維持するために，このカルゴ・システムのもとで村への責務を果たそうとしてきた1人である。米国での滞在が長期化してもなお，村の成員としての責務を果たすことが，なぜこれほどまでに重要視されるのか，それがいかに移民規制の厳格化という時代的背景と密接に結びついているか，ルイスの事例から検討していく。

　ルイスは，村のなかでも比較的遅く，2000年代初頭に初めて米国へ越境した。在留資格はなかったものの，2007年には家族全員が米国に移住した。10人の子どものうち8人はメキシコ生まれで，残り2人は米国生まれである。2010年代半ばに村長として指名されたルイスは，家族を米国に残したまま，村長としての役職を全うするためにエスペランサ村に戻った。このルイスの決断は，移民規制の厳格化によって越境のコストとリスクが高まることで，無登録移民の米国における定住化が逆説的に進行するという従来の研究の発見（Massey et al. 2003; 小井土 2005a）からすると一見不可解に思える。すでに家族全員が米国にいるのであれば，なぜルイスは村からの要求を断って家族で米国に滞在し続けるという選択をとらなかったのだろうか。このルイスの選択を理解するには，移民管理レジームの下で大規模な強制送還のリスクにさらされる移民の置かれた状況と同時に，村の厳格なメンバーシップを維持するという移民の生存戦略の側面から検討していく必要があるだろう。

　第4章と第5章で記述したように，先住民村落におけるカルゴ・システムは，長い歴史とともに，その形を変化させてきた。近年，エスペランサ村では，カルゴ・システムにもとづく役職の多くについて，村に住む家族（宗教的な祭祀以外は成人男性に限られる）に代理をお願いするか，他のコミュネロにいくらかの報酬と引き換えに「外注」することが可能になってきた。しかし，村長を含めたいくつかの高位の役職は，別の誰かに頼むことは許されておらず，指名された本人が村に戻って責務を全うすることが求められる。もし，このコミュネロとしての責務を放棄すれば，村で生きる権利，すなわちメンバーシップを失うことを意味する。ルイスは，これをふまえて次のように語った。

村に戻ることを決めたのは，妻も子どもも米国で滞在資格がないからです。もし，メキシコに送り返されるようなことがあったら，彼らはどこに行けばいいのでしょう。住む場所があれば，少なくともここ〔村〕に戻ってくることができるでしょう。

　このルイスの語りは，メキシコに戻って村長を務めるという選択が，単に村のメンバーシップを維持するという目的だけでなく，米国の移民管理レジームの下で，強制送還のリスクと恐怖に恒常的にさらされる移民の「追放可能性」（De Genova and Peutz 2010; De Genova 2002）に起因していることを示している。つまり，このルイスの決断は，カルゴ・システムによる厳格なメンバーシップと移民管理レジームによって移民が経験する「追放可能性」の双方が絡み合うなかで，自身と家族が将来にわたって抱える無登録移民としてのリスクを考察したうえでの，苦渋の選択であったといえる。このような事例は，ルイスに限ったものではない。2005年に1回強制送還を経験した男性（アナの父親，第5章第3節）は，再び検挙される可能性を念頭に，メキシコに確実に戻ることができる場所を確保しておくためにも，コミュネロであり続けていると語っている。また，反移民を明示的に掲げるトランプ政権が誕生したことで，取締りへの恐れはよりいっそう増している。フレズノで移民支援に関する仕事に就くエスペランサ村出身の男性レオナルド（第5章第2節）は，トランプ政権が発足してから，カルゴ・システムから離脱したはずの村人らが，再びコミュネロとして登録することを求める動きがあったとも述べている。すなわち，移民規制の厳格化によって定住化が進行する一方で，村で生きる権利がカルゴ・システムに厳格に規定されるエスペランサ村では，共同体の凝集性の高まりという反作用をもたらしている。

3）カルゴ・システムを通じたコミュニティへの再包摂

　カルゴ・システムを中心とするエスペランサ村のトランスナショナルな社会空間は，村の正式な成員として認められない村出身者にとって，米国の移民管理レジームに次ぐもうひとつの排除のメカニズムとして機能しうる。しかし同

時に，村の成員か否かという水準において単に固定的な線引きを行うだけでなく，カルゴ・システムという社会システムそのものが，スティグマ化された帰国者をコミュニティへと包摂する機能を果たす点も見落とすことはできない。本項では，このカルゴ・システムにおける包摂的側面について，前出のホルへの事例に立ち返って検討していく。

2015年当時，ホルへは米国にいる移民のカルゴの代理人として，村役場の書記官の役職に就いていた。どんな仕事をするのかと尋ねた筆者に，ホルへは役場に置かれた古いコンピューターの画面を操作しながら，いくつかの文書ファイルをみせ，村が帰属するフストラワカ市の役所や近隣村落とのさまざまなやりとりに書記官としてかかわっていると答えた。以前は，そうしたやりとりは全て手書きの書類だったが，今はコンピューターを使ってタイプする必要があるので，パソコンの使い方をよく知らないとこの仕事はできないと教えてくれた。当時の筆者には，この会話がどのような意味をもつのか十分理解できていなかったように思う。しかし，エスペランサ村だけでなくフレズノにおいても聞き取りを続けるなかで，カルゴ・システムが強制送還によってスティグマ化された帰国者にとってどのような作用をもたらし，カルゴの代理人を務めることがいかなる意味をもっているのか，より立体的に浮かび上がってきた。その重要な手がかりとなったのが，フレズノに暮らす夫婦（ナルシソとガブリエラ，第5章第2節）がホルへについて語った会話であった。村から国内外への移住が拡大することによって，どのようにカルゴ・システムの運用が変容してきたのか，2人の考えを尋ねる会話のなかで，ホルへの名前が飛び出した。

前述のように，エスペランサ村では，第三者に金銭を支払い，カルゴの代理人を立てることができるが，何か問題が生じれば，全ての責任は代理人ではなく，本来村に指名された人物が負わなければならない。したがって，村から要請された責務を貫徹するためには，誰をカルゴの代理人として選ぶのかがきわめて重要な問題となる。どのようにして代理人を選ぶのかと投げかけると，ナルシソは次のように答えた。

他の人からの推薦ですよ。アセンブレア〔集会〕で次年度の役職が選出さ

れるときに「こいつは〔昨年度の代理人を〕よくやっていた，あいつはダ
メだった」とか，みんなあちこちで世間話として話すんですよ。「誰が昨
年度は何の役職をしていた」とか，「この人物は責任をもって仕事をやっ
た」「この人物は報酬にケチをつけた」とか，「こいつには代理人はもうお
願いしない，文句を言うし，酒も飲みすぎるからダメだ」とか。役職が選
出されたら，すぐに〔代理を〕探さなくてはいけません。人も限られてい
るし，役職によってはある程度年齢が上の人や経験のある人を立てないと
いけませんから。

　ここで，横で話を聞いていた妻ガブリエラが，「あの，ホルへはいつも書記
官の役職に就いていますね」と口をはさんだ。すると，ナルシソは「そうそう，
彼は書記官の仕事に適任です」と相槌をうちながら次のように続けた。

ホルへはこっち〔米国〕で勉強したから，コンピューターを使うことがで
きるし，読み書きもできて，〔スペイン語を〕うまく話すことができます。
そう，だから書記官という役職に適しているんです。こっち〔米国〕にい
たときは，たしかギャングの一員だったと思います。すごく反抗的な奴
だったから，捕まって追放されたのです。10年前くらいに強制送還され
たけれど，もうこっちに戻ってくるつもりはないようです。

　ナルシソによると，村に戻ったホルへによい印象を抱いていなかった村人た
ちが，「暇そうにしているなら，あいつにやらせてみろ」とホルへに書記官の
仕事をあてがったという。この書記官という仕事は，カルゴ・システムの中堅
的役職に位置づけられ，村落外部とのやりとりのために必要な書類の作成など
を担う。村に戻ったばかりのホルへが中堅の役職に配置された要因として，メ
キシコの行政機構における機械化が関係していると考えられる。ナルシソによ
ると，これまで年配者は全ての事務を手作業，手書きで行ってきたが，近年で
は，このような村と市町村自治体とのやりとりには，正式な印鑑および署名が
付され，ワープロで作成された書類が使われている。さらに，「村の年配者の
中には文字を書けない人もいる」と述べるように，エスペランサ村の識字率も

また，他のオアハカ州の先住民村落と同様に低い。したがって，メキシコ行政の機械化の流れとともに従来のやり方が変容するなかで，米国への移住によって過疎化を経験するエスペランサ村において，米国で義務教育を受け，読み書きができ，コンピューターまで操作できるホルヘは，なおさら貴重な存在であったといえよう。カルゴ・システムを通じて与えられた職務を全うすることで，徐々に周囲からの信頼を得るようになったホルヘについて，フレズノに暮らすドミンゴ（第5章第3節）も，次のように語っている。

> 彼〔ホルヘ〕はライフスタイル全てを変えて，米国にいたときよりもよい状態でやっています。自分の小さい家を建てたし，家畜のヤギも飼っている。村人は，カルゴの仕事の代行をお金まで払って彼に頼もうとします。書記官の仕事をやったことがあるし，エスペランサ村でかなり重要な仕事を関わったこともあるそうです。だから村人たちは，「あいつは米国では悪いことをしていたけれど，村に戻ってからライフスタイルが全て変わった」とみています。そして，今では彼は年配者たちから，人生をよりよい方向へと変えることができたとして，少しの尊敬を得るようになりました。

ホルヘが米国から村に戻った当初，村人たちから盗人だと後ろ指をさされ，あまつさえ村から追放されそうになったことを念頭に置くと，村人たちのこのような認識の変化はどのように解釈できるだろうか。「何らかの理由によって排除された」とみなされた帰国者は，移民の犯罪者化をめぐる言説に影響を受けながら，帰村後もスティグマにさらされる。しかし，カルゴの役職に就き，村への責務を全うすることで，ホルヘは，米国で受けた教育や言語能力を人的資本として活用することで，米国での悪い噂や評判を覆し，周囲からの信頼や尊敬という象徴資本を獲得することができた。米国の移民管理レジームの下で生成されてきたスティグマが，帰国者につけられた黒いシミだとするならば，カルゴ・システムはそうした「汚れ」を洗い落とすメカニズムを有していることになる。

　さらに，この象徴資本は経済資本へと転換する可能性も秘めている。たとえば，ナルシソが「書記官の仕事はホルヘの仕事になった」と述べるように，ホ

ルへの仕事ぶりに満足した村人たちは，その後も書記官の代理を依頼するようになったという。同じ役職の経験を積むことで，ホルへはその仕事に必要なスキルと知識をさらに向上させることができた。いまや，ホルへは村に居住しカルゴの役職の代理を請け負うコミュネロの中でも，その報酬を高く設定できる数少ない1人だという。すなわち，ホルへはカルゴ・システムにおいて職務を全うし，周囲からの信頼という象徴資本を獲得することで，書記官という役職の代行として，家畜の飼育やトウモロコシの栽培以外にも別の収入源を確保することに成功している。

　エスペランサ村で日々の現金収入を得られる仕事は，家畜の売買，タクシー運転手，あるいは建築現場の日雇い労働などに限られている。このような経済機会の乏しい村落の環境において，カルゴの代行は，現金収入を確保する別の手段となりうる。前出のマテオが，「私たちはそうやって互いに助け合っているのです」と語るように，村人たちは，金銭を介したカルゴ・システムの役職代行を，米国と村における村人間の相互扶助のひとつとしても理解している。移民規制の厳格化によって以前のような往還が困難になる時代に，米国での家族との生活を優先しようとする村出身者にとって，このようなカルゴ・システムの運用は，米国にいながらもコミュネロとしての責任と義務を果たし，村のメンバーシップを維持することを可能にしてくれる。他方で，カルゴの代理を務めることで得られる現金収入は，帰国者を含めた村人たちにとって，自分たちの生活を成り立たせるための重要な収入源となる。それは，結果的に移民規制の厳格化の時代において，村落コミュニティの維持と存続を可能にしている。

4）カルゴ・システムがもたらす思考様式の変化

　カルゴ・システムへの参画が帰国者にもたらす，もうひとつの見逃せない影響は，それが個人主義的な資本の蓄積や物質主義を奨励する米国のライフスタイルとは全く異なる共同体の価値規範へと自らを順応させていくプロセスになりうるという点である。幼少期に米国へ移住し，一度は米国で生きていくことを考えた若者たちにとって，米国での生活は，低賃金労働であったとしても，日々の生活に困らない金を稼ぎ，車や家を購入し，物質的な豊かさを手に入れ

ることを目指すものであった。そのような豊かさを手に入れ「前に進んでいく（salir adelante）」ためには，村落コミュニティにおける平準化の論理よりも，個人主義にもとづく資本の蓄積が優先される。村長を務めたルイスによれば，こうした米国での生活および思考様式を身につけた若者たちは，村の成員として認められるために高額な罰金を支払うことを拒否するだけでなく，テキオと呼ばれる無償の肉体労働といった村の慣習に馴染むことができず，村から出ていくことを選択する者もいる。しかし，帰国した若者のなかには，カルゴ・システムに取り込まれていくことで，再び村落コミュニティの価値規範を会得していく者も存在する。このプロセスをより具体的な事例から検討してみよう。

　レオ（20代後半）は，13歳のときに米国へ移住し，その後7年間米国で農業と建設業に従事した男性である。米国では，2年間フレズノ郡で農業に従事したが，どうしても仕事が好きになれず，従兄を通じて建設労働に5年間従事したという。はじめは7.5ドルであった時給が，経験の長い従兄について学ぶことで熟練度が上がり，最終的に従兄の時給を超える15ドルの仕事を手に入れたと誇らしげに語った。無登録移民であることで直面する困難はあったかという問いに，レオは次のように答えている。

　　いいえ，無登録移民であっても全て自分には容易なことに思えました。無登録移民であっても，自分にはもっといろんなことができるという自信があったからです。米国市民権のある人たちより稼いでいたから，自分は何でもできると思っていました。仕事が大好きでした。私は米国に住む他の人よりもずっと多くのお金を稼いでいましたから。

米国市民権をもつ同郷者より稼いでいることを誇りに思い，経済的な豊かさを米国で手に入れ，自信を深めていたことがうかがえる。レオは2010年に両親に会うために帰村した際に[4]，現在の妻と知り合い結婚した。2011年に2人で米国に戻ろうとしたところ，妻の越境は成功したが，レオは国境警備隊に検

4）　無登録移民であったにもかかわらず戻ることを決めた理由として，2003年の越境時に比較的に簡単に越境できたこと，また周囲で越境に失敗した人がいなかったことを挙げていた。

挙され数カ月間収容された後に，強制送還に至った。その後，越境への挑戦に
2回失敗した後，レオは越境を諦め，村に戻ることに決めた。

　　強制送還された後，どこにも行くところがないから，ここに戻ってくるし
　かありませんでした。でもここに戻るということはカルゴの務めを果たさ
　なければなりません。2015年にカルゴのマヨール[5]の役職を与えられたの
　ですが，それで多くのお金を失うことになりました。〔現金収入のある〕仕
　事ができなくて，常に村のために働いていたので。〔お金がなくて〕妻が家
　に食べるものが何もなくて困るという時もありました。カルゴの務めで，
　村のために2階建ての建物を建てたり，道路の整備のために働いていまし
　たから。すごくたくさん〔村のために〕働いていました。だから，それで
　苦しんだし，お金を失いました。現金収入が何もなかったからです。だか
　ら，誰かが村にやってきて，村の仕事をしないで村に滞在して，気ままに
　道を歩いて，村の水を好きに飲んで，楽しく過ごしているのに，私の家族
　が苦しんでいるっていうのは，私にとって公正なことには思えません。岩
　を動かすためには，トロッコが必要です。全員で力いっぱい押す必要があ
　るのです。でも誰かが押さないで，自分だけ一生懸命押しても，耐えるこ
　とはできないですよね。前に進むためには，全員が力いっぱい，互いを助
　け合って押す必要があるのです。でも多くの人は，物事を違うように捉え
　ています。自分自身だけのことしか見ていません。それ以外の人のことを
　考えていないのです。一緒に押そうというかもしれないけど，自分だけは
　楽をしたいのです。私たちの努力や時間といった全てを利用しようとする
　のです。私は自分の村が好きです。村がきれいに整備されるのは嬉しい。
　だから一生懸命やろうとします。文句を言う人もいるけれど，村のために
　努力しようとしない態度は間違っています。

　このレオの語りは，米国での生活に馴染み，経済的な豊かさを得ることを優
先してきた帰国者が，村落コミュニティにおける実践を通じて，村落コミュニ

　5）カルゴ・システムにおける警備担当の責任者としての仕事を指す。

ティの価値規範を内面化していくプロセスを理解するうえで，きわめて示唆的である。そもそも，村人たちはコペラシオンと呼ばれる寄付金だけでなく，カルゴの役職に就くことで，無償で村のために働くことを求められる。したがって，何らかの役職に指名されると，その仕事に多くの時間を割かれ，多くの世帯は貯蓄を切り崩した生活を強いられることになる。人類学者のウルフは，このようなカルゴ・システムの機能とその目的は，まさに村出身者の世帯ごとの資本蓄積による格差を最小限にし，全体の平準化を実現し，内的安定を達成することにあると指摘している（Wolf 1957）。

　米国において，他の人よりも高い時給をもらうことに誇りをもち，一定の経済的成功を手に入れていたレオにとって，村落コミュニティにおける相互扶助の規範や，自ら経済的損失を被ってまで村に奉仕することは，思い描いてきた米国での将来とはかけ離れたものであっただろう。しかし，食べるものにも困るほど苦しい生活をしてまで村への奉仕を経験したことを通じて，共同体の原理を受け入れるだけでなく，周囲にも同様の犠牲を払うことを求めるようになったレオの認識の変化は，村落コミュニティの価値規範の内面化の過程として理解できるのではないだろうか。

おわりに

　本章は，エスペランサ村とフレズノ郡におけるフィールド調査をもとに，米国における移民の犯罪者化の言説が，村落の価値規範と結びつくことで，いかなるトランスナショナルなモラル・エコノミーが形成されているのか明らかにした。具体的には，エスペランサ村において，強制送還を含めた帰国に対してどのようなまなざしが存在するのか，また帰国者は周囲に対して自身の帰国をどのように説明しているのか，ローカリティに根ざした言説に注意を払うことで，米国の移民管理レジームにもとづく犯罪者化の言説が，村落コミュニティにおけるモラル・エコノミーとどのように接合しているのかを析出した。

　移民の犯罪者化と結びつけられた帰国をめぐる認識は，トランスナショナル

な社会空間を伝播し，村落において受容されることで，帰国者を周縁化する作用をもたらしていた。ただし，それは米国における移民の犯罪者化の論理の村落社会における一面的な再生産を意味してはいない。米国の支配的言説は，村落における移住をめぐる価値規範やカルゴ・システムの論理といったローカルなモラル・エコノミーと結びつきながら，「よい帰国をした者」と「何らかの理由によって排除された者」という二項対立的な認識を生み出していた。「よい帰国」の指標として村における家の建設や経済的な蓄積の有無があるように，米国で道を踏み外さずに真面目に働いてきたかという勤勉さの有無が，こうした二項対立的な認識において重要となっていた。このように新たに形成されたトランスナショナルなモラル・エコノミーにおいて，何らかの法に触れる行為によって強制送還に至った者は，自業自得とみなされると同時に，米国で道を踏み外し，経済的な資源を蓄積できなかった移住の失敗者とみなされるのである。

　帰国者たちは，周囲からの二項対立的認識をふまえながら，自身の帰国を語りなおすことで，スティグマ化の回避を試みていた。たとえば，米国の移民管理レジームが大規模な強制送還を正当化するために生み出した「行政上の自発的帰国」という法的用語を利用し，自身の帰国を「自発的」な帰国であったと周囲に印象づけ，帰国が自身の行いによって引き起こされたことを否定するために，自分がいかに真面目な労働者であったのかを強調するケースがみられた。また，自身の帰国理由を「法的地位を修正するため」であると語ることで，米国で何らかの罪を犯したことを暗に否定しつつ，帰国はあくまで一時的な滞在であると主張し，この二項対立的な帰国者像を回避しようとする者もいた。さまざまな噂や情報が伝播し共有されるトランスナショナルな社会空間において，こうした帰国者の実践は，ときに帰国者の評判を守ることを可能にしたが，それは同時に，複数のタイプの帰国の序列化と，特定の帰国に対するスティグマの強化をもたらしている。

　次に，米国から送還された帰国者が出身コミュニティで経験する包摂と排除を，村落コミュニティの共同性の源泉であるカルゴ・システムとの関連において明らかにした。特にエスペランサ村では，コミュネロとしてカルゴ・システ

ムに正式に登録されているかどうかが，村に生きる権利を保障するメンバーシップを規定する条件となっていた。そのため，コミュネロに登録していない村出身者が帰村すると，村の成員としての責務を果たすことと，罰金の支払いを求められる。帰国者が村の成員であると認められない場合，村の共同性を担保するカルゴ・システムはセーフティネットとして機能せず，米国と村からの二重の排除をもたらす。しかし，同時にカルゴ・システムは，強制送還によってスティグマ化された帰国者にカルゴの責務を課すプロセスを通じて，スティグマを洗い落とし，村落コミュニティに包摂していく役割を果たしている。そして，アメリカ社会で生きてきた1.5世代の若者にとって，自己犠牲を強いる共同体の論理は，米国で称揚される個人主義や物質主義といった価値規範と衝突する場合がある。こうした村の論理に順応できず村を去る者もいる一方で，一部の帰国者にとっては，村落コミュニティへの経済的負担を強いる献金システムや，カルゴの役職を通じた村への奉仕という経験それ自体が，共同体の価値規範を内面化していく重要なプロセスとなっていた。

第7章

トランスナショナルな家族と越境リスクの変化
——移民管理レジームによるモビリティの制約——

はじめに

　第5～6章にかけて，エスペランサ村を舞台に，米国の移民管理レジームとメキシコ村落の価値規範との接合によって生み出されるトランスナショナルなモラル・エコノミーの下で，帰国者の経験がいかに規定されるのか明らかにした。強制送還による帰国は犯罪と結びつけられ，周囲から自業自得とみなされるだけでなく，勤勉さを軸とする価値規範にもとづき，移住の失敗として忌避されていた。他方で，村落コミュニティの共同性の核となるカルゴ・システムに貢献することで，帰国者は象徴資本を獲得し，付与されたスティグマを払拭することができた。こうした移民規制の厳格化の時代における帰国者の経験は，トランスナショナルな社会空間で共有される越境や移住への認識にどのような変化を及ぼしているのだろうか。

　本章では，強制送還を含めた帰国を移住の最終段階とみなすのではなく，移住プロセスのなかの（再）越境に至る前段階として捉えることで，従来の移民研究が見落としてきた，移動できずに出身地域にとどまる人々の存在を分析の射程に入れる。そうすることで，越境それ自体を重罪化する法制度がモビリティに及ぼす影響を明らかにするとともに，トランスナショナルなモラル・エコノミーの下で逸脱者として周縁化された帰国者の再越境はなぜ困難になるのか，社会関係資本の喪失という観点から論じる。また，このようにモビリティ

を封じ込められた人々とその家族は，越境的な世帯をどのように形成・維持しているのか，またそこにはいかなる葛藤や衝突が生じているのか，ジェンダー秩序の変容と再強化という視点から検討していく。

1 越境の重罪化がもたらすモビリティへの影響

1）越境に対する認識の変化

　無登録移民の越境に関する公的なデータは当然存在しないため，その全体像を把握することは困難であるが，研究者らはさまざまな調査を通じて，その実態を捉えようとしてきた。たとえば，メキシコと米国の社会学者らの研究チームが実施した「メキシコ人移住プロジェクト（Mexican Migration Project: MPP）」は，メキシコの複数の送出コミュニティと移住先で調査票を用いた聞き取り調査を積み重ね，統計データを蓄積してきた。この MPP 調査にもとづく，1960年代から 90 年代前半までの越境に関する分析によると，1960 年代の越境コストはおよそ 700 ドルであったが，80 年代には 400 ドル，94 年は 200 ドルまで下がっている（Cerrutti and Massey 2004: 30）。こうしたデータは，1960 年代から80 年代にかけて，非正規ルートの越境が拡大するなかで，そのコストが減少してきたことを示している。そして，1986 年の移民法改正の下で国境管理の厳格化が目指されたはずであったが，越境コストは低下し続け，実際の越境は阻止されず継続した。1990 年代初頭の越境について語ったカルロス（第 5 章第3 節などに登場）は，その経験を次のように振り返っている。

　　その時〔1990 年代前半〕はね，〔越境は〕簡単でしたよ。ものすごく簡単でした。ティファナからサンディエゴに越境して，タクシーでカールスバード[1] (Carlsbad)まで行って，そこから移民局が取締りをしていない時間を見計らって，ルート 116 で降りて，今度は電車に乗って〔ロサンゼルス南部の〕サンタアナに着きます。そこからバスに乗ってフレズノまで行きます。

1）聞き取り時の発語にならった。

〔越境は〕とても容易でした。でも今はそうではありません。当時の越境費用は 100 ドルくらいだったと思います。お金はそんなにかかりません。もし移民局がいるのが見えたら，茂みなど草むらに身を隠せば，捕まえには来ませんでした。

　越境を容易いものとして振り返るこのような語りは珍しいものではなく，フィールド調査において，とりわけ 1990 年代前後の移住経験が語られる際に，何度も遭遇してきた。1980 年代から 90 年代前半にかけて，国境管理はほとんど実態をともなっておらず，国境警備隊にとっても無登録移民は根こそぎ摘発する対象ではなく，非合法的な越境がときに黙認されてきたと推測できる。

　国境管理が本格化したのは 1996 年の移民法改正が契機とされ，ハイテク機器の導入を含めた国境管理の軍事化と称される規制の厳格化が進行した（第 2 章も参照）。ただし，従来の米墨間移住は「回転式扉（revolving door）」と評されてきたように，国境警備隊に摘発されたとしても数時間で解放されたため，再び国境沿いから再越境を試みるという事例も多くみられた（Schultheis and Ruiz Soto 2017）。1999 年に初めて米国に向かったラファエルの越境経験は，こうした国境管理の変化を感じさせる。ラファエルは，コヨーテと呼ばれる越境仲介業者におよそ 2000 ドルを支払い，伝統的な越境地点とされてきた西海岸の国境の町ティファナからカリフォルニア州ではなく，メキシコの別の町からテキサス州に移動しており，国境の砂漠地帯を数日間歩かなければならなかった。ラファエルが自身の越境経験を「そんなに簡単なものではなかった」と振り返るように，3 回の越境は国境警備隊によって阻止され，4 回目の挑戦で初めて成功したという。国境警備隊に拘束された際は，指紋を含めた生体認証データを採取され送還されたが，それでも再び仲介業者の手引きで越境に挑戦することができた。したがって，確かに以前よりも越境のリスクやコストは高くなっているが，越境に何度も挑戦すれば，最終的に米国にたどりつくことができるものと考えられてきた。

　しかし，こうした認識は近年の移民規制の厳格化によって大きく変化している。たとえば，エスペランサ村やフレズノでの筆者の調査によれば，2000 年

代半ばにはおよそ 2000〜4000 ドルほどの越境費用がかかっていたが，2015 年に越境したある若年夫婦は，1 人あたり 1 万 5000 ドル，2 人で合計 3 万ドル（およそ日本円にして 360 万円[2]）もの大金を支払って越境している。どのような方法をとるかなどによってコストは変化するため単純な比較はできないが，額面だけをみれば，1990 年代においてカルロスが支払った 100 ドルの越境コストは，2010 年代半ばには 150 倍近くまで高騰していることになる。通常，こうした費用は，米国にいる親戚・知人を中心とする同郷者への借金によって捻出され，米国へ入国できた暁には，懸命に働くことで数年かけて返済していくことになる。

　また，それまでは複数回越境に挑戦すれば最終的に米国にたどりつくことができるとみられてきたが，国境管理の厳格化によって最終的に越境を諦める人々もいる。たとえば，2010 年にカルゴの役職に就くために村に戻った男性ファウスティーノ（本章第 3 節で登場）は，勤めを終えた 2012 年に，米国に残した家族のもとへ戻ろうと再越境を何度も試みたが，毎回国境警備隊に拘束され，越境を成功させることができなかった。このような近年の越境の難しさおよびコストの高騰は，多くの村人たちの間で噂として共有されている。一度強制送還された経験をもち，現在村で家族とともに暮らすエンリケ（第 6 章第 2 節）は，越境について次のような認識を語った。

　　越境はすごく危険で，越境費用も高くて，それを用意するのはすごく難しいです。だからもう挑戦したいとは思えません。他の人の経験を聞いてそう思います。やる価値がありません。

　このような語りは，移民規制の厳格化によって越境をめぐるコストとリスクが高騰するなか，それまで容易だと思われていた越境行為に対する認識が大きく変化していることを示している。越境をめぐるさまざまな情報や経験が「ネガティブな認識」（Jolivet 2015）として移民とその家族で共有されることで，越境に対するためらいを生み出していると考えられる[3]。すなわち，近年の移民

　2）2015 年の米ドルと日本円の為替相場年間平均（1 ドル＝ 120 円）で算出。

規制と国境管理のあり方は，メキシコ村落部を基盤とするトランスナショナルな社会空間における越境への認識に変化をもたらしている。

　では，移住プロセスにおける居住・帰国局面で規制の厳格化による検挙や収容，そして強制送還を経験した帰国者は，再越境をめぐる選択にどのような葛藤を抱いているのだろうか。また，どのような条件にある人々が，実際に（再）越境を達成することができるのだろうか。米国に入国するには，大まかに分けて，越境仲業業者の手引きを通じて国境を越境する非正規ルートと，家族呼び寄せなどのビザ申請を通じて入国する正規ルートの2つが存在している。本節では，これら両方のルートを選択肢として検討する移民やその家族の経験を明らかにすることで，トランスナショナルなモラル・エコノミーの下で逸脱者として押された烙印が，再越境の局面にどのような影響を及ぼしているのか分析し，それが人々のモビリティにいかなる制約を生み出しているか，明らかにしたい。

2）「再入国禁止」にもとづくモビリティの剝奪

　仲業業者を介し高いコストとリスクを抱えて越境する非正規ルートに対して，家族呼び寄せを通じた正規ルートは，審査を通れば安全かつ確実に入国でき，その後一定期間にわたって米国での滞在が約束される。この正規ルートを用いるには，主に永住権や市民権を有する配偶者や子どもといったスポンサーとの具体的な社会関係をもっていることが前提となる。つまり，正規ルートを通じて越境しようと考える場合，家族という最も強い紐帯を基盤とする社会関係資本が重要な役割を果たす。家族は正規ルートを利用する条件となるだけでなく，審査への申請にかかる労力や費用を捻出するためにも必要とされる。社会学者

3）たとえば，近年の越境をめぐる状況について人々に尋ねると，ファウスティーノの事例が引き合いに出され，近年の国境管理の厳格化を示す論拠として用いられる。また，越境のために2人で合計3万ドルを費やした若い夫婦の事例は，越境コストの高額化を調査者に示す際，多くの村人が用いた。また，2017年に米国に戻ることができた50代の男性の話は，越境の成功体験としてだけでなく，麻薬カルテルに拉致され危うく殺されかけたらしいという越境のリスクを示す噂として，フレズノだけでなくエスペランサ村で共有されていた。

のカーリングは，このような正規ルートの選択それ自体が個々人の移住能力を示すと指摘している（Carling 2002）。本項では，すでに社会関係資本を有し，リスクの少ない正規ルートを模索できるはずの人々が，越境それ自体を犯罪化する法制度の下で，過去の越境歴によっていかに将来的な移動への制約を受けるのか検討していく。

　従来の米墨間移住では，特定の人々にだけ開かれ，時間もかかる正規ルートではなく，仲介業者を用いた非正規ルートが慣例化していた。たとえば，先に取り上げたガブリエラ（第5章第3節）は，永住権を有する夫と正式な婚姻関係を結んでいたにもかかわらず，2005年に初めて越境した際に，仲介業者に手数料を払い非正規ルートで国境を越えた経験をもつ。「本当だったら永住権をもつ夫による配偶者ビザで米国に正規移民として移住することができていたはずなのに」と後悔の念を口にするが，「その当時は誰一人としてそうした方法が頭をよぎらなかった」と振り返っている。

　しかし，1990年代後半から2000年代を通じて移民規制の厳格化が進行するなかで，安全かつ確実な移住のために，家族呼び寄せや婚姻を通じた正規ルートを選ぶ人々の存在が目立つようになってくる。

▶アントニオとイメルダ──「再入国禁止」を経て可能になった家族の統合

　非正規ルートによる越境には潜在的に失敗のリスクがつきまとい，重罪としての「前科」がつくだけでなく，法的罰則としての長期収容の可能性まで存在する。正規ルートでの移住は，こうしたリスクを考慮し，やむをえず非正規ルートを諦めたがゆえの選択である場合がある。越境をめぐるリスクを回避するべく，10年間の再入国禁止令が解かれるのを待ち，正規ルートによる再越境を目指したのが，アントニオ（40代半ば）の事例である。

　アントニオは，2000年代に2回越境経験があり，2007年にカルゴ・システムで役職に指名されたことをきっかけにエスペランサ村へ帰村した。その後，エスペランサ村出身で米国永住権をもつ女性と出会い，2010年に子どもも生まれ，2012年に正式に結婚した。アントニオは，妻と米国で一緒に暮らすために，非正規ルートですぐにでも再越境することを望んだが，永住権をもつ妻は確実かつ安全な方法として，配偶者ビザを申請する正規ルートをとることを

強く希望した。

　アントニオと妻が正規ルートで配偶者ビザの申請を進めた結果，国境の町フアレス市における移民審判で，過去に2回の非正規ルートを用いた越境歴の「前科」があるとみなされ，（最後に村へ戻った2007年から数えて）10年間の再入国禁止を言い渡された。この10年間の再入国禁止によって，アントニオはエスペランサ村で，妻のイメルダはフレズノで1年の大半を離れて暮らすことになった。イメルダと子どもは，季節労働の繁忙期をフレズノで過ごし，農業の仕事が減る冬季にできるだけ村に戻ることで，1年のうち限られた期間のみ家族3人で暮らすという生活を続けてきた。

　アントニオ自身は，再入国禁止後に本当に米国に戻ることができるのだろうかという不安にときに押しつぶされそうになるが，忍耐強く再入国禁止令が失効する2017年を待ち続けていると語った。そして，以前のように非正規ルートでの越境をしない理由として，ただ越境のリスクとコストが高いだけでなく，「もし〔非正規ルートで〕越境して再び捕まってしまったら，それは自分の「前科（record）」を増やしてしまうだけだから」と述べた。つまり，非正規ルートによる越境は，成功すればすぐに家族と一緒に暮らせるかもしれないが，失敗した時にはさらなるペナルティを課せられるリスクがあるため，正規ルートを模索するほうが，安全で確実であるという判断がなされている。

　2018年に行った2回目の聞き取りで，アントニオは自身の再入国禁止期間である10年が経過したため，間もなく米国領事館から「赦し（perdon）」の手紙が送られ，ビザ申請を開始するための面接に呼ばれるはずだと教えてくれた。そして，2019年2月にフレズノを訪問した際，アントニオがついにフレズノにやってきたという噂を耳にし，彼らが住む家を訪問した。アントニオは，「マキコ，私もついにこっちに来られましたよ」と顔をほころばせながら私を迎えてくれた。妻のイメルダもまた，長い離れ離れの生活が終わり，子どもと3人で暮らせることの喜びを嚙み締めるように語った。アントニオの事例は，再入国禁止という法的制約によって長期にわたって剥奪されていたモビリティが，長い忍耐の末にようやく正規ルートによって取り戻されたことを示している。

▶ミネルバとファティマ──「前科」によって阻まれる家族統合

　このように正規ルートを忍耐強く模索することで越境を果たすことができる人々がいる一方，正規ルートの模索それ自体がモビリティの剥奪につながり，家族統合の権利から疎外される者もみられる。ファティマとその母親ミネルバの事例は，移民規制の厳格化の下で，越境それ自体が犯罪として規定されることが，人々のモビリティにもたらす帰結を検討するうえで示唆に富む。

　ミネルバは，1980年代に夫に連れだって米国に移住し，娘のファティマをカリフォルニア州で出産後，さまざまな要因から母子のみメキシコの村に戻り，米国に残った夫からの仕送りで暮らしていた。しかし，夫と離別し生活が困窮したことで，ミネルバは再び米国への移住を決めた。米国生まれのファティマは1998年に正規ルートで入国し，ミネルバはコヨーテの手引きで越境した。この時の越境で国境警備隊に捕まったが，すぐに国境で解放され，3回目の挑戦でようやく成功し入国できた。ミネルバは，娘のファティマとともに米国の農業で身を粉にして働くことでその生活を安定させていったが，村で暮らす高齢の両親のために複数回の越境を繰り返すことになる。

　ミネルバは再び米国に戻ることを念頭に，2003年に年老いた両親に会うために帰村した。同年にエスペランサ村から米国への再越境を試みたものの，国境警備隊に拘束され，この時に初めて指紋を採取され強制送還に至った。この時に，ミネルバが米国市民権のあるファティマを媒介とする正規ルートで越境しなかった背景には，当時はまだファティマが未成年であったこともある。しかし，後述するように，この時期は国境管理の厳格化が人々の間で認識されはじめた段階であり，正規ルートではなく非正規ルートをとることが一般的であった。ミネルバは，一度は検挙されたもののすぐに再越境を試み，無事に成功し再びファティマと米国で暮らしはじめた。このように，移民規制の厳格化の影響を自身の越境経験から肌身で感じていたミネルバであったが，村出身の多くの女性たちと同様に，高齢で病に倒れた両親の面倒をみるために，2008年に再び村に戻った。2011年に父と母の両方を看取ったのちに，再び娘のファティマや孫と暮らすために米国に戻ることを強く望むようになった。そこで，米国市民のファティマは，ミネルバを呼び寄せるために米国領事館でビザの申

請を試みた。しかし，2003年に強制送還された際の記録と，その後再越境し2008年まで米国に暮らしていた事実から申請は棄却され，2008年から2018年まで，10年間の再入国禁止令を言い渡された。その時のことをファティマはこう振り返る。

　〔申請が棄却されたと知って〕母は泣きはじめました。彼女はたった1人で〔エスペランサ村に〕暮らしていて，とても孤独に感じていたのです。なんとか，こっち〔フレズノ〕に来たいと言いました。……コヨーテを使って越境する方法もありますが，でももしまた捕まって指紋を取られたらどうなるでしょう。またそこから10年間の入国禁止になってしまう。だから，〔2008年から〕10年間経つのを待とうと母に言いました。10年たったら，もう一度申請を出そうと言ったんです。

　しかし，この10年後に再申請するという約束は結局叶わなかった。ミネルバはその後ガンを発症し，2015年にその生涯を終えたのである。ファティマは，再入国禁止によって母を米国に連れてこられないまま失った痛みを次のように語った。

　もしまだ母が生きていたらビザの申請がもう一度できていたんじゃないかってときどき考えます。もし彼女がこっちに来ていたとしても，〔進行する末期ガンに対して〕何もできなかったかもしれない。でも，少なくとも母をここに連れてきて，彼女の最後の日々を家族全員と一緒に過ごさせてあげたかった。でももうそれは叶いません。

　このようなミネルバの迂遠的な越境歴は，まさに「ジェンダー役割に応えての帰国」（第5章第2節）と符合する。ミネルバは，移民規制の厳格化の時代に，年老いた両親の介護という娘としての役割を全うするために，幾度も国境を往還し検挙された結果，「再入国禁止」を受けるに至った。規制が緩やかであった1980年代から1990年代までは，このような往還は強い制約を受けることなく可能であったかもしれない。しかし，指紋採取とともに越境や再越境それ自体が重罪として規定され，「公式的な強制退去」が用いられるようになる過渡

期ともいえる 2000 年代初頭のミネルバの移動は，その後のモビリティの剥奪を決定づけた。

　ミネルバと同様に，「ジェンダー役割に応えての帰国」を実践したカルメン（第 5 章第 2 節）もまた，エスペランサ村の年老いた両親を看取った後，子どもたちが暮らす米国に戻ることを強く望んでいた。カルメン自身も病気を患い，すでに米国に帰化した子どもたちは，母親によりよい治療を受けさせるため，正規ルートで呼び寄せようと弁護士に相談したという。しかし，ミネルバの事例と同様に，カルメンもまた過去の複数回の越境において検挙された履歴から 10 年間の再入国禁止を受けていたため，正規ルートでの越境を諦めざるをえなかった。カルメンもまた，越境を叶えられないまま，2023 年にその生涯を終えた[4]。

　このようなミネルバやカルメンの事例は，1990 年代後半から 2000 年代にかけて国境管理の厳格化が進行するなかで，国境沿いでの検挙が指紋を含めた生体認証システムと結合し，越境歴が記録されることで，個々の身体と結びつく形で越境が管理されていることを示している。第 2 章でふれたように，国際政治学者のビゴは，潜在的に福祉詐欺やテロとの関連が疑われるなど，将来的に社会的リスクとなりうる層を国外退去の対象として管理する新たな統治システムを，「バノプティコン（監視追放複合装置）」（Bigo 2002; 古屋 2014）という概念で提示した。この概念はすでに受入国内に居住する人々を想定しているが，生体認証に紐づけられた個体管理情報の国境における記録と蓄積は，国境の外側にいる人々をリスク集団として囲い込むことを可能にし，トランスナショナルな社会空間に生きる米国市民を含めた移民とその家族を，シティズンシップのひとつである家族統合の権利から排除している。

　また，アントニオの事例が示すように，再入国禁止によって剥奪されたモビリティを再び手中に取り戻すことができるのは，限られた条件を満たした人々だけである。正規ルートによる再越境を果たしたアントニオは，越境時に国境警備隊に拘束され，10 年間の再入国禁止を受けたが，その期間を完了するこ

4）カルメンの義娘から 2023 年 8 月に訃報を知らされた。

とで，米国政府による「赦し」を受けることができた。しかし，こうした越境をめぐる「前科」だけでなく，加重重罪に該当する「犯罪歴」をもつものは，たとえ米国の刑務所などでその罪を償っていたとしても，越境のための「赦し」を受けることはできない。次項では，こうした事例について検討していく。

3）監視と収容経験を通じた規律化とモビリティの剥奪

> 向こう〔メキシコ〕にとどまるのは，自分に前科があるとわかっているときですよ。移民取締局から，もし10年の再入国禁止を破って，また〔米国に〕戻ってきたら，刑務所で罰せられると言われるそうですよ。もし向こうに戻ってまた捕まったら，刑務所に2，3年は入れられて，そのあと強制送還されるというのです。だから，彼らは米国へ戻ることに対して，恐れを抱いているのです。

　フレズノ郡で暮らすナルシソ（第5章第2節）によるこの語りは，移民とその家族が形成するトランスナショナルな社会空間において，強制送還をめぐるいくつかの重要な認識を示している。まず，強制送還によって10年間の再入国禁止が課せられた場合，もしこれに違反して再入国し，再び検挙されたときには，刑務所への長期収容の可能性があるとみなされている。そして，このような将来的リスクの下で再越境への恐れが生み出され，それが越境を諦めるといったモビリティの喪失に結びついているのである。

　デ・ジェノバを中心とする従来の研究は，ホスト社会における移民規制の厳格化と大規模な強制送還によって，無登録移民の多くが，検挙，収容，送還の可能性に恒常的にさらされることで恐れを抱き，脆弱な立場に置かれることを明らかにしてきた（De Genova 2002; De Genova and Peutz 2010）。こうした議論は，あくまで受入国をその射程としてきたが，上記の語りは，無登録移民が経験する追放可能性や収容可能性，そしてそれによって生み出される社会的抑圧は，必ずしも米国内で完結するものではない可能性を示している。本項では，いくつかの具体的事例を取り上げながら，法制度に組み込まれた「前科」による監視と収容経験が，追放・収容可能性への恐れを内面化させることにより，出身

地域に戻った人々のモビリティ，そして生をどのように規定していくのか明らかにしていく。

「前科がなければ戻ろうとするかもしれないけれど。自分みたいなのはダメだ」と越境への諦めを語った1.5世代のマテオ（第6章第2節）には，「加重重罪」としての逮捕歴，2回の強制退去，そして収容の経験がある。経済的な理由からマテオは17歳で高校を中退し，2000年にカリフォルニア州に先に移住した兄姉を頼って越境した。農業，建設業，サービス業などに従事し，1人暮らしを始めた頃から非合法的な活動に手を染める友人たちとも親しくなった。「今となれば，ただ自分は利用されていただけだったとわかる」と振り返るが，この付き合いが彼の人生を大きく変えた。マテオは，仲間から小切手の現金化を頼まれたが，これが盗品であったために，警察に逮捕された。一度は仮放免を受けたものの，弁護士に相談もできないまま裁判所への出廷や連絡を怠ったことから再逮捕に至った。先の見えない収容に絶望感を抱いたマテオは，罪を認めればすぐにメキシコに戻れると言われたことで，罪を認める書類に署名をした。その後，移民取締局に引き渡されて2007年に強制送還されるが，マテオの移住はそこで終わらなかった。

強制送還後の2008年に，長く連れ添った恋人のために再越境し，再び米国で暮らしはじめた。前回の教訓を胸に「真面目にただ働くだけの生活」を送っていたが，その平穏は長くは続かなかった。半年ほど経ったある日，移民取締局がマテオを探して職場にやってきた。検挙されるリスクを避けるために，車も運転せず自転車で家と職場を往復するだけの生活を送っていたマテオにとって，それは思ってもみない出来事であった。指紋認証機械でマテオ本人であることを確認した移民取締局の捜査官から，「少し時間はかかったけれど，お前を見つけた」という言葉をかけられたという。この言葉から，オバマ政権期に拡大した，移民の検挙と送還を推進するプログラムの下で，マテオが送還の優先度の高い「犯罪者」としてマークされ，まさにピンポイントで捜査・検挙の対象となっていたことが示唆される。このような経験をふまえて，マテオは米国への複雑な思いを次のように吐露した。

もう向こう側〔米国〕に戻ることはできません。できることなら戻りたいですよ。いろいろな経験を積んだ今なら過去にしでかしてしまった出来事を変えられるような気がするけれど，それはもうできないから。

　どんなに息を潜めて真面目に暮らしても，米国の法制度からの逸脱がもたらした「前科者」という烙印によって，排除されるべき者として囲い込まれ，摘発された経験から，マテオは米国への越境願望を抱くものの，実現可能性はきわめて低いと認識していた。

　マテオの事例と類似するのは，2001年にミネソタ州で，車の事故が原因で警察と接触をもったことから強制送還に至ったエンリケの事例である。一度は村に戻ったものの，現金収入に結びつく安定した雇用を見つけられず，2003年に再越境した。ただし，ミネソタ州まで戻ることはなく，同郷者の多いフレズノで農業に従事したという。再び入国できたものの，一度検挙・強制送還された「前科」ゆえに，米国での生活は以前と全く異なるものに感じられたという。エンリケはそうした変化を，自らの強制送還をめぐる裁判所での経験と関連づけながら次のように述べている。

　　〔2001年に検挙された際に〕ミネソタの裁判所でここに署名して10年間入国禁止になるのだから，二度と米国に戻れると思うなと言われました。戻ってきてはいけないと言い渡されたのです。だから，その後必要にかられて，再び米国に再越境したときは，不安にさいなまれていました。それはひどい状況でした。いつ捕まってしまうかもわからないので，常に周囲を気にしていました。前科がなかったときと同じようにはいられませんでした。私は職場で検挙されましたが，それが前科になるというのです。もう向こう〔米国〕では，私は「犯罪者」になってしまいます。〔再越境後に〕6カ月間我慢してから結局メキシコに戻りました。それからはもう米国には行っていません。いつ捕まるかわからないので，いつも不安でした。

　この語りが示すように，裁判所において「犯罪者」として裁かれ，10年間の再入国禁止を宣言されたことで，エンリケは自身が米国の法制度から逸脱し

た「前科者」となったことを強く認識していた。経済的な困窮から，必要にかられて米国に再越境したものの，いつ再び移民取締局に検挙されるか分からないという恐れは，エンリケの生活を常に脅かし続けた。デ・ジェノバの「追放可能性」が示唆する，送還への恐れが生み出す移民の脆弱性は，法的地位が不安定な非市民全てに適用できる概念であるが，これをどれくらい強く感じるかの度合いは，人によって大きく異なる。第5章第3節で言及したように，同じ無登録移民だとしても，自分たちのとる行動によって取締りの対応が変わりうるという「規制の道徳化」（Andrews 2017）の認識を抱いている移民にとって，法の順守はきわめて重要となる。1回目の送還を「前科」と認識し，法的逸脱と結びつけて理解していたエンリケにとって，追放可能性は漠然とした不安ではなく，身近に迫る危機として認識されていた。確かにエンリケの2回目の帰国は自らの意志にもとづいているが，この選択は，米国の移民規制の厳格化の下で「前科」という烙印を押された帰結として理解できる。2001年に強制送還されてから，すでに10年間の入国禁止の期間は経過しているが，エンリケはやや自嘲気味に，「何のためにまた越境するのか，村で働いて穏やかに暮らすほうがいい」と語るように，今後も米国に戻るつもりはない。

　このような「前科」の有無だけでなく，それによって移民が経験する収容の経験もまた，再越境をめぐる選択に影響を及ぼしている。それを如実に示すのは，10年以上米国で暮らし「メキシコより米国での生活の方をよく知っている」と回顧しながらも，今はエスペランサ村に妻子と暮らすレオ（第6章第3節）の事例である。13歳の時に兄を頼って米国へ越境し，建設業で就労経験を積んだレオは，再び米国に戻ることを念頭に，2010年に故郷のエスペランサ村に帰国した。そこで現在の妻と出会い結婚し，翌年に妊娠した妻と2人で再越境を試みたが，妻の入国は成功したものの，レオはアリゾナ州域内で国境警備隊によって拘束されてしまう。この時，過去に建設業関連のライセンス不備による「逮捕歴」があったことと，移民取締官に反抗的な態度をとったことを理由に，刑務所と移民収容所にのべ2カ月収監され，強制送還に至った。その後もすぐに再越境を試みたが，再び失敗し拘束された。繰り返しの越境による「再入国」と過去のライセンス不備という「前科」によって，移民審判官か

ら当初 1 年半の収監を言い渡された。しかし，収容されている間に米国で長男が誕生しており，レオにとってそのような長期収容は到底受け入れられるものではなかった。子どもが生まれ，家族を養う必要があると移民審判官に必死に訴えた結果，最終的に収容が 3 カ月半に短縮され，強制送還に至った。

　米国で子どもを出産した妻も，結局エスペランサ村に戻ったレオを追って帰村した。現在 2 人の子どもの父親であるレオは，就労機会の乏しいオアハカ州の村落で，ときには食べるものにも困るような時もあると吐露した。米国にも「戻りたいと考えるが思い直す」と述べ，その理由を「もし捕まってしまったら，家族がもっと苦しむことになる」と語った。レオは一連の経験における苦悩として，自由を奪われ妻と子どもに金銭的な援助ができないまま，先の見えない長期収容に陥ったことをあげる。レオは移民審判官から，次に再越境して拘束されれば，さらなる長期収容に直面することを警告されたという。それは単なる脅しかもしれないが，万が一本当に収容に至れば，妻と子どもたちは今よりも経済的に困窮する状況に置かれるとレオは懸念する。

　このように，米国への再越境に対する願望は，将来拘束された際に直面する長期収容のリスクを前に，実現不可能な選択肢として消失するのである。繰り返される越境の失敗と長期収容による経済的資源の喪失は，移民とその家族の経済的基盤に打撃を与え，再越境をより困難なものにさせる。そして何よりも，指紋採取を含む生体認証を通じた移民の身体に対する半永久的な個体管理，そして移民政策と刑事司法制度の相互浸透によって生み出された徹底的な探知と取締りは，彼らの生きる場を掘り崩し，米国において将来の青写真を描くことを不可能にしている。すなわち，越境それ自体を犯罪化する法制度と身体の個体管理は，メキシコにおいてもなお移民の追放可能性を越境的に再生産している。それは同時に，それ自体を懲罰化し，人々のモビリティを制約するような新たな境界管理の作用をもたらしている。

2　損なわれる社会関係資本

1）モビリティを喪失する人々

　ここまで，2000年代より加速した移民規制の厳格化の下，法制度にもとづく「前科」や収容経験の有無が再越境の選択を大きく規定する点を確認した。また，正規ルートでの越境が可能な場合も，再入国禁止令をすでに受けている場合，「前科」とみなされることで，再越境による検挙や長期収容のリスクに対する恐れを生み出し，それが人々のモビリティに制約を課していた。このように，移民とその家族は，越境時の検挙を含めた「前科」が米国の移民規制政策において重要な意味をもっていることをある程度理解し，それにもとづいて再越境の可能性を検討している。このような人々のモビリティをめぐる新たな状況は，移民のエージェンシーや社会的ネットワークに着目し，その力を政治経済的な構造要因を上回るものとして位置づけてきた従来の移住理論では捉えきれない現実を示している（Massey 1990; Massey et al. 1987, 2003）。

　第6章で検討したように，村落コミュニティでは，移民を犯罪者化する言説の下で，米国の法制度から逸脱し強制送還に至った者は，ローカルな共同体における価値規範からも逸脱した者として周縁化される傾向にあった。本節では，トランスナショナルな社会空間に生きる移民とその家族が，こうしたトランスナショナルなモラル・エコノミーにおいて逸脱者（あるいは移住の失敗者）として周縁化されることが，（再）越境の局面にどのような帰結をもたらしているのか検討していく。それは，家族や親族，そして同郷者といった，移住の流れを支えるはずの社会関係が，ときになぜ移住の流れを縮小するような「ゲートキーパー」の役割を担うのかというデ・ハースら（De Haas et al. 2020）の問いへの応答にもなるだろう。

　この点に踏み込んで検討するうえで，自らの帰国を「公式的な強制退去」とは差異化し，帰国後もなお米国の法制度の下で自身を規律化することを目指し，再越境の願望を持ち続けるフラビオ（第6章第2節）とハシエル（20代後半）の事例を検討していきたい。

20代後半のフラビオは2006年に初めて越境し，米国市民権をもつ妻，そして3歳になる子どもとともに，10年にわたってカリフォルニア州で暮らしていた。2016年に4回目の飲酒運転で拘束されたのちに，移民取締局によって検挙・収容された。フラビオは強制退去令を回避し米国で家族と暮らし続けるために，移民審判の裁判で争うことを選択した。しかし，収容が9カ月へと長期化するなかで，弁護士から勧められた現実的な選択として「行政上の自発的帰国」に同意し，メキシコに戻ったのである。

フラビオの事例で特筆すべきは，彼自身が将来的に米国に戻ることを念頭に置きながら，自身の「犯罪歴」をできるだけ「クリーンな状態」にしていく必要性を強く認識していた点である。エスペランサ村に帰国後もなお，いまだに執行猶予の保護観察中の身であったフラビオは，現在の所在を尋ねる書類に対して，メキシコからファックスで返信したという。「信じられないかもしれないけれど，米国にいつか戻りたい。今ではなく，5年か10年後になるかもしれないけれど，いつかきっと戻りたい」と再越境への強い願望を語るフラビオは，村に戻ってもなお，米国における自身の「犯罪歴」に適切に対応することで，いつか米国に再越境した際の法的リスクを最小限にすることができると考えていた。では，このような強い越境願望をもち，「前科」をクリーンな状態に戻したと主張するフラビオは，実際に越境を実現することができるのだろうか。

すでに指摘したように，非正規ルートによる越境コストは2000年代より高騰の一途をたどってきた。移民規制の厳格化が進行するにつれ，こうしたコストの高騰と潜在的な収容・追放可能性は，移民とその家族にとって新たな問題を生じさせている。通常，人々は米国への越境にかかるコストを家族や親族に肩代わりしてもらい，移住後に働いて返済する方法をとるが，移民取締局にすぐに捕まり収容・送還されることは，越境コストが未返済のままになることを意味する。

フレズノに住む30代の男性ドミンゴ（第6章第3節）は，3年前に飲酒運転が原因で強制送還された後，米国に戻ることができないまま，村にとどまる親戚の若い男性について，「この男性の家族は，もう彼の越境を助けたくないそ

うです。そりゃそうですよね。高いお金を払って越境させても，また捕まってしまったら高額な越境費用が全てパアになってしまいますから」と述べている。この語りが示すように，高い越境費用を支援して素行の悪い人物を越境させることは，経済的損失に結びつくリスクが高いことを，多くの移民とその家族は認識しているのである。

たしかに，フラビオは自らの帰国を自発的であったと主張し，米国における犯罪歴をクリーンな状態に維持しようとするが，フラビオが飲酒運転によって警察に捕まり，帰国に至ったというのは周知の事実である。フラビオの従兄にあたるエンリケは，自分から飲酒運転による問題を何度も引き起こしたフラビオを「強制送還されても仕方がない人物であった」と評すると同時に，「〔フラビオは〕もう〔米国には〕戻れないだろう」と語っている。

フラビオが実際に米国に越境するためには，米国の家族や親族からの経済的支援が不可欠であるが，帰国後妻との関係は破綻し，支援は望めない。また，飲酒運転による問題を繰り返して帰国に至ったフラビオに対して，果たして米国の親族は快く支援を行うだろうか。このような周囲からの評判が，再越境に必要な社会関係資本に及ぼす影響を考えるうえで，フラビオと類似性をもつのはハシエル（20代後半）の事例である。

ハシエルは，2000年に長兄を頼って越境した。その後，エスペランサ村で暮らしていた父と母や他の幼い兄弟たちも米国に越境し，家族全員がフレズノで暮らすようになった。その後ハシエルは，同郷出身のパートナーと2人の子どもをもうけ，家族4人で暮らしてきたが，2018年に故郷の村に健康上の理由で帰国した。病名は判然としないものの，「米国で一時期使っていた違法薬物の影響と深酒後の転倒による後頭部の段打」をその要因にあげ，恒常的な手の震えと体調不良によって，肉体を酷使する過酷な農作業には耐えられない身体となったという。思うように働けなくなったことで，一緒に暮らしていたパートナーとの関係性も悪化し，うつ病も発症した。ハシエルは，違法薬物の摂取も含めて彼の状況に強い懸念を抱いた父親が，「家族会議において自分の帰国を決めた」と振り返る。

ハシエルは，病気を治してから娘のために米国に戻りたいと再越境への願望

を明かす。そして，前述したフラビオと同様に飲酒運転などによる過去の逮捕歴があるが，そのつど裁判所に出向き罰金をきちんと支払ってきたため，「自分の犯罪歴はクリーンで，越境に何の問題もない」と主張する。確かに，ハシエルは違法薬物を使用したことがあるが，それによる逮捕歴はなく，交通違反による前科もフラビオほど深刻ではないと見受けられる。しかし，「前科」がないというクリーンな履歴が，ハシエルのモビリティを必ずしも保障するわけではない。本人の強い再越境願望とは裏腹に，米国にいる父はハシエルが故郷の村にとどまるべきだと考えており，ハシエルの再越境に対する考えとは明らかな齟齬があった。本人が「米国にいる家族に養われている」と述べる状況において，彼の再越境をめぐって米国にいる父を含めた兄弟の意向が強い影響を及ぼしていることは疑いの余地がないだろう。

また，序章のエピソードなど，本書で繰り返し取り上げてきたホルヘの事例にもふれておきたい。ホルヘは，ギャングのメンバーとして銃刀法違反で捕まり，刑務所に収容された後でメキシコに強制送還されている。ティフアナに強制送還されたホルヘは，村に戻る前に，父親をはじめとする家族とティフアナで落ち合うことができた。ホルヘは，そこで村に戻ることを決めたのは，「父親に村に戻るように言われたからだ」と回顧する。その後，調査を続けるなかで，ホルヘの妹ルセロは次のように述べている。

> 兄が米国に再越境しないで，村に戻ったのはなぜかというと……そうですね，あの時父が兄に村に戻るように伝えたのは，お前の越境をもう助けないということをオブラートに包んで言ったと理解していいと思います。

このルセロの言葉が示すように，父親からの言葉はホルヘの越境に対する最後通牒であり，まさにホルヘの再越境の望みが彼の父親によって絶たれたと理解できるだろう。別の事例ではあるが，このような家族の心境を，フレズノに暮らす30代の女性ガブリエラ（ナルシソの妻）は，聞き取りのなかで次のように語っている。

> 飲酒運転や酔っ払って喧嘩をして，それが理由で強制送還になってしまう

人のことを想像してみてください。家族は，〔その人に対して〕ときに助け
ようとする信頼の気持ちを失ってしまう場合もあるでしょう。だって，メ
キシコからここ〔米国〕にやってきて，頑張って前に進んでいくべきなの
に，そうしようと全くしない。だから，家族はその人に対して心底失望し
てしまうのです。

このように，たとえ両親や兄弟といった近親者であっても，その期待を裏切
り失望を与えることは，本来であれば最も強い紐帯として機能するはずの家族
からの支援が断たれる可能性を意味する。ガブリエラの夫ナルシソもまた，自
身の甥の事例を出しながら，米国での生活態度や過度な飲酒にもとづく評判の
下落により，周囲からの支援が得られなくなることを説明している。

彼〔ナルシソの甥〕がここ〔フレズノ〕に来た時は，みんなで助けました。
何も持たずに到着したばかりの時は，みんなで洋服や靴をあげました。は
じめはよく働いていました。2年かけて越境にかかった費用を支払い，車
も購入しましたが，酒を飲んで働かなくなりました。周囲に借金をしはじ
め，私たちはお金を貸しました。彼は，結局ポートランドに住んでいた時
に飲酒運転で捕まり，強制送還されました。メキシコに戻って1年ほど
経ってから，また米国に来たい，またお金を貸してほしいと言ってきまし
たが，誰も助けてあげたいとは思えませんでした。「ここにいたときに，
一緒に働こうと誘ったら，怒って働こうとしなかったのに，今さら何のた
めにこっちに戻りたいのか」と言いました。私たちは，もう彼にお金を貸
そうとしませんでした。「また働いて，お金を返すので貸してくれ」と言
われましたが，「そっち〔メキシコ〕にいるほうが，身のためだ。もうこっ
ち〔米国〕には来ない方がいい」と伝えました。それに，彼には前科があ
るのです。警察から送られてくる罰金について記載された手紙が，今でも
届くのですが，その金額はまだ上がり続けているそうですよ。

この語りは，親族を基盤とする強い紐帯で結ばれた人々が相互扶助を実践し，
越境・居住局面のさまざまな支援を可能にする一方で，移住先における振る舞

いや就労態度が信頼を損ない，結果的に本来存在していたはずの社会関係資本が失われるという変化を示している。ナルシソが述べるように，親族である甥が初めて米国に移住した当初，米国にいた親族らは物資の提供などさまざまな支援をした。移住してからの数年は，真面目に働き，借金も返済することができたが，過剰な飲酒が親族内でも問題視されるようになったという。さらに甥はその後，以前のように一生懸命働かなくなり，周囲に借金を頼んで回るようになった。彼は，生活態度を含めたこうした変化によって周囲からの信頼を失い，親族の強い紐帯を基盤とした社会関係資本を大きく損なったのである。それが露呈したのは，この男性が強制送還後，再び米国に戻ろうと支援を周囲に頼んだ時であった。

　また，ナルシソが指摘するように，この男性は飲酒運転など過去に起こした交通違反による罰金が科せられているが，それらを清算してこなかったために，本人がメキシコに強制送還されてからもなお，請求が続いている。こうした請求書が，この男性に住所を貸していたナルシソの父親の自宅に届くため，どれくらいの罰金があるのかなど，全てが親族内で共有されているという。親族らは，過去の生活態度や前科から，この男性に高い越境費用を貸したとしてもきちんと返済する能力があるのか，強い疑念を抱くのである。この男性は再び米国に戻ることを望んでいるが，親族間の信頼を失い社会関係資本を喪失したことによって，高額な越境費用を工面できず，移動が封じ込められた状態にあるとみなすことができる。

　以上の事例が示しているのは，米国の法制度上における「犯罪歴」の有無は，帰国者が再越境への望みを持ち続けるうえで一定の影響を及ぼす一方，「前科」がないだけでは実質的な越境に必ずしもつながらないということである。近年，越境においてそのリスクとコストが高まるなかで，越境能力を検討するためには，越境を望む者がそれに不可欠な資源を動員するための社会関係資本を手にしている必要がある。フラビオもハシエルも，自身の犯罪歴がクリーンであることから再越境に法的な制約（たとえば，10年にわたる再入国禁止）がないことを主張するが，トランスナショナルな社会空間において，特に親族を中心として飲酒や薬物接種といった「問題」が共有されることで，彼らは米国の法的制

度だけでなく，村落コミュニティのトランスナショナルなモラル・エコノミーからの逸脱者とみなされる。「強制送還されても仕方のない者」として否定的なまなざしを受ける帰国者は，周囲からの信頼を損なうことで，再越境に必要な社会関係資本を喪失するのである[5]。

2）それでも米国を再び目指す人々

　ここまで検討してきたように，トランスナショナルなモラル・エコノミーの下で周縁化され，移動を封じ込められる人がいる一方で，送還された者がみなモビリティを喪失するわけではない。たとえば，アナの父親のように，強制送還された後に再び再越境を試み，実際に米国に戻ることができる者もいる。アナの父親は飲酒運転で捕まっているため，自業自得とみなされる帰国ではあるものの，3カ月ほどメキシコに滞在したのちに，親戚たちから借金をして越境にかかる資金を集めることができた。アナの父親にとって，妻と4人の子どもを米国に残して離れ離れに暮らすことは，世帯の経済的困窮や子どもたちの精神的な負担を考えると，選択肢にならなかった。アナの父親には，家族とともに米国で一緒に生活していくという強い動機があったといえる。送還された男性移民の再越境願望について検討したカルドーソらの研究では，まさにこうした米国に子どもを残した父親が強い再越境願望を抱く傾向にあることが指摘されている[6]（Cardozo et al. 2014）。

　また，2018年の聞き取りの時点では自身の検挙や送還経験ゆえに米国への越境を諦めていたマテオの事例は，トランスナショナルな世帯形成と家族統合

5）ただし，全ての事例を家族による帰国者への「懲罰」的措置とみなすことには，一定の留保が必要である。帰国を促すことで，家族が本人を米国での有害な生活から保護しようとしたという解釈も可能である。筆者はこの見方を支える具体的な語りを目下持ち合わせていない。しかし，フレズノで暮らすホルへの家族ととりわけ長い時間を過ごし，彼らの間でトランスナショナルに形成される親密な関係を目のあたりにするなかで，当時父親がなした判断の根底には，子どもを守りたいという親の強い愛情があったように思われてならない。

6）また，ヘーガンらの研究も，米国での滞在期間が長く，米国に家族を残した被送還者の越境傾向が高いことを指摘している（Hagan et al. 2008）。

第7章　トランスナショナルな家族と越境リスクの変化　259

をめぐる葛藤と選択を考えるうえで示唆的である。マテオは，強制送還による帰村後に，米国市民権をもつエスペランサ村出身の女性フリアと村で知り合い2012年に結婚した。2015年には子どもが生まれ，米国への越境を諦めていたマテオは，妻のフリアが米国で農業の季節労働で働く間に，メキシコで両親とともに子どもを育て，トランスナショナルな世帯を形成してきた。しかし，子どもの就学年齢が近づくと，米国市民でもある子どもをどこで育て，どこで教育を受けさせるのかが家族にとっての大きな問題となった。家族や親族からは，子どもに米国の公教育を受けさせるべきだという意見も出されたが，メキシコ村落に暮らすマテオにとって，それは子どもとの別離を意味していた。そのため，2018年にエスペランサ村を訪問した際には，マテオは子どもの教育方針や生活をめぐって妻や親戚らと意見の対立があることを示唆し，悩んでいる様子であった。マテオは，妻のフリアと話し合いを重ね，「とにかく越境を試みてみよう，うまくいけば米国で家族一緒に暮らし，もし失敗したら，その時は子どもたちもメキシコに戻って暮らす」と2人で決め，最終的に越境を決断したという[7]。2022年11月，妻の貯蓄と義母や他の親戚から借りた20万ドルを元に米国への越境を試みた結果，越境は成功し，無事にフレズノの家族のもとにたどりつくことができた。

　越境後は，以前に一度送還されてから米国に戻った際，送還前と同じ社会保障番号および名前を使ったことで移民取締局の摘発を受けた経験から，マテオは「常に警戒心をもって行動する」ことを心がけていると語った。カリフォルニア州では無登録移民でも運転免許証を取得できるが，マテオは指紋を採取されることを懸念し，今後も取得するつもりはないという。また，アナの家族と同様に，マテオが米国に滞在していることが探知されないよう，書類上ではすべて妻のフリアの名前を用いている。子どもの通う学校にも父親の存在が伏せられているため，小学生になった長男には，学校での発言に気をつけるよう言い含めてある。農場で仕事を得て，家族と平穏な生活を送るものの，「いつで

7）完成した博士論文を村の役場に提出するため，2023年3月にエスペランサ村を再訪した際，マテオが村には暮らしておらず，前年11月に米国へ越境したことを人づてに知った。2024年にフレズノを再訪した際，マテオとフリアの暮らす家を訪ねた。

も何か起こりうる」ことをいつも考えてしまうとマテオは語った。検挙と送還の可能性を常に意識するマテオとその家族は，恒常的な不安定性にさらされながらも，米国で子どもを育て暮らすことを選んだのである。

このように限られた事例からではあるが，非正規ルートで再越境を試みる人々は，リスクの高い越境に耐えうる体力・気力とともに，米国で家族とともに暮らすという強い動機がある。また，米国に妻子がいる場合，妻と親族が越境を可能にするための社会関係資本を提供している傾向がみられる。それは世帯経済的にも，また子どものためにも，夫が米国に戻ることを女性側が強く望むからだと考えられる。その意味において，配偶者である女性が男性の再越境を望むかどうかも，送還後のモビリティを検討するうえで重要な要素であると考えられる。

3 移民管理レジームによるトランスナショナルな社会空間の再編

1）村に戻る男性，米国に留まる女性

移民規制の厳格化の下で，送還された男性の多くが，帰国後にモビリティが封じ込められた状況に置かれていることが，以上の事例より明らかになった。では，その配偶者である女性たちはどのようにして越境的な世帯を形成・維持しているのだろうか。また，そこにはいかなる葛藤と衝突が生じているのだろうか。

米墨間移住の歴史的変容を論じたカストロ・ロペスの『分離した家』（Castro López 1986）では，特に 1940〜80 年代にかけて，一見国境を隔てて分断したかにみえる家庭において，移民男性がメキシコに残る妻子の再生産を支えてきたことを指摘している。これに対して，移民規制の厳格化が進行する現代においては，男性たちがメキシコに送還され，妻子が米国にとどまる，といった「分離した家」の逆転現象が生じている。移動性を封じ込められ，メキシコにとどまらざるをえない男性と世帯を形成する女性たちもまた，移民管理レジームの影響から無関係でいることはできない。

本項では，このような越境的な世帯の形成や維持を試みる女性たちが，移民コミュニティにおいて，どのようにみなされ評価されているのか，伝統的なジェンダー秩序や権力関係の変容あるいは再強化に着目して検討していく。

▶パロマとカルロス——「懸命に働く女」と「ろくでもない男」

上記の問いを具体的に検討していくために，夫であるカルロス（第 5 章第 3 節）が越境に失敗しても，夫を追って村に戻らず，米国で 1 人子どもたちを育てていくことを選んだパロマの事例を取り上げたい。エスペランサ村出身のある女性は，パロマについて単身米国で一生懸命働き子どもを育てていると好意的に評価する一方で，夫のカルロスに対しては，米国で飲酒問題を自ら引き起こし強制送還されただけでなく，メキシコで別の女性と親しくなり，パロマを裏切っている「ろくでもない男」だと強い口調で批判した。このような，米国で「懸命に働く女」とメキシコに送還された「ろくでもない男」という評価は，トランスナショナルなモラル・エコノミーの下で，いかに形成されているのだろうか。

パロマは 1990 年に 15 歳で初めて米国に越境し，1994 年にカルロスと米国で知り合い，3 人の子どもにめぐまれ，家庭を築いてきた。カルロスはパロマと知り合う前にオレゴン州で麻薬売買に関わり，刑務所に服役した過去があるが，出所後はそうした非合法的な活動からは距離を置き，農業や建設業で真面目に働いてきた。ただしパロマは，カルロスの過度な飲酒が問題を引き起こさないか常に懸念してきたという。

2010 年にパロマは病に倒れた母親を看病するために，当時 15 歳，14 歳，9 歳の 3 人の子どもたちを夫のカルロスに託し，エスペランサ村に戻ることを決意した。しかし，パロマが村に戻ってから 2 カ月後，友人たちの誘いに応じたカルロスは，飲酒運転で警察に検挙された。過去の麻薬売買を含む前科によって，カルロスは 1 カ月ほど収容された後，強制送還に至り，村へと戻った。幸い，米国に残された子どもたちはカルロスの姉が面倒をみることになったが，子どもたちを夫に預けて村に戻ったパロマにとって，夫の飲酒運転はその信頼に対する裏切りでもあった。

2011 年にパロマの母親を看取った後，2 人は揃って米国に戻ることを決意す

るが，その越境は困難をきわめた。パロマは越境を成功させることができたが，カルロスは国境警備隊に拘束され，再び1カ月近く収容された後，送還に至った。その後，国境沿いに滞在し複数回にわたって越境に挑戦したが，すべて失敗に終わった。それ以降カルロスは越境を諦め，エスペランサ村に戻り，微々たる現金収入をタクシー運転手として得ることで生計を立てている。カルロスもまた，移動を封じ込められた1人とみなすことができる。他方で越境に成功したパロマは，米国での家計を1人で背負うだけでなく，越境にかかった8000ドル以上もの借金の返済に追われることになった。

　1人になっても，家賃も同様にかかりますし，請求書は2人が一緒にいたときと同じように送られてきますから。1年目と2年目は，やはり少し困窮しました。私1人で働き，子どもたちは学校に行っていましたが，少しずつなんとか持ち直すようになってきました。子どもたちの洋服，靴，必要なものすべて揃えてあげる必要がありました。ときにそれはすごく難しいことでした。でも神のご加護のおかげで，なんとか私はやりとげてきました。上の2人は高校を卒業し，大きくなりましたし，あと残っているのは下の息子だけです。

　パロマは5年ほどかけて複数名のエスペランサ村出身者から借りていた借金を利子含めすべて返済し，農業の季節労働に従事しながら3人の子どもたちを育ててきた。カルロスを追って村に戻らず，米国で暮らし続けるという選択の背景には，越境にかかった借金を返済するという経済的に差し迫った事情もあるが，パロマは米国市民である子どもたちの存在もまた，メキシコには戻らない理由のひとつとして挙げている。

　私が彼〔カルロス〕を追うために，子どもたちを米国からメキシコに連れて帰ることはできません。今のところ，メキシコに戻るつもりはありません。彼〔一番下の息子〕の学校教育が終わって，そのあと彼が何をしたいかにもよるでしょう。もし彼をメキシコに連れて帰ってしまったら，彼はここでの教育を失うことになってしまいます。それに，すでに成人した長

男もまだ独身ですし，戻ることは考えていません。

　このパロマの語りが示すように，特に未成年の子どもがいる場合，子どもの教育と将来の可能性に高い優先順位が置かれる。成人した子どもたちの協力もあり，安定した生活を営むパロマは，現時点で村に戻るつもりはないという。ただし，それは夫や村との関係を完全に断ち切ったことを意味するわけではない。パロマは，米国での生活が最優先であることをカルロスに宣言しながらも，カルロスに対してできる範囲の仕送りをすることで，その関係を緩やかに保っていることがわかる。

　　ときどき，彼〔カルロス〕に少しだけ仕送りをします。でもそれくらいだけですよ。それもお金があったらの話で，お金がなければしません。ここでの生活が第一ですから。ここ〔米国〕で電気代や電話代を支払わなかったら，次の日には絶たれてしまいますよね。彼には，まずは私の車が優先とも伝えています。ガスもタイヤも必要ですから。もし車がなかったらどうやって仕事に行くというのでしょう。そう言うと，彼〔カルロス〕はただ笑うんです〔声を出して笑う〕。

　このように，パロマは送金を義務ではなく，可能であれば行うものと位置づけ，カルロスもまたそうした優先順位を理解している。また仕送りとは別に，長男がコミュネロとして登録しているため，パロマは村に納める必要のある費用（献金）をカルロスに送金している。このように，2011 年以降，パロマとその子供たちはカルロスと国境を隔て生活しているものの，その関係性は完全に断絶することなく，トランスナショナルな世帯を緩やかに形成してきた。これは，第 3 章で取り上げたマノロやフランシスコが，強制送還後にあっけなく米国の家族から見放された，という都市部の事例ときわめて対照的である。パロマが，フレズノに住むカルロスの両親や兄弟ともいまだに良好な関係にあると述べるように，親族を中心とする緊密な社会関係に埋め込まれたパロマにとって，カルロスは簡単に切り捨てられる存在ではない。

　越境に失敗した夫を追って村に戻らず，米国で暮らし続けるパロマは，移動

をめぐる伝統的なジェンダー秩序から逸脱しているにもかかわらず，周囲から
の批判を免れている。むしろ，季節労働者として農場で身を粉にして働き，1
人で子どもを育てる彼女に対する周囲からの評価は好意的なものばかりである。
加えて，越境にかかった借金をきちんと返済したことで，パロマは周囲の村人
から，勤勉で信頼に足る人物であるとみなされている。このようなパロマに対
する肯定的な評価は彼女自身の努力の結果でもあるが，同時にトランスナショ
ナルなモラル・エコノミーにおいて，カルロスの帰国が自業自得とみなされる
ことで，パロマの米国における滞在が正当化される側面があるといえる。

▶アンヘラとファウスティーノ──「他に男をつくった女」と「責務を全うした男」

このようなパロマとカルロスの事例と対比をなすのは，アンヘラとファウス
ティーノの事例である。アンヘラにもパロマと同様，米国に再越境できないま
まエスペランサ村に暮らす夫がいるが，村へ戻らず米国で子どもとともに暮ら
している。米国にとどまるというパロマの選択が批判の対象にならなかったの
に対して，アンヘラの同じ選択は周囲の村人から強い非難の対象となった。た
とえば，エスペランサ村に住む 20 代の若い女性 2 人は，ファウスティーノと
アンヘラの家族の話になると，子どもたちがすでに成人している今，アンヘラ
には「米国にとどまる理由がない」ため，「村にいる夫のところに戻ってくる
べきだ」と語った。また，こうした批判的なまなざしは，ときに「もうこっち
〔米国〕に他の男がいるようだ」という，女性のセクシュアリティにかかわる
悪意に満ちた噂となって顕在化する。なぜ，2 人とも同じ選択をしているにも
かかわらず，このような異なる評価が下されるのだろうか。これを検討するた
めに，アンヘラとファウスティーノの移住歴などについて検討していこう。

ファウスティーノは 1992〜98 年まで，メキシコの村に妻と子ども 5 人を残
し，単身で米国のオレゴン州にて農業に従事した。1998 年に家族のためにエ
スペランサ村に戻り，しばらく家族そろって暮らしていたが，2006 年に今度
は家族全員で米国に移住することに決めた。

　　あそこ〔エスペランサ村〕では，私たちは本当に貧しかったのです。どう
　　やって生きていっていいのかわかりませんでした。そんなとき，米国から

村に戻ってくる人たちが，車やよい洋服などを持ち帰っているのを見て，それにすごく惹かれました。

　米国への移住がもたらす豊かな生活に憧れたアンヘラと家族は，ついに2006年に家族全員で移住することに決めた。ファウスティーノとアンヘラ，そして5人の子どもたちは1人1300ドル（家族全員で9000ドル以上）を越境仲介業者に支払い，越境を試みた。その経験をアンヘラは「非常に過酷なものでした」と振り返った。また，「こちらに来れば，簡単にお金が手に入ると思っていたけど，実際は本当に大変な生活でした……」と付け加えたように，移住後の生活は困難の連続であった。

　越境後，数カ月の間フレズノの親戚の家に世話になったあと，家族7人で住むことのできる約1万5000ドルのトレーラーハウスを親戚から借金して購入した。越境にかかった費用とトレーラーハウスの購入費用で膨れ上がっていた借金を返すために，上の子どもたち2人は両親と一緒に働き，下の子どもたちも学校から帰ると親の農作業を手伝い，働き詰めの日々を送ったという。4年を経て，ようやく借金を返し終えた2人だったが，2010年に再び家族は難しい決断を迫られることになった。ファウスティーノが，帰村が不可欠なカルゴの役職に指名されたのである。なぜカルゴのために村に戻ることに決めたのかという筆者の問いに対して，ファウスティーノは次のように答えた。

　　65歳になれば，カルゴの役職からは解放されるのです。当時，カルゴの役職から解放される65歳になるまで，あと1年でした。それが終われば，もう役職を与えられることはありません。私は，全ての義務をきちんと果たしたいと思いました。65歳になるまであと少しなのに，もし役職のために村に戻らなかったら，コミュネロの資格を失い，土地や家を全て失う事になってしまいます。……家を建てるために一生懸命働いてきたのですから。多くのお金も，そのためにつぎ込んできたのです。

　これに対してアンヘラは，夫がカルゴのために村に戻らずに米国で暮らし続けていくことを望んだ。

〔夫に〕行かないでほしいと言いました。もし行ってしまったらきっと〔米国に〕戻ってこられなくなる。ここに来るために，もう神は私たちを助けてくれたのですから，村に戻らないでほしいと伝えました。でも，結局彼は行くことに決めてしまいました。今もなお，向こうに行ったきりです。

　夫のファウスティーノは，妻から村に戻らないでほしいと懇願されたにもかかわらず，結局村に戻ることに決めた。この語りが示すように，アンヘラは村に対する義務を放棄し，家族全員で米国に暮らしていくことを望んだが，ファウスティーノにとって，それはコミュネロの資格を失い，米国で懸命に働いたお金で村に建てた家を手放し，村で生きる権利を放棄することを意味していた。

　このようにファウスティーノは，カルゴの役職を全うすることで得られる村落コミュニティでの象徴資本や資産を優先したが，妻のアンヘラは，村での生活よりも米国での生活に将来を見出した。このようなカルゴ・システムを核とする村の価値規範に対する意識の差と，移民管理レジームによる国境管理の厳格化は，米墨国境を隔てた家族の別離を生み出した。無事に1年のカルゴの役職を終えたファウスティーノは，2012年に家族のもとに戻ろうと米国への再越境を複数回試みたが，毎回国境警備隊に捕まり送還された。アンヘラは，このような夫の状況を次のように語った。

〔夫は〕越境に挑戦しました。でも，〔こちらに〕戻ってくることはできませんでした。もう一度挑戦しました。またダメでした。夫は，ここ米国で強制退去を受けたことはありません。でも国境沿いで検挙され送還される，それはすでに退去強制令に付されたということになるそうです。入国しては捕まって，メキシコに戻されてまた挑戦する，それは強制送還に付されたことになるというのです。もうきっと無理でしょう。もう越境することはできません。もしもう一度挑戦して，捕まってしまったら，刑務所に入れられるというのです。夫はそう教えてくれました。

　国境沿いにおける越境と送還を何度も繰り返したのちに，ファウスティーノは将来的な長期収容のリスクを避けるため，その後の越境を諦めた。すでに

10年以上にわたって家族と離れて暮らすファウスティーノは，1人で生活することの困難や，家族と一緒に暮らせないつらさや寂しさを繰り返し私に語った。他方で，アンヘラは，子どもや孫たちと暮らし，英語の学校にも通うなど，米国社会に根づいている。そして，トレーラーハウスという財産を維持し続けることが夫との約束であるとして，メキシコに戻るつもりはないという。世帯内で互いの選択に一定の理解や取り決めがあったとしても，夫のために村に戻らないアンヘラは，フレズノやエスペランサ村の村人から中傷を受け，評判を貶められている。

このような，米国にとどまる選択をした女性に対する周囲の異なる反応は，未成年の子どもの有無だけでなく，配偶者である男性の帰国が周囲からいかに評価されているかに起因している。パロマに対する好意的な評価が，周囲から「ろくでもない男」として酷評されるカルロスとの対比のなかで形成されていたように，アンヘラに対する否定的な評価は，カルゴの役職に就くために帰国したファウスティーノを蔑ろにしたとみなされたからこそ生じたといえる。そして，村に貢献した男性を支えるべき女性が米国にとどまる状況は，もはやファウスティーノとその家族だけの問題ではなく，村落コミュニティのジェンダー秩序をめぐる権力関係の揺らぎとして認識されている。すなわち，移民とその家族が形成するトランスナショナルな社会空間が，移民規制の厳格化によるモビリティの制約を受け再編されると同時に，米国の法制度からの逸脱や勤勉さをめぐる価値規範，そして伝統的なジェンダー秩序が相互に絡み合うトランスナショナルなモラル・エコノミーにおいて，葛藤や衝突を生み出しているのである。

2）村にとどまる男性と移動する女性

移民規制の厳格化によって越境それ自体の認識と実践が変容するなか，女性が米国に暮らし，男性がメキシコにとどまるという新たな世帯が形成されてきた。では，移動を封じ込められた男性と世帯を形成する，永住権や市民権をもつ女性は，いかにしてトランスナショナルな世帯を維持しているのだろうか。女性は米国の農業における季節労働で働き，家族の再生産と生産の両側面を担

うと同時に，子どもを連れて夫が暮らすエスペランサ村に定期的に戻ることで，トランスナショナルな世帯を成立させようとしている。本項ではナタリアとパブロの事例を取り上げることで，こうした越境的な世帯形成において，女性たちがどのような役割を担い，また困難をいかに乗り越えようとしているのか，検討していきたい。

▶パブロとナタリア──監視されるセクシュアリティ

エスペランサ村で生まれたナタリアは，生後 11 カ月で両親に連れられて米国に移住した。1986 年の一斉正規化で永住権を得た父親による申請で，ナタリアを含めた 4 人兄弟と母親もまた 1995 年に永住権を取得している。ナタリアは小学校から中学校，そして高校と，米国で教育を受けてきたが，18 歳の時に病気を理由に高校を休学し，当時から付き合っていたエスペランサ村出身の夫パブロと結婚した。

パブロは，10 代後半で無登録移民として越境し，米国の農業に長く従事してきた。永住権のあるナタリアは，配偶者である夫のために，彼女自身をスポンサーとする正規化の道を模索したという。しかし，2000 年代半ばに初めて米国に越境した際，一度国境沿いで拘束され強制送還されたというパブロの「前科」がその障壁になることを親戚から聞かされ，結局正規化のための申請はできなかったと回顧する。夫の不安定な法的地位をめぐる懸念はあったものの，その後 2 人の子どもを授かり，家庭を築いてきたが，2011 年にナタリアの不安は現実のものとなった。

パブロには，ナタリアとの婚姻前，別の女性との間にもうけた子どもがいた。この子どものための養育費の支払いを怠ったことで，パブロは女性から訴えられ，米国の刑事司法制度の網に絡めとられた結果，2012 年に強制送還に至った[8]。この時，ナタリアは第三子を妊娠していた。本来，養育費の支払いをめぐる法制度は子どもの福祉と権利を保障するはずだが，訴訟を契機とする強制送還の実施は，別の女性との子どもの養育だけでなく，ナタリアとパブロの間

---

8) カリフォルニア州では，養育費の滞納について裁判所から逮捕状が民事あるいは刑事事件として発布される（https://azemikalaw.com/what-happens-if-you-dont-pay-child-support-in-california/）。

に生まれた米国市民の子どもたちの福祉をも決定的に損なうことになった。

　パブロがメキシコへの強制送還に付された後，一家の大黒柱を失ったナタリアと子どもたちは，独立した世帯として住居を借りることもままならない状況に追い込まれた。さらに，ある程度のまとまった額を農作業で稼ぐためにはベビーシッターを雇う必要があるが，それを探すのも容易ではない。ときには幼い子供たちを炎天下にさらしてまで農作業に出ざるをえないという経験を，ナタリアは涙ながらに振り返った。それは，母として胸を押しつぶされるようなつらい経験であった。子どもを米国で1人で育てることの難しさから，パブロとナタリアの2人は，季節労働の繁忙期にナタリアが米国で働き，その間は子どもたちをエスペランサ村で暮らすパブロに預け，シーズン後にナタリアが村に戻って暮らすことに決めた[9]。

　このように，ナタリアとパブロの事例は，女性が世帯の大黒柱となっており，伝統的なジェンダー役割の逆転を示している。ただし，このようなトランスナショナルな世帯形成におけるジェンダー役割の変化が，必ずしも女性の自律性の獲得やエンパワメントへと単線的につながるわけではない。むしろ，女性は男性不在の状況で経済的な責任を一手に引き受けるだけでなく，既婚であるにもかかわらず1人で農作業に立つことで，自身のセクシュアリティに対する監視や支配が強まる傾向があった。たとえばパブロは，ナタリアが単身で農作業の現場に従事することを好ましく思っておらず，その理由をナタリアは次のように語った。

　　なぜって，彼ら〔一緒に働いている労働者たち〕は私のことを独身だと見るし，私は若いですから〔声を出して笑う〕。彼〔夫のパブロ〕は私に誰とも話をしてほしくないのです。同郷出身の人々は，みな噂話ばかりです。ここにはスパイがたくさんいるんですよ。彼らは私が誰か別の男性と話していたら，それがめぐって夫の耳に入るんです。「他の男と親しげなあなたの妻を見かけたよ……」というように。……だから，彼は私に働いてほし

9）エスペランサ村にはパブロだけでなく義理の母親がいるため，パブロが日中はタクシー運転手として働く間，必然的に子どもの世話は義母が担った。

くないのです。それで，何とかしてもう一度米国に越境しようとしている
のです。私にしてみれば，本当にばかばかしい話なのですけれど。ただの
仕事場の友達なだけで，私は何も悪いことはしていません。だから，噂話
が大嫌いです。

すでに第5章でもふれたように，米国に移住する大部分の女性は，配偶者で
ある男性とともに農業における過酷な肉体労働に従事している。米国で家賃を
支払い，電気・ガス・水道代，食費などを賄い，さらにそこから微々たる貯蓄
をするために，女性たちもまた，男性と同様に農作業で働くことを求められる。
しかし，既婚者であるにもかかわらず配偶者と一緒に農業に従事していなかっ
たナタリアの振る舞いは，周囲から問題視されることになった。

上記の語りが示すように，米国における彼女の行動は，常に同郷者によって
監視され，既婚女性としての「正しい」振る舞いが求められた。そして，夫は
メキシコにいながらも噂を通じて妻の動向を知り，その行動をコントロールし
ようとする。こうした遠隔的な監視は，同郷者だけでなく，親族間でも強く作
用している。たとえばナタリアは，従姉に誘われた遠方の仕事のために，当時
滞在していた義姉の家に一晩戻らなかったことで，別の男性と不適切な関係を
もっていると疑われ，夫に報告されたという。このように，世帯内における
ジェンダー役割が変化しても，ナタリアは常にトランスナショナルな社会空間
のなかで，既存のジェンダー規範からの逸脱をめぐる強い監視や制約を受けて
いる。また，こうした批判的なまなざしは，米国で働くナタリアだけでなく，
夫のパブロにも向けられる。村での調査を手伝ってくれた20代の女性は，ナ
タリアやパブロのような新しいトランスナショナルな世帯を築く家族に対して，
「妻ではなく，夫が家族を支えるべきなので，そうではない彼ら〔ナタリアとパ
ブロの家族〕に対して，村の年配の世代の多くが厳しい目を向けている」と述
べた。親族や同郷者たちが，エスペランサ村の夫にナタリアの行動を告げ口す
ることは，一見ナタリアの行動を監視しているだけのようだが，実は夫に対し
ても妻の貞操を守らせることを暗に要求しているともいえる。すなわち，パブ
ロもまた，エスペランサ村における伝統的なジェンダー規範から逸脱したこと

で，遠方から妻の行動をコントロールし，夫である自分が再び稼ぎ頭になるよう，周囲から強い圧力を受けていると捉えることができる。

3) 合法的地位のある女性に依存する男性の移動

　このように，移民規制の厳格化によって再編されるトランスナショナルな世帯と，それにもとづくジェンダー役割の変化は，必ずしも女性たちのエンパワメントに直結するとは限らない。それまで世帯経済の主要な稼ぎ手であった男性が送還されることは，女性に過大な経済的負担をもたらし，ときには安定的な住居の維持さえ困難になる。また，従来のジェンダー秩序を維持するために，セクシュアリティの越境的な監視が試みられることもあった。

　強制送還がもたらす世帯への打撃により「分離した家」の逆転現象が生じた上記の事例に加え，本項ではトランスナショナルな社会空間の変容におけるもうひとつの傾向を論じたい。それは，米国市民権や永住権をもつエスペランサ村出身の若い女性が，米国の法的地位をもたない同村在住の男性と知り合うことで，この女性を基軸とした男性の移住が模索されているというものである[10]。

　近年の移民管理レジームのもとでは，越境時の検挙を含めた「前科」がリスクを高め，ときには正規化の可能性を制限するものとして作用していた。アントニオの事例（本章第1節）で示したように，非正規ルートを用いることでさらなる法的罰則にさらされ，将来的な正規化の可能性を脅かさないために，10年間の再入国禁止に耐えた後あくまで合法的なルートで米国へ移住することを模索する者もいる。これは，従来の米墨間移住において仲介業者が越境手段として当然のように用いられてきたことを念頭に置くと，大きな変化といえる。

　さらに，自身が「クリーン」なことを周囲に対して熱心に訴える被強制送還者たちの姿は，トランスナショナルな社会空間を通じて伝播する移民の犯罪者化がもたらすさまざまなリスクに対する恐れの裏返しとして理解することがで

---

10) もちろん，米国の法的地位をもつ男性が，村の女性と結婚することで，女性の米国への移動が可能になるという事例もあるが，それは長い間女性の移動が男性に従属的であったという文脈からみると特に珍しいことではなく，この世帯再編という文脈にはあてはまらない。

きる。移民規制が厳格化する近年において，「前科」がなく「クリーン」であることに，これまでの米墨間移住にはなかった，移動する主体としての付加価値が見出されているといえる。

▶エミリアとグスタボ——「クリーン」な移動の価値

20代で米国の大学を卒業したばかりのエミリアは，エスペランサ村出身の両親をもつ第二世代の女性である。彼女は，幼少期にほぼ毎年エスペランサ村に休暇で訪れ，フレズノではエスペランサ村出身の両親をもつ第二世代の子どもたちと一緒に育ってきた。中学・高校時代は学業と農作業の手伝いでエスペランサ村の訪問回数は減ったが，エスペランサ村に住む祖父母の体調が悪くなったことをきっかけに，母親と一緒に村を定期的に訪れるようになった。そこで知り合ったのが，エスペランサ村に住むグスタボという20代の若者であった。恋人になってからは，祖母が亡くなり葬式が済んだ後も，大学のセメスターの合間に定期的にエスペランサ村を訪れ，遠距離恋愛を続けてきた。

どのような将来を思い描いているのかと問いかけると，エミリアは大学卒業後にソーシャルワーカーとして働き，恋人のグスタボと結婚したら，配偶者ビザを申請し，フレズノで一緒に暮らしたい，という将来像を語った。遠距離恋愛に耐えかね，今すぐ越境して一緒に暮らしたいと言うグスタボにエミリアは，合法的なルートで移住し正規化されるためには「クリーン」であることが重要だと諭すという。

> もし早まってコヨーテを使って越境して，前科がついてしまったらどうなりますか。リスクをおかすべきではありません。よい方法でこちらに来ることが大事なのです。

このようなエミリアの語りからは，「前科」がつく可能性がある非正規ルートを避け，合法的かつ確実に来られる方法を模索するためには「クリーン」でいることが重要である，という越境に対する新たな認識が，トランスナショナルな社会空間において共有されていることが読みとれる。ここに，米国の法制度からの逸脱が将来の選択を狭める可能性をふまえ，自らを規律化する移民とその家族の姿を見出すことができる。かつて仲介業者を用いた移住は越境のほ

ぼ唯一の方法であり，多くの若い男性たちにとって社会的な通過儀礼と目される実践であったが，近年の移民管理レジームの浸透と規制の厳格化を背景に，過大なリスクを背負う非正規ルートによる越境は悪手とみなされている。すなわちこうした事例は，米墨間移住において越境をめぐる新たな認識と実践が生まれていることを示唆している。

　また，従来の非正規ルートによる越境がままならない時代において，乏しい経済機会に苦しむ村落の若者たちにとっては，米国の法的地位をもつ女性と恋愛関係になり，婚姻関係を結ぶことが，自身のモビリティを発揮する重要な手段となりうる。実際に，エスペランサ村とフレズノのフィールド調査において，村落で暮らす若い男性たちにとって，米国市民権あるいは永住権をもつ若い女性を結婚相手として見つけることが「人生のあがり」であるという，冗談とも本音ともつかない会話を耳にしたこともある。このように，女性の法的地位に依拠し，米国市民の配偶者として正規ルートの移住を模索する新たな移住の実践は，男性の移動が女性に従属的なものとして位置づけられることを意味する。ただし，こうした変化が，トランスナショナルなモラル・エコノミーにおけるジェンダー秩序の変容に単純に結びつくかは，一定の留保が必要である。

　この点を検討するうえで，米国に拠点をもつ移民第二世代の女性と村の男性との関係を揶揄した噂は示唆的である。それは，村の男性たちと恋愛関係になった第二世代の女性が真剣な交際を望んだものの，男性たちは周囲に彼女たちとの関係を単なる遊びだと吹聴したというものであった。こうした噂に登場する女性たちは，男性に弄ばれ棄てられる存在へと貶められ，世間知らずで性的にも軽率であるかのように語られていた。米国で育った第二世代の女性たちのセクシュアリティに対する監視は従来の研究（Smith 2006）でも指摘されているが，米国の法的地位を確立した若い女性のもつ潜在的な力をこうした噂が貶めているとみなすのは考えすぎだろうか。ラティーノ男性を標的にする移民管理レジームの下で，エスペランサ村の若い男性たちの米国への移住が，女性に従属的なものとして位置づけられるとき，こうした女性たちを貶める噂は，ジェンダー秩序における権力関係の変化の兆しに対する揺り戻しの反応と解釈することもできるのではないだろうか。

おわりに

　本章では，米国とメキシコ双方の道徳的秩序から逸脱とみなされる強制送還による帰国が，その後の帰国者の再越境に及ぼす影響について，米国における「前科」と社会関係資本の喪失という2つの側面から論じた。米国での「前科」がある帰国者の中には，「前科」があるという法的事実だけでなく，それにまつわる検挙や収容といった経験が再越境をためらわせる要因となっていた。特に，再越境して再び検挙された際に予想される長期収容は，自由を奪うだけでなく，その間に家族を経済的に支えられなくなるため，むしろ経済的負担さえ生じる恐れもある。こうした越境をめぐる潜在的なリスクを予測することで，強制送還を経験した帰国者は，移動できない主体として規律化され，越境を諦めていた。すなわち，米国の法制度からの逸脱を示す「前科」が時限装置のように埋め込まれ，将来的な越境において収容の長期化というさらなるリスクを課すことで人々の移動に制約が生じていた。

　米国の巨大なデータシステムに書き込まれた法的な烙印によって，帰国者は将来的な収容や送還のリスクを回避するために，非正規ルートによる再越境という選択肢を自ら手放さざるをえない。受入国内において恒常的な送還の恐れを生み出し，移民の脆弱性を決定づける「追放可能性」は，移民を犯罪者化する刑事司法制度と連動することで，受入国内にとどまらず移民が帰国した先の出身地域においてもモビリティの剥奪をもたらしている。

　ただし，こうした「前科」だけが再越境を妨げる直接的な要因となるわけではない。近年，越境のリスクとコストが高騰するなか，高額なコストを捻出するためには，家族，親戚，同郷者からの借金が必要となる。このような借金を滞りなく返済するためには，責任感があり勤勉であることが必要な資質として捉えられている。そうした状況において，過度な飲酒や飲酒運転，家庭内暴力，その他の社会的逸脱行為による「犯罪歴」や悪い評判が周囲で共有されている人物は，米国のみならずメキシコの村落コミュニティにおけるトランスナショナルなモラル・エコノミーからの逸脱者とみなされ，周囲からの金銭的支援を

受けることができなくなる。トランスナショナルな社会空間において周囲からの信頼を失うことは，再越境に必要な社会関係資本の動員を困難にし，結果的にモビリティの喪失に結びつくのである。

　移民規制の厳格化の時代におけるこうした移住プロセスは，従来の移住システム論が想定してきた循環的で累積的な移住の拡大とは対照的に，移民とその家族が経験するモビリティの剥奪に特徴づけられている。そして，米国の移民管理レジームと村落コミュニティの価値規範が，「勤勉さ」という要素を媒介としながら接合することで，村落コミュニティの社会的ネットワークや社会関係資本を用いた移住プロセスそれ自体が，移住に値する者をあらかじめふるいにかけるような，選別性をはらんだものへと転換している。

　送出地域に戻った人々の移動を制約することによって，トランスナショナルな社会空間はこれまでにない変化を経験している。従来の米墨間を事例にした国際移動研究の多くは，男性が米国で稼ぎ，故郷に残した女性や子供に経済的な仕送りを行って世帯を維持する「分離した家」の形態をとることが指摘されてきた。しかし，移民規制の厳格化と大規模な強制送還によって，モビリティを喪失した男性がメキシコにとどまり，その妻や子どもたちが米国に残るという「分離した家」の逆転現象が生じていた。

　特に，メキシコ村落部に戻った男性が，米国や村落コミュニティにおけるトランスナショナルなモラル・エコノミーからの逸脱者であるかどうかは，米国にとどまることを選択した配偶者女性への評価の重要な分岐点となっていた。帰国者である男性が村落コミュニティにおいて恥を付与された人物であれば，配偶者である女性は米国にとどまるという主体的行動を選んでも批判を受けないが，男性が威信を獲得した人物である場合，村落に戻らないという女性の選択は，夫を支えるための選択であるにもかかわらず，セクシュアリティを攻撃する噂にさらされ，スティグマの対象となっていた。すなわち，このようなトランスナショナルな社会空間の再編は，既存のジェンダー規範を部分的に変容させると同時に強化するような，ジェンダー関係をめぐる権力の闘争の場となっていることが明らかになった。

終　章

移民規制の厳格化は何をもたらしたのか

　本書は，米国の移民管理レジームの下で，大規模な強制送還政策を経験する
移民とその家族，そして移民コミュニティに焦点をあて，送出地域を含めた多
地点フィールドワークを組み合わせることで，規制厳格化の影響をより包括的
に明らかにすることを試みた。終章では各章で得られた知見を整理したうえで，
米国における移民規制の厳格化が受入国と送出国に生きる移民とその家族にど
のような影響を及ぼしたのかあらためて論じる。そしてそれが人々の越境をめ
ぐる認識や実践にいかなる変容をもたらしているのか，国家の境界管理とモビ
リティをめぐる新たな理論的貢献について言及する。最後に，国家を分析の中
心に据える方法論的ナショナリズムを乗り越えた先に何が見出せるのか，強制
送還をトランスナショナルに把握する本書の学術的意義について，より広い視
点から論じていく。

1　移民管理レジームと移民の犯罪者化

　本書は，現代の文脈につながる移民管理レジームの源流を見出すべく，米国
における移民受入れとその政策展開を歴史的にたどった。とりわけ，19 世紀
の「中国人問題」を起点として，「帰化不能外国人」と位置づけられたアジア
系移民が，決して米国社会に同化しえない人種的他者とみなされ，市民権の獲

得から排除されてきたことを示した。他方で，米墨戦争後の旧メキシコ領の併合において，メキシコ人は法的には「白人」として市民の地位を付与されたものの，とりわけ先住民は日常的・社会的には「非白人」として劣位の扱いを受けた。グローバル資本主義における越境的な経済システムの統合プロセスの下で，メキシコ人移民の拡大が「非合法移民問題」として顕在化し，彼らを「不法外国人（illegal alien）」とみなす人種的他者化が進行した。現代につながるラティーノ移民の排除と抑圧は，ただ単に彼らを使い勝手のよい脆弱な労働力として扱うだけでなく，二級市民として劣位に置く人種的なまなざしのもとで進行してきたといえる。

　特に，1990年代後半より，無登録移民を教育と緊急医療サービス以外の社会保障から排除するだけでなく，移民を「犯罪者」として規定し，大規模な強制送還を正当化する法制度が構築されたことを示した。そのひとつが，強制送還の対象となる外国人を規定する「加重重罪」カテゴリーの拡大である。軽犯罪も含んださまざまな「犯罪」をこのカテゴリーのもとで再分類するだけでなく，過去に服役し償った罪についても，遡及的に強制送還の対象とみなすという移民の再犯罪者化が進行したことで，多くの移民が強制送還の網へと囲い込まれることになった。

　このように，一見自律的な法の論理にもとづいて，刑事司法制度と移民政策が相互浸透した結果，端的な移民法違反とされたものが刑法上の重罪として規定され，懲罰としての強制送還が移民法の下で拡大再生産される状況を生み出した。すなわち，本来は個別に確立された移民法と刑法を結びつける構造の形成が，現代の監視と排除のシステムの構築をもたらした。とりわけ，2001年同時多発テロを契機とする安全保障政策と移民政策の急速な接近は，移民の犯罪者化を推し進める布石となる，法制度の実質的な運用拡大に結びついた。こうした動きは，対麻薬戦争や対テロ戦争といった時代背景とともに進行した，黒人やラティーノ男性をリスク集団として囲い込む米国の制度的人種主義に埋め込まれた社会統制メカニズムとも分かちがたく結びついていた。

　大規模な強制送還を正当化する，移民の犯罪者化をめぐる言説は，移民の日常生活を侵食することで，検挙や送還への恒常的な恐れを植え付け，移民の脆

弱性を高めている。本書では，このような「追放可能性」(de Genova and Peutz 2010) のもとで生きる移民とその家族の多くが，法制度の順守を徹底することで検挙や強制送還を避けられるはずであると認識していることが明らかになった。このような「規制の道徳化」(Andrews 2018) をめぐる理解は，無登録移民としての不安定性を乗り越え，日常生活を送ることを可能にする一方で，強制送還に至る者を送還されても仕方がない人物であったと認識する，自己責任論にもとづく「よい移民」と「悪い移民」の二元論を内面化させる作用をもたらしていた。ラティーノ男性を標的とする大規模な強制送還政策のもとで，追放対象となった村落出身の男性移民をめぐる噂や経験はこのような二元論を強化し，村落コミュニティ出身者の内部に，ジェンダー化された規制をめぐる認識と分断を生み出していた。

　そして， DACA による特定層への暫定的な権利の付与は，このような二元論的認識を強化するとともに，勤勉な人物であるか，米国社会に貢献しうる存在であるかといった問いを突きつける，あくまで条件つきの権利として認識されていることがあらわになった。DACA によって暫定的な法的地位を獲得した女性は，就労経験がなければ地位が更新されないのではないかという不安を抱いていたが，これはまさに，シティズンシップの獲得は恒常的な努力によってのみ達成されるという，強迫観念にも似た意識の一端を示している。すなわち，移民とその家族は，米国社会に生きる権利を徹底的に切り詰められてきた結果，米国政府に認められた者のみがようやく獲得できる条件つきのものとしてシティズンシップを位置づけているのである。

2　多様な帰還のあり方

　米国における人種化かつジェンダー化された移民管理レジームの形成をふまえ，本書では，それが移民とその家族にどのような影響を及ぼしているのかに関して，移民送出国であるメキシコの都市部といくつかの村落を事例として取り上げた。まず，メキシコ都市部に帰還する移民の経験を，彼らの移住プロセ

スにおける社会的ネットワークの特徴に関連づけて検討した。密度の低いネットワークに埋め込まれている都市出身の移民は，越境・居住局面において，弱い紐帯の強みを活かすことで高いモビリティを発揮していた。しかし他方で，強制送還という危機的状況に直面すると，「強制力のある信頼関係」（Portes 2010）に特徴づけられるような，相互を縛り合う緊密な関係性に埋め込まれていないため，ときに周囲から支援を断たれ，周縁化された状態に置かれてもいた。

都市における密度の低い社会的ネットワークは，「弱い紐帯の強み」（Granovetter 1973）に代表されるように，フレキシブルな移動や職業・産業移動を可能にする一方で，強制送還という危機的状況においてはその脆弱性をあらわにする。このように，都市出身者のもつ社会的ネットワークがセーフティネットとして機能しないことで，必要な助けを得られずに周縁化される帰国者の姿が浮かび上がった。この発見は，都市部と対照的に凝集性が高く，互酬性にもとづく密接な関係性が想定される村落コミュニティ出身者においては，強制送還という圧倒的な剥奪状況に直面しても，それを緩和できるような共同体のセーフティネットに受け止められるはずだ，という単純な想定を導き出す。

しかし，本書が明らかにしたように，凝集性の高い村落コミュニティは，必ずしも強制送還を含めた帰国に際して包摂の役割を果たすわけではない。オアハカ州の複数の村落における調査では，強制送還による帰国者を村の治安に対する脅威，あるいは村の道徳的秩序から逸脱し村を「汚す」存在とみなす特徴的な言説があることが明らかになった。すなわち，米国の移民管理レジームの下で形成された移民の犯罪者化をめぐる支配的言説が，互酬性を基盤とする凝集性の高い村落において受容されることで，帰国者へのスティグマをもたらし，国境を越える社会統制メカニズムとして機能していることが明らかになった。

3　トランスナショナルなモラル・エコノミーにおける包摂と排除

本書は，このような複数の村落コミュニティにおける発見をふまえ，村落コ

終　章　移民規制の厳格化は何をもたらしたのか　281

ミュニティにおいて世代やジェンダーによって異なる規範があることを考慮したうえで，特定のローカリティ（エスペランサ村を中心とするトランスナショナルな社会空間）に根ざした言説を読み解いた。それを通じて，米国における移民の犯罪者化をめぐる支配的言説と，村落コミュニティにおける道徳的規範とが接合したトランスナショナルなモラル・エコノミーの下で，いかなる包摂と排除が生み出されているのか検討した。

　エスペランサ村出身の移民とその家族の移住経験やトランスナショナルな社会空間の形成を，法的地位，世代，ジェンダーの差異に着目して考察した。移民第一世代の男性は，米国への移住によって村から物理的に離れてもなお，カルゴ・システムと呼ばれる制度を中心に，さまざまな実践を越境的に展開することで，トランスナショナルな社会空間の中核を担っていることが明らかになった。成人男性たちは，村の成員（コミュネロ）としてカルゴ・システムの責務を果たすことで，村のメンバーシップを維持すると同時に，村落コミュニティにおける象徴資本を獲得することができるのである。

　他方で，エスペランサ村の女性たちは移住を通じて，世帯における再生産労働だけでなく，男性と同じように農業に従事する生産労働の担い手となるが，伝統的なジェンダー秩序を内包したカルゴ・システムにおいて，あくまで男性に従属的な存在として位置づけられてきた。しかし，米国での定住化が進み，より平等主義的なジェンダー規範を身につけた女性たちによって，従来の男性中心主義的なジェンダー秩序は変容の兆しをみせていた。女性たちが，世帯という親密圏を超えた公的領域において，稼得者として男性と同じ権利を主張する異議申し立ては，村落コミュニティのジェンダー秩序をめぐる葛藤と衝突を生み出していた。

　米国の構造化された人種差別の下で監視と排除の標的とされる移民男性は，二級市民として社会的に排除されるだけでなく，村落コミュニティ内においても批判的なまなざしにさらされ，従来のジェンダー秩序を脅かすような地位の喪失を経験している。法的地位が不安定であり，移住のなかで従来の地位の喪失を経験する男性移民にとって，カルゴ・システムの下でメンバーシップを維持することは，いつでも送還されうるというリスクへの実質的な対処でもある

と同時に，自らの男性としての社会的地位を補塡する作用をもたらしていた。

　また，カルゴ・システムを中心とする村落コミュニティの価値規範と，米国における移民の犯罪者化を支える支配的言説の国境を越えた結びつきは，トランスナショナルなモラル・エコノミーとも呼べる新たな価値規範の形成をもたらした。そこでは，移民規制の厳格化を背景とする多様な帰国に対して，世代やジェンダーによって異なる経験や認識が生じていることが明らかになった。

　たとえば，米墨間の往還が困難な時代において，カルゴ・システムにより要請される村への帰還は，第一世代男性の帰村に新たな価値を付与する効果をもたらしていた。村への責務を果たすための帰村は，たとえ米国に妻子を残していたとしても，無登録移民として米国に暮らす家族の将来的なリスクをふまえた合理的な選択といえる。同時に，こうした帰国は，村落コミュニティにおいて自己犠牲にもとづく価値ある行為とみなされ，当該男性の政治的発言力を高めることに結びついていた。

　これに対して，犯罪や素行不良と結びつけられ，トランスナショナルなモラル・エコノミーから逸脱した移民1.5世代の若者たちの多くが，帰村後にスティグマ化や排除を経験していた。その際に，村落コミュニティのメンバーシップを規定するコミュネロとしての義務を果たすかどうかが，村における物理的な包摂と排除を規定していた。したがって，強制送還による帰国者であっても，カルゴ・システムにもとづいて村の成員としての義務を果たすことで，再び周囲からの承認を得ることができる。すなわち，互酬性や相互扶助にもとづく村落コミュニティの中核をなすカルゴ・システムは，村の成員とは認められない帰国者に対する二重の排除として機能する一方で，周縁化される帰国者を再びコミュニティに包摂するメカニズムともなりうるのである。

4　監視と排除の時代における境界管理とモビリティ

　では強制送還の影響をトランスナショナルに把握することを目指した本書は，このような特定のローカリティをめぐる議論を超えて，従来の国際移動をめぐ

る理論にいかなる貢献をもたらしたといえるだろうか。1980年代から90年代にかけて発展した移住システム論やトランスナショナリズム研究は，移民の社会的ネットワークやエージェンシーに着目した移住理論の構築に貢献してきた。こうした研究群は，移住の流れが一度形成されると，政治経済構造がたとえ変化しても，社会的ネットワークに支えられ，その流れは止まることなく累積的に拡大していくことを明らかにした。このような移動の自己永続性は，国家が人の移動をコントロールできない証左として広く論じられてきた（De Haas et al. 2020: 71）。本書はこのような学術的知見を共有する一方で，移住の自己永続性という前提の下で，規制の厳格化が送出地域を含めたメソ・ミクロの水準にもたらす実質的な影響が見落とされてきたという課題を見出した。これをふまえ，個々の移民の個体管理を可能にする生体認証システムの導入という技術的基盤を背景にした，越境それ自体を犯罪とする移民政策と刑事司法制度の相互浸透が，移民やその家族の移動にどのような影響を及ぼし，トランスナショナルな社会空間がいかに再編されているのか明らかにした。

　米国の移民管理レジームの影響下で，法的な逸脱が「前科」として記録され，半永続的に個体認識のデータとして共有されることで，人の移動はかつてないほど徹底的な監視のもとに置かれている。難民庇護申請者の国境をめぐる経験を明らかにした研究者マウンツは，こうした国境管理の新たな状況を「境界と化す身体（body as border）」（Mountz 2010: 149）と呼び，人種化および階層化された身体的・外見的特徴によって監視が誘発されるだけでなく，さまざまな法制度にもとづく記録が身体に書き込まれることで，国家による規制や管理が遠隔から発揮されるとした（Mountz 2010）。本書は，こうした法的な履歴が生体認証システムを通じて身体に刻み込まれ，検挙・収容・送還につながる規制の網に絡めとられることで，自らを越境できない主体として内面化する移民の姿を浮き彫りにした。

　また，移民規制の厳格化は，前述のように個々人の内面に作用するだけでなく，移民コミュニティ内部の社会関係資本が人びとの移動に対して果たす機能に大きな影響を及ぼしている。これまで，高い凝集性や相互扶助に特徴づけられるトランスナショナル・コミュニティは，自己永続的な移動の拡大に重要な

役割を果たすとされてきた。しかし，本書が明らかにしたように，移民管理レジームと送出地域の価値規範の接合は，移民を犯罪者化する支配的言説の越境的な再生産とともに，法の順守や勤勉さを核とするトランスナショナルなモラル・エコノミーを生み出している。そして，そこからの逸脱者とみなされ，周囲からの信頼や評価を失った帰国者は，越境を可能にする社会関係資本をも喪失することになる。本来，越境を助けるはずの家族，親族，そして同胞らは，信頼に値しないとみなした帰国者の越境に手を差し伸べようとはしない。すなわち，これまで越境的に拡大する移住プロセスの源泉とされてきた移民の社会的ネットワークは，越境を望む人々の適性を事前に判断する「ゲートキーパー」(De Haas et al. 2020: 71) の役割をも果たすのである。そして，それは図らずも，越境者を選別し移動を抑止するような，トランスナショナル・コミュニティの「越境的な規律化」をもたらしている。

　そして，このような規制の厳格化は，送出社会における越境をめぐる認識の変化を生み出すとともに，トランスナショナルな社会空間の変容をもたらしている。本書が明らかにしたように，移民規制の厳格化が進行するなかで，いまや移住は「前科」の有無と結びつけられたハイリスクな試みへと変化した。国境管理の厳格化は，米国だけでなくメキシコに生きる移民に対して，越境行為それ自体に「前科」という烙印を押すことで，すでに送還経験のある人々の再越境に困難をもたらしている。またそれは，移住経験が全くなく「クリーン」であることに対する付加価値を高めた。それによって，従来のような仲介業者を使った非正規ルートの越境ではなく，配偶者などの家族を媒介とした正規ルートの移住が望ましいあり方として認識されはじめている。しかし，このような合法的な移住形態を享受できるのは，「前科」がないごく一部の者に限られる。すなわち，一定の年齢に達した若者たちがこぞって米国を目指す「移住の文化」は，その概念と実態の間で大きな乖離が生じているといえよう。

　移民の社会的ネットワークやエージェンシーに着目する従来の研究において，移住は徐々にその地域における資源の有無や階層を超えて，すべての層へと広がることが指摘されてきた。しかし，米国における「前科」が法的かつ社会的なスティグマとして機能することで，移住はもはや誰にでも平等に開かれた試

みではなくなった。すなわち，近年の移民管理レジームにもとづく移民の包摂と排除は，米国における法的地位の差異化によって無登録移民のさらなる階層化を引き起こすだけでなく，移民送出地域においてもまた強制送還によって周縁化される層を形成するとともに，越境できる人とできない人をめぐる格差の固定化を招く可能性を示唆している。本書が明らかにしたように，米国の移民管理レジームは，資本の論理とも結びつきながら，いつでも廃棄可能かつ従順な労働力を生み出す装置として機能するとともに，人々の越境的な移動をめぐる認識や選択，ひいては社会構造そのものを大きく変容させているのである。

5 ラティーノ移民とアメリカ社会

本節では，多地点フィールドワークから得られた知見を，再びより広い文脈に位置づけなおすことで，現代の移民規制の厳格化が米国社会にもたらす影響について考えたい。本書が明らかにしたように，強制送還によって家族関係が失われた人々もいる一方で，越境的なつながりを維持する移民とその家族によるトランスナショナルな世帯の再編が進んでいる。その帰結として，強制送還は移民とその家族にさまざまな社会的・心理的・経済的な負の影響をもたらしている。

本書の事例でも取り上げたように，強制送還による排除や長期にわたる収容は，厳格な取締りの標的となるラティーノ移民だけでなく，その家族にさらなる経済的困窮をもたらしている。強制送還による世帯の分断によって，出身地域に送還された家族を経済的に支えるために送金の重要性がよりいっそう増すという指摘もあるように（Faist 2008），残された家族の経済的な負担が増えることも予測される。さらに，越境のリスクとコストの上昇によって，（再）越境を試みる移民は多大な借金を背負わざるをえない。こうした金銭的な負荷は，移民とその家族の日常生活をより圧迫することになる。

また，移民規制の厳格化の下で送還のリスクが高まると，移民らは突然の検挙によって財産を失うことを恐れ，米国での貯蓄を高リスクとみなすようにな

るという。その結果，米国での貯蓄や生活への投資よりも，出身地域への仕送りを選ぶことが指摘されている（Amuedo-Dorantes and Puttitanun 2014; Weber and Massey 2023）。本書で明らかにした送還のリスクを念頭に，村の成員としてメンバーシップを維持し，金銭的な負担もいとわない移民の姿は，まさに米国での稼得資産を送出地域に投資するこうした傾向と重なるものである。

　また，移民規制の厳格化の下，循環的な移動がよりいっそう困難な試みになるなかで，従来の移住理論が指摘したように，出身地域に戻ることを避け，米国にできるだけとどまろうとする定住化の流れが今後も続くと考えられる（Durand and Massey eds. 2004）。他方で，本書で取り上げたマウリシオ（第5章第3節）のように，米国市民の子どもが成人した後，追放可能性による日々のストレスから，将来的にはメキシコに戻ることを考えている場合もある。では，実質的に滞在が長期化していくにもかかわらず，その不安定な法的地位ゆえに定住への意欲を喪失するという一見矛盾した状況は，移民とその家族の生活にいかなる影響を及ぼすのだろうか。

　いくつかの研究は，常に送還のリスクにさらされることで，経済的な資源が送出地域への送金に割かれる状況は，米国市民権を有する子どもたちが育つ世帯の社会格差をよりいっそう悪化させ，第二世代の成長と将来的な社会移動に負の影響をもたらす可能性を示唆している（Bean et al. 2015; Yoshikawa 2011; Weber and Massey 2023）。すなわち，実質的な定住が進む一方で，移民規制の厳格化の下で米国社会から徹底的に排除される層が生み出されているといえる。

　かつて，黒人思想家のデュボイスは，根深い人種主義に規定された社会を生きる黒人の自己否定をはらんだアイデンティティのあり方を「二重意識」と表現した（DuBois 1903=1992）。それは，常に白人の視点から自己をまなざしつつも，「黒人であること」と「アメリカ人であること」が分かちがたく結びつき，その間で引き裂かれる苦しみを示唆する。アナ（第5章第3節）が，父親の送還について，「〔父が〕何事もなかったかのように棄てられた」と強い怒りを吐露したように，強制送還は彼女の社会に対する信頼を打ち砕いた。「アメリカ人」でありながら二級市民として扱われるラティーノ移民の子どもたちの現実は，こうした「二重意識」を生み出すものとしても理解できるのではないだろ

うか。米国市民でありながらも（あるいは自らを社会的にはアメリカ人と認識しながらも），社会経済的な困難だけでなく，公権力によっても家族という親密圏を脅かされる 1.5 世代や第二世代の子どもたちは，いかにして自らの帰属を米国社会に見出し，生きていくことができるのだろうか。本書が取り上げた法的暴力の影響は，こうした切実かつ困難な問題を提起している。

　移民受入国である米国は，主権国家の正当な権利として「望ましくない移民」を国境の外部へと追放し，それによって米国における「不法移民」問題の解決とみなす。しかし，本書が明らかにしたように，送還された移民は物理的にメキシコに追いやられながらも，人々が抱える痛みや苦難は，移民とその家族が形成するトランスナショナルな社会空間において，国境や世代を超えて受け継がれている。すなわち，移民を国外に送還してもなお，それはアメリカ社会の問題の一部であり続けているのである。

6　移民政策のゆくえ

　2011 年にフィールド調査を開始してから 10 年以上の月日が経過した。この間，オバマ，トランプ，そしてバイデンへと政権が入れ替わってきたが，一部の若者層に対する一時的・暫定的な救済を除いて，無登録移民の一斉正規化は実現しないまま，強制送還を含む移民規制の厳格化だけが進行してきた。では，2024 年 11 月の大統領選挙におけるトランプの再選は，今後の移民・難民政策に何をもたらすのだろうか。

　トランプ陣営は，ときにあからさまな人種主義的レトリックを用いながら，国境管理のいっそうの厳格化，無登録移民に対する国内規制の強化と米国最大規模の強制送還の実施，そして出生地主義の廃止などに取り組むと宣言した。オバマおよびバイデン政権で掲げられたいくつかの方針を逆方向へと巻き戻すだけでなく，徹底的な反移民政策に舵を切る強硬姿勢を示したといえる。他方で，本書が明らかにしたように，現在の移民管理レジームは 19 世紀までさかのぼる歴史的連続性を有しており，特に近年の大規模な強制送還メカニズムは，

1990 年代後半から 2000 年代にかけて構築された法制度の蓄積のうえに成立するものである。したがって，トランプ政権による今後の移民政策のゆくえを考えるためには，それらをより大きな歴史と構造のなかで捉える必要がある。

　米国では一斉正規化の動きが停滞するなかで，一定の条件を満たした人々に暫定的な権利を付与する移民救済策が，DACA プログラムの他にも打ち出されてきた。たとえば，自然災害や出身国の紛争や暴力などから逃れてきた人々に，人道的見地にもとづく「一時的保護（Temporary Protected Status: TPS）」と呼ばれる法的地位が 1990 年代より付与されてきた[1]。こうした枠組みは，一定数の移民に権利の基盤を提供してきたといえる。

　第一期トランプ政権は，これらの廃止を宣言し，それまで一定の法的保護の対象となってきた人々を不安と混乱に陥れた。法廷において保護撤廃の正当性が争われた結果，即時廃止とはならなかったものの，今後もこのような権利の剥奪が懸念されている。同様に，2012 年から開始された DACA プログラムも，その存続が再び危ぶまれつつある。第一期トランプ政権が掲げた廃止の方針はバイデン政権によって撤回され，新規申請者の受付も再開されたが，議会承認を経た法制度として確立していないため，いま再び廃止の危機を迎えている[2]。DACA 受益者の多くが，永住権の道を閉ざされたまま，法的にあいまいな状態に置かれ続けている。そして将来的に DACA の申請条件を満たす可能性のある子どもたちは無権利のまま放置され続け，あるいは取締りの対象とみなされる危険すらある。

　2024 年の大統領選挙では，メキシコを経由して米国を目指す中南米ほか出身の移民・難民の規模が拡大するにつれて，「国境管理の厳格化」が主要な争点となった。トランプ陣営は，米国の難民庇護申請者に対して，国境のメキシコ側で待機することを規定した「リメイン・イン・メキシコ」と呼ばれる政策の再導入を掲げた。すでに第一期トランプ政権において，伝統的に寛容とされてきた米国の難民受入数が大幅に縮減されたように，今後も「庇護の空間の縮

---

1) 2024 年の時点では，およそ 33 万人がこの法的地位を有しているとされる。
2) しかし，DACA の正当性をめぐる法廷闘争が長引くなか，2021 年 1 月に新規受付が開始されたものの，いまだに審査プロセスは停止されたままである。

小」（工藤 2022）がより進んでいくだろう。そして、「（再）越境」それ自体を厳罰化する法制度の下で、難民性の高い人々が、庇護を受けられずに「犯罪者」として処遇される可能性も高まっている。こうした状況は、米墨間の国境管理だけでなく、メキシコを含めたアメリカ大陸全体において、越境的な人の移動の抑止と管理を目的とした「国境管理の外部化」にも結びついており、一国に限定されない境界管理を捉える視点が今後の研究に求められている。

　このような国境管理の厳格化に加えて、トランプ陣営は国内規制をさらに強め、米国史上最大規模の強制送還の実施を掲げた。こうした公約が実際にどこまで実行に移されるのかは不透明だが[3]、無登録移民とその家族に対する排除が、今後より強まっていく恐れがある。改めて強調したいのは、このような取締りをめぐる公権力からのメッセージが、移民とその家族の生活に及ぼす負の影響である。本書が取り上げたさまざまな語りにもとづいて考えれば、たとえ取締りがトランプの宣言通りに実行されなかったとしても、監視と排除に対する恒常的な恐れが、移民とその家族の脆弱性を高めることが懸念される。また、こうした物理的な排除にとどまらず、移民の入国や永住権申請の可否などを公的扶助の受給と結びつけることで、移民を社会保障サービスの領域から排除する力もまた強まっている[4]。このような「追放可能性」（de Genova and Peutz 2010）の下では、移民とその家族の周縁化が、より長期的視座からみた移民の社会編入や世代を超えた社会移動に影を落とすことが懸念される（Menjívar and Abrego

---

3) こうした計画が実行に移された場合、多大なコストがかかるだけでなく、米国経済が大きな打撃を受けることが報告されている（American Immigration Council 2024）。

4) トランプ陣営は、第一期に実施した、公的扶助の負担となる移民の排除を規定したパブリックチャージ・ルールの適用範囲を拡大する政策を再導入する可能性が高い。これによって、メディケイド、住宅扶助、育児補助などの給付を1年以上受けている移民は、米国への入国拒否や永住者申請の却下に直面する可能性がある。このような新たなルールに関する懸念と混乱によって、本来受給資格のある人々が、政府支援プログラムを辞退する傾向が強まっている。たとえば、2021年のヒスパニック系成人を対象とした調査によると、潜在的に市民であるラティーノの4人に1人、合法的永住権をもつラティーノの10人に1人以上が、移民としての立場にまつわる不安から、過去3年間に自分または家族が政府の支援プログラムに参加しなかったと回答している（Pillai and Artiga 2024）。

2012)。

こうした国境および国内における規制強化の流れと並行して，移民収容所の増設も計画されている。これは，政府，民間企業，そして刑事司法制度の結びつきをさらに強めていくことになるだろう。とりわけ，（再）越境それ自体を懲罰の対象とする移民の犯罪者化は，いったん国外に追放した非市民を米国の刑事司法制度の内部へと再び取り込むことを可能にした。すなわち，移民はもはや，いつでも廃棄可能な労働者であるだけでなく，人種主義と利潤追求のイデオロギーに支えられた「産獄複合体」において搾取可能な対象とみなされることになる。

また，第二期のトランプ陣営は，無登録移民の親から生まれた子どもに対する市民権の付与を禁ずる大統領令の発布を宣言している。出生地主義の実質的な否定は，移民排斥を主張する保守層の長年の要求であり，これ自体は決して新しい動きではない。しかし，米国憲法で保障されてきた権利を大統領自ら覆そうとすることは，「移民国家」としての自己アイデンティティを否定する象徴的意味をもつ。表向きには，特定の人種・エスニシティあるいは国籍を対象にしているわけではないが，無登録移民の70％以上がラティーノであることを念頭に置くと，その排斥の意図は明らかである。ラティーノを非倫理的，非道徳的，自己管理能力のない個人として人種化し（Inda 2006），そうした両親から生まれる子どもたちを米国の市民権から排除することは，彼らをあらかじめ「アメリカ人」としてふさわしくない集団として規定し，永久に他者化しようとするものである。出生地主義の廃止という米国の国家としての枠組みやアイデンティティを変えうる動きは，今後裁判において争われていくだろう。しかし，特定の人種・エスニックマイノリティを米国のシティズンシップから排除しようとする流れは，実は別の方法によってすでに進行している。

第一期トランプ政権は，米国への合法的な移住プロセスの主要な一部をなしてきた家族呼び寄せに制限を設け，能力主義にもとづく移民受入への転換を試みた[5]（Chisthti and Bolter 2019）。これまで米国では，1965年移民法を契機として，

5）たとえば，2017年の時点では，永住権獲得のタイプとして，家族ベースが70％弱で

家族呼び寄せにもとづく移住を合法的な移住プロセスの重要な柱として位置づけてきた。当時の米国では，これは欧州からの白人移民のために確保された合法的な移住ルートという意味合いが強かったが，実際にはアジア系やラティーノなど多様な人種・エスニックマイノリティの増加につながってきた。トランプ陣営はこうした枠組みを見直し，従来の家族呼び寄せの条件に，より高い収入や公的扶助への依拠の有無といった経済的自立性を測る指標を設けることで，その受入規模を抑制し，代わりに能力主義にもとづく受入れの拡大を図ろうとしている。このような新たな方針は，本書が取り上げた移民とその家族だけでなく，米国社会を根底から支える移民労働者を合法的な移住ルートから締め出し，特定の人種・エスニシティおよび階層に位置づけられた人々のモビリティにさらなる制約を生じさせる可能性が高い。

　このようなさまざまな政策方針と議論において，主な根拠とされるのは法の順守や能力主義に依拠した論理である。これらは一見人種主義とは無関係だが，無登録移民を「犯罪者」とみなし，「法」や米国の「市民的価値」にそぐわないとみなす排斥の論理であり，人種主義と移民排斥が巧妙に結びついた「シヴィック・ネイティヴィズム」（村田2007）といえよう。このようなネイティヴィズムは，米国の経済的繁栄の終焉にともなう新自由主義的な経済改革の拡大や福祉の縮小のなかで，移民だけでなく黒人女性を「福祉依存」と攻撃する新たな人種主義とともに展開してきた（南川2018）。そして，2000年代以降の移民政策の安全保障化の流れは，特定の人種・エスニシティと結びつけられた「悪い移民」に対する監視と排除を加速させた。すなわち，新自由主義的政策の拡大による中間層の凋落とともに，そのスケープゴートとしてのマイノリティが「人種的な他者」として繰り返し攻撃の対象とされ，マイノリティ間の分断を含めた重層的な差別構造が形成されてきたのである。

　本書が明らかにしたように，移民とその家族は，日常に巣食う検挙や送還の恐れに折り合いをつけ，米国社会で受け入れられる存在になるために，自分た

　あったのに対して，トランプ政権はそれを30％程度に抑制し，経済ベースによる永住権取得を拡大させようとした（Chisthti and Bolter 2019）。

ちを法の秩序に則った，勤勉でアメリカ社会に貢献する「よい移民」であると主張し続けなければならない。しかしそれは同時に，その枠に収まらない人々を切り捨てることを意味し，分断を生じさせうる。

　大統領選の結果が出た数日後，無登録移民の配偶者をもつエスペランサ村出身の女性と交わしたメッセージは，まさにその予兆を感じさせるものであった。この女性は，ラティーノにトランプ支持者が多かったことにも驚いたが，何よりも村出身の男性のなかにトランプに票を入れた者が複数名いたことに強い衝撃を受けたと教えてくれた。こうしたトランプ支持の拡大の背景には，人口動態上の白人優位の転換と社会的地位の相対的低下がもたらす「白人のアイデンティティ・ポリティクス」だけでなく，長引くインフレに苦しむ人々の経済政策への不満やラティーノ内部の多様性など，検討すべき課題が多く含まれている。同時に，このようなマイノリティをも支持基盤に取り込む，分割にもとづく統治は，能力主義や遵法精神に訴えかけ，それを「アメリカ人」としてのシビックな価値と結びつけるネイティビズムと強い親和性を持ち，周縁化された人々に内側から楔を打ち込むのである。

　移民とその家族がおかれる状況は，今後よりいっそう厳しいものとなることが予想される。国家が作り出す送還の危機は，移民とその家族の日常を脅かし，さらなる周縁化をもたらすであろう。それは，人々が将来の展望を描くことを困難にするだけでなく，出身コミュニティにおける二重の疎外をも生み出す。そして，家族統合の権利を阻むさまざまな法的メカニズムは，人々に耐えがたい痛みと苦悩を与えている。こうした困難な状況において，連帯の基盤をどこに見出すことができるのか。また，移民を非人間化する国家の支配的言説に，いかに抗うことができるのか。これらの問いと向き合い，包摂的なシティズンシップを希求するには，国家の境界管理に対する徹底した批判のまなざしが何よりも不可欠である。移民とその家族が生きる現実の一端を描く本書が，読者にそのような視座をもたらす一助となることを切に願っている。

参考文献

Abrego, Leisy, 2006, "I Can't Go to College because I Don't Have Papers: Incorporation Patterns of Latino Undocumented Youth," *Latino Studies*, 4 (3): 212–231.

Abrego, Leisy, 2008, "Legitimacy, Social Identity, and the Mobilization of Law: The Effects of Assembly Bill 540 on Undocumented Students in California," *Law & Social Inquiry*, 33(3): 709–734.

Abrego, Leisy, 2014, "Latino Immigrants' Diverse Experiences of 'Illegality'," Cecilia Menjívar and Daniel Kanstroom, eds., *Constructing Immigrant 'Illegality':, Critiques, Experiences, and Responses,* New York: Cambridge University Press.

Alarcón, Rafael and William Becerra, 2012, "¿Criminales o víctimas? La Deportación de Migrantes Mexicanos de Estados Unidos a Tijuana, Baja California," *Norteamérica*, 7 (1): 125–148.

Allen, Brian, Erica M. Cisneros and Alexandra Tellez, 2013, "The Children Left Behind: The Impact of Parental Deportation on Mental Health," *Journal of Child and Family Studies,* 24: 386–392.

Almaguer, Tomés, 1994, *Racial Fault Lines: The Historical Origins of White Supremacy in California,* Berkeley, Los Angeles and London: University of California Press.

American Immigration Council, 2024, "Mass Deportation: Devastating Costs to America, Its Budget and Economy," (retrieved January 7, 2025, https://www.americanimmigrationcouncil.org/research/mass-deportation).

Amuedo-Dorantes, Catalina and Thitima Puttitanun, 2014, "Remittances and Immigration Enforcement," *IZA Journal of Migration and Development*, 3 (1): 1–26.

Anderson, Jill, and Nin Solis, 2014, *Los Otros Dreamers*, Mexico City, Offset Santiago: Mexico City, Mexico.

Anderson, Jill, 2015, "'Tagged as a Criminal', Narratives of Deportation and Return Migration in a Mexico City Call Center," *Latino Studies*, 13: 8–27.

Anderson, Bridget and Matthew J. Gibney and Emanuela Paoletti, eds. 2013, *The Social, Political and Historical Contours of Deportation, Immigrants and Minorities, Politics and Policy*, Springer Science + Business Media New York.

Andrews, Abigail L., 2017, "Moralizing Regulation: The Implication of Policing 'Good' versus 'Bad' Immigrants," *Ethnic and Racial Studies*, 41 (3): 1–19.

Andrews, Abigail L., 2018, *Undocumented Politics: Place, Gender, and the Pathways of Mexican Migrants*, Oakland: University of California Press.

青山薫, 2007, 『「セックスワーカー」とは誰か——移住・性労働・人身取引の構造と経験』大月書店。

Armenta, Amada, 2017, *Protect, Serve, and Deport: The Rise of Policing as Immigration Enforcement,*

Oakland: University of California Press.

Balderrama, Francisco E., and Raymond Rodríguez, 1995, *Decade of Betrayal: Mexican Repatriation in the 1930s*, Albuquerque: University of New Mexico Press.

Balibar, Étienne, 2002, *Politics and the Other Scene*, London and New York: Verso.

Batalova, Jeanne, Sarah Hooker and Randy Capps with James D. Bachmeier, 2014, *DACA at the Two-Year Mark: A National and State Profile of Youth Eligible and Applying for Deferred Action*, Washington, DC: Migration Policy Institute.

Batzke, Ina, 2019, *Undocumented Migrants in the United States: Life Narratives and Self-representations*, London and New York: Routledge.

Bean, Frank D., Susan K. Brown, James D. Bachmeier, 2015, *Parents Without Papers: The Progress and Pitfalls of Mexican-American Integration*, New York: Russell Sage Foundation.

Becerril, J. Gabino, 1998, "Migración Laboral hacia Estados Unidos de los Oriundos del Estado de México," *Papeles de Población*, Universidad de Autónoma de Estado de México, 17: 107–137.

Besserer, Federico, 2004, *Topografías Transnacionales: Hacia una Geografía de la Vida Transnacional*, UAM-I Plaza y Verdes Editores.

Besserer, Federico, 2014, "Comentarios Críticos y Cinco Propuestas para Pensar la Migración en el Momento Actual," *Desacatos*, 46: 88–105.

Bigo, Didier, 2002, "Security and Immigration: Toward a Critique of the Governmentality of Unease," *Alternatives*, 27: 63–92.

Bigo, Didier, 2014, "The (in) Securitization Practices of the Three Universes of EU border Control: Military / Navy – Border Guards / Police – Database Analysts," *Security Dialogue*, 45 (3): 209–225.

Boehm, Deborah A., 2016, *Returned: Going and Coming in an Age of Deportation*, Oakland: California University Press.

Bolter, Jessica, Emma Israel and Sarah Pierce, 2022, "Four Years of Profound Change: Immigration Policy during the Trump Presidency," Migration Policy Institute (retrieved January 7, 2025, https://www.migrationpolicy.org/article/merit-based-immigration-trump-proposal-immigrant-selection).

Brabeck, Kalina M., and Xu Qingwen, 2010, "The Impact of Detention and Deportation on Latino Immigrant Children and Families: A Quantitative Exploration," *Hispanic Journal of Behavioral Sciences*, 32 (3): 341–361.

Brabeck, Kalina M., M. Brinton Lykes, Cristina Hunter, 2014, "The Psychosocial Impact of Detention and Deportation on U.S. Migrant Children and Families." *The American Journal of Ortho-psychiatry*, 84 (5): 496–505.

Brotherton, David C., and Luis Barrios, 2011, *Banished to the Homeland: Dominican Deportees and Their Stories of Exile*, New York: Columbia University Press.

Brotherton, David C., and Philip Kretsedemas, eds., 2008, *Keeping Out the Other: A Critical Introduction to Immigration Enforcement Today*, New York: Columbia University Press.

Brotherton, David C., Daniel L. Stageman and Shirley P. Leyro eds., 2013, *Outside Justice: Immigration and the Criminalizing Impact of Changing Policy and Practice*, New York: Springer.

Bustamante, Jorge A., 1983, "The Mexicans are Coming: From Ideology to Labor Relations," *The International Migration Review*, 17 (2): 323–341.

参考文献　295

Cacho, Marie L., 2012, *Social Death: Racialized Rightlessness and the Criminalization of the Unprotected*, New York and London: New York University Press.

Caldwell, Beth C., 2019, *Deported Americans: Life after Deportation to Mexico*, Durham and London: Duke University Press.

Capps, Randy, Heather Koball, Andrea Campetella, Krista Perreira, Sarah Hooker and Juan Manuel Pedroza, 2015, *Implications of Immigration Enforcement Activities for the Well-Being of Children in Immigrant Families: A Review of the Literature*, Washington, DC: The Urban Institute and Migration Policy Institute.

Capps, Randy, Marc R. Rosenblum, Cristina Rodriguez and Muzaffar Chishti, 2011, *Divergence: A Study of 287(g) State and Local Immigration Enforcement*. Washington, DC: Migration Policy Institute.

Cardozo, Lawrence, 1980, *Mexican Emigration to the United States: 1987–1931*. Tuscan: University of Arizona Press.

Cardozo, Jodi Berger, Erin Randle Hamilton, Nestor Rodriguez and Karl Eschbach, 2014, "Deporting Fathers: Involuntary Transnational Families and Intent to Remigrate among Salvadoran Deportees," *International Migration Review*, 50 (1): 197–230.

Carling, Jørgen, 2002, "Migration in the Age of Involuntary Immobility: Theoretical Reflections and Cape Verdean Experience," *Journal of Ethnic and Migration Studies*, 28: 5–42.

Carrillo, Mario, 1990, *Maquiladorasy Migración en México*. Puebla: Asesoría y Consultoría Económica.

Cassarino, Jean-Pierre, 2004, "Theorizing Return Migration: The Conceptual Approach to Return Migrants Revisited," *International Journal on Multicultural Societies*, 6 (2): 253–279.

Castañeda, Heide, Seth M. Holmes, Daniel S. Madrigal, Maria-Elena DeTrinidad Young, Naomi Beyeler, and James Quesada, 2015, "Immigration as a Social Determinant of Health," *Annual Review of Public Health*, 36: 375–392.

Castro López, Gustavo, 1986, *La Casa Dividida: Un Estudio sobre la Migración a Estados Unidos*, Zamoro, Michoacán: El Colegio de Michoacán.

Cerrutti, Mercela and Douglas S. Massey, 2004, "Trends in Mexican Migration to the United States, 1965 to 1995," Jorge Durand and Douglas S. Massey eds., *Crossing the Border: Reserch from the Mexican Migration Project*, New York: Russell Sage Fundation.

Chance, John K., 1990, "Changes in the Twentieth-Century Mesoamerican Cargo System," Lynn Stephen and James W. Dow eds., *Class, Politics and Popular Religion in Mexico and Central America* (Society for Latin America Anthropology Publications Series vol. 10), Washington DC: American Anthropological Association, 27–42.

Chaudhary, Ajay, Randy Capps, Juan Manuel Pedroza, Rosa Maria Castañeda, Robert Santos and Molly M. Scott, 2010, *Facing Our Future Children in the Aftermath of Immigration Enforcement*, Washington, DC: The Urban Institute.

Chauvin, Sébastien, and Blanca Garcés-Mascareñas, 2012, "Beyond Informal Citizenship: The New Moral Economy of Migrant Illegality," *International Political Sociology*, 6 (3), 241–259.

Chavez, Leo R., 2008, *The Latino Threat: Constructing Immigrants, Citizens, and the Nation*, Stanford: Stanford University Press.

Cheng, Lucie, and Edna Bonacich, 1984, *Labor Immigration Under Capitalism: Asian Workers in the*

United States Before World War II, Berkeley: University of California Press.

Chishti, Muzaffar and Jessica Bolter, 2019, "'Merit-Based' Immigration: Trump Proposal Would Dramatically Revamp Immigrant Selection Criteria, But with Modest Effects on Numbers", Migration Policy Institute (retrieved January 7, 2025, https://www.migrationpolicy.org/article/merit-based-immigration-trump-proposal-immigrant-selection).

Chishti, Muzaffar, Sarah Pierce and Jessica Bolter, 2017, "The Obama Record on Deportations: Deporter in Chief or Not?" Immigration Policy Institute, (retrieved January 6, 2025, https://www.migrationpolicy.org/article/obama-record-deportations-deporter-chief-or-not").

Cochran, Patricia A. L., Catherine A. Marshall, Carmen Garcia-Downing, Elizabeth Kendall, Doris Cook, Laurie McCubbin and Reva Mariah S. Gover, 2008, "Indigenous Ways of Knowing: Implications for Participatory Research and Community," *American Journal of Public Health*, 98 (1): 22–27.

Cohen, Jeffrey H., 2004, *The Culture of Migration in Southern Mexico*, University of Texas Press: Austin.

Coleman, Mathew, 2012, "The 'Local' Migration State: The Site-specific Devolution of Immigration Enforcement in the US South," *Law & Policy*, 34 (2): 159–190.

CONEVAL (Consejo Nacional de Evaluación de la Política de Desarrollo Social), 2019, "Dirección de Información y Comunicación Social," *Comunicado de Prensa* (10), 1–17.

CONEVAL (Consejo Nacional de Evaluación de la Política de Desarrollo Social), 2020, "Informe de Pobreza y Evaluación 2020 Oaxaca," 1–118.

Connel, Raewyn, 1987, *Gender and Power: Society, the Person, and Sexual Politics*, Stanford: Stanford University Press (森重雄・菊地栄治・加藤隆雄・越智康詞訳, 1993, 『ジェンダーと権力──セクシュアリティの社会学』三交社).

Cornelius, Wayne A., 1975, *Politics and the Migrant Poor in Mexico City*, Stanford: Stanford University Press.

Cornelius, Wayne A., 1991, "Los Migrantes de la Crisis: The Changing Profile of Mexican Migration to the United States," Mercedes González de la Rocha and Agustín Escobar Latapí eds., *Social Responses to Mexico's Economic Crisis of the 1980s*, San Diego: Center for U.S.–Mexican Studies, University of California, 155–193.

Coutin, Susan B., 2003, *Legalizing Moves: Salvadoran Immigrants' Struggle for U.S. Residency*, Ann Arbor: The University of Michigan Press.

Coutin, Susan B., 2015, "Deportation Studies: Origins, Themes and Directions," *Journal of Ethnic and Migration Studies*, 41 (4): 671–681.

Coutin, Susan B., 2016, *Exiled Home: Salvadoran Transnational Youth in the Aftermath of Violence*, Durham: Duke University Press.

Davis, Angela Yvonne, *Are Prisons Obsolete?*, New York: Seven Stories Press, 2003 (上杉忍訳, 2008, 『監獄ビジネス──グローバリズムと産獄複合体』岩波書店).

De Genova, Nicholas, 2002, "Migrant 'Illegality' and Deportability in Everyday Life," *Annual Review of Anthropology*, 31: 419–447.

De Genova, Nicholas and Nathalie Peutz, 2010, *The Deportation Regime: Sovereignty Space and the Freedom of Movement*, Durham and London: Duke University Press.

De Haas, Hein, 2010, "The Internal Dynamics of Migration Processes: A Theoretical Inquiry," *Journal of Ethnic and Migration Studies*, 36 (10): 1587–1617.

De Haas, Hein, Stephen Castles and Mark J. Miller, 2020, *The Age of Migration: International Population Movements in the Modern World*, 6th ed., London: Red Globe Press.

Detention Watch Network, 2011, "The Influence of the Private Prison Industry in the Immigration Detention Business" (retrieved January 9, 2025, https://www.detentionwatchnetwork.org/pressroom/reports/2011/private-prisons).

DeWalt, Billie, 1975, "Changes in the Cargo Systems of Mesoamerica," *Anthropological Quarterly*, 48 (2): 87–105.

Dingeman-Cerda, M. Kathleen and Rubén G. Rumbaut, 2015, "Unwelcome Returns: The Alienation of the New American Diaspora in Salvadoran Society," Daniel Kanstroom and M. Brinton Lykes eds., *In the New De-portation Delirium: Interdisciplinary Responses*, New York: New York University Press, 227–250.

Dominique, Moran, Gil Nick and Conlon Deirdre eds., 2013, *Carceral Spaces: Mobility and Agency in Imprisonment and Migrant Detention*, London and New York: Routledge.

Dow, Mark, 2004, *American Gulag: Inside U.S. Immigration Prisons*, Berkeley, Los Angeles and London: University of California Press.

Dowling, Julie A., and Jonathan Xavier Inda eds., 2013, *Governing Immigration through Crime*, Stanford: Standford University Press.

Dreby, Joanna, 2010, *Divided by Borders: Mexican Migrants and Their Children*, Berkeley, Los Angeles and London: University of California Press.

Dreby, Joanna, 2012,"The Burden of Deportation on Children in Mexican Immigrant Families," *Journal of Marriage and Family*, 74 (4), 829–845.

Dreby, Joanna, 2015, "U.S. Immigration Policy and Family Separation: The Consequences for Children's Well-being," *Social Science & Medicine*, 132: 245–251.

Drotbohm, Heike, 2015, "The Reversal of Migratory Family Lives: A Cape Verdean Perspective on Gender and Sociality pre- and post-Deportation", *Journal of Ethnic and Migration Studies*, 41 (4): 653–670.

DuBois, W. E. B., 1903=2008, *The Souls of Black Folk*, The Project Gutenberg EBook（木島始・鮫島重俊・黄寅秀訳, 1992,『黒人のたましい』岩波書店）.

Dunn, Timothy J., 1996, *The Militarization of the U.S.–Mexico Border, 1978–1992: Low Intensity Conflict Doctrine Comes Home*, Austin: CMAS Books, Center for Mexican American Studies, University of Texas at Austin.

Durand, Jorge, 2004, "Ensayo Teórico sobre la Migración de Retorno: El Principio del Rendimiento Decreciente," *Cuaderno Geográficos*, 35: 103–116.

Durand, Jorge and Douglas S. Massey eds., 2004, *Crossing the Border: Research from the Mexican Migration Project*, New York: Russell Sage Foundation.

Espinosa Damian, Gisela, 2012, "Una Mixteca Indocumentada en la Frontera: De Sueños, Exclusiones y Derechos," María Dolores París Pombo ed., *Migrantes, Desplazados, Braceros y Deportados: Experiencias Migratorias y Prácticas Políticas*, México: El Colegio de la Frontera Norte, 249–295.

Espinosa-Castillo M., 2008, "Procesos y Actores en la Conformación del Suelo Urbano en el Ex Lago de Texcoco," Economía, *Sociedad y Territorio*, VIII (27), 769–798.

Faist, Thomas, 2000, *The Volume and Dynamics of International Migration and Transnational Social Spaces*, Oxford: Oxford University Press.

Faist, Thomas, 2008, "Migrants as Transnational Development Agents: An Inquiry into the Newest Round of the Migration-Development Nexus," *Population, Space and Place*, 14 (1): 21–41.

Faist, Thomas and Eyüp Özveren, 2004, *Transnational Social Spaces: Agents, Networks and Institutions*: London and New York: Routledge.

Fassin, Didier, 2005, "Compassion and Repression: The Moral Economy of Immigration Policies in France," *Cultural Anthropology*, 20 (3), 362–387.

Fernandes, Deepa, 2007, *Targeted: Homeland Security and the Business of Immigration*, New York: Seven Stories Press.

Ferras, Roberts, 1977, *Ciudad Nezahualcóyotl: Un Barrio en Vías de Absorpción port la Ciudad de México* (Cuadernos del CES, No. 20), Centro de Estudios Sociológicos, El Colegio de Mexico.

Fine, Michelle, Lois Weis, Susan Weseen and Loonmun Wong, 2000, "For Whom, Qualitative Representations, and Social Responsibilities," Norman K. Denzin, and Yvonna S. Lincoln eds., *Handbook of Qualitative Research*, 2nd ed., Sage Publications Inc. 107–131 (平山満義監訳，岡山一郎・古賀正義編訳，2006,『質的研究のパラダイムと眺望（質的研究ハンドブック第1巻）』北大路書房，87–114).

Fitzgerald, David, 2009, *A Nation of Emigrants: How Mexico Manages its Migration*, Berkeley, Los Angeles and London: University of California Press.

Fix, Michael, and Wendy Zimmerman, 2001, "All Under One Roof: Mixed-Status Families in an Era of Reform," *International Migration Review*, 35 (2): 397–419.

Foner, Nancy, 1998, "Benefits and Burdens: Immigrant Women and Work in New York City," *Gender Issues*, 16: 5–24.

Fox, Jonathan, and Gasper Rivera-Salgado eds., 2004, *Indigenous Mexican Migrants in the United States*, La Jolla: Center for U.S.–Mexican Studies and Center for Comparative Immigration University of California, University of California San Diego.

Fraser, Nancy, 1992, "Rethinking the Public Sphere: A Contribution to the Critique of Actually Existing Democracy," Craig Calhoun ed., *Habermas and the Public Sphare*, Cambridge, MA: MIT Press, 109–42 (山本啓・新田滋訳，1999,「公共圏の再考——既存の民主主義の批判のために」『ハーバマスと公共圏』未来社).

藤田結子・北村文編，2013,『現代エスノグラフィ——新しいフィールドワークの理論と実践』新曜社。

古屋哲，2014,「国境再編における国家の暴力」森千香子／エレン・ルバイ編『国境政策のパラドクス』勁草書房。

García Luna, Margarita, 1992, *Ciudad Netzahualcóyotl: de Colonias Marginadas a la Gran Ciudad*. Gobierno del Estado de México, Toluca.

Gatta, Luigi, Valsamis Gian Mitsilegas and Zirulia Stefano eds., 2021, *Controlling Immigration Through Criminal Law: European and Comparative Perspectives on "Crimigration"*, Oxford and New York: Hart Publishing.

George, Sheba M., 2005, *When Women Come First: Gender and Class in Transnational Migration*, Berkeley, Los Angeles and London: University of California Press（伊藤るり監修，2011，『女が先に移り住むとき――在米インド人看護師のトランスナショナルな生活世界』有信堂）.

Gibney, Matthew J., 2008, "Asylum and the Expansion of Deportation in the United Kingdom," *Government and Opposition*, 43（2）: 146–167.

Glaser, Barney G. and Anselm L. Strauss, 1967, *The Discovery of Grounded Theory: Strategies for Qualitative Research*, Mill Valley, CA: Sociology Press（後藤隆・大出春江・水野節夫訳，1996，『データ対話型理論の発見』新曜社）.

Glick-Schiller, Nina, Linda Basch and Cristina Blanc-Szanton, 1992, "Transnationalism: A New Analytic Framework for Understanding Migration," *Annuals of the New York Academy of Science*, 645（1）: 1–24.

Glick-Schiller, Nina and Thomas Faist eds., 2010, *Migration, Development and Transnationalization: A Critical Stance*, New York and Oxford: Berghahn Books.

Gmelch, George, 1980, "Return Migration," *Annual Review of Anthropology*, 9: 135–159.

Golash-Boza, Tanya M., 2012, *Due Process Denied: Detention and Deportations in the United States*, New York: Routledge.

Golash-Boza, Tanya M., 2015, *Deported: Immigrant Policing, Disposable Labor and Global Capitalism*, New York: New York University Press.

Golash-Boza, Tanya M., and Pierrette Hondagneu-Sotelo, 2013, "Latino Immigrant Men and the Deportation Crisis: A Gendered Racial Removal Program," *Latino Studies*, 11（3）: 271–292.

Golding, Luin and Patricia Landolt, 2013, *Producing and Negotiating Non-Citizenship: Precarious Legal Status in Canada*, Toronto, Buffalo and London: University of Toronto Press.

Goldring, Luin, 1999, "Desarrollo, Migradólares y la Participación 'Ciudadana' de los Norteños en Zacatecas," Miguel Moctezuma and Héctor Rodríguez Ramírez eds., *Impacto de la Migración y las Remesas en el Crecimiento Económico Regional*, 77–87.

Goldring, Luin, 2003, "Gender, Status, and the State in Transnational Spaces: The Gendering of Political Participation and Mexican Hometown Associations," Pierrette Hondagneu-Sotelo ed., *Gender and U.S. Immigration: Contemporary Trends*, Berkeley, Los Angeles and London: University of California Press, 341–358.

Gonzales, Roberto G., 2016, *Lives in Limbo: Undocumented and Coming of Age in America*, Oakland: University of California Press.

Gonzales, Roberto G., Nando Signa, Martha C. Franco and Anna Papoutsi eds., 2019, *Undocumented Migration: Borders, Immigration Enforcement, and Belonging*, Cambridge: Polity Press.

Goodman, Adam, 2020, *The Deportation Machine: America's Long History of Expelling Immigrants*, Princeton and Oxford, Princeton University Press.

Gramlich, John, 2020, "How Border Apprehensions, ICE Arrests and Deportations Have Changed Under Trump," Pew Reserch Center（retrieved January 9, 2025, https://www.pewresearch.org/short-reads/2020/03/02/how-border-apprehensions-ice-arrests-and-deportations-have-changed-under-trump/）.

Granovetter, Mark S., 1973, "The Strength of Weak Ties," *American Journal of Sociology*, 78（6）: 1360–1380.

Gravelle, Matthew, Antje Ellermann and Catherine Dauvergne, 2013, "Studying Migration Governance from the Bottom-Up," Bridget Anderson, Mathew Gibney and Emanuela Paoletti eds., *The Social, Political and Historical Contours of Deportation*, New York: Springer, 59–77.

Guarnizo, Luis Eduardo, Arturo Ignacio Sanchez and Elizabeth M. Roach, 1999, "Mistrust, Fragmented Solidarity, and Transnational Migration: Colombians in New York City and Los Angeles," *Ethnic and Racial Studies*, 22 (2): 367–396.

Gulbas, Lauren E., Luis E. Zayas, Hyunwoo Yoon, Hannah Szlyk, Sergio Aguilar-Gaxiola and Guillermina Natera Rey, 2015, "Deportation Experiences and Depression among U.S. Citizen-children with Undocumented Mexican Parents," *Child Care, Health and Development*, 42(2): 220–230.

Gutiérrez, Elena R., 2008, *Fertile Matters: The Politics of Mexican-Origin Women's Reproduction*, Austin: University of Texas Press.

Guzmán, Estela and Pedro Lewin, 1999, "Los Migrantes Oaxaqueños: Escenarios, Interlocutores y Estrategias para el Desarrollo Social," *Memoria del Coloquio Nacional sobre Políticas Públicas*, Oaxaca: Gobierno del Estado de Oaxaca.

Hagan, Jacqueline M., 1994, *Deciding to be Legal: A Maya community in Houston*, Philadelphia: Temple University Press.

Hagan, Jacqueline M., Karl Eschbach, and Nestor Rodríguez, 2008, "U.S. Deportation Policy, Family Separation, and Circular Migration," *International Migration Review*, 42 (1): 64–88.

Hagan, Jacqueline M., Nestor Rodríguez and Brianna Castro, 2011, "Social Effects of Mass Deportations by the United States Government, 2000–10," *Ethnic and Racial Studies*, 34 (8): 1374–1391.

Hall, Peter, 1984, *The World Cities*, 3rd ed., London: Weidenfeld and Nicholson.

Hasselberg, Ines, 2016, *Enduring Uncertainty: Deportation, Punishment and Everyday Life*, Oxford and New York: Berghahn Books.

Heidbrink, Lauren, 2020, *Migranthood: Youth in a New Era of Deportation*, Stanford: Stanford University Press.

Hernández, Kelly Lytle, 2010, *Migra! A History of the U.S. Border Patrol*, Berkeley, Los Angeles and London: University of California Press.

Hernández, Primo Mendoza, 2011, "Los Primeros Pobladores Historia de Dos Ciudades," *Nezahualcóyotl: Construcción e una Gran Ciudad*, Alterarte eds., Segunda Sindicatura y Dirección de Cultura del H. Ayuntamiento de Nezahualcóyotl.

Hernández-Díaz, Jorge, and James P. Robson, 2019a, "Population, Territory, and Governance in Rural Oaxaca," James P. Robson et al. eds., *Communities Surviving Migration: Village Governance, Environment and Cultural Survival in Indigenous Mexico*, New York: Routledge, 22–36.

Hernández-Díaz, Jorge, and James P. Robson, 2019b, "Migration Dynamics and Migrant Organizing in Rural Oaxaca," James P. Robson et al. eds., *Communities Surviving Migration: Village Governance, Environment and Cultural Survival in Indigenous Mexico*, New York: Routledge, 37–57.

Hernández-León, Rubén, 2008, *Metropolitan Migrants: The Migration of Urban Mexicans to the United States*, Berkeley, Los Angeles and London: University of California Press.

Hester, Torrie, 2017, *Deportation: The Origins of U.S. Policy*, Philadelphia: University of Pennsylvania Press.

Holmes, Seth M., 2013, *Fresh Fruit, Broken Bodies: Migrant Farmworkers in the United States*, Berkeley, Los Angeles and London: University of California Press.

Hondagneu-Sotelo, Pierrette, 1994, *Gendered Transitions: Mexican Experiences of Immigration*, Berkeley, Los Angeles and London: University of California Press.

Hondagneu-Sotelo, Pierrette, 1995, "Women and Children First: New Directions in Anti-Immigrant Politics," *Socialist Review*, 25: 169–190.

Horner, Pilar, Laura Sanders, Ramiro Martinez, John Doering-White, William Lopez and Jorge Delva, 2014, "'I Put a Mask on' The Human Side of Deportation Effects on Latino Youth," *Journal of Social Welfare and Human Rights*, 2 (2): 33–47.

飯尾真貴子，2013，『非自発的帰還移民の生活の再構築プロセス──メキシコ市大衆居住区ネサワルコヨトルに生きる帰国者たちの事例研究』一橋大学大学院社会学研究科修士論文。

飯尾真貴子，2014，「移民規制レジームによる重層的な剥奪の構造的メカニズム──米国からメキシコへの被強制送還者のライフヒストリーから」『年報社会学論集』27：1–12。

飯尾真貴子，2017，「非正規移民 1150 万人の排除と包摂──強制送還レジームと DACA プログラム」小井土彰宏編『移民受入の国際社会学──選別メカニズムの比較分析』名古屋大学出版会，48–69。

飯尾真貴子，2021，「米国移民規制の厳格化がもたらす越境的な規律装置としてのトランスナショナル・コミュニティ──メキシコ南部村落出身の移民の経験に着目して」『ソシオロジ』65 (3): 3–19。

稲津秀樹，2009，「「移民コミュニティ」の可能性と困難をどう捉えるか──離散するペルー人移民を事例に」『社会学批評』(1): 5–14。

Inda, Jonathan X., 2006, *Targeting Immigrants: Government, Technology, and Ethics*, Oxford: Blackwell Publishing.

INEGI (Instituto Nacional de Estadística y Geografía), 2016, "Conociendo Oaxaca, sexta edición," 1–36.

INEGI (Instituto Nacional de Estadística y Geografía), 2022, "Estadísticas a Propósito del Día Internacional de Los Pueblos Indígenas," Comunicado de Prensa Núm. 430/22.

Jolivet, Dominique, 2015, "Times of uncertainty in Europe: Migration Feedback Loops in Four Moroccan Regions," *The Journal of North African Studies*, 20 (4): 553–572.

梶田孝道・丹野清人・樋口直人，2005，『顔の見えない定住化──日系ブラジル人と国家・市場・移民ネットワーク』名古屋大学出版会。

Kanstroom, Daniel, 2007, *Deportation Nation: Outsiders in American History*, Cambridge, MA: Harvard University Press.

Kanstroom, Daniel, 2012, *Aftermath: Deportation Law and the New American Diaspora*, New York: Oxford University Press.

Kanstroom, Daniel and M. Brinton Lykes eds., 2015, *The New Deportation Delirium: Interdisciplinary Responses*, New York and London: New York University Press.

Katigbak, Evangeline O., 2015, "Moralizing Emotional Remittances: Transnational Familyhood and Translocal Moral Economy in the Philippines 'Little Italy'," *Global Networks*, 15 (4): 519–535.

加藤丈太郎，2022，『日本の「非正規移民」──「不法性」はいかにつくられ，維持されるか』

明石書店。

川久保文紀, 2023, 『国境産業複合体──アメリカと「国境の壁」をめぐるボーダースタディーズ』青土社。

Keaney, Melissa and Joan Friedland, 2009, "Overview of the key ICE ACCESS Programs 287 (g), the Criminal Alien Program, and Secure Communities," *National Immigration Law Center* (retrieved October 8, 2019, https://www.nilc.org/wp-content/uploads/2016/03/ice-access-2009-11-05.pdf).

Kearney, Michael, 1995a, "The Effects of Transnational Culture, Economy and Migration on Mixtec Identity in Oaxacalifornia," Peter Smith and Joe R. Feagin eds., *The Bubbling Cauldron, Race, Ethnicity and the Urban Crisis*, Minneapolis: University of Minnesota Press, 226–243.

Kearney, Michael, 1995b, "The Local and the Global: The Anthropology of Globalization and Transnationalism," *Annual Review of Anthropology*, 24: 547–565.

Kearney, Michael, 1996, *Reconceptualizing the Peasantry: Anthropology in Global Perspective*, Boulder: Westview Press.

Kearney, Michael and Carole Nagengast, 1989, "Anthropological Perspectives on Transnational Communities in Rural California" (Working Paper 3, Working Group on Farm Labor and Rural Poverty), Davis, CA: California Institute for Rural Studies.

Keller, Doug, 2012, "Re-thinking Illegal Entry and Re-Entry," *Loyola University Chicago Law Journal*, 44 (1): 65–139.

Khosravi, Shahram, ed., 2018, *After Deportation: Ethnographic Perspectives*, Basingstoke: Palgrave Macmillan.

貴堂嘉之, 2012, 『アメリカ合衆国と中国人移民──歴史のなかの「移民国家」アメリカ』名古屋大学出版会。

貴堂嘉之, 2018, 『移民国家アメリカの歴史』岩波書店。

岸政彦, 2013, 『同化と他者化──戦後沖縄の本土就職者たち』ナカニシヤ出版。

岸見太一・髙谷幸・稲葉奈々子, 2023, 『入管を問う──現代日本における移民の収容と抵抗』人文書院。

Kissam, Edward, 2008, "The Context and Dynamics of Civic and Political Participation Among Latino Immigrants in Fresno County," Support Report for the Pan-Valley Institute for the Woodrow Wilson Center's Project on "Latin American Migrants: Civic and Political Participation in a Binational Context."

Koh, Jennifer L., Jayashri Srikantiah and Karen C. Tumlin, 2011, "Deportation Without Due Process: The U.S. Has Used Its 'Stipulated Removal,' Program to Deport More than 160,000 Noncitizens without Hearing before Immigration Judges," Report, National Immigration Law Center (retrieved January 11th, 2025, https://www.nilc.org/wp-content/uploads/2016/02/Deportation-Without-Due-Process-2011-09.pdf).

Kohli, Aerti, Peter L. Markowitz and Lisa Chavez, 2011, "Secure Communities by the Numbers: An Analysis of Demographics and Due Process," The Chief Justice Earl Warren Institute on Law and Social Policy, University of California, Berkeley Law School (retrieved January 11th, 2025, https://www.law.berkeley.edu/files/Secure_Communities_by_the_Numbers.pdf).

小井土彰宏, 1992, 「メキシコ系「非合法」移民労働者とアメリカ国家──歴史的動態と1996 年移民法改革」百瀬宏・小倉充夫編『現代国家と移民労働者』有信堂。

小井土彰宏，2003，「岐路に立つアメリカ合衆国の移民政策——増大する移民と規制レジームの多重的再編過程」小井土彰宏編『移民政策の国際比較』明石書店。

小井土彰宏，2005a，「グローバル化と越境的社会空間の編成——移民研究におけるトランスナショナル視角の諸問題」『社会学評論』56 (2): 381-399。

小井土彰宏，2005b，「国際移民の社会学」梶田孝道編『新・国際社会学』名古屋大学出版会。

小井土彰宏，2013，「現代アメリカ合衆国における移民の社会運動と公共圏の再編成——重層的境界構造の転換と非正規移民たちの熟議への参加」船橋晴俊・壽福眞美編『公共圏と熟議民主主義——現代社会の問題解決』法政大学出版局，65-94。

小井土彰宏，2014，「グローバリズムと社会排除に抗するアメリカでの非正規移民運動——監視機構の再編と新自由主義的排除のメカニズムへの対抗戦略の諸相」『社会学評論』65 (2): 194-209。

近藤樹生，2021，「移民 1.5 世代の若者たちの「帰国」と労働市場への参入プロセス——メキシコ都市部に生きる米国からの移住者の事例から」一橋大学大学院社会学研究科修士論文。

Kopinak, Kathryn, 2011, "How Maquiladora Industries Contribute to Mexico – U.S. Labor Migration," *Revista de Sociología* 96, (3): 633-55.

Koslowski, Ray, 2006, "Information Technology and Integrated Border Management," Marina Caprini and Otwin Marenin eds. *Borders and Security Governance: Managing Borders in a Globalized World*, Geneva Centre for Democratic Control of Armed Forces (DCAF), 59-78.

Koulish, Robert and Maartje van der Woude eds., 2020, *Crimmigrant Nations: Resurgent Nationalism and the Closing of Borders*, New York: Fordham University Press.

工藤晴子，2014，「収容ビジネス——アメリカにおける移民収容の増加と民営化」*Migrants Network*, 166: 14-15。

工藤晴子，2022，『難民とセクシュアリティ——アメリカにおける性的マイノリティの包摂と排除』明石書店。

倉沢進，1999，『都市空間の比較社会学』放送大学教育振興会。

黒田悦子，2013，『メキシコのゆくえ——国家を超える先住民たち』勉誠出版。

Levitt, Peggy, 1998, "Social Remittances: Migration Driven Local-Level Forms of Cultural Diffusion," *The International Migration Review*, 32 (4): 926-948.

Liem, Natalie, 2007, "Mean What You Say, Say What You Mean: Defining the Aggravated Felony Deportation Grounds to Target More Than Aggravated Felons," *Florida Law Review*, 59: 1071-1095.

Lomnitz, Larissa Adler, 1977, *Networks and Marginality: Life in a Mexican Shantytown* (translated by Cinna Lomnitz), New York: Academic Press.

Lopez, William D., 2019, *Separated: Family and Community in the Aftermath of an Immigration Raid*, Baltimore: Johns Hopkins University Press.

López, Gustavo and Jens Manuel Krogstad, 2017, "Key Facts about Unauthorized Immigrants Enrolled in DACA," Pew Research Center (retrieved October 9, 2019, https://www.pewresearch.org/fact-tank/2017/09/25/key-facts-about-unauthorized-immigrants-enrolled-in-daca/).

López Piña, José P., Maria L. Quintero Soto, Carlos A. Tello Méndez and Carlos F. Melgoza Avalos, 2009, "Impulso Al Sector Servicios Del Municipio de Nezahualcóyotl, Edo. De México: Tendencias y Desafíos," *Revista Digital Universitaria*, 10 (4): 1-16 (retrieved January 9, 2025, http://www.revista.unam.mx/vol.10/num4/art19/art19.pdf).

Lozano-Ascencio, Fernando, 1999, "Immigrants from Cities: New Trends in Urban Origin Mexican Migration to the United States" (University of Texas, PhD Dissertation) 253.

Macías-Rojas, Patrisia, 2016, *From Deportation to Prison: The Politics of Immigration Enforcement in Post-Civil Rights America*, New York: New York University Press.

Marcus, George E., 1995, "Ethnography in/of the World System: The Emergence of Multi-Sited Ethnography," *Annul Review of Anthropology*, 24: 95–117.

Martínez Nateras, Myrna and Eduardo Stanley, 2009, *Latino Immigrant Civic and Political Participation in Fresno and Madera, California, Reports on Latino Immigrant Civic Engagement*, (3), Washington, DC: Woodrow Wilson International Center for Scholars.

Martínez Ríos, Jorge, 1972, "Los Campesinos Mexicanos: Perspectivas en el Proceso de Marginalización," *El Perfil de México en 1980*, III, Mexico City: Siglo Veintiuno.

Massey, Douglas S., 1990, "Social Structure, Household Strategies, and the Cumulative Causation of Migration," *Population Index*, 56 (1): 3–26.

Massey, Douglas S., Rene M. Zenteno, 1999, "The Dynamics of Migration," *Proceedings of the National Academy of Sciences*, 96 (9): 5328–5335.

Massey, Douglas S., Rafael Alarcón, Jorge Durand and Humberto González, 1987, *Return to Aztlan: The Social Process of International Migration from Western Mexico*, Berkeley, Los Angeles and London: University of California Press.

Massey, Douglas S., Joaquin Arango, Graeme Hugo, Ali Kouaouci, Adela Pellegrino and J. Edward Taylor, 1994, "An Evaluation of International Migration Theory: The North American Case," *Population and Development Review*, 20 (4): 699–751.

Massey, Douglas S., Jorge Durand and Nolan J. Malone, 2002, *Beyond Smoke and Mirrors: Mexican Immigration in an Era of Economic Integration*, New York: Russel Sage Foundation.

Matus Ruiz, Maximino, 2004, "Estrategias Económias Informales Como Sustento de Una Comunidad Transnacional: El Caso de San Miguel Cuevas Oaxaca," Escuela Nacional de Antropología e Historia, Tesis de Licenciatura.

Melville, Georgia L., 2009, "Young Visions of a Community: Museography with the Transnational Community of San Miguel Cuevas, Oaxaca," Universidad Autónoma Metropolitana Unidad Iztapalapa, PhD Dissertation.

Menchaca, Martha, 1995, "Mexican Outsiders: A Community History of Marginalization and Discrimination in California," Austin: University of Texas Press.

Menjívar, Cecilia, 2014, "Immigration Law Beyond Borders: Externalizing and Internalizing Border Controls in an Era of Securitization," *Annual Review of Law and Social Science*, 10: 353–369.

Menjívar, Cecilia and Lesley J. Abrego, 2012, "Legal Violence: Immigration Law and the Lives of Central American Immigrants," *American Journal of Sociology*, 117 (5): 1380–1421.

Millet, Evin, and Jacquelyn Pavilon, 2022, "Demographic Profile of Undocumented Hispanic Immigrants in the United States," Center for Migration Studies (retrieved January 9, 2025, https://cmsny.org/publications/hispanic-undocumented-immigrants-millet-pavilon-101722/).

南川文里，2018，「「移民の国」のネイティヴィズム——アメリカ排外主義と国境管理」樽本英樹編『排外主義の国際比較——先進諸国における外国人移民の実態』ミネルヴァ書房。

南川文里，2021，『未完の多文化主義——アメリカにおける人種，国家，多様性』東京大学

出版会。

Mines, Richard, Sandra Nichols and David Runsten 2010, "California's Indigenous Farmworkers," Final Report of the Indigenous Farmworker Study (IFS) To the California Endowment.

三澤健宏，2004，「メキシコ──人口センサスから見た先住民アイデンティティ」『アジ研ワールド・トレンド』111: 32-33。

水野由美子，2007，『〈インディアン〉と〈市民〉のはざまで──合衆国南西部における先住社会の再編過程』名古屋大学出版会。

Motomura, Hiroshi, 2014, *Immigration Outside the Law*, Oxford and New York: Oxford University Press.

Mountz, Alison, 2010, *Seeking Asylum: Human Smuggling and Bureaucracy at the Border*, Minneapolis and London: University of Minnesota Press.

村田勝幸，2007，『〈アメリカ人〉の境界とラティーノ・エスニシティ──「非合法移民問題」の社会文化史』東京大学出版会。

波平恵美子・小田博志，2010，『質的研究の方法──いのちの〈現場〉を読みとく』春秋社。

Ngai, Mae M., 2004, *Impossible Subjects: Illegal Aliens and the Making of Modern America*, Princeton and Oxford: Princeton University Press（小田悠生，2021，『「移民の国アメリカ」の境界──歴史のなかのシティズンシップ・人種・ナショナリズム』白水社）.

Nicholls, Walter J., 2013, *The DREAMers: How the Undocumented Youth Movement Transformed the Immigrant Rights Debate*, Stanford: Stanford University Press.

Nopper, Tamara K., 2008, "Why Black Immigrants Matter: Refocusing the Discussion on Racism and Immigration Enforcement," David C. Brotherton and Philip Kretsedemas eds., *Keeping Out the Other: A Critical Introduction to Immigration Enforcement Today*, New York: Columbia University Press.

Nowrasteh, Alex, 2018, "President Trump Isn't Breaking Immigration Arrest Records," CATO Institute (retrieved January 7, 2025, https://www.cato.org/blog/president-trump-isnt-breaking-immigration-arrest-records).

Nowrasteh, Alex, 2019, "The Trump Administration's Deportation Regime is Faltering," CATO Institute (retrieved January 7, 2025, https://www.cato.org/blog/trump-administrations-deportation-regime-faltering).

オオクラ，ルセロ，2018，「日本における非正規労働者としての経験と帰国後の生活・就労実態──ペルー人帰国者を事例に」一橋大学大学院社会学研究科修士論文。

Padilla, Héctor, 2012, "¿Repartiado? Una Historia de Vida y Su Contexto," María Dolores París Pombo ed., *Migrantes, Desplazados, Braceros y Deportados: Experiencias Migratorias y Prácticas Políticas*, Tijuana: El Colegio de la Frontera Norte; Ciudad Juárez, Chihuahua: Universidad Autónoma de Ciudad Juárez; México, D.F.: UAM-Xochimilco.

Paerregaard, Karsten, 2008, *Peruvians Dispersed: A Global Ethnography of Migration*, Plymouth: Lexington Books.

Palomera, Jaime and Theodora Vetta, 2016, "Moral Economy: Rethinking a Radical Concept," *Anthropological Theory*, 16 (4): 413-432.

Parks, Kristen, Gabriel Lozada, Miguel Mendoza, and Lourdes García Santos, 2009, "Strategies for Success: Border Crossing in an Era of Heightened Security," Wayne A. Cornelius, David

Fitzgerald, Jorge Hernández-Díaz, and Scott Borger eds. *Migration from the Mexican Mixteca: Transnational Community in Oaxaca and California*. San Diego: Center for Comparative Immigration Studies, University of California.

Passel, Jeffrey S., and Jens Manuel Krogstad, 2024, "What We Know about Unauthorized Immigrants Living in the U.S.," Pew Reserch Center (retrieved January 9, 2025, https://www.pewresearch.org/short-reads/2024/07/22/what-we-know-about-unauthorized-immigrants-living-in-the-us/).

Patler, Caitlin, Jorge A. Cabrera, in collaboration with Dream Team Los Angeles, 2015, "From Undocumented to DACAmented: Impacts of the Deferred Action for Childhood Arrivals (DACA) Program," UCLA Institute for Research on Labor and Employment.

Pierce, Sarah, 2019, *Immigration-Related Policy Changes in the First Two Years of the Trump Administration*, Washington, DC: Migration Policy Institute.

Pillai, Drishti and Samantha Artiga, 2022, "2022 Changes to the Public Charge Inadmissibility Rule and the Implications for Health Care," KFF (retrieved January 7, 2025, https://www.kff.org/racial-equity-and-health-policy/issue-brief/2022-changes-to-the-public-charge-inadmissibility-rule-and-the-implications-for-health-care/).

Pillai, Drishti and Samantha Artiga, 2024, "Expected Immigration Policies Under a Second Trump Administration and Their Health and Economic Implications," KFF (retrieved January 7, 2025, https://www.kff.org/racial-equity-and-health-policy/issue-brief/expected-immigration-policies-under-a-second-trump-administration-and-their-health-and-economic-implications/).

Plummer, Ken, 2001, *Documents of Life 2: An Invitation to a Critical Humanism*, London: Sage Publication.

Portes, Alejandro, 1978, "Toward a Structural Analysis of Illegal (Undocumented) Immigration," *International Migration Review*, 12 (4): 469–484.

Portes, Alejandro, 2010, *Economic Sociology: A systematic Inquiry*, Princeton: Princeton University Press.

Portes, Alejandro, and Zhou Min, 1993, "The New Second Generation: Segmented Assimilation and its Variants," *Annals of the American Academy of Political and Social Science*, 530: 74–96.

Provine, Marie Doris, Monica W. Varsanyi, Paul G. Lewis and Scott H. Decker, 2016, *Policing Immigrants: Local Law Enforcement on the Front Lines, Chicago and London*: The University of Chicago Press.

Redfield, Robert, 1941, *The Folk Culture of Yucatan*, Chicago: University of Chicago Press.

Reyes, J. Rachel, 2018, "Immigration Detention: Recent Trends and Scholarship," *Center for Migration Studies* (retrieved October 8, 2019, https://cmsny.org/publications/virtualbrief-detention/).

Rivera S., Liliana, 2011 "¿Quiénes son los Retornados? Apuntes sobre el Migrante Retornado en el México Contemporáneo," Bela Feldman-Bianco, Liliana Rivera Sánchez, Carolina Stefoni, Marta Inés Villa Martínez eds., *La Construcción Social del Sujeto Magrante en América Latina Prácticas, Representaciones y Categorías*, Quito: FLACSO, Sede Ecuador: Consejo Latinoame ricano de Ciencias Sociales, CLACSO: Universidad Alberto Hurtado, 309–337.

Roberts, Bryan R., Reanne Frank and Fernando Lozano-Ascencio, 1999, "Transnational Migrant Communities and Mexican Migration to the United States," *Ethnic and Racial Studies*, 22 (2):

238-266.

Roberts, Bryan R., Cecilia Menjívar and Nestor P. Rodríguez, eds., 2017, *Deportation and Return in a Border-Restricted World: Experiences in Mexico, El Salvador, Guatemala, and Honduras*, Cham: Springer International Publishing AG.

Robson, James P., Dan Klooster and Jorge Hernández-Díaz eds., 2019, *Communities Surviving Migration: Village Governance, Environment and Cultural Survival in Indigenous Mexico*, New York: Routledge.

Rodríguez, C. Maria Soledad, 2000, "Periferia y Suelo Urbano en la Zona Metropolitana de la Ciudad de México," *Sociológica*, 15 (42): 59-90.

Rosenblum, Marc R., and Lang Hoyt, 2009, "The Basic of E-Verify, the U.S. Employer Verification System," Migration Policy Institute (retrieved October 9, 2019, https://www.migrationpolicy.org/article/basics-e-verify-us-employer-verification-system-0).

Rosenblum, Marc R., and Doris Meissner with Claire Bergeron and Faye Hipsman, 2014, *The Deportation Dilemma: Reconciling Tough and humane Enforcement*, Washington, DC: Migration Policy Institute.

Rumbaut, Rubén G., Katie Dingeman and Anthony Robles, 2019, "Immigration and Crime and the Criminalization of Immigration," Steven J. Gold and Stephanie J. Nawyn eds., *The Routledge International Handbook of Migration Studies*, 2nd ed., New York: Routledge.

Rumbaut, Rubén G., 2004, "Ages, Life stages, and Generational Cohorts: Decomposing the Immigrant First and Second Generations in the United States," *International Migration Review*, 38 (3), 1160-1205.

桜井厚, 2005, 『境界文化のライフストーリー』せりか書房。

Sampaio, Anna, 2015, *Terrorizing Latina / o Immigrants: Race, Gender, and Immigration Politics in the Age of Security*, Philadelphia: Temple University Press.

Sassen, Saskia, [1991] 2001, *The Global City: New York, London, Tokyo*, Princeton: Princeton University Press (伊豫谷登士翁監訳, 2008, 『グローバル・シティ——ニューヨーク・ロンドン・東京から世界を読む』筑摩書房).

Sassen, Saskia, 1996, "U.S. Immigration Policy Toward Mexico in a Global Economy," David Gutiérrez ed., *Between Two Worlds: Mexican Immigrants in the United States*, Wilmington: Scholarly Resources, 213-228.

Sayad, Abdelmalek, 1999, *La Double Absence. Des Illusions de lémigré aux Souffrances de l'immigré*, France: Le Seuil (David Macey, trans., 2004, *The Suffering of the Immigrant*, Cambridge and Malden: Polity Press).

Schlosser, Eric, 1998, "The Prison Industrial Complex," *The Atlantic Monthly*.

Schramm, Cristian, 2011, "Retorno y Reinserción de Migrantes Ecuatorianos: La Importancia de las Redes Sociales Transnacionales," Revista CIDOB d'Afers Internacionals, 93-94: 241-260.

Schultheis, Ryan and Ariel G. Ruiz Soto, 2017, *A Revolving Door No More? A Statistical Profile of Mexican Adults Repatriated from the United States*, Washington, DC: Migration Policy Institute.

Scott, James C., 1976, *The Moral Economy of the Peasant: Rebellion and Subsistence in Southeast Asia*, New Haven and London: Yale University Press (高橋彰訳, 1999, 『モラル・エコノミー——東南アジアの農民叛乱と生存維持』勁草書房).

渋谷努，2005，『国境を越える名誉と家族——フランス在住モロッコ移民をめぐる「多現場」民族誌』東北大学出版会。

Shields, Margie. K. and Richard E. Behrman, 2004, "Children of Immigrant Families: Analysis and Recommendations," *The Future of Children*, 14 (2), 4–16.

Simmons, William. P., Cecilia Menjívar and Elizabeth S. Valdez, 2021,"The Gendered Effects of Local Immigration Enforcement: Latinas' Social Isolation in Chicago, Houston, Los Angeles, and Phoenix," *International Migration Review*, 55 (1), 108–134.

Singer, Audrey and Nicole P. Svejlenka, 2013, "Immigration Facts: Deferred Action for Childhood Arrivals (DACA)," Washington, DC: Brookings Institution (retrieved October 9, 2019, https://www.brookings.edu/research/immigration-facts-deferred-action-for-childhood-arrivals-daca/).

Smith, C. Robert, 2006, *Mexican New York: Transnational Lives of New Immigrants*, Berkeley, Los Angeles and London: University of California Press.

Smith, Michael P., and Luis Guarnizo eds., 1998. *Transnationalism from Below*, New Brunswick, NJ: Transaction Publishers.

Solari, Cinzia D, 2018, "Transnational Moral Economies: The Value of Monetary and Social Remittances in Transnational Families," *Current Sociology*, 67 (5): 760–777.

Stephen, Lynn, 2007, *Transborder Lives: Indigenous Oaxacans in Mexico, California, and Oregon*, Durham and London: Duke University Press.

Stern, Alexandra Minna, 2005, *Eugenic Nation: Faults and Frontiers of Better Breeding in Modern America*, Berkeley, Los Angeles and London: University of California Press.

Suárez-Orozco, Carola, Hee Jin Bang and Ha Yeon Kim, 2011a, "I Felt Like My Heart Was Staying Behind: Psychological Implications of Family Separations & Reunifications for Immigrant Youth," *Journal of Adolescent Research*, 26 (1), 22–257.

Suárez-Orozco, Carola, Hirokazu Yoshikawa, Robert Teranishi and Marcelo Suárez-Orozco, 2011b, "Growing Up in the Shadows: The Developmental Implications of Unauthorized Status," *Harvard Educational Review*, 81 (3): 438–472.

鈴木江理子，2009，『日本で働く非正規滞在者 ——彼らは「好ましくない外国人労働者」なのか？』明石書店。

髙谷幸，2017，『追放と抵抗のポリティクス——戦後日本の境界と非正規移民』ナカニシヤ出版。

Thompson, E. P., 1966, *The Making of the English Working Class*, New York: Vintage Books, A division of Random House.

Thompson, E. P., 1971, "The Moral Economy of the English Crowd in the Eighteenth Century," *Past and Present*, 50: 76–136.

Tokunaga, Yu, 2022, *Transborder Los Angeles: An Unknown Transpacific History of Japanese-Mexican Relations*, Oakland: University of California Press.

TRAC Reports, 2013, "Few ICE Detainers Target Serious Criminals," (retrieved January 4, 2019, https://trac.syr.edu/immigration/reports/330/).

Trauax, Eileen, 2015, *Dreamers: an Immigrant Generation's Fight for Their American Dream*, Boston: Beacon Press.

上田元，2003，「東アフリカ小農社会のモラル・エコノミーをめぐる諸論——タンザニア・

メル山周辺の新開地社会における農耕と流通の実態把握に向けて」高根務編『開発途上国の農産物流通——アフリカとアジアの経験』アジア経済研究所。

Valdez, Inés, 2016, "Punishment, Race, and the Organization of U.S. Immigration Exclusion," *Political Research Quarterly*, 69 (4): 640–654.

Valenzuela, R. Emilia, 2008, "Regímenes de Sentimientos y Violencia en la Comunidad Transnacional de San Miguel Cuevas," Universidad Autónoma Metropolitana Unidad Iztapalapa, Tesis de Licenciatura.

Van Hook, Jennifer, 2024, "Beyond Stocks and Surges: The Demographic Impact of the Unauthorized Immigrant Population in the United States," *Population and Development Review*, 50 (4): 1369–1400.

Varsanyi, Monica, Paul Lewis, Doris Provine and Scott Decker, 2012, "A Multilayered Jurisdictional Patchwork: Immigration Federalism in the United States," *Law & Policy*, 34 (2): 138–158.

Vebren, Thorstein B., 1889, *The Theory of Leisure Class*, New York: Penguin Books（高哲夫訳，1998，『有閑階級の理論』筑摩書房）.

Velasco, O. Laura and Sandra Albicker, 2013, "Estimación y Caracterización de la Población Residente en 'El Bordo' del Canal del Río Tijuana," El Colegio de la Frontera Norte（retrieved October 15, 2019, http://www.colef.mx/wp-content/uploads/2013/10/Reporte-ejecutivo-El-Bordo-FINAL.pdf）.

Velayutham, Selvaraj, and Amanda Wise, 2005, 'Moral Economies of a Translocal Village: Obligation and Shame among South Indian Transnational Migrants," *Global Networks* 5 (1): 27–47.

Ventura Luna, Silvia, 2010, "The Migration Experience as It Relates to Cargo Participation in San Miguel Cuevas, Oaxaca," *Migraciones Internacionales*, 5 (3): 43–70.

Villela, C. Gustavo, 2013, Understanding *Institutionalized Collective Remittances: The Mexican Tres por Uno Program in Zacatecas*, UAMR Studies on Development and Global Governance.

Wacquant, Loïc, 1999, *Les Prisons de la Misère*, Paris: Raisons d'agir éditions（森千香子・菊池恵介訳，2008，『貧困という監獄——グローバル化と刑罰国家の到来』新曜社）.

Wadhia, Shoba Sivaprasad, 2015, *Beyond Deportation: The Role of Prosecutorial Discretion in Immigration Cases*, New York and London: New York University Press.

Waldinger, Roger and David FitzGerald, 2004, "Transnationalism in Question," *American Journal of Sociology*, 109 (4): 1177–1195.

Warner, J. Ann, 2005, "The Social Construction of the Criminal Alien in Immigration Law, Practice and Statistical Enumeration: Consequences for Immigration Stereotyping," *Journal of Social and Ecological Boundaries*, 1 (2): 56–80.

Waslin, Michele, 2010, "The Secure Communities Program: Unanswered Questions and Continuing Concerns," American Immigration Council, (retrieved January 6, 2025, https://www.americani mmigrationcouncil.org/research/secure-communities-program-unanswered-questions-and-conti nuing-concerns).

Weber, Rosa, and Douglas S. Massey et al., 2023, "Assessing the Effect of Increased Deportations on Mexican Migrants' Remittances and Savings Brought Home," *Population Research and Policy Review*, 42 (2): 1–27.

Wells, Miriam J., 2006, "The Grassroots Reconfiguration of U.S. Immigration Policy," *International Migration Review*, 38 (4): 1308–1347.

Wilsher, Daniel, 2012, *Immigration Detention: Law, History, Politics*, New York: Cambridge University Press.

Wolf, Eric J., 1957, "Closed Corporate Peasant Communities in Mesoamerica and Central Java," *Southwestern Journal of Anthropology*, 13 (1): 1–18.

Wong, Tom Kent, Angela S. García, Marisa Abrajano, David FitzGerald, Karthick Ramakrishnan and Sally Le, 2013, "Undocumented No More: A Nationwide Analysis of Deferred Action for Childhood Arrivals, or DACA," Center for American Progree (retrieved October 9, 2019, https://cdn.americanprogress.org/wp-content/uploads/2013/09/DACAReport-INTRO.pdf).

Wong, Tom K., 2015, *Rights, Deportation, and Detention in the Age of Immigration Control*, Stanford: Stanford University Press.

Wong, Tom Kent, Janna Shadduck-Hernández, Fabiola Inzunza, Julie Monroe, Victor Narro, and Abel Valenzuela Jr., 2012, *Undocumented and Unafraid: Tam Tran, Cinthya Felix, and the Immigrant Youth Movement*, Los Angeles: UCLA Center for Labor Research and Education.

Worthen, Holly, 2012, "The Presence of Absence: Indigenous Migration, A Ghost Town, and the Remarking of Gendered Communal Systems Oaxaca, Mexico," University of North Carolina at Chapel Hill, PhD Dissertation.

山崎春成, 1987, 『世界の大都市3　メキシコ・シティ』東京大学出版会。

Yates, Jeff and Richard Fording, 2005, "Politics and State Punitiveness in Black and White," *Journal of Politics*, 67 (4): 1099–1121.

Yoshikawa, Hirokazu, 2011, *Immigrants Raising Citizens: Undocumented Parents and Their Children*, New York: Russell Sage Foundation.

Yoshikawa, Hirokazu and Ariel Kalil, 2011, "The Effects of Parental Undocumented Status on the Developmental Contexts of Young Children in Immigrant Families," *Child Development Perspectives*, 5 (4): 291–297.

Young, Jock, 1999, *The Exclusive Society: Social Exclusion, Crime and Difference in Late Modernity*, London: Sage Publications.

Young, Elliott, 2021, *Forever Prisoners: How the United States Made the World's Largest Immigrant Detention System*, Oxford and New York: Oxford University Press.

Zabin, Carol, ed., 1992, *Migración Oaxaqueña a los Campos Agrícolas de California: Un Diálogo*, Current Issue Brief, 2, La Jolla: Center for U.S. – Mexican Studies.

禪野美帆, 2006, 『メキシコ，先住民共同体と都市――都市移住者を取り込んだ「伝統的」組織の変容』慶應義塾大学出版会。

Zhou, Min, 1997, "Growing Up American: The Challenge Confronting Immigrant Children and Children of Immigrants," *Annual Review of Sociology*, 23: 63–95.

Zilberg, Elana, 2004, "Fools Banished from the Kingdom: Remapping Geographies of Gang Violence between the Americas (Los Angeles and San Salvador)," *American Quarterly*, 56 (3): 759–779.

Znaniecki, Florian, 1934, *The Method of Sociology*, New York: Rinehart and Company Inc（下田直春訳, 1971, 『社会学の方法』新泉社）.

Zolberg, Aristide R., 1999, "Matters of State: Theorizing Immigration Policy," Charles Hirschman, Philip Kasinitz and Josh DeWind eds., *The Handbook of International Migration: The American Experience*, New York: Russell Sage Foundation, 71–93.

あとがき

　本書はアメリカとメキシコをフィールドとする実証研究であり，読者は自分には縁遠い国や地域の話だと思われるかもしれない。しかし，移民規制の厳格化やその社会的影響をめぐる問題は，日本社会で移民・難民の人々が置かれている状況と地続きであり，私たちが生きる社会の問題でもある。

　現代日本の出入国管理体制は，在日コリアンをはじめとする旧植民地出身者に対する終戦後の取締りをその起源として発展してきた。日本では，1980年代から90年代にかけて，主に在留資格をもたない東南アジアからの移民が日本の経済成長を支えたが，その後90年代半ばより技能実習制度や「日系人」を対象とする定住者ビザの普及による労働力の導入に転じた。この間，無登録移民の一部は法務大臣の「裁量」による正規化を果たしたが，特に2000年代以降，欧米の対テロ対策に呼応して，日本でも移民政策が安全保障や治安対策に結びつけられ，徹底した規制の厳格化が進められてきた。近年では，社会制度の構造的要因を背景に，留学や技能実習といった合法的な滞在資格を失う移民も少なくない（以上，詳しくは加藤丈太郎『日本の「非正規移民」』2022年，および鈴木江理子『日本で働く非正規滞在者』2009年，いずれも明石書店，を参照されたい）。

　また，日本では厳格な難民認定制度の下，労働の権利や最低限の社会保障サービスにアクセスできない「仮放免」状態で，困窮した暮らしを余儀なくされる人々がいる。出入国在留管理庁は，迫害の恐れやさまざまな事情から日本に長く定着してきたがゆえに日本に残ることを強く望む人々を，無期限で収容施設に留め置くことができる。こうした収容施設では，十分な医療を受けられずに病死に至る事例や精神を病み自死に至る事例など，深刻な人権侵害が報告されている。

　こうした日本の状況下において，在留資格をもたないまま日本で生まれ育っ

た子どもや若者は，本書が取り上げた米国の移民1.5世代や第二世代と酷似した状況におかれている。日本では，両親を送還に付す代わりに子どもに在留資格を付与するという事例が多くあるが，家族統合の権利という側面に加え，そうした政策が子どもの長期的な社会統合に及ぼす甚大な影響（本書でも取り上げた「法的暴力」）を認識する必要があるのではないだろうか。

　近年では，このような不安定な在留資格の移民・難民に対する圧力が年々強まっている。2024年出入国管理法改正のもとで，3回以上の難民申請を行った庇護申請者の強制送還を可能にする「罰則付きの退去等命令制度」が形成された。これにより，退去命令に期限内に従わなかった場合，刑事罰が科されうることが規定された。まさにこれは，移民として滞在を求めることが「犯罪」として扱われるという，越境それ自体を犯罪化する米国の法制度と同様の論理を有している。

　また，物理的な排除に直結せずとも，米国において「よい移民」と「悪い移民」の二元的認識のもとで移民の犯罪者化が進行してきたように，日本においても誰が望ましい移民であるかの線引きが常になされてきた（髙谷幸『追放と抵抗のポリティクス』2017年，ナカニシヤ出版）。たとえば，このような境界管理の内部化の一環として，永住権や帰化申請における税金の支払いや公的扶助の利用歴が選別条件として設定されている。2024年の入管法改正は，税金や社会保障サービスの未払いを理由として永住権の取り消しを可能にする内容が含まれていたが，これもまた移民の法的地位を不安定化する境界管理のひとつとして捉えることができる。こうした法制度は，それが実際にどのように適用されるのかは別として，確実に移民とその家族の生に波及的な影響を及ぼす。実際の送還に至らずとも，移民規制の厳格化は「追放可能性」という移民の脆弱性を生み出す。法制度は人々の意識に浸透し，その現実を形作るのである。

　本書は2021年に一橋大学大学院社会学研究科に提出した博士学位論文「米国移民管理レジーム下でのトランスナショナルな社会空間の再編——メキシコ村落出身移民の包摂と排除をめぐる「道徳的秩序」に着目して」を大幅に加筆・修正したものである。出版にあたって，日本学術振興会2024年度科学研

究費補助金・研究成果公開促進費（「学術図書」課題番号 24HP5117）の助成を受けた。各章を執筆する際に依拠した論文は次の通りである。

第 2 章 「非正規移民 1150 万人の排除と包摂——強制送還レジームと DACA プログラム」小井土彰宏編『移民受入の国際社会学——選別メカニズムの比較分析』名古屋大学出版会，2017 年，48–69.

第 3 章 「移民規制レジームによる重層的な剥奪の構造的メカニズム——米国からメキシコへの被強制送還者のライフヒストリーから」『年報社会学論集』第 27 号，2014 年，1–12.

第 6 章 「米国移民規制の厳格化がもたらす越境的な規律装置としてのトランスナショナル・コミュニティ——メキシコ南部村落出身の移民の経験に着目して」『ソシオロジ』第 65 巻第 3 号，2021 年，3–19.

第 7 章 「国家の境界管理が生み出す法的暴力と「懲罰化されたモビリティ」——メキシコ移民とその家族による米国強制送還政策をめぐる経験から」『難民研究ジャーナル』第 13 号，2024 年，21–37.

本書を閉じるにあたって，何よりもまず，聞き取りに応じてくれた調査協力者の方々に心から感謝の気持ちをお伝えしたい。見ず知らずの私のために時間をつくり，ご自身のさまざまな経験を語ってくださった方々に報いるような本を書きたいと強く願ってきた。彼らに伝わる言葉で研究成果をお返しすることが，今後の課題のひとつである。本書が，少しでも米国とメキシコに生きる移民とその家族の現実を，日本の読者に伝えられていることを祈るばかりである。

ここまで研究を続けることができたのは，ひとえにフィールド調査で出会った方々のおかげである。特にメキシコ都市部ネサワルコヨトルでは，ノルマとオルガ，そしてブレンダとその家族（以下，いずれも仮名）に大変お世話になった。彼らは，いつでも戻ることのできる拠点としてだけでなく，心の拠りどころでもあった。偶然に導かれた出会いから始まった変わらない友情に感謝している。

エスペランサ村をはじめとする複数の村落において，私の滞在と調査を許可してくれた村長をはじめとする村人の皆さんにも改めてお礼をお伝えしたい。特にエスペランサ村では，複数の家族に大変お世話になった。セシリアとマリ

の家族，そしてベニート，ダリアとその子どもたちは，子どもを連れた私をいつも温かく受け入れてくれた。また，フレズノではルクレシアとその家族に，大変お世話になった。自分の未熟さゆえに，フィールドで悩み戸惑うことも多かった。そんな時，私を娘，孫，あるいは姉妹のように庇護してくれた女性たちに何度も助けられた。深く感謝している。

　本書のもととなった数々の現地調査は，さまざまな奨学金や助成金によって可能になった。2014年から2015年には，メキシコ政府外務省の奨学金制度の下で，メキシコでの長期滞在とフィールドワークを行うことができた。受入先機関であるメキシコ自治メトロポリタン大学イスタパラパ校（Universidad Aútonoma Metropolitana Iztapalapa）の故フェルナンド・エレラ教授，そしてフェデリコ・ベセレ教授には，返しきれない恩義を感じている。研究に関する学術的なアドバイスだけでなく，いくつもの村落を回るのに必要な，身許を保証する大学からの推薦状を，いつでも用意してくださった。また，ベセレ教授が主催するトランスナショナリズム研究会での研究発表とその議論を通じて，貴重な示唆を頂いた。

　また，2015年から2018年まで，日本学術振興会の特別研究員（DC2）として財政的支援を受けた。2018年から2020年にかけては，使途が研究に限定されない「スミセイ女性研究者奨励賞」の助成を受け，子どもを帯同して米国とメキシコで調査を行うことができた。その他にも，小井土彰宏教授の科学研究費プロジェクト（第2章参照）に参加させていただき，得た知見を活かすことができた。

　本書の刊行までに，多くの先生方にご指導いただいた。一橋大学大学院での指導教員である小井土先生には，長年にわたって忍耐強くご指導をいただいた。大学院ゼミだけでなく，研究会や科研費プロジェクトに関わる機会を頂いたことも，法制度が人々にもたらす甚大な影響とその社会的不正義に対する問題意識を醸成する重要な契機となった。人々の語りを社会構造との連関から丁寧に読み解く大切さと，フィールド調査でのさまざまな出来事を広い視座から捉え直す重要性に何度も気づかされた。また，普段は厳しくとも，研究や調査が行き詰まったときにかけてくださる温かい言葉に幾度となく励まされてきた。本

書の草稿への貴重なご助言にも，深く感謝している。

博士課程進学以降，副指導教官の伊藤るり先生には移民研究におけるジェンダーの視点を入れた分析の面白さと重要性を学んだ。2015年ゼミ合宿での研究報告とそこでの議論は特に思い出深く，先生の「面白い！」という言葉はその後の研究を前進させる力になった。また，フィールド調査で直面した悩みを親身になって聞いてくださるだけでなく，それを客観的に分析する視座をも与えてくださった。そのおかげで，調査に戻る心構えと勇気をもつことができた。

修士課程の副指導教員であった落合一泰先生には，文化人類学的な調査の魅力を学ぶだけでなく，初めてのメキシコ調査のために現地の研究者をご紹介くださるなど多くのご支援を頂いた。また，私をいつも鼓舞し気にかけてくださる森千香子先生，歴史学の視点から多くの貴重なご指摘を頂いた貴堂嘉之先生にもお礼を申し上げたい。貴堂先生は，本書の草稿の一部にも目を通してくださった。

博士課程修了後は，ポスドクとして成蹊大学アジア太平洋研究センターに大変お世話になった。そして，現勤務先である一橋大学大学院社会学研究科の先生方には，テニュアトラック講師として研究により専念できるよう，さまざまなご配慮を頂いている。日々お力添えいただいている竹中歩先生をはじめ，同僚の先生方からの温かい励ましに感謝している。そして，いつも先回りして業務をサポートしてくださる政治学・国際社会学共同研究室助手の吉年誠さんには感謝の言葉もない。また，学部・大学院ゼミでの学生の研究や議論からも日々刺激を受けている。相互に学び合うゼミづくりを支えてくれる学生たちに感謝したい。制度面では，一橋大学のダイバーシティ推進室（旧男女共同参画推進室）に，研究支援員を配置していただいた。とりわけ，本書の出版に際して，古瀬菜々子さんと小林美緒さん，亀井杏寿さんの迅速かつ正確な作業に大いに助けられた。

大学院内外で出会った友人にも多くを学び，公私にわたって支えられてきた。全ての方のお名前を挙げることはできないが，ここでは工藤晴子さん，田邊佳美さん，谷川由佳さん，藤浪海さん，下地ローレンス吉孝さん，南波慧さん，鄭康烈さん，スティーブン・マキンタヤさん，上野貴彦さん，内海咲さん，後

藤悠一さん，福間真央さんに日頃のお礼を伝えたい。

　また，本書を刊行するにあたって，名古屋大学出版会の三木信吾さんと井原陸朗さんに，多大なご支援を頂いた。未熟な拙稿に対して丁寧かつ的確なコメントをしてくださったおかげで，最後まで諦めずに原稿に向き合うことができた。

　ここで挙げた方々以外にも，本書の刊行までには多くの方からのご指導・ご助言を頂いているが，本書で論じた内容の責任は全て私にあることを付言しておきたい。

　そして，家族の協力と支えなしに，本書を書きあげることはできなかった。遠方から温かく見守ってくれる義両親が，それぞれ仕事に邁進する背中にいつも励まされてきた。また，いかなる時も私を信じ応援してくれる父と母に深い感謝の気持ちを伝えたい。特に，綱渡りのような日々を支えてくれる母には，どれだけ助けられているかわからない。最後に，生活をともにする夫と子どもへ。調査に同行した子どもの人懐っこい笑顔のおかげで開かれた多くの扉があった。長引く聞き取りに，付き合ってくれてありがとう。また，長年にわたって私を辛抱強く支えてくれる夫に，心から感謝を伝えたい。

　2025 年 1 月 9 日

飯尾　真貴子

インタビューリスト

名前（仮名）	ジェンダー	年齢	世代	学歴	最初の入国年	米国での法的地位	越境時に利用した社会関係	移住先	米国での仕事・活動	最終帰国年	帰国理由	インタビュー実施年
メキシコ都市部ネサワルコヨトル調査												
アルフォンソ*○	男性	20代前半	1.5世代	高校(米)中退	1988	無登録	両親	ニュージャージー、ロサンゼルス	運送業、サービス業	2011	強制送還	2012
フアン	男性	20代後半	1.5世代	高校(米)卒	2000	無登録	兄弟	アトランタ	建設業	2011	「自分の意思」	2012
マノロ○	男性	30代前半	第一世代	中学校卒	2005	無登録	親族、友人・知人	フェニックス、カリフォルニア、ワシントン	サービス業、建設業	2011	強制送還	2012
リカルド*○	男性	20代後半	1.5世代	中学校卒	2002	無登録	兄弟	サウスカロライナ	サービス業	2006	強制送還	2012
ペドロ*○	男性	40代半ば	1.5世代	小学校卒	1989	無登録 ↓ 米国人と結婚 永住権取得 ↓ 永住権剥奪	親族	ニューヨーク	サービス業、活動家	2009	強制送還	2012
フランシスコ	男性	40代半ば	第一世代	大学中退	1999	無登録	近隣住人	シカゴ、アイオワ、ミネソタ	食品加工業、サービス業	2011	強制送還	2012
クララ○	女性	40代前半	第一世代	中学校卒	1997	無登録	親族、友人・知人	シカゴ、デンバー	製造業、サービス業	2011	強制送還	2012
カリフォルニア州フレスノ郡調査												
アマリア	女性	30代前半	第一世代	小学校卒	2005	無登録	夫、親族	フレスノ	農業（季節労働）	—	—	2018

	性別	年齢	世代	学歴	渡米年	在留資格	渡米経路	居住地	職業	帰国		調査年
アンヘラ（ファウスティーノの妻）	女性	50代前半	第一世代	なし	2006	無登録	夫	フレズノ	農業（季節労働）	帰国なし	—	2019
ヘルマン（アデラの夫）	男性	60代前半	第一世代	なし	1980s初頭	無登録→1986年正規化	親族	フレズノ	農業（年間雇用）	—	—	2018
ロクサナ（ヘルマンの娘）	女性	30代前半	1.5世代	中学校卒	1990s初頭	無登録→父を通じて正規化、帰化	両親	フレズノ	農業（季節労働）家事労働の会社を起業	—	—	2017
ベンハミン	男性	50代半ば	第一世代	なし	1980s初頭	無登録→1986年正規化	親族	フレズノ	農業（季節労働）	—	—	2019
レオナルド	男性	40代前半	1.5世代	大学（米）中退	1989（10代半ば）	父親を通じて正規化、帰化	父親	フレズノ	NGO職員	—	—	2018, 2019
マウリシオ	男性	40代前半	第一世代	小学校卒	1994	無登録	父親	フレズノ	農業（季節労働）	不明	不明	2019
エミリオ	男性	20代半ば	1.5世代	中学校卒 GED	2006	無登録→DACA取得	両親	フレズノ	農業（年間雇用）	帰国なし	—	2018
ガブリエラ（ナルシソの妻）	女性	30代半ば	第一世代	高校中退	2005	無登録	夫	フレズノ	農業（季節労働）	帰国なし	—	2019
ナルシソ（ガブリエラの夫）	男性	30代半ば	1.5世代	中学校中退	1990s	無登録→父親を通じて正規化、帰化	父親	フレズノ	農業（年間雇用）	—	—	2019

インタビューリスト　319

名前	性別	年代	世代	学歴	生年	登録状況	家族	場所	職業	渡米・送還等	理由	インタビュー
パロマ（カルロスのパートナー）	女性	40代前半	第一世代	小学校卒	1990	無登録	父親	フレズノ	農業（季節労働）	2010→2011より米国	母の介護	2019
ノルマ	女性	30代後半	第一世代	不明	1999	無登録	夫	フレズノ	農業（季節労働）	不明	不明	2018
ドミンゴ	男性	30代前半	1.5世代	高校（米）卒	1988	無登録→父親を通じて正規化	両親	フレズノ	農業（年間雇用）	—	—	2019
ロベルタ	女性	30代前半	1.5世代	高校中退 GED	1989	無登録→DACA取得	両親	フレズノ	農業（季節労働）	帰国なし	—	2018, 2019
ラファエル	男性	40代前半	第一世代	小学校	1999	無登録	兄弟	フレズノ	農業（季節労働）	不明	不明	2018
マリオ（カルメンの息子）	男性	30代半ば	1.5世代	大学中退	1995	無登録→父親を通じて正規化、帰化	母親	フレズノ	NGO職員、公務員	—	—	2017, 2018
ダニエル	男性	20代後半	1.5世代	大学中退	2001	無登録→DACA取得	母親	フレズノ	農業（季節労働）サービス業食品加工業など	帰国なし	—	2017, 2018
アナ	女性	20代半ば	第二世代	大学中退	—	米国市民	—	—	サービス業	—	—	2018, 2019
ファティマ（ミネルバの娘）	女性	30代前半	第二世代	不明	1998（米国生まれ、墨育ち）	米国市民	母親	フレズノ	農業（季節労働）	—	—	2017, 2018

オアハカ州エスペランサ村調査

名前	性別	年代	世代	学歴	生年	登録状況	家族	場所	職業	渡米・送還等	理由	インタビュー
カルロス*（パロマのパートナー）	男性	40代前半	1.5世代（10歳で越境）	中学校（米）中退	1985	無登録	両親	フレズノ、ポートランド	農業（季節労働）麻薬売買	2012	強制送還	2015, 2018

名前	性別	年齢	世代	学歴	渡米年	登録状況	同行者	居住地	職業	渡米/帰国年	現況	調査年
マテオ＊＊○	男性	20代半ば	1.5世代	高校中退	2000	無登録	兄弟	フレズノ, ポートランド	建設業 農業	2008 → 2022 より米国	強制送還 非正規ルートで再越境。現在フレズノ在住（2022年）	2015, 2018, 2024
アンドレス○	男性	30代後半	1.5世代	小学校	1995	無登録	村同胞	フレズノ, オレゴン	建設業	2012	強制送還	2015
エンリケ○	男性	40代後半	第一世代	小学校	1991	無登録	親族	フレズノ, ミネソタ	農業（季節労働）レストラン、工場勤務	2004	自ら帰国 2001年に送還	2018
ファビオ○	男性	20代後半	1.5世代	中学校	2006	無登録	親族	フレズノ	農業（季節労働）	2016	強制送還	2018
ルイス	男性	50代半ば	第一世代	小学校	2000s 初頭	無登録	兄弟	フレズノ	農業（季節労働）	2015	カルテル役職	2015
ホルヘ＊（ルーセロの兄）	男性	30代半ば	1.5世代	高校（米）中退	1990s 初頭	無登録 父親を通じて正規化 → 永住権取得	両親	フレズノ, ポートランド	農業（季節労働）サービス業	2005	強制送還	2015, 2018
レオ○	男性	20代後半	1.5世代	小学校卒	2002	無登録	兄弟	フレズノ	農業（季節労働）建設業	2011	強制送還	2018
ミネルバ＊（ファティマの母）	女性	60代半ば	第一世代	不明	1980s	無登録	夫、親戚	フレズノ	農業（季節労働）	2008	母の介護（送還歴あり）	ファティマの聞き取りから構成
アントニオ	男性	40代半ば	第一世代	小学校卒	2002	無登録 10年の再入国禁止を経て、配偶者ビザ取得	兄弟 → 妻（正規ルート）	フレズノ	農業（季節労働）	2007 → 2019 より米国	強制送還（再入国禁止）→ 2018年に「赦し」	2015, 2018 （2019にフレズノで再会）
ハシエル○	男性	20代後半	1.5世代	小学校卒	2000	無登録	兄弟	フレズノ, オレゴン	農業（季節労働）	2018	病気	2018

名前	性別	年齢	世代	学歴	渡米年	在留資格	親族	居住地	職業	帰国年	帰国理由	インタビュー年
ナタリア (パブロの妻)	女性	20代半ば	1.5世代	高校(米)中退	1995	無登録↓父親を通じて正規化、帰化	両親	フレスノ	農業(季節労働)	—	—	2015, 2018
パブロ° (ナタリアの夫)	男性	30代半ば	第一世代	小学校	2001	無登録	父親	フレスノ	農業(季節労働)	2011	強制送還	2018
モニカ°	女性	40代後半	第一世代	小学校	1989	無登録	親族	フレスノ	農業(季節労働)	2018	母の介護(送還歴あり)	2018
エミリア (グスタボのパートナー)	女性	20代半ば	第二世代	大学(米)	—	米国市民	—	フレスノ(休暇で村を訪問)	大学生	—	—	2018
グスタボ (エミリアのパートナー)	男性	20代半ば	—	中学校	なし	—	—	フレスノ	—	—	—	2018
カルメン° (マリオの母)	女性	50代半ば	第一世代	小学校	1995	無登録	親族	フレスノ	農業(季節労働)	2007	母の介護(送還歴あり)	2015, 2018, 2023
ファウスティーノ° (アンヘラの夫)	男性	60代後半	第一世代	なし	1992	非正規	兄弟	フレスノ	農業(季節労働)	2010	カルネ役職(送還歴あり)	2015

注1) メキシコ都市部、エスペランサ村、フレスノ郡でインタビューした人のみを記載。また、インタビューという形式をとらずインフォーマルに話を聞いた場合は、このリストには含んでいない。
2) 一は、該当情報なし。合法的な地位がある者については、故郷と米国の往き来が可能であるため、最終帰国年や帰国理由を記載していない。
3) ○は逮捕・服役経験あり、··は逮捕経験のみ。
4) 学歴は(米)とあるものを除いてメキシコの教育課程。
5) メキシコにおいて小学校は義務教育であるが、数年しか通わなかったと語った協力者については「小学校」とだけ記載している。
6) ○は米国への再入国禁止とされた者、あるいはその可能性が高い者。

索　引

【事　項】

ア　行

愛国法　69

アイデンティティ　20, 35, 41, 48, 62, 128, 134, 165, 200, 207, 286, 290, 292

アジア系移民　51–55, 61

アセンブレア（集会）　161, 224, 228

アムネスティ（正規化，恩赦）　3, 4, 9, 10, 38, 59, 60, 80, 103–105, 132, 134, 135, 145, 151, 155–158, 172, 182, 187, 194, 197–200, 268, 271, 272, 287, 288

アルコール（中毒）　138, 139

安全コミュニティプログラム（SC）　70, 71, 87

安全保障（化）　25, 37, 63, 65, 69, 77, 85, 89, 278, 291

アンドリューズ，A. L.　186, 190

移住システム論　18, 19, 21, 31, 92, 159, 275, 283

移住の文化　19, 40, 92, 284

一次的紐帯　102, 119

一時的保護（TPS）　87, 288

一時不再理　67

逸脱者・逸脱行為　16, 112, 163, 187, 210, 237, 241, 252, 258, 274, 275, 284

1.5世代　3, 28, 79–81, 85, 89, 110, 112, 121, 160, 163, 170, 171, 178, 194, 197, 200, 205–208, 211, 220, 223, 225, 236, 248, 282, 287

移民改革統制法（1986年移民法改正）　3, 59, 132, 145, 151, 155, 182, 213, 238

移民・関税取締局（ICE）　65, 69

移民帰化局　69

移民支援団体　70, 80, 82, 113, 158

移民収容所　74–78, 106, 107, 172, 215, 216, 250, 290

移民取締局　7, 8, 10, 24, 67, 70, 71, 87, 89, 105, 107, 110, 112, 115–117, 172, 175, 184, 185, 190, 192, 194, 196, 210, 212, 213, 215, 222, 224, 247, 248, 250, 253, 259, 268

飲酒運転　38, 103, 105, 108, 184, 191, 192, 196, 205, 212–215, 253–258, 261, 274

インディアン　54, 55

ウェットバック作戦　58

運転免許　80, 105, 115, 172, 212, 259

永住権　7, 9, 10, 62, 67, 103, 108, 118, 135, 143, 154–156, 158, 171, 173, 174, 176, 177, 182, 194, 217, 241, 242, 267, 268, 271, 273, 288, 289

AB540（カリフォルニア州の法案）　79

エスニシティ　2, 20, 24, 157, 158, 189, 290, 291

越境費用　7, 239, 240, 254, 257

エルナンデス＝レオン，R.　31, 32, 93

オアハカ州　13, 15, 19, 43, 44, 118, 125–130, 132–136, 141, 143, 144, 149–152, 203, 230, 251, 280

オバマ政権　4, 5, 37, 38, 72, 73, 81, 82, 87, 88, 248, 287

オペレーション・ストリームライン　66, 73, 75

オレゴン州　9, 83, 149, 154, 172, 195, 206, 209, 222, 224, 261, 264

カ　行

カーリング，J.　29, 242

外国人犯罪者プログラム（CAP）　70

学歴　4, 37, 80, 82, 84, 85, 102

下降移動　194, 197

下降同化　110, 112

加重重罪　64, 65, 67, 71–73, 85, 88, 213, 247, 248, 278

家族統合　244, 246, 258

家族呼び寄せ　21, 62, 156, 241, 242, 290, 291

家庭内暴力　38, 105, 170, 171, 191, 205, 210,

211, 216, 222, 274
カトリック（教会）　130, 220
家父長制　49, 169, 171, 178, 182, 200
カルゴ・システム／カルゴ　16, 39–41, 130,
　131, 136–139, 144, 148, 149, 156, 161, 163–
　167, 169, 175–180, 182, 187, 199, 200, 205–208,
　214, 215, 219–221, 223–237, 240, 242, 265–267,
　281, 282
監獄（ビジネス）　74, 76, 107
カンポ・ネグロ（黒い農場）　154–156, 159,
　161, 175
「帰化不能外国人」　52, 53, 277
帰国局面　92, 94, 115, 119, 125, 241
規制の道徳化　186, 250, 279
季節労働　9, 62, 83, 150, 151, 153–156, 162,
　172, 243, 259, 262, 264, 267, 269
ギャング　7, 9, 72, 86, 108, 110, 163, 194, 200,
　205, 206, 224, 229, 255
境界管理　1, 12, 21, 23, 24, 277, 289
境界研究（ボーダー・スタディーズ）　23
行政上の自発的帰国　73, 74, 173, 215, 216,
　222, 253
強制送還研究　12, 14, 17, 25, 26, 50
共有地制度（エヒード）　129
居住局面　92, 94, 115, 117, 119, 125, 256, 280
勤勉さ　16, 38, 198–200, 205, 206, 211, 235,
　237, 267, 275, 284
グラノベッター，M.　32, 119
グリック＝シラー，N.　19
警察　4, 24, 66, 67, 69–72, 85, 87, 89, 105, 107,
　110–112, 114, 118, 171, 172, 183, 184,
　188–190, 195, 196, 210, 212, 213, 215, 221,
　222, 248, 249, 254, 256, 261
刑事司法システム　64, 75
刑務所（産業）　9, 63, 66, 74, 76, 77, 105–108,
　111, 115, 194, 196, 215, 222, 224, 247, 250,
　255, 261, 266
ゲートキーパー　252, 284
ゲットー　72, 85
顕示的消費　35
建設業　4, 103–105, 206, 209, 232, 248, 250
高校　9, 79, 82, 83, 102, 104, 194, 198, 209, 224,
　248, 262, 268, 272
公式的な強制退去　66, 74, 245, 252
拘束即解放　66, 73
合法化　3, 59, 79–81, 153, 187
国外退去手続　66

国際移動研究　14, 17, 23, 275
国土安全保障省　15, 65, 69, 73, 75
国内移住　95, 99, 102, 129, 132–134, 136
個人責任および就労機会調整法（福祉改革法）
　62, 63, 65, 66
故人のためのリスト　178–182, 199
国家主権　2
国境管理　24, 25, 53, 57, 60, 61, 63, 65–68,
　72–75, 106, 113, 132, 154, 238–241, 244, 246,
　266, 283, 284, 287–289
国境管理の外部化　24, 289
国境管理の内部化　24
国境警備隊　10, 53, 57, 58, 69, 105, 106, 173,
　175, 183, 232, 239, 240, 244, 246, 250, 262,
　266
国境の軍事化　60
コフラディア　130, 164, 165
コペラシオン（献金）　225, 234, 236, 263
コミュネロ　129, 161, 163, 164, 166, 167, 179,
　180, 219–227, 231, 235, 236, 263, 265, 266,
　281, 282
コヨーテ（仲介業者）　118, 239, 241, 242, 244,
　245, 265, 271, 272, 284
ゴラシュ＝ボーサ，T.　28, 29, 64, 195
混合身分家族　3, 183
コンピューター　162, 228–230

サ　行

サービス業　9, 98, 101, 106, 132, 161, 206, 248
最低賃金　77, 115, 176
再入国（禁止）　65, 66, 73, 74, 111, 173, 215,
　222, 242, 243, 245–247, 249, 250, 252, 257,
　271
サポテコ（族）　128, 132, 135, 138, 152
サンキンティン　133
産獄複合体　76, 77, 89, 290
サンホアキンバレー　151, 153
シエラ・ノルテ　44, 127, 129, 131–134, 141,
　143, 145
ジェンダー　14, 15, 24, 37, 38, 49, 61, 62, 64,
　84, 88, 91, 121, 144, 148, 155, 157, 158, 170,
　172, 174, 175, 178, 179, 181, 182, 191–193,
　200, 210, 245, 246, 269–271, 275, 279, 281,
　282
ジェンダー規範　47, 48, 144, 171, 193, 211,
　270, 275, 281
ジェンダー秩序　16, 40, 41, 48, 49, 171, 174,

175, 178, 181, 182, 200, 238, 261, 264, 267, 271, 273, 281

自己監視　28

支配的言説　14, 16, 36, 37, 39, 50, 51, 82, 89, 122, 144, 200, 204, 206, 208, 211, 218, 235, 280-282, 284, 292

資本主義　1, 18, 27, 33-36, 76, 151, 278

市民権（シティズンシップ）　3, 52-55, 62, 65, 68, 69, 79, 86, 103, 104, 117, 135, 153, 156, 158, 217, 221, 232, 241, 244, 246, 253, 259, 267, 271, 273, 277-279, 286, 290-292

市民権・移民サービス局（USCIS）　65, 69

市民的価値　59, 291

指紋（認証）　70, 75, 239, 244-246, 248, 251, 259

社会関係資本　11, 18, 31, 91, 92, 94, 109, 113, 114, 120, 125, 158, 223, 237, 241, 242, 254, 257, 258, 260, 274, 275, 283

社会的な仕送り　207, 208

社会的ネットワーク　11, 13, 15, 18, 19, 21, 30, 31, 91-93, 103, 106, 113, 114, 119-121, 125, 136, 137, 151, 158, 159, 252, 275, 280, 283, 284

社会統合（社会編入）　26, 27, 117, 122, 186, 289

社会保障　24, 26, 34, 38, 62, 63, 65-67, 85, 86, 156, 212, 213, 259, 278, 289

借金　55, 156, 240, 256-258, 262, 264, 265, 274, 285

重罪人　4

象徴資本　163, 167, 168, 230, 231, 237, 266, 281

書記官　148, 228-231

職務質問　111, 118

ジョンソン゠リード移民法（移民制限法）　53

人種　15, 24, 51-59, 61-65, 68, 71, 72, 76, 78, 84-86, 88, 89, 91, 112, 121, 127, 157, 158, 181, 186, 189, 200, 277-279, 281, 283, 286, 287, 290, 291

人種プロファイリング　71

新自由主義　28, 62, 63, 68, 76, 78, 86, 100, 196

スコット, J.　33, 34

スティグマ（化）　4, 13, 16, 28, 46, 58, 61, 81, 86, 88, 104, 119, 123, 139, 144, 163, 191, 196, 200, 206, 208, 210, 211, 216, 218-220, 223, 228, 230, 235-237, 275, 280, 282, 284

聖域都市　87

聖人祭り（村の祭り, 祭事）　40, 112, 130, 138, 154, 164, 165, 177

正規ルート　241-244, 246, 252, 273, 284

生体認証（システム）　70, 75, 112, 121, 239, 246, 251, 283

制度的人種主義　72, 112, 278

セクシュアリティ　35, 48, 61, 63, 144, 264, 269, 271, 273, 275

前科（者）　7, 70, 73, 74, 105, 111, 112, 191, 192, 194, 196, 219, 242, 243, 247-250, 252, 253, 255-257, 261, 268, 271, 272, 274, 283, 284

先住民（インディオ, インディヘナ）　12, 20, 39, 43, 45, 49, 54, 55, 125-132, 151-153, 155, 157-159, 278

先住民村落　19, 20, 31, 34, 40, 125, 126, 129-134, 136, 149, 151, 162, 226, 230

センセンブレナー法案　4

村長　45, 130, 136, 138, 141, 142, 147, 148, 167, 168, 220, 223, 224, 226, 227, 232

タ　行

第一世代　35, 102, 112, 155, 159-161, 163, 169-172, 174, 178, 180, 184, 193, 198, 200, 205-207, 211, 281, 282

大学　11, 45-47, 71, 79-82, 101, 102, 113, 135-137, 147, 185, 194, 197, 272

滞在許可証　116

滞在資格・在留資格　2-4, 24, 157, 164, 200, 226, 227

大衆居住区　43, 44, 91, 94, 95, 101

対テロ戦争　69, 278

第二世代　117, 170, 171, 184, 186, 194, 200, 211, 272, 273, 286, 287

対麻薬戦争　64, 278

代理人（カルゴ）　40, 149, 165-167, 176, 177, 228, 229

DACA プログラム　5, 38, 82-84, 86-88, 160, 197-199, 288

多産（性）　61, 96

脱領土的な国民国家　19

「中国人問題」　51-53, 277

調査協力者　42-48, 102-104, 114, 122, 136-138, 140

追放可能性　25, 26, 29, 173, 186, 227, 247, 250, 251, 253, 274, 279, 286, 289

通貨危機　100, 101
提案187号（反移民政策）　62
ティフアナ　107, 111, 113, 114, 135, 137, 138, 173, 238, 239, 255
テキオ　232
デ・ジェノバ, N.　25, 29, 186, 247, 250
同郷者団体　22, 136
同時多発テロ　4, 15, 24, 37, 63, 65, 67, 69, 70, 72, 75, 77, 88, 104, 106, 213, 278
逃亡者プログラム（NFOP）　70
トムスン, E. P.　33, 34
トランスナショナリズム　21
トランスナショナリズム研究　12, 15, 17, 19-23, 31, 34, 50, 283
トランスナショナル・コミュニティ　20, 21, 23, 34, 44, 50, 125, 134, 284
トランプ政権　5, 8, 38, 87, 88, 185, 186, 188, 198, 227, 287-292
取締り　4, 5, 24, 25, 28, 38, 57-59, 63, 64, 67, 71-73, 76, 87, 88, 107, 117, 121, 172, 183, 186, 189, 190, 207, 227, 238, 250, 251, 285, 288, 289
ドリーマー（運動）　79-82, 86, 198, 199
ドリーム法案　37, 79-83, 86
トレーラーハウス（パーク）　8, 265, 267

ナ　行

「何らかの理由によって排除された者」　204, 205, 207, 208, 218, 223, 235
287（g）条項　67, 69, 70, 87
二級市民（化）　49, 181, 182, 200, 278, 281, 286
二次的紐帯　31, 32, 102, 115, 119
二重意識　286
ネイティビズム　24, 57, 59, 61, 62, 291, 292
ネオリベラル・サイクル　28
ネサワルコヨトル　43, 44, 94, 95, 97, 98, 101, 102, 108, 109, 111, 113, 115-118, 122
農業　3, 4, 8-10, 38, 55, 56, 58, 96, 98, 129, 132-134, 149-163, 170, 171, 187, 193, 196, 206, 224, 232, 243, 244, 248, 249, 259, 261, 262, 264, 267, 268, 270, 281
農業労働　55, 133, 134, 151-154, 156, 159-163, 169, 172, 182, 184, 194, 199
能力主義　86, 290-292
望ましい移民　37, 78, 81, 86, 89
望ましくない移民　6, 25, 37, 81, 86, 89

ハ　行

ハート＝セラー法　59
排華法　51, 52, 61, 88
バイデン政権　287
白人性（白人であること）　52, 55-57
パノプティコン（監視追放複合装置）　86, 246
バハ・カリフォルニア州　133
反移民感情　24, 62
犯罪管理　65, 67
犯罪者化　15, 28, 64-69, 82, 88, 89, 144, 145, 192, 199, 200, 204, 206, 207, 210, 211, 218, 225, 230, 234, 235, 252, 271, 274, 278, 280-282, 284, 290, 292
罰金　166, 167, 188, 189, 220, 221, 232, 236, 255-257
反テロリズムと効果的死刑法　65, 66
反薬物乱用法　64
ヒエラルキー　39, 130, 157, 158
非合法移民改革法　63, 65, 66, 69, 75, 76
非合法移民問題　56, 57, 60, 278
非合法性　24, 25, 36, 53, 88
被収容者　77, 107
非正規ルート　238, 241-244, 253, 260, 271-274, 284
プエブラ州　112, 117, 133, 152
福祉国家　63
物質主義　163, 231, 236
ブドウ　154, 155, 169, 172, 197
ブラセロ計画　58, 103, 132, 151, 153
分節化された同化　85, 110, 194, 196
閉鎖的農民共同体　31
ページ法　52, 61
包括的な移民法改正　21, 81, 83
法的地位　2-4, 15, 22, 24, 36, 58, 70, 78-80, 103, 112, 135, 155-158, 161, 173, 177, 183, 184, 187, 190, 197, 217-219, 235, 250, 268, 271, 273, 279, 281, 285, 286, 288
法的暴力　26, 117, 186, 200, 287
方法論的ナショナリズム　6, 19, 21, 277
暴力　10, 52, 54, 55, 77, 110, 127, 170, 171, 192, 205, 210, 211, 216, 222, 274, 288
北米自由貿易協定（NAFTA）　99, 133, 151
ホワイトネス研究　52

マ 行

マキラドーラ（保税加工制度）　100
マスキュリニティ（男性性）　193, 200
麻薬・薬物（売買）　64, 72, 76, 103, 105, 107, 138, 139, 141, 163, 185, 191, 194–196, 205, 206, 254, 255, 257, 261
マヨール　233
マリファナ　141, 142
ミシュテコ（族）　34, 45, 46, 126–131, 133, 134, 143–145, 147, 149, 152, 153, 159, 171, 193
密入国　21, 65
名誉（競争）　35, 109, 167, 177
メキシコシティ　7, 43, 44, 94, 95, 97, 98, 101, 108, 114, 132–135, 137, 138, 150
メキシコ人（メキシコ移民）　8, 53–59, 61, 88, 152, 153, 191, 195, 238, 278
メスティーソ　127
メンバーシップ　40, 137, 161, 163, 165–168, 179, 181, 220, 221, 223, 225–227, 231, 236, 281, 282, 286

メンヒバル，C.　24, 117, 186
モデル・マイノリティ　199
モビリティ　29, 30, 103, 114, 119, 121, 122, 125, 237, 241, 243, 244, 246–248, 252, 255, 258, 260, 267, 273–275, 277, 280, 291
モラル・エコノミー　33–36, 39–41, 50, 145, 163, 165, 167, 169, 175, 182, 200, 205, 206, 208, 211, 218, 219, 234, 235

ヤ〜ワ行

役場　47, 139, 147–149, 223, 228
「よい帰国をした者」　204, 205, 208, 218, 235
弱い紐帯（の強み）　13, 31, 32, 93, 94, 119–121, 280
ラティーノ（ヒスパニック系）　2, 16, 24, 27, 50, 51, 57, 61–65, 68, 71, 72, 78, 88, 89, 153, 158, 193, 273, 278, 279, 285, 286, 290–292
リメイン・イン・メキシコ　288
略式の退去命令　66, 73
ワシントン州　7, 83, 103, 118, 149, 154, 172, 206, 221

【調査協力者】

ア 行

アナ　184–186, 227, 258, 259, 286
アマリア　8, 13, 184, 189, 190, 198
アルフォンソ　6, 7, 11–13, 72, 110–114, 121, 122
アントニオ　242, 243, 246, 271
アンドレス　210, 211, 216, 221, 222
アンヘラ　9, 10, 264–267
エミリア　272
エミリオ　197–199
エンリケ　211–214, 240, 249, 250, 254

カ 行

ガブリエラ　176, 178, 183, 184, 191, 193, 228, 229, 242, 255, 256
カルメン　10, 11, 13, 172–174, 185, 210, 246
カルロス　160, 194–196, 238, 240, 261–264, 267

グスタボ　272
クララ　115, 117, 118

タ・ナ行

ダニエル　160
ドミンゴ　194, 196, 211, 230, 253
ナタリア　268–270
ナルシソ　176, 178, 228–230, 247, 255–257
ノルマ　191, 192, 207

ハ 行

ハシエル　252, 254, 255, 257
パブロ　268–270
パロマ　191, 192, 196, 261–264, 267
ファウスティーノ　9, 10, 13, 240, 264–267
ファティマ　244, 245
フアン　104, 105
フラビオ　214–218, 252–255, 257
フランシスコ　116, 117, 119–121, 263

ペドロ　108, 109, 121, 209
ヘルマン　155, 156, 158, 161, 171, 175, 176
ベンハミン　156, 157, 164, 165, 167, 168, 177
ホルヘ　9, 12, 13, 121, 148, 223, 224, 228–231,
　　255

マ　行

マウリシオ　160, 161, 165, 166, 186–189, 191,
　　198, 286
マテオ　208–210, 217, 220, 221, 224, 231, 248,
　　249, 258–260
マノロ　7, 8, 12, 13, 117–121, 263

マリオ　173, 185, 186
ミネルバ　244–246
モニカ　169, 170

ラ　行

ラファエル　239
リカルド　106–108
ルイス　167, 168, 220, 226, 227, 232
レオ　232–234, 250, 251
レオナルド　158, 159, 161–163, 227
ロクサナ　155
ロベルタ　197–199

《著者紹介》

飯尾真貴子
いいお まき こ

2020 年　一橋大学大学院社会学研究科博士課程修了
現　在　一橋大学大学院社会学研究科専任講師
論　文　「米国移民規制の厳格化がもたらす越境的な規律装置としての
　　　　トランスナショナル・コミュニティ」(『ソシオロジ』第 200
　　　　号，2021 年，日本社会学会奨励賞）他

強制送還の国際社会学
―「ヒスパニック」系移民とアメリカのゆくえ―

2025 年 2 月 28 日　初版第 1 刷発行

定価はカバーに
表示しています

著　者　飯　尾　真貴子

発行者　西　澤　泰　彦

発行所　一般財団法人 名古屋大学出版会
〒 464-0814　名古屋市千種区不老町 1 名古屋大学構内
電話(052)781-5027/FAX(052)781-0697

ⓒ Makiko Iio, 2025　　　　　　　　　　Printed in Japan
印刷・製本 亜細亜印刷㈱　　　　　ISBN978-4-8158-1190-7
乱丁・落丁はお取替えいたします。

JCOPY 〈出版者著作権管理機構 委託出版物〉
本書の全部または一部を無断で複製（コピーを含む）することは，著作権
法上での例外を除き，禁じられています。本書からの複製を希望される場
合は，そのつど事前に出版者著作権管理機構（Tel：03-5244-5088，FAX：
03-5244-5089，e-mail：info@jcopy.or.jp）の許諾を受けてください。

小井土彰宏編
移民受入の国際社会学　　　　　　　A5・380頁
―選別メカニズムの比較分析―　　　　本体5,400円

貫堂嘉之著
アメリカ合衆国と中国人移民　　　　A5・364頁
―歴史のなかの「移民国家」アメリカ―　本体5,700円

水野由美子著
〈インディアン〉と〈市民〉のはざまで　A5・340頁
―合衆国南西部における先住社会の再編過程―　本体5,700円

上英明著
外交と移民　　　　　　　　　　　A5・366頁
―冷戦下の米・キューバ関係―　　　本体5,400円

竹沢泰子著
アメリカの人種主義　　　　　　　A5・516頁
―カテゴリー／アイデンティティの形成と転換―　本体4,500円

廣部泉著
人種戦争という寓話　　　　　　　A5・294頁
―黄禍論とアジア主義―　　　　　　本体5,400円

惠羅さとみ著
建設労働と移民　　　　　　　　　A5・370頁
―日米における産業再編成と技能―　本体6,300円

樋口直人著
日本型排外主義　　　　　　　　　A5・306頁
―在特会・外国人参政権・東アジア地政学―　本体4,200円

蘭信三／川喜田敦子／松浦雄介編
引揚・追放・残留　　　　　　　　A5・352頁
―戦後国際民族移動の比較研究―　　本体5,400円

高畑幸著
在日フィリピン人社会　　　　　　A5・326頁
―1980〜2020年代の結婚移民と日系人―　本体5,800円